INVENTAIRE SOMMAIRE

DES MANUSCRITS GRECS

DE LA

BIBLIOTHÈQUE NATIONALE

ANGERS, IMPRIMERIE BURDIN ET Cie, RUE GARNIER, 4.

INVENTAIRE SOMMAIRE

DES

MANUSCRITS GRECS

DE LA

BIBLIOTHÈQUE NATIONALE

PAR

Henri OMONT

SOUS-BIBLIOTHÉCAIRE AU DÉPARTEMENT DES MANUSCRITS

PREMIÈRE PARTIE

ANCIEN FONDS GREC

THÉOLOGIE

PARIS

ALPHONSE PICARD, LIBRAIRE

82, RUE BONAPARTE, 82

1886

INVENTAIRE SOMMAIRE

DES

MANUSCRITS DU FONDS GREC

---

1. Octateuchus (1); — Regum I-IV. (168); — Paralipomenon I-II. (235); — Esdræ I-II. (264); — Nehemias (273 v°); —
Macchabæorum I-III. (278); — Josephi liber de Macchabæis
(302); — Esther (309); — Judith (312 v°); — Tobias (318).

XIII s. Bombyc. 326 fol. (Colbert. 1609.) *M.*

2. Octateuchus (1); — Regum I-IV. (226 v°); — Paralipomenon I-II. (339 v°); — Esdræ I-II. (394 v°); — Esther (431); —
Tobias (441); — Judith (450 v°); — Macchabæorum I-III. (466).

X s. Parch. 512 fol. (Fontebl.-Reg. 1871.) *M.*

3. Octateuchus (1); — Regum I-IV. (227); — Paralipomenon I-II, 13, 15 (319); — Macchabæorum I, 1-16, 10 et II, 5, 10-
7, 6 (346).

XII s. Parch. 360 fol. (Medic.-Reg. 2240.) *M.*

4. Octateuchus (1); — Esther (200); — Judith (207 v°); —
Tobias (219); — S. Methodii Patarensis fragmentum de Ro-
manis et Ismaelitis (227 v°); — de Antichristi adventu ex
S. Joanne Chrysostomo, Bibliis et Hesychio (227 v°).

XIII s. Parch. 228 fol. Palimps. (Medic.-Reg. 1874.) *M.*

5. Aristeæ epistola de LXX. interpretibus (1); — Anonymi
de libris V. Testamenti : Τὸ μὲν οὖν βιβλίον... (14); — Octateuchus, cum Theodoreti commentariis (45).

XIV-XIII s. Pap. et bombyc. 402 fol. (Colbert. 659.) *M.*

6. Octateuchus, excepto Ruth, imperfectus (5); — Fragmenta vitæ S. Petri Alexandrini (1 et 201).

XIII s. Parch. 208 fol. (Colbert. 465.) *M.*

7. Regum I-IV. (1); — Paralipomenon I-II. (171 v°); — Esdræ I-II (252).

X s. Parch. 301 fol. (Medic.-Reg. 1873.) *M.*

8. Regum libri IV.

XI s. Parch. 188 fol. (Colbert. 2214.) *M.*

9. Codex Ephræmi Syri rescriptus [ed. C. Tischendorf] : Job, Proverbia, Ecclesiastes, Canticum Canticorum, Sapientia, Ecclesiasticus, Evangelia IV., Acta apostolorum, Pauli epistolæ, Epistolæ canonicæ, Apocalypsis. — V s. Onciale.

S. Ephræmi Syri de virtutibus et vitiis (1), — orationes ad eversionem superbiæ (10), — compunctoria (12), — ascetica (24), — de timore Dei ad imitationem Proverbiorum (50), — ad correctionem eorum qui vitiose vivunt (91), —reprehensio sui ipsius et confessio (99), — de passionibus (125), — de pœnitentia (129), — orationes compunctoriæ (135), — parænetica (148), — de patribus morte consummatis (155), — heptasyllaba (164), — de timore animæ (166), — oratio ex Ephræmi doctrina (170), — commonitorium (171), — de anima, quando tentatur ab hoste, quomodo debeat cum lacrymis Deum deprecari (176), — oratio de judicio et compunctione (181), — de patientia (190), — de beatitudinibus et miseriis (196), — confessio seu precatio ad Deum (198), — oratio in secundum Christi adventum (201), — de fide (205).

XIII s. Parch. Palimps. 209 fol. (Medic.-Reg. 1905.) *M.*

10. Tobias (1); — Job (14); — Proverbia (42 v°); — Ecclesiastes (70 v°); — Canticum canticorum (80); — Sapientia Salomonis (85); — Sapientia Jesu filii Sirach (102); — Sapientia Salomonis, I, 1 -4, 7 (144 v°); — Macchabæorum I-III. (147); — Josephi liber de Macchabæis (218 v°); — Esther (233 v°); — Judith (244).

IX s. Parch. 259 fol. (Medic.-Reg. 1875.) *M.*

11. Job (1); — Salomonis proverbia (61); — Ecclesiastes (113); — Canticum canticorum (133); — Sapientia Salomonis

(142); — Sapientia Jesu filii Sirach (179); — S. Maximi confessoris definitiones SS. Patrum (266); — ejusdem epistola ad Cosmam Alexandrinum de essentia, natura et hypostasi (290), — de duabus in Christo naturis (302), — capita de essentia et natura, de hypostasi et persona (304 et 311), — de duabus Christi voluntatibus (308); — Joannis monachi et S. Ephræmi Antiocheni fragmenta theologica (312); — De VII. conciliis œcumenicis : Πρώτη γέγονεν ἐν Νικαία... (320); — S. Maximi epistola ad Joannem, Cyzici archiep., quod anima sit incorporea (329), — epistola ad Joannem presbyterum, qua ostenditur animam etiam post hominis mortem intelligere (337), — epistola ad Pyrrhum presbyterum (344), — disputatio habita cum Pyrrho (351), — capita de charitate (410).

Copié (en partie) en 1186 par Léon. Parch. 460 pages. Peint. *M.*

12. Psalmi, cum canticis (1); — Horologium (218); — Menologium (281); — Philothei, patriarchæ CP., troparia (315); — Leonis imperatoris canticum compunctionis (317).

Copié en 1419 par Matthieu Ουτοραχενθτης. Parch. 319 fol. Peint. (Mazarin.-Reg. 2463.) *M.*

13. Psalmi, 80,13 -150, cum canticis (1); — Paracleticum (7); — Menæum, cujus partim desunt maius et junius (65); — Aquæ benedictio (384); — Triodium, a dominica Publicani ad dominicam omnium SS. (385); — Lectiones pro dominicis ex epistolis Pauli (471).

XIII s. Parch. 478 fol. (Colbert. 121.) *G.*

14. Osee, 10-14 (1); — Amos (2); — Michæas (4); — Joel (6); — Abdias (7 v°); — Jonas (7 v°); — Nahum (8 v°); — Abacuc (9); — Sophonias (10); — Aggæus (11); — Zacharias (11 v°), — Malachias, 1,1-2,12 (15 v°); — Isaias, 19,9-66 (16); — Jeremias, 1,1-31,13 et 51, 21-52 (28); — Baruch, 1, 1-2,19 (42); — Lamentationes Jeremiæ, 2,14 -4 (43); — Oratio et epistola Jeremiæ (44); — Ezechiel, 1,1 -2,8 et 38,9 -48,3 (45); — Pauli epistolæ ad Corinthios I-II. (51), — ad Galatas (58 v°), — ad Ephesios (60), — ad Philippenses (61 v°), — ad Colossenses (63), — ad Thessalonicenses I-II. (64), — ad Hebræos (65 v°), — ad Timotheum I-II. (69 v°), — ad Philemonem (72 v°); — Prologus catholicarum epistolarum et

argumenta epistolarum Pauli (73); — Acta apostolorum (76 v°);
— Jacobi epistola (90); — Petri epistolæ II. (91 v°); — Joannis
epistolæ III. (93 v°); — Judæ epistola (95); — Pauli epistola
ad Romanos (95 v°); — Evangelia Matthæi (101), — Marci,
cujus desunt 9,31-11,12 et 13,11-14,59 (114 v°), — Lucæ,
cujus partim desunt 13,7-19,44 et 21,38-23,26 (121), —
Joannis (134).

IX s. Parch. 143 fol. (Colbert. 2844.) *G.*

15. Joel, 1,8 -4 (1); — Abdias (7 v°); — Nahum (10 v°); —
Abacuc (14); — Oratio Abacuc (16 v°); — Sophonias (18); —
Aggæus (22); — Zacharias (25); — Malachias (39 v°); — Isaias
(44); — Jeremias (135); — Baruch (224 v°); — Lamentationes
Jeremiæ (232 v°); — [Oratio et] epistola Jeremiæ (240 v°); —
Ezechiel (246); — Daniel, 1,1 -4 (348).

XII s. Parch. 248 fol. (Colbert. 2659-2660.) *M.*

16. Isaias (1); — Ezechiel (119).

XI s. Parch. 246 fol. (Colbert. 911.) *M.*

17. Fragmenta Exodi, 39,1-40,32 (1), — Levitici 1,1-19,
36 (8); — Numerorum, 25,2 -29,33 (21).

VII s. Parch. 22 fol. (Colbert. 3084.) *M.*

17 A. Octateuchus.

Copié en 1439 par Pierre ὁ Ἀλήμχνδρος de Corona. Pap. 299 fol. *P.*

18. Job (1); — Salomonis Proverbia (45); — Ecclesiastes
(87); — Canticum canticorum (102); — Sapientia Salomonis
(109 v°); — Sapientia Jesu filii Sirach (137), — omnia cum
notis latinis; — Lexicon Jobi, Proverbiorum et Sapientiæ (211).

XIII s. Parch. et bombyc. 217 fol. (J. A. de Thou.-Colbert. 3883.) *P.*

19. Job (1); — Justini philosophi et martyris cohortatio ad
Græcos (51); — S. Joannis apocalypsis (91).

XVI s. Pap. 126 fol. (Colbert. 3581.) *P.*

20. Psalmi, 91,14 -136,1; desunt Ps., 110,7 -112,10 et 117,
16-126,4.

X s. Parch. 40 fol. Onciale. Peint. (Reg. 2554,2.) *P.*

21. Psalmi cum canticis, litteris aureis.

XII s. Parch. 300 fol. Peint. (Colbert. 4439.) *P.*

22. Psalmi cum canticis (9); — præmittuntur Calendarium et canones Paschales ab a. 1126 (1); — Beatitudines e Matthæi evangelio (223 v°); — Symbolum orthodoxæ fidei (224); — Interrogata et responsa de S. Trinitate, e Patribus collecta (225); — Preces et hymni varii (226 v°); — Ordo completorii (231); — Ordo præscriptus a S. Ephræmo quomodo monachi accessere debeant ad inaccessibilem Deum (239); — Canon paracleticus in S. Mariam (260 v°); — Hymni et preces varii (267); — Interrogata et responsa de trinitate et incarnatione (274); — De variis hominum ætatibus (274 v°); — Dierum observatio secundum Esdram (277); — Versus de somniorum interpretatione (277 v°); — Orationes propitiatoriæ (278).

XII s. Parch. 280 fol. (Fontebl.-Reg. 2853.) P.

23. Psalmi, 7,17-150, cum canticis (1); — Preces variæ (315 v°).

XII s. Parch. 320 fol. (Mazarin.-Reg. 2852.) P.

24. Psalmi cum canticis (1); — Canon paracleticus in B. Virginem (319).

XIII s. Parch. 327 fol. (Medic.-Reg. 2851.) P.

25. Psalmi, 2,3 -150, cum canticis.

XII s. Parch. 257 fol. (Colbert. 5235.) P.

26. Psalmi cum canticis.

XIII s. Parch. 208 fol. (Colbert. 6277.) P.

27. Psalmi, 17,34-150, cum canticis, imperfect.

XIII s. Parch. 143 fol. P.

28. Psalmi Davidis, cum canticis; præmittitur Symbolum apostolorum.

XV s. Pap. 105 fol. P.

29. Psalterium cum canticis, precibus variis intermixtis.

XIV s. Bombyc. et pap. 169 fol. (Reg. 2856, 3.) P.

30. Psalmi cum canticis.

Copié en 1438 par Silvestre ῥακενδύτης. Parch. 120 fol. (Reg. 3423, 2.) P.

31. Psalmi Davidis et cantica, cum latina interpretatione.

Copié en 1469. Pap. 119 fol. (Du Fresne.-Reg. 2856.) P.

32. Psalmi Davidis, cum canticis.

XV s. Pap. 144 fol. (Reg. 2854.) *P.*

33. Psalmi Davidis, cum paraphrasi et argumentis versibus politicis.

XV s. Pap. 258 fol. (Reg. 2856, 2.) *P.*

34. Psalmi Davidis, cum canticis.

XV s. Pap. 161 fol. (Béthune.-Reg. 2855.) *P.*

35. Proverbia Salomonis (1); — Ecclesiastes (29); — Canticum canticorum (39 v°); — Sapientia Salomonis (44 v°); —
Sapientia Jesu filii Sirach (63).

XIII s. Parch. 112 fol. (Fontebl.-Reg. 2857.) *P.*

36. Proverbia Salomonis (1); — Fragmentum de natura hominis (3); — Icon S. Panteleemonis (3 v°); — Hippocratis pro-
gnostica (17), — et icon Hippocratis (29 v°); — ejusdem aphorismi (30), — de diæta (55), — de venæ sectione : Ἐν πάσῃ
ἡμέρα... (95); — Pauli Æginetæ excerpta ex Hippocrate et Gale-
no de venæ sectione (96); — Sapientia Jesu filii Sirach (99 v°);
— Ecclesiastes (127 v°) ; — Sapientia Salomonis (135); —
Præcepta medica : Δίαιται ἰατρικαί... Τροφῆς καὶ πόσεως... (146);
— Canticum canticorum (147 v°); — Simeonis Sethi de ali-
mentorum facultatibus (150); — Eclogæ medicæ de mundo
et homine : Συνέστηκεν ὁ κόσμος... (162); — Dionysii Sim-
plicis medici de fabrica hominis (164 v°); — Anonymi de uri-
nis et remedia varia : Ἐὰν ἐστὴν τὸ οὗρον... (167 v°); — Eclogæ
e variis medicorum scriptis : Γυνὴ ἦν μηλαμβάν ἐν γαστρί......
(188); — Anonymi de grammatica : Τί ἐστι προσῴδια ; ... (206);
— Sphæræ cælestis icon (218); — Anonymi de plantis :
Βοτάνη ἡ λεγομένη Βριονίαν. Ἡ μὲν πρώτη ἄμπελος... (222 v°); —
Lexicon botanicum, ubi voces Indorum explicantur, A — B
(224); — Calendarium medicum (225); — Anonymi de eclipsibus solis et lunæ (229).

XIV-XV s. Pap. 229 fol. Peint. (Fontebl.-Reg. 3170.) *P.*

37. Excerpta e Proverbiis Salomonis : Κρεῖσσον ψωμός... (1);
— Disputatio philosophi cujusdam in Arii gratiam, ex actis
Nicæni concilii : Καὶ εἶπεν ὁ Θεός... (13); — Excerpta e Bi-
bliis et historiæ Constantinopolitanæ scriptoribus : Πρὸ πάντων

καὶ σὺν πᾶσι... (45); — S. Maximi capita de charitate (264).

Copié en 1558, par Cyrille. Pap. 348 fol. *P.*

38. Testamentum Salomonis.

XVI s. Pap. 24 fol. (Colbert. 4895.) *P.*

39. Anonymi versus de quodam imperatore : Ποίαν φωνήν ... » (2); — S. Gregorii Nazianzeni carmina varia (3); — Luciani solœcista (84 v°); — Anonymi explicationes in orationem S. Gregorii Nazianzeni de S. Athanasio et in variis S. Scripturæ locis (88); — Anonymi sermones : Ὁ μὲν νοῦς τῶν προκειμένων... (120); — Ex Philostrati iconibus : Satyri descriptio (146), — Bacchi descriptio (146 v°); — Anonymi declamatiuncula in meretrices (148); — Explicatio vocum V. et N. Testamenti (148 v°); — Christi varia nomina, numero XCII. (164 v°); — Michaelis hieromonachi epistola ad Tyri archiepiscopum de rebus ad morum doctrinam pertinentibus (165); — Manuelis Holoboli versus (166); — Fragmenta historica et theologica (167); — Oratio pro pluvia recitanda (175); — Anonymi commentarius in Epicteti enchiridion (178); — Evagrii de septem vitiosis cogitationibus (214); — Fragmenta varia theologica : Hippolyti de bdella, de templo Salomonis, etc. (216 v°); — Nili de septem vitiosis cogitationibus (219 v°); — Anonymi de cælo, terra, sole, luna, sideribus, tempore et diebus (234); — Menses Hebræorum, Ægyptiorum et Atheniensium (238); — Empedoclis sphæra (238 v°); — Procopii fragmentum de Justiniani imp. ædificiis (239); — Fragmenta e Sophoclis Ajace et Æschyli Prometheo vincto (241); — Anathematismus in Sarracenos (242); — Ignatii diaconi versus (248).

XIII s. Bombyc. 250 fol. (Reg. 3441.) *P.*

40. Psalmi, cum canticis et orationibus.

Copié en 1059 par Démétrius, prêtre. Parch. 176 fol. Palimps. (Medic.-Reg. 3421.) *P.*

41. Psalmi, cum canticis et orationibus.

XII s. Parch. 190 fol. Point. (Reg. 3422.) *P.*

42. Psalmi cum canticis.

XII s. Parch. 196 fol. (Reg. 2856, 4.) *P.*

43. Psalmi, 9-150, cum canticis.

XIV s. Parch. 216 fol. (Colbert. 6510.) *P.*

44. Psalmi, 56,4 -150, cum canticis.

XIV s. Parch. 165 fol. (Mazarin.-Reg. 3423.) *P.*

45. Psalterium cum canticis.

XV s. Copié par Georges Hermonyme. Pap. 365 fol. (Colbert. 6158.) *P.*

46. Psalmi pœnitentiales, cum orationibus variis.

XV s. Parch. 35 fol. (Mazarin.-Reg. 3428.) *P.*

47. Evangelia IV. (1); — Acta apostolorum (155); — Epistolæ canonicæ VII.(199); — Pauli epistolæ (226 v°); — Synaxaria duo (321); — S. Joannis apocalypsis (328); — Psalmi et cantica (347).

Copié en 1364. Parch. 444 fol. (Reg. 2241.) *M.*

48. Synaxarium evangeliorum (1); — Eusebii canones, cum epistola ad Carpianum (9); — S. Hippolyti chronologia evangeliorum (18 v°); — Evangelia IV. (21).

IX s. Parch. 257 fol. Onciale. Peint. (de Camps.-Reg. 2243, 2). *P.*

49. Eusebii canones et epistola ad Carpianum (1 v°); — Synaxarium evangeliorum (5); — Evangelia IV. (18).

XI s. Parch., 201 fol. Peint. (Fontebl.-Reg. 2242.) *M.*

50. Evangelia IV., initio et fine mutila (1); — Synaxarii fragmentum (158).

XIII s. Parch. 170 fol. (Teller.Rem.-Reg. 2244, 2). *P.*

51. Evangelia IV.

XIII s. Parch. 240 fol. Peint. (Du Fresne.-Reg. 2243.) *M.*

52. Evangelia IV.

XII s. Parch. 346 fol. *M.*

53. Evangelia IV., cum notis musicis (1); — De apparitionibus Domini post mortem (397); — E S. Joanne Chrysostomo de Joanne 18, 25 (398); — Nomina XII. apostolorum (398); — Lexicon vocum Evangeliorum et Actorum Apostolorum (399); — Eclogadion et Synaxarium Evangeliorum (401).

XII s. Parch. 424 pages. *M.*

54. Evangelia IV., græce et latine.

XIV s. Parch. 364 fol. Peint. (Medic.-Reg. 1881.) *M.*

55. Evangelia IV., gr.-lat., cum tabulis evangeliorum (346).

XV s. Copié par Georges Hermonyme. Parch. 363 fol. Peint. (Fontebl.-Reg. 2244.) *M.*

56. Acta apostolorum (1); — Epistolæ catholicæ VII. (91); — Pauli epistolæ (135); — S. Joannis apocalypsis (333).

XIII s. Parch. 375 fol. (Mazarin.-Reg. 2248.) *M.*

57. Preces variæ (1 et 228); — Acta apostolorum (4); — Epistolæ catholicæ VII. (47); — Pauli epistolæ (64 v°); — Synaxarium epistolarum Pauli (150); — Ecclesiastes (158); — Sapientia Salomonis (169 v°); — Canticum canticorum (190); — Proverbia (197).

XII s. Parch. 231 fol. (Fontebl.-Reg. 2247.) *M.*

58. Acta apostolorum (1); — Epistolæ catholicæ VII. (25 v°); — Pauli epistolæ, cum argumentis et Euthalii prologis (51 v°); initio et fine mutilus codex.

XII s. Parch. 174 fol. (Colbert. 5107.) *M.*

59. Acta apostolorum (1); — Epistolæ catholicæ VII. (83); — Pauli epistolæ (123); — S. Joannis apocalypsis, cum prologo ex Œcumenii commentariis (295).

XV s. Copié par Georges Hermonyme. Pap. 331 fol. (Teller. Rem.-Reg. 2248, 2.) *M.*

60. Acta apostolorum (9); — Epistolæ catholicæ VII. (1); — Pauli epistolæ (41), cum prologis et brevibus scholiis, initio et fine mutilus codex; — Index lectionum Actorum et Epistolarum (126).

XIV s. Bombyc. 135 fol. (Colbert. 871.) *M.*

61. Evangelia IV. (5); — Acta apostolorum (152); — Epistolæ catholicæ VII. (198); — Pauli epistolæ XIII. priores (216).

XIII s. Parch. 294 fol. Peint. (Hurault.-Reg. 2864.) *P.*

62. Evangelia IV.

IX s. Parch. 257 fol. Onciale. (Fontebl.-Reg. 2861.) *P.*

63. Synaxaria duo (1); — Eusebii canones (10); — Evangelia IV. (14).

IX s. Parch. 267 fol. Onciale. (Colbert. 5149.) *M.*

64. Evangelia IV. (10); — præmittuntur Eusebii epistola ad Carpianum et canones (1 v°); — Synaxaria duo (204).

XII s. Parch. 225 fol. Peint. (Medic.-Reg. 2868). *P.*

65. Evangelia IV., initio et fine mutila (1); — cum Synaxario (280).

XI s. Parch. 286 fol. (Reg. 2862, 3.) *P.*

66. Evangelia IV.

XII s. Parch. 372 fol. (Delamare.-Reg. 2858, 2.) *P.*

67. Evangelia IV., cum capitulis, versibus in evangelistas et Synaxario (269 v°).

XIV s. Parch. 278 fol. (Medic.-Reg. 2863.) *P.*

68. Evangelia IV., cum Synaxario (186).

XII s. Parch. et pap. 203 fol. (Fontebl.-Reg. 2860.) *P.*

69. Evangelia IV., initio mutilus codex.

XII s. Parch. 396 fol. (Colbert. 4631.) *P.*

70. Evangelia IV., cum capitulis ; præmittuntur Eusebii canones.

X s. Parch. 392 fol. Peint. (Mazarin.-Reg. 3424.) *P.*

71. Evangelia IV. (25); — præmittuntur Synaxarium (1), — Eusebii epistola ad Carpianum et canones (17 v°), — et versus in IV. evangelistas (186).

XII s. Parch. 186 fol. Peint. (Fontebl.-Reg. 2866.) *P.*

72. Evangelia IV., initio mutilus codex.

XII s. Parch. 232 fol. (Colbert. 2467.) *M.*

73. Evangelia IV., cum capitulis (17); — præmittuntur Eusebii epistola ad Carpianum et canones (1), — et Synaxarium (9).

XI s. Parch. 217 fol. Peint. (Fontebl.-Reg. 2859.) *P.*

74. Evangelia IV.

XII s. Parch. 215 fol. Peint. (Medic.-Reg. 2858.) *P.*

75. Evangelia IV., cum Synaxario (331).

XII s. Parch. 346 fol. Peint. (Reg. 2868, 2). *P.*

76. Evangelia IV.

XI s. Parch. 218 fol. Peint. (M. Thévenot.-Reg. 2865,4.) *P.* — [Aujourd'hui au *British Museum*, Addit. Ms. 15581.]

77. Evangelia IV., cum versione latina s. xii. in marg. evangeliorum Matthæi, Marci et Lucæ; initio et fine mutilus codex.

XI s. Parch. 230 fol. (Colbert. 3947.) *P*.

78. Evangelia IV. (10); —præmittuntur Eusebii canones et epistola ad Carpianum (1); — Synaxarium (172).

XI s. Copié par Paul. Parch. 179 fol. (Colbert. 4078.) *P*.

79. Evangelia IV. (9 v°);—præmittuntur epitome evangeliorum (1), — Eusebii epistola ad Carpianum et canones (3 v°); — Synaxaria duo (182).

XIII s. Parch. 201 fol. (Colbert. 4480.) *P*.

80. Evangelia IV. (8); — præmitt. Eusebii canones (2).

XIII s. Parch. 230 fol. (Bigot.-de Mesmes.-Reg. 2242, 3.) *M*.

81. Evangelia IV., cum argumentis et Eusebii epistola ad Carpianum.

XII s. Copié par Nicéphore. Parch. 307 fol. Peint. *P*.

81 A. Evangelia IV. (8); — præmittuntur argumenta evangel., Eusebii epistola ad Carpianum et canones (1); — Synaxarium (232).

XI s. Parch. 261 fol. Peint. *P*.

82. Evangelia IV. (12); — præmittuntur Eusebii ad Carpianum epistola, ïambi in Evangelia et Eusebii canones (1); — Synaxarium (272).

XII s. Parch. 310 fol. Peint. (Mazarin.-Reg. 3012.) *P*.

83. Evangelia IV. (8); — præmittuntur prologus, Eusebii epistola ad Carpianum et canones (1); — Synaxarium (272).

Copié en 1168 par Salomon, notaire. Parch. 298 fol. Peint. (Hurault.-Reg. 2862.) *P*.

84. Evangelia IV. (4 v°); — præmitt. fragmenta theologica de evangelio (1); — Synaxarium (208).

XIII s. Parch. 212 fol. (Fontebl.-Reg. 2867.) *P*.

85. Evangelia IV.

XII s. Parch. 237 fol. (Teller.Rem.-Reg. 2865, 2.) *P*.

86. Evangelia IV. (13); — præmittuntur Eusebii canones et Synaxarium (1).

XIII s. Parch. 250 fol. (Colbert. 6051.) *P*.

87. Evangelia IV., præmittitur breve Paschalion.

XII s. Parch. 350 pages. *P.*

88. Evangelia IV. (7); — præmittuntur Eusebii canones (1).

XII s. Parch. 249 fol. Peint. avec reliure ornée, (Colbert. 4766.) *P.*

89. Evangelia IV., cum brevibus scholiis et Synaxario (158).

X s. Parch. 169 fol. (Colbert. 6066.) *P.*

90. Evangelia IV.

Copié en 1176. Parch. 150 fol. (Colbert. 6045.) *P.*

91. Evangelia IV. (7); — præmittuntur Eusebii ad Carpianum epistola et canones (1); — Synaxarium (267).

XIII s. Parch. 275 fol. (Hurault.-Reg. 2865.) *P.*

92. Evangelia IV.

XIII s. Parch. 159 fol. (Colbert. 4744.) *P.*

93. Evangelia IV. (12); — præmittuntur Eusebii epistola ad Carpianum et canones (4); — Synaxarium (248).

XIII s. Parch. 254 fol. (Teller.Rem.-Reg. 2862, 2.) *P.*

94. Evangelia IV.

XIII s. Parch. 188 fol. Peint. (Colbert. 6083.) *P.*

95. Evangelia IV.

XV s. Parch. 246 fol. Peint. (Teller. Rem.-Reg. 2865, 3.) *P.*

96. Evangelia IV. (5); — præmittitur Eusebii epistola ad Carpianum (1); — Paschalion (252).

Copié en 1432 par le moine Calliste. Pap. 264 fol. (Colbert. 4556.) *P.*

97. Evangelia IV., initio et fine mutilus codex.

XIII s. Parch. 152 fol. (Colbert. 5258.) *P.*

98. Evangelia IV.

XV s. Copié par Georges Hermonyme. Pap. 322 fol. (Colbert. 4916.) *P.*

99. Evangelium S. Lucæ.

XV s. Copié par Georges Hermonyme. Pap. 93 fol. (Colbert. 4885.) *P.*

100. Evangelia IV.

XV s. Copié par Georges Hermonyme. Pap. 313 fol. (Colbert. 4444.)   .

100 A. Evangelia IV.

Copié en 1625 par Lucas ἀρχιθύτης. Pap. 336 fol. *P.*

101. Acta apostolorum (1); — Epistolæ catholicæ VII., cum scholiis (48 v°); — Pauli epistolæ, cum scholiis (70); — S. Joannis apocalypsis (180); — S. Pauli encomium e variis S. Joannis Chrysostomi locis a Theodoro Magistro (199).

XIII s. Bombyc. 200 fol. (Colbert. 4785.) *P.*

102. Acta apostolorum (1); — Epistolæ catholicæ VII. (111 v°); — Pauli epistolæ (163 v°).

XII s. Parch. 390 fol. Peint. (Fontebl.-Reg. 2870.) *P.*

102 A. Acta apostolorum (1); — Pauli epistolæ (61 v°); — Epistolæ catholicæ VII. (180); — ,Synaxarium (206); — S. Joannis apocalypsis (209).

XIII-XIV s. Parch. 229 fol. *P.*

103. Acta apostolorum (1); — Epistolæ catholicæ VII. (97); — Pauli epistolæ (139 v°).

XI s. Parch. 333 fol. (Medic.-Reg. 2872.) *P.*

103 A. Acta apostolorum (1); — Pauli epistolæ (39); — Epistolæ catholicæ (211 v°); initio et fine mutilus codex.

XII s. Parch. 243 fol. *P.*

104. Acta apostolorum (1); — Epistolæ catholicæ VII. (81 v°); — Pauli epistolæ (133); — Synaxarium (252).

XIII-XIV s. Bombyc. 257 fol. (J. A. de Thou.-Colbert. 6123.) *P.*

105. Acta apostolorum (1); — Epistolæ catholicæ VII. (70); — Pauli epistolæ (117); initio et fine mutilus codex.

X s. Parch. 248 fol. (Colbert. 5259.) *P.*

106. Acta apostolorum (1); — Epistolæ catholicæ VII. (55); — Pauli epistolæ (79); — Evangelia IV. (193 v°).

XIV s. Parch. 342 fol. (Fontebl.-Reg. 2871.) *P.*

106 A. Acta apostolorum (1); — Epistolæ catholicæ VII. (58); — Pauli epistolæ (83 v°); — Canonarium seu Synaxarium (192); — Synaxarium (210); — Odæ et hymni (217); — Psalmi cum canticis (233).

XIII s. Bombyc. 276 fol. *P.*

107 et **a**. Pauli epistolæ, græce et latine.

VII s. Parch. 533 fol. Onciale. (Dupuy.-Reg. 2245.) *P.*

107 b. Euripidis Phaetontis fragmenta palimpsesta; accedunt eorumdem tabulæ photographicæ.

V s. Parch. 2 fol. *P.*

108. Pauli epistolæ ad Philippenses, Colossenses, Thessalonicenses et Timotheum.

XV s. Copié par Georges Hermonyme. Parch. 75 fol. (Colbert. 3790.) *P.*

109. Pauli epistola ad Romanos et argumentum epistolæ ad Corinthios.

XV s. Copié par Georges Hermonyme. Parch. 64 fol. (Colbert. 3662.) *P.*

110. Pauli epistolæ II. ad Corinthios.

XV s. Copié par Georges Hermonyme. Parch. 80 fol. (Colbert. 6116.) *P.*

111. Pauli epistolæ ad Titum, Philemonem et Hebræos.

XV s. Copié par Georges Hermonyme. Parch. 50 fol. (Colbert. 6212.) *P.*

112. Evangelia IV. (1); — Acta apostolorum (85); — Epistolæ catholicæ VII. (116 v°); — Pauli epistolæ (130 v°); — Apostoli ἀρχοτέλειαι (187 v°); — Synaxarium (194 et 212); — Μαχαρισμοί, preces variæ (196 v°); — S. Joannis Chrysostomi liturgia (226).

XIII s. Parch. et bombyc. 239 fol. (Fontebl.-Reg. 3425.) *P.*

113. Synaxaria (1); — Evangelia IV. (35).

XIII s. Parch. 290 fol. (Colbert. 6162.) *P.*

114. Evangelia IV., initio mutila (1); — Synaxarium (280).

XI-XIII s. Parch. 290 fol. *P.*

115. Synaxaria (1); — Evangelia IV. (22).

X s. Parch. 460 fol. Peint. (Colbert. 6043.) *P.*

116. Evangelia IV., initio mutila.

XII s. Parch. 244 fol. (Colbert. 6511.) *P.*

117. Evangelia IV. (1); — Synaxarium (333 v°).

Copié en 1262 (1263) par Manuel. Parch. 340 fol. Peint. *P.*

118. Evangelia IV.

XIII s. Parch. 238 fol. Peint. (Colbert. 6628-6629.) *P.*

119. Evangelia IV. (14); — præmittuntur Eusebii epistola
ad Carpianum et canones (2); — Synaxarium (364 v°).

XIII s. Parch. 382 fol. (Teller. Rem.-Reg. 3424, 2.) *P.*

120. Evangelia IV.

XIII s. Parch. 239 fol. (Reg. 3426.) *P.*

121-122. Evangelia IV. (10); — præmittuntur cuique evangelio Eusebii canones (1).

XII s. Parch. 230 et 274 fol. (Teller. Rem.-Reg. 3424, 3 et 4.) *P.*

123. Evangelia IV.

XVI s. Copié par Ange Vergèce. Parch. 257 fol. Peint. (Colbert. 6583.) *P.*

124. Acta apostolorum (1); — Pauli epistolæ (77); — Epistolæ catholicæ VII. (236 v°); — S. Joannis apocalypsis (269).

XVI s. Copié par Ange Vergèce. Parch. 303 fol. Peint. (Colbert. 6584.) *P.*

125. Synaxaria (1); — Acta apostolorum (30); — Epistolæ
catholicæ VII. (137); — Pauli epistolæ (185).

XIV s. Parch. 392 fol. *P.*

126. Pauli epistolæ XIV.

XVI s. Copié par Ange Vergèce. Parch. 168 fol. Peint. (Reg. 3427.) *P.*

127. Commentaria in varia V. et N. Testamenti loca, initio
et fine mutilus codex : Ὡς μὲν ἐν προχείρῳ τῶν λεγομένων...

XI s. Parch. 136 fol. (Colbert. 1582.) *M.*

128. Aristeæ ad Philocratem epistola de LXX. interpretibus (1); — Theodoreti ad Hypatium epistola de suis in sacram
Scripturam commentariis (26); — Præfatiuncula in Genesim
ex S. Gregorio Nysseno (27); — Catena in Octateuchum (28);
— De versionibus S. Scripturæ, decem Dei nominibus etc.
(608).

XII s. Parch. 610 pages. (Hurault.-Reg. 1825.) *G.*

129. Aristeæ ad Philocratem epistola de LXX. interpretibus (1); — Catena in Octateuchum (15).

XIII s. Bombyc. 530 fol. (Reg. 1888.) *G.*

130. Aristeæ ad Philocratem epistola de LXX. interpretibus (1); — Theodoreti ad Hypatium epistola de suis in sacram
Scripturam commentariis (26 v°); — Præfatiuncula in Gene-

sim ex S. Gregorio Nysseno (27); — Catena in Genesim et Exodum, 1-12 (28).

XV s. Copié par Georges Gregoropoulos. 288 fol. (Fontebl.-Reg. 1889.) *M*.

131. Catena in Exodum, 3-40.

XVI s. Pap. 156 fol. (Colbert. 1599.) *M*.

132. Catena in Exodum, 12-40, Leviticum, Numeros, Deuteronomium, Josuam, Judices et Ruth (1); — De versionibus S. Scripturæ, decem Dei nominibus etc. (419 v°).

XV s. Copié par Georges Gregoropoulos. Pap. 421 fol. (Fontebl.-Reg. 1872.) *G*.

133. Catena in Regum libros IV. (1) — et Paralipomenon libros II. (183).

XIV s. Bombyc. 258 fol. (Hurault.-Reg. 2433.) *P*.

134. Catena in Job.

XIII s. Parch. 210 fol. Peint. (Mazarin-Reg. 2434.) *M*.

135. Catena in Job.

Copié en 1362 par Manuel Tzycandyles. Bombyc. 247 fol. Peint. (Teller. Rem.-Reg. 1830, 2.) *G*.

136. Commentarium in librum Job (1); — Anonymi sermones e variis S. Basilii homiliis excerpti (33); — Procopii diaconi homiliæ in principium anni (145); — Simeonis Magistri oratio in S. Simeonem Stylitam (151); — Narratio miraculi S. Michaelis in urbe Chonarum (164 v°); — Andreæ Cretensis homilia in nativitatem B. Mariæ (167 v°); — Vita Sæ.Theodoræ Alexandrinæ (171); — Andreæ Cretensis homilia in'exaltationem Sæ. Crucis (177 v°); — Martyrium S. Nicetæ (182 v°); — Martyrium Sæ. Euphemiæ (184 v°); — Martyrium S. Eustathii et Sæ. Theopistis uxoris ejus (189 v°).

XV, XI et XIV s. Pap. et Parch. 192 fol. (Colbert. 3066.) *M*.

137. Catena in Job (1); — Athanasii, Constantinopolitani patriarchæ, opuscula et epistolæ ad imp. Andronicum Palæologum (16); — S. Joannis Chrysostomi ad eos qui scandalizati sunt liber I. (113); — S. Joannis Chrysostomi [Sophronii] homilia in archangelum Michaelem (154); — ejusdem homilia in festo Angelorum (163); — Sisinnii, archiep. Constantinop., de miraculo S. Michaelis archangeli in urbe Chonarum (164 v°);

— Procli, Constantinop. patriarchæ, oratio in nativitatem Deiparæ (172 v°); — Anonymi [Nicetæ Paphlagonis] oratio in S. Joannem evangelistam (177); — S. Joannis Chrysostomi homilia de S. Joanne theologo (187); — ejusdem alia de eodem : Πάλιν ὁ ἡμέτερος... (193 v°); — S. Joannis Chrysostomi homilia in S. Thomam (195); — Leonis imperatoris oratio in laudem S. Nicolai; præmittuntur versus in S. Nicolaum (198); — S. Joannis Chrysostomi [Procli CP.] oratio in laudem S. Stephani (208 v°); — S. Joannis Chrysostomi alia de eodem : Πάντες μὲν οἱ τῶν... (212 v°); — S. Joannis Chrysostomi [Basilii Seleuciensis] oratio in infantes ab Herode interfectos (214 v°); — S. Joannis Chrysostomi oratio in Rachel et liberos (218); — ejusdem homiliæ IV. in S. Theophania (220 v°); — S. Joannis Damasceni oratio in S. Joannem Chrysostomum (236 v°); — Constantini imp., Leonis imp. filii, oratio de S. Chrysostomi corpore CP. reportato (246); — S. Cyrilli Alexandrini oratio in occursum Domini (259 v°).

XVI s. Pap. 264 fol. (Teller.Rem.-Reg. 1890, 2.) *M.*

138. Catena in Job.

XVI s. Pap. 282 fol. (J. A. de Thou.-Colbert. 1952.) *M.*

139. Catena in Psalmos et cantica.

X s. Parch. 449 fol. Peint. (Hurault.-Reg. 1878.) *G.*

140. Catena in Psalmos.

XI s. Parch. 166 fol. (Hurault.-Reg. 1876.) *M.*

141. Catena in Psalmos.

XI s. Parch. 161 fol. *M.*

141 A. Commentarius in Psalmos, initio mutilus (1), — et in Cantica (240); — Catalogus homiliarum, quæ S. Joanni Chrysostomo jure ac merito tribuuntur, numero CIII., cum earum initiis (269); — Anonymi de anima : Ὅτι πρῶτον ἁπάντων... (270 v°).

XI s. Parch. 270 fol. *P.*

142. Euthymii Zigabeni commentarius in Psalmos et cantica.

XII s. Parch. 271 fol. (Reg. 2100, 2.) *M.*

143. Catena in Psalmos et cantica.

XII s. Parch. 226 fol. (Medic.-Reg. 1877.) *M.*

144. Euthymii Zigabeni commentarii in Psalmos et cantica.

XIII s. Parch. 263 fol. (Medic.-Reg. 2400.) *P.*

145. Commentarii in Psalmos et cantica.

XVI s. Pap. 367 fol. (Colbert. 10.) *G.*

146. Catena in Psalmos et cantica (25); — præmittuntur præfatio et notæ variæ in psalmos (1)..

X s. Parch. 259 fol. (Fontebl.-Reg. 1807.) *G.*

i **147.** ~~Theophylacti~~ commentarii in Psalmos et cantica.

XV s. Pap. 260 pages. (Bigot.-Reg. 2418, 3.) *M.*

148. Commentarii in Psalmos.

XVI s. Copié par Georges Gregoropoulos. 639 fol. (Fontebl.-Reg. 1879 A.) *G.*

149. Nicephori Xanthopuli commentarii in Psalmos.

Copié en 1560 (1561). Pap. 303 fol. (Hurault.-Reg. 2407.) *M.*

150. Nicephori Blemmydæ commentarius in Psalmos et cantica.

XVI s. Pap. 247 fol. (Colbert. 2944.) *M.*

151. Catena in Proverbia, Ecclesiasten et Canticum canticorum, textui Proverbiorum interpret. latina interlin. s. xiv. adjuncta (1); — Catena in Job (117).

XIII s. Parch. 297 fol. (Fontebl.-Reg. 1890.) *M.*

152. Catena in Proverbia, Ecclesiasten et Canticum canticorum.

XII s. Parch. 320 fol. (Fontebl.-Reg. 2435.) *M.*

153. Procopii Gazæi sophistæ selectarum in Canticum canticorum et in Proverbia eclogarum epitome (1); — Olympiodori commentarius in Ecclesiasten (117 v°); — Nicetæ philosophi oratio in laudem SS. archangelorum Michaelis et Gabrielis (162); — ejusdem oratio in laudem S. Gregorii Nazianzeni (167).

XI-XII s. Parch. 189 fol. (Teller. Rem.-Reg. 1990, 2.) *M.*

154. Catena in Canticum canticorum (1); — Procopiis Gazæi sophistæ commentarius in Proverbia (125); — Ecclesiastes, cum scholiis (252 v°); — Sapientia Salomonis (269).

XII s. Bombyc. 281 fol. (Reg. 2436.) *M.*

155. Catena in Isaïam.

X s. Parch. 240 fol. (Fontebl.-Reg. 1891.) *M.*

156. Catena in Isaïam.

X s. Parch. 292 fol. (Mazarin.-Reg. 2437.) *M.*

157. Catena in Isaïam, 28,9-41,24.

XII s. Parch. 95 fol. (Fontebl.-Reg. 2438.) *M.*

158. Catena in Jeremiam.

XII s. Parch. 69 fol. (Colbert. 200.) *G.*

159. Catena in XII. Prophetas minores (1), — in Isaïam
(78 v°), — Ezechielem (236 v°), — Danielem (332) — et Jeremiam (383); — Africani historia Susannæ (327); — Origenis
epistola ad Africanum (327 v°); — Hippolyti LXX. hebdoma-
darum expositio (469); — ejusdem de consummatione mundi
et de Antichristo (469 v°).

XIII s. Bombyc. 470 fol. (Fontebl.-Reg. 1892.) *G.*

160. Michaelis Glycæ de dubiis sacræ scripturæ libri II.

XVI s. Pap. 217 fol. (J. A. de Thou.-Colbert. 4006.) *P.*

161. Catena in Genesim.

XIII s. Parch. 127 fol. Palimps. (Medic.-Reg. 2011.) *P.*

162. Catena in Job.

XIII s. Parch. 125 fol. (Hurault.-Reg. 2873.) *P.*

163. Catena in Psalmos et cantica.

XI s. Parch. 248 fol. *P.*

164. Psalmi et cantica, cum scholiis.

Copié en 1070 par Sisinnius. Parch. 199 fol. (Colbert. 5995.) *P.*

165. Commentarius in Psalmos.

XII s. Parch. 238 fol. (Colbert. 4182.) *P.*

166. Commentarius in Psalmos.

XIV s. Parch. 218 fol. (Colbert. 4680.) *P.*

167. Commentarius in Psalmos.

XIV s. Parch. 207 fol. (Colbert. 4681.) *P.*

168. Commentarius in Psalmos.

XIII-XI s. Parch. 265 fol. (Colbert. 4554.) *P.*

169. Cosmæ Indicopleustæ commentarius in Psalmos.

XIV s. Parch. 207 fol. Peint. (Mazarin.-Reg. 3450.) *P.*

170. Euthymii Zigabeni commentarius in Psalmos et cantica.

XIV s. Bombyc. 310 fol. (Medic.-Reg. 2938.) *P.*

171. Prolegomena variorum Patrum in Psalmos.

XVI s. Copié en partie par Constantin Palæocappa. Pap. 36 fol. (Colbert. 5062.) *P.*

172. Procopii Gazæi sophistæ commentarius in Cantica canticorum (1); — ejusdem commentarius in Proverbia (137); — Ecclesiastes (260); — Sapientia Salomonis (273).

XVI s. Pap. 284 fol. (Hurault.-Reg. 2940.) *P.*

173. Polychronii diaconi commentarius in Canticum canticorum (1); — Eusebii Pamphili commentarius in Canticum canticorum (91).

XVI s. Copié par André Darmarios. Pap. 129 fol. (J. A. de Thou.-Colbert. 4012.) *P.*

173 A. Brevis explicatio Proverbiorum (1), — et Sapientiæ Salomonis, gr. vulg. (56).

XVII s. Copié par Neophytos. Pap. 90 fol. *P.*

174. Olympiodori commentarius in Ecclesiasten (1); — Scholia variorum Patrum in Proverbia (45); — Decem præcepta legis (49 v°); — S. Maximi interrogationes et solutiones variæ (50); — Scholia diversorum Patrum in Ezechielem (55), — et in Danielem (69); — Theodoreti fragmenta (81 v°); — S. Justini martyris ad Zenam et Serenam epistola (85); — ejusdem oratio parænetica ad Græcos (92); — Tatiani oratio ad Græcos, cum scholiis (112); — Athenagoræ legatio pro Christianis (132); — ejusdem tractatus de mortuorum resurrectione (153 v°); — Eusebii Pamphili liber adversus Hieroclem (171 v°).

X-XI s. Parch. 190 fol. (Fontebl.-Reg. 2919.) *P.*

175. Olympiodori commentarius in Ecclesiasten.

XIV s. Parch. 34 fol. (Medic.-Reg. 3371.) *P.*

176. Anonymi commentarius in Ecclesiasten.

XVI s. Copié par André Darmarios. Pap. 103 fol. (J. A. de Thou.-Colbert. 4009.) *P.*

177. Evangelia IV., cum Victoris Antiocheni scholiis

(10), — præmittuntur Eusebii canones et epistola ad Carpianum (1); — Excerpta ex Hippolyti chronico (322); — S. Joannis Chrysostomi et aliorum fragmenta de evangeliis (324).

X s. Parch. 328 fol. Peint. (Reg. 2242, 3.) *M.*

178. Evangelia IV., cum catena.

XI s. Parch. 240 fol. (Colbert. 4112.) *M.*

179. Theophylacti, Bulgariæ archiepiscopi, commentarius in IV. Evangelia.

XIV s. Parch. 246 fol. (Colbert. 404.) *M.*

180. Anonymi homiliæ in Joannem, Lucam et Matthæum.

XV s. Pap. 367 fol. (Hurault.-Reg. 2442.) *M.*

181. Theophylacti, Bulgariæ archiepiscopi, commentarius in IV. Evangelia.

XIV s. Parch. 231 fol. Peint. (Mazarin.-Reg. 2392.) *M.*

182. Theophylacti, Bulgariæ archiepiscopi, commentarius in IV. Evangelia.

XIII s. Parch. 342 fol. (Mazarin.-Reg. 2391.) *M.*

183. Theophylacti, Bulgariæ archiepiscopi, commentarius in IV. Evangelia.

XIII s. Bombyc. 331 fol. (Mazarin.-Reg. 2401.) P.

184. Theophylacti, Bulgariæ archiepiscopi, commentarius in IV. Evangelia.

XIV-XV s. Pap. 426 fol. (Medic.-Reg. 2390.) *P.*

185. Theophylacti, Bulgariæ archiepiscopi, commentarius in IV. Evangelia (17); — præmittuntur Eusebii canones et Synaxaria duo (1).

XIV s. Bombyc. 271 fol. (Medic.-Reg. 2389.) *M.*

186. S. Joannis Chrysostomi catena in evangelium Matthæi (9); — præmittuntur Eusebii canones, epistola ad Carpianum et Synaxaria duo (1); — S. Cyrilli Alexandrini [Victoris Antiocheni] catena in evangelium Marci (94); — Titi Bostrensis catena in evangelium Joannis (148).

XI s. Parch. 209 fol. (Fontebl.-Reg. 1882.) *M.*

187. Catena in IV. Evangelia (catena in Marcum Tito Bostrensi adscribitur).

XI s. Parch. 221 fol. (Hurault.-Reg. 1879 B.) *M.*

188. S. Joannis Chrysostomi catena in Matthæum (1); — Excerpta ex Hippolyti chronico (84); — S. Cyrilli Alexandrini [Victoris Antiocheni] catena in Marcum (87); — Titi Bostrensis catena in Lucam (141); — S. Joannis Chrysostomi catena in Joannem (203) ; — Synaxarium (272 v°).

XI s. Parch. 274 fol. (Reg. 1883.) *M.*

189. S. Joannis Chrysostomi catena in Joannem (1); — Catena in Matthæum et Lucam (94 et 207); — Victoris Antiocheni catena in Marcum (316).

XII s. Parch. 387 fol. Peint. (Medic.-Reg. 1880.) *M.*

190. Theophylacti, Bulgariæ archiepiscopi, commentarius in Matthæum, Marcum et Lucam.

XIV s. Parch. 347 fol. Peint. (Colbert. 2831.) *M.*

191. Catena in IV. Evangelia, initio et fine mutila.

XI s. Parch. 292 fol. (Colbert. 2259.) *M.*

192. Theophylacti, Bulgariæ archiepiscopi, commentarius in evangelia Joannis, Matthæi et Lucæ.

XIV s. Parch. 297 fol. (Medic.-Reg. 2388.) *M.*

193. Catena in Matthæum (1); — Argumentum evangelii secundum Marcum et fragmentum catenæ in Lucam (143).

XVI s. Pap. 172 fol. (Mazarin.-Reg. 1893.) *M.*

194. Catena in Matthæum et Marcum.

XIII s. Parch. 241 fol. (Teller. Rem.-Reg. 1892, 2.) *M.*

194 A. Theophylacti, Bulgariæ archiepiscopi, commentarius in IV. Evangelia (11); — præmittitur fragmentum evangelii secundum Joannem (1); — Fragmentum homiliæ s. xi (320).

Copié en 1255 par le moine Nicandre. Bombyc. 321 fol. *M.*

195. Theophylacti, Bulgariæ archiepiscopi, commentarius in IV. Evangelia.

XIII s. Bombyc. 261 fol. (Mazarin.-Reg. 2393.) *M.*

196. Theophylacti, Bulgariæ archiepiscopi, commentarius in Matthæum et Lucam, initio mutilus (1); — Anonymi versus : Παντὸς ἔργου καὶ θεηγόρου... (164).

XIII s. Parch. 164 fol. Palimps. (Mazarin.-Reg. 2396.) *P.*

197. Theophylacti, Bulgariæ archiepiscopi, commentarius in Matthæum et Joannem.

XII s. Parch. 559 fol. (Hurault.-Reg. 2386.) *M.*

198. Theophylacti, Bulgariæ archiepiscopi, commentarius in Matthæum et Joannem.

XIII s. Parch. 235 fol. (Fontebl.-Reg. 2387.) *M.*

199. S. Joannis Chrysostomi commentarius in Matthæum et Joannem, fine mutilus (1); — Eusebii fragmentum de dissonantia evangeliorum (176 v°).

XII s. Parch. 306 fol. (Fontebl.-Reg. 2329.) *M.*

200. S. Joannis Chrysostomi commentarius in Matthæum et Joannem, fine mutilus (1); — Eusebii fragmentum de dissonantia evangeliorum (130 v°).

XI s. Parch. 187 fol. (Mazarin.-Reg. 2439.) *M.*

201. S. Joannis Chrysostomi commentarius in Matthæum et Joannem (1); — Eusebii fragmenta de dissonantia evangeliorum (112); — Isidori Pelusiotæ epistolæ duæ ad Theognostum et Timotheum (113); — Titi Bostrensis commentarius in Lucam (191); — Victoris Antiocheni commentarius in Marcum (230 v°).

XI s. Parch. 303 fol. (Du Fresne.-Reg. 2423.) *M.*

202. [S. Joannis Chrysostomi] commentarius in Matthæum, initio mutilus.

XII s. Parch. 378 fol. (Colbert. 2544.) *M.*

203. [S. Joannis Chrysostomi et Petri cujusdam] commentarius in Matthæum, initio et fine mutilus.

XII s. Parch. 357 fol. (Mazarin.-Reg. 1945.) *M.*

204. Theophylacti, Bulgariæ archiepiscopi, commentarius in Matthæum.

XIII s. Parch. 176 fol. (Medic.-Reg. 2394.) *M.*

205. Theophylacti, Bulgariæ archiepiscopi, commentarius in Matthæum.

Copié en 1327. Pap. 81 fol. (Du Fresne.-Reg. 2395.) *M.*

206. Victoris Antiocheni commentarius in Marcum (8); — præmittuntur Eusebii fragmenta de evangeliorum dissonantia (1); — Isidori Pelusiotæ epistolæ duæ ad Theognostum et Timotheum (2).

Copié en 1307 (1308). Parch. 87 fol. (Medic.-Reg. 2283.) *M.*

207. Theophylacti, Bulgariæ archiepiscopi, commentarius in Lucam, initio et fine mutilus.

XIV s. Parch. 48 fol. (Colbert. 1850.) *M.*

208. Catena in Lucam, initio et fine mutila.

XIV s. Pap. 460 fol. (Mazarin.-Reg. 2440.) *M.*

209. Catena in Joannem.

XI-XII s. Parch. 349 fol. (Hurault.-Reg. 2441.) *M.*

210. Catena in Joannem, initio et fine mutila.

XII s. Parch. 156 fol. (Colbert. 608.) *M.*

211. Commentarius in evangelia Joannis et Lucæ.

XIII s. Bombyc. 129 fol. *M.*

212. Commentarius in Joannis evangelium.

XIII s. Parch. 352 fol. (Reg. 1887.) *M.*

213. Commentarius in Joannem, initio et fine mutilus.

XIV s. Parch. 16 fol. (Colbert. 2347.) *M.*

214. Joannis Chalcedonensis commentarii in xxviii, evangelia anniversaria (1); — S. Gregorii Nazianzeni oratio in S. Pascha et de tarditate (236).

Copié en 1316. Bombyc. (Reg. 2418.) *M.*

214 A. Anonymi commentarii in evangelia dominicalia : Ἀπροσιμιάστως ἀγαπητοί... (1); — S. Maximi brevis expositio fidei (269 v°); — Joannis VIII. papæ ad Photium CP. patriarcham epistola (270); — Disputatio Græcum inter et quosdam cardinales ecclesiæ græcæ legatos de processione S. Spiritus: Τῆς τῶν Ῥωμαίων ἁγίας... (270 v°).

XIV s. Bombyc. 295 fol. *M.*

215. Anonymi commentarius in evangelii locos quæ ad B. Virginem spectant : Θαρρεῖν μὲν τὸν λόγον...

XIII s. Pap. 286 pages. *M.*

216. Acta apostolorum (1), — Epistolæ catholicæ VII. (86), — Pauli epistolæ (128), cum catena e S. Joanne Chrysostomo.

X s. Parch. 333 fol. Peint. (Medic.-Reg. 1885.) *M.*

217. Acta apostolorum, cum catena (2); — Epistolæ catholicæ VII., cum catena (48); — Theodoreti commentarius in epistolas Pauli (73).

X s. Parch. 373 fol. *M.*

218. Catena in Acta apostolorum (2), — et in epistolas Pauli (67); — Epistolæ catholicæ VII. (305).

XIII s. Parch. 317 fol. Peint. (Colbert. 459.) *M.*

219. Œcumenii commentarii in Acta apostolorum (1), — in VII. epistolas catholicas (28 v°), — in XIV. epistolas Pauli (62); — Arethæ diaconi commentarius in Apocalypsin (257).

XI s. Parch. 313 fol. Peint. (Medic.-Reg. 1886.) *M.*

220. Andreæ Cretensis commentarius in Acta apostolorum (1), — epistolas Pauli (62) — et VII. epistolas catholicas (367 v°).

XIII s. Parch. 388 fol. (Colbert. 923.) *M.*

221. Acta apostolorum, cum catena (1); — Epistolæ catholicæ VII., cum catena (144).

XII s. Parch. 177 fol. (Reg. 2398.) *M.*

222. Pauli epistolæ, cum catena.

X s. Parch. 227 fol. (Colbert. 3002.) *M.*

223. Pauli epistolæ XIV., cum catena (1); — [Œcumenii] commentarius in Acta apostolorum (202); — [ejusdem] commentarius in VII. epistolas catholicas (232); — [ejusdem] fragmentum commentarii in epistolas Pauli (271 v°).

Copié en 1045 par Theopemptos, lecteur. Parch. 273 fol. Peint. (Hurault.-Reg. 2246.) *M.*

224. Pauli epistolæ XIV., cum catena (1); — S. Joannis apocalypsis, cum catena (223).

XI s. Parch. 274 fol. Peint. (Reg. 2245, 2.) *M.*

224 A. Anonymi commentarius in Pauli epistolas ad Romanos et ad Hebræos, initio et fine mutilus.

XIV s. Pap. 262 fol. *M.*

225. Theophylacti, Bulgariæ archiepiscopi, commentarius in epistolas Pauli.

XVI s. Pap. 401 fol. (Hurault.-Reg. 2397.) *M.*

226. Commentarius in Pauli epistolam ad Romanos.

XVI s. Pap. 96 fol. (Reg. 2443.) *M.*

227. Commentarius in Pauli epistolam I. ad Corinthios.

XVI s. Pap. 213 fol. (Bigot.-Reg. 1892, 3.) *M.*

228. Nicetæ Sapunopuli scholia in **XIV.** epistolas Pauli (11); — Michaelis Thessalonicensis confessio errorum (17 v°); — De depositione Cosmæ Attici, CP. patriarchæ (18); — Nicetæ chartophylacis Nicæni fragmenta (18 v°); — Eulogii Alexandrini patriarchæ fragmenta (19); — Michaelis Glycæ versus et epistolæ (20 v°).

XIII s. Bombyc. 214 fol. (Reg. 2403, 2.) *M.*

229. Variantes lectiones N. Testamenti e codice Alexandrino Mus. Brit.

XVII s. Pap. 28 fol. (Delamare.-Reg. 2858, 3.) *P.*

230. Evangelia IV., cum catena (41); — præmittuntur Synaxaria duo (1), — Eusebii epistola ad Carpianum et canones (19); — Synaxarium (585).

XI s. Parch. 587 pages. Peint. *M.*

231. Anonymi commentarius in Matthæum, Lucam et Joannem.

XII s. Parch. 203 fol. (Colbert. 4784.) *P.*

232. Anonymi commentarius in Lucæ evangelium.

XII s. Parch. 392 fol. *P.*

233. Theophylacti, Bulgariæ archiepiscopi, commentarius in Joannis evangelium (5); — præmittuntur quædam de Armenorum jejunio (1); — Nicephori CP. patriarchæ chronicon breviatum (179 v°).

XIV s. Parch. 182 fol. (Colbert. 5987.) *P.*

234. Theophylacti, Bulgariæ archiepiscopi, commentarius in IV. Evangelia, cum Joannis Chalcedonensis præfatione.

Copié en 1318 par Romain, lecteur. Bombyc. 447 fol. (Colbert. 4185.) *P.*

235. Theophylacti, Bulgariæ archiepiscopi, commentarius in IV. Evangelia.

XIII s. Bombyc. 362 fol. *P.*

236. Sermones in evangelia dominicalia, e S. Joanne Chry-

sostomo (5), — inter quæ vita S. Pauli Thebani (133); —
Anonymi oratio in venerationem catenæ S. Petri (152 v°); —
Vita S. Joannis Calybitæ (183 v°); — Vita S. Timothei (204);
— Vita S. Joannis apostoli (214 v°); — S. Joannis Chrysostomi
interpretatio in Acta apostolorum (228 v°); — Anonymi homi-
lia in Pentecosten (265 v°), — de S. Stephano (286 v°), — de
Philippo et Eunucho (300), — in dominicis Samaritani (320 v°)
et cæci (340).

XV s. Pap. 355 fol. (Colbert. 4456.) *P*.

237. Catena in Acta apostolorum (1), — in VII. epistolas
catholicas (61 v°), — in epistolas Pauli (95 v°) — et in S. Joannis apocalypsin (217 v°); — Dorothei, Tyri episcopi, de LXX.
discipulis et XII. apostolis (242 v°).

X s. Parch. 246 fol. (Fontebl.-Reg. 2869.) *P*.

238. Commentarius in Pauli epistolam ad Hebræos.

XIII s. Parch. 391 fol. (Reg. 2999.) *P*.

239. Andreæ Cæsariensis commentarius in Apocalypsin
(1); — [S. Thomæ] liber de infantia Domini (118 v°).

Copié en 1422 (1423) par Michel Calophrenas. Pap. 119 fol. Peint.
(Hurault.-Reg. 2908.) *P*.

240. Andreæ Cæsariensis commentarius in Apocalypsin.

Copié en 1543 par Christophe Awer. Pap. 322 fol. (Fontebl.-Reg. 2907.) P.

241. Andreæ Cæsariensis commentarius in Apocalypsin.

XVI s. Copié par André Darmarios. Pap. 294 fol. (J. A. De Thou.-Col-
bert. 4032.) *P*.

242. ~~Simeonis abbatis S. Mamantis hymni, cum notis musicis~~

XII s. Parch. 231 fol. *M*.

243. Lectionarium, cum notis musicis.

Copié en 1133 par Théodule. Parch. 219 fol. Peint. (Mazarin.-Reg. 2470). P.

244. Canonarium.

XII s. Parch. 133 fol. (Reg. 2500.) *P*.

245. Triodium.

XIII s. Parch. 406 pages. Palimps. *M*.

246. Triodium.

XIV s. Parch. 230 fol. (Mazarin.-Reg. 2492.) *P*.

247. Triodii pars.

XIII s. Parch. 158 pages. *M.*

248. Pentecostarium.

XIV s. Pap. 492 pages. *M.*

249. Triodium.

XV s. Pap. 218 fol. (Reg. 2501.) *M.*

250. Triodium.

XIV s. Bombyc. 286 fol. (Colbert. 4471.) *P.*

251. Paracleticus.

XI s. Parch. 50 fol. (Reg. 3022.) *P.*

252. Canonarium.

XV s. Pap. 730 pages. *M.*

253. Anthologium.

XV s. Pap. 496 pages. *M.*

254. Menæum septembris.

Copié en 1509 par Paul, prêtre. Pap. 228 fol. (Colbert. 591.) *M.*

255. Menæum jan.-mart.

XV s. Pap. 296 fol. (Reg. 2472.) *M.*

256. Evangeliarium.

XII s. Parch. 236 fol. (Colbert. 975.) *M.*

257. Triodium.

XV s. Pap. 243 fol. (Fontebl.-Reg. 2495.) *M.*

258. Menæum januarii.

XIV s. Parch. 273 fol. *P.*

259. Menæum novembris.

XII s. Parch. 305 fol. (Colbert. 1579.) *M.*

260. Sticherarium.

XIV s. Parch. 254 fol. (Colbert. 3025.) *M.*

261. Sticherarium.

XIV s. Parch. 260 fol. (Colbert. 3040.) *M.*

262. Sticherarium, initio et fine mutilum.

XV s. Bombyc. 300 fol. (Colbert. 4230.) *M.*

263. Triodium (1) — et Pentecostarium (105 v°); — Octoechus (139) ; — Apostolo-evangelium hebdomadæ (166); — Horologium (169); — Typicum (187 v°); — Officium aquæ benedictæ (198 v°); — Canon paracleticus in S. Joannem Baptistam (199).

XIV s. Parch. 200 fol. (Mazarin.-Reg. 1838.) *G.*

264. Sticherarium.

XIV s. Bombyc. 370 fol. (Reg. 2036.) *M.*

265. Sticherarium.

XIV s. Parch. et bombyc. 274 fol. Peint. (Mazarin.-Reg. 2035.) *M.*

266. Paracleticus.

XV s. Copié par le moine Moyse. 432 fol. (Reg. 2496.) *M.*

267. Menæum, sept.-nov.

XIV s. Bombyc. 544 pages. *M.*

268. Anthologium.

XV s. Pap. 572 pages. *M.*

269. Fragmentum menologii, de Macchabæis (a et 367); — Canones κατανυκτικοί (1); — Alexandri eremitæ de mortuis et animarum statu (23 v°); — S. Joannis Chrysostomi orationes de judicio et remuneratione (25 v°), — de jejunio (29), — de jejunio et eleemosyna (30 v°); — Simeonis magistri collectanea moralia e S. Basilio (33); — SS. Basilii, Joannis Chrysostomi, etc., excerpta ex orationibus (97); — Anonymi homilia in illud : Simile factum est regnum cælorum viro patri familias (240 v°); — Excerpta ethica et ascetica (243 v°); — S. Ephræmi de egressu animæ (252 v°); — ejusdem exhortatio ascetica : Δεῦτε, ἀδελφοί, περιφρονήσωμεν... (253 v°); — S. Joannis Chrysostomi in Job homiliæ IV. (256); — Anonymi commentarius in Job : Ὁ τοῦ Θεοῦ ἄνθρωπος Μωϋσῆς... (274); — S. Joannis Chrysostomi homilia de jejunio et eleemosyna : Παρακαλεῖτέ φησιν... (288); — Vita S. Nicolai Myrensis (292); — Amphilochii Iconiensis de miraculis et vita S. Basilii (305 v°); — Canones paracletici in S. Virginem (320 et 349); — Preces variæ (337), — Cantica Moysis (358 v°).

XV s. Pap. 368 fol. (Mazarin.-Reg. 1830.) *G.*

270. Sticherarium.

XIV s. Parch. 242 fol. (Mazarin.-Reg. 2037.) *M.*

271. Ὀρρανοτρόφιος seu commentarius in Cosmæ Melodi canones (1); — Anonymi versus in S. Basilium (71); — Theodori Prodromi versus in eumdem (71).

XVII s. Pap. 72 fol. (Reg. 2036, 5.) *G*.

272. Lectionarium.

XII s. Parch. 434 pages. *M*.

273. Lectionarium.

XII s. Parch. 203 fol. (Medic.-Reg. 2462.) *M*.

274. Lectionarium (1); —Pantaleonis diaconi magnæ ecclesiæ oratio in S. Michaelem (92).

XII s. Parch. 98 fol. *M*.

275. Lectionarium.

XIII s. Parch. 193 fol. (Colbert. 632.) *M*.

276. Lectionarium.

XIV s. Bombyc. 300 pages. *M*.

277. Evangeliarium.

IX s. Parch. 158 fol. Onciale. Peint. (Reg. 2493.) *M*.

278. Evangeliarium (5), — præmittuntur fragmentum miraculi S. Michaelis in Chonis (1), — et passio SS. Eudoxii, Romuli, Zenonis et Macarii (1 vº).

XIV s. Parch. 265 fol. Onciale. Peint. (Colbert. 700.) *M*.

279. Evangeliarium.

IX s. Parch. 192 fol. Onciale. (Colbert. 5106.) *M*.

280. Evangeliarium.

XI s. Parch. 257 fol. Onciale. (Colbert. 2215.) *M*.

281. Evangeliarium.

X s. Parch. 420 pages. *M*.

282-283. Evangeliarium, s. ix. Onc. — Triodium.

XIII s. Parch. 426 et 550 pages. Palimps. *M*.

284. Evangeliarium.

XI s. Parch. 270 fol. Peint. (Reg. 2465.) *M*.

285. Evangeliarium.

XII s. Parch. 357 fol. (Colbert. 3006.) *M*.

286. Evangeliarium.

XI s. Parch. 257 fol. (Colbert. 498.) *M.*

287. Evangeliarium.

XI s. Parch. 142 fol. (Colbert. 721.) *M.*

288. Evangeliarium.

XI s. Parch. 313 fol. (Reg. 2034.) *M.*

289. Evangeliarium.

Copié en 1066 par Jean, prêtre. Parch. 159 fol. *M.*

290. Evangeliarium (4); — præmittitur fragmentum evangeliarii, s. ix. Onc. (1).

XIII s. Parch. 190 fol. *P.*

291. Evangeliarium, initio et fine mutilum.

XII s. Parch. 34 fol. *M.*

292. Evangeliarium.

XII s. Parch. 270 fol. (Mazarin.-Reg. 2466.) *P.*

293. Evangeliarium.

XII s. Parch. 250 fol. (Reg. 2464.) *M.*

294. Evangeliarium (27); — præmittitur fragmentum bombyc. evangeliarii, s. xiv. (1).

XII s. Parch. 490 pages. *M.*

295. Evangeliarium.

XIII s. Parch. 182 fol. (Colbert. 2694.) *M.*

296. Evangeliarium.

XI s. Parch. 516 pages. *M.*

297. Evangeliarium.

XII s. Parch. 199 fol. (Colbert. 2465.) *M.*

298. Evangeliarium.

XII s. Parch. 95 fol. Palimps. (Colbert. 4123.) *P.*

299. Evangeliarium.

XIII s. Parch. 126 fol. (Reg. 2468.) *M.*

300. Evangeliarium.

XIII s. Parch. 128 fol. Peint. (Reg. 2467.) *M.*

301. Evangeliarium.

Copié en 1203 (1204) par Georges de Rhodes. 316 fol. (Colbert. 614.) *M.*

302. Evangeliarium.

XIII s. Parch. 310 fol. (Colbert. 1824.) *P.*

303. Evangeliarium.

XIII s. Parch. 279 fol. (Colbert. 1541.) *M.*

304. Evangeliarium.

XIII s. Parch. 604 pages. *G.*

305. Evangeliarium.

XIII s. Parch. 394 pages. *M.*

306. Evangeliarium.

XIII s. Parch. 374 pages. *M.*

307. Evangeliarium.

XIII s. Parch. 260 fol. (Colbert. 681.) *M.*

308. ~~Evangeliarium~~. *Lectionarium*

XIII s. Parch. 201 fol. (Reg. 2499.) *P.*

309. Evangeliarium.

XIII s. Parch. 142 fol. Peint. (Colbert. 1265.) *M.*

310. Evangeliarium.

XIII s. Parch. 366 fol. (Colbert. 824.) *M.*

311. Evangeliarium.

Copié en 1336 par Chariton. Parch. 382 fol. Peint. (Hurault.-Reg. 1884.) *M.*

312. Evangeliarium.

XIV s. Copié par le moine Cosmas. Parch. 309 fol. (Colbert. 648.) *M.*

313. Evangeliarium.

XIII s. Parch. 121 fol. (Colbert. 4216.) *M.*

314. Evangeliarium.

XIV s. Parch. 190 fol. (Colbert. 3715.) *M.*

315. Evangeliarium.

XV s. Pap. 348 fol. Peint. (Colbert. 1282.) *M.*

316. Evangeliarium.

XIV s. Bombyc. 208 fol. (Colbert. 4226.) *M.*

317. Evangeliarium.

Copié en 1533 par Etienne, lecteur. Pap. 223 fol. Peint. (Colbert. 638.) *M.*

318. Evangeliarium.

XIII s. Parch. 322 fol. (Colbert. 3017.) *M.*

319. Praxapostolus.

XII s. Copié par le moine Theophylacte. Parch. 274 fol. (J. A. de Thou.-Colbert. 1365.) *M.*

320. Praxapostolus.

XII s. Parch. 203 fol. (Medic.-Reg. 2469.) *P.*

321. Praxapostolus.

XV s. Parch. 237 fol. (Colbert. 1571.) *M.*

322. S. Petri liturgia, gr.-lat., cum notis (1 v°); — Ordo missæ, latine (13); — S. Athanasii sermones tres de Dionysii Alexandrini sententia adversus Arianos (29); — S. Cæsarii Arelatensis admonitiones, latine (61).

XVI s. Pap. 128 fol. (J. A. de Thou.-Colbert. 5058.) *P.*

323. Ordo missæ, gr.-lat.

XV s. Bombyc. 41 fol. (Colbert. 4505.) *P.*

324. S. Basilii liturgia (2); — S. Joannis Chrysostomi liturgia (24 v°); — Rituale : Missa præsanctificatorum et officia varia (37) ; — Lectiones ex evangeliis (123 v°); — Officium nuptiarum (190).

XIV-XV s. Bombyc. 212 fol. *P.*

325. S. Basilii liturgia, gr.-arab. (1); — S. Gregorii Nazianzeni liturgia, gr.-arab. (60).

XIV s. Bombyc. 122 fol. (Reg. 3023.) *P.*

326. S. Joannis Chrysostomi liturgia (1); — S. Basilii liturgia (22); — Missa præsanctificatorum (55); — Lectiones ex evangeliis (65 v°); — Rituale : officia varia (70)

XV-XVI s. Pap. Copié par le prêtre Jean Zagorinos. 144 fol. *P.*

327. S. Joannis Chrysostomi liturgia (6); — S. Basilii liturgia (70); — Epistolæ et evangelia (122); — Officia sanctorum et beatæ Mariæ (165); — Preces variæ (201).

XV s. (Copié par Georges Hermonyme.) Pap. 320 fol. Peint. (Baluz.-Reg. 2800, 2.) *P.*

328. S. Joannis Chrysostomi liturgia (1); — S. Basilii liturgia (95); — Officium quadragesimæ (133); — Epistolæ et evan-

gelia (155); — Preces variæ (224); — Fragmentum psalmorum, 9,33-17,16 (265).

XI-XIV s. Parch. 280 pages. Palimps. *P.*

329. Horologium.

XIII s. Parch. 116 pages. *P.*

330. S. Joannis Chrysostomi liturgia (1); — S. Basilii liturgia (31); — Officium aquæ benedictæ (63); — Euchologium
(76); — Officia varia (251).

XII s. Parch. 352 pages. *P.*

331. Horologium.

XI s. Parch. 200 fol. Peint. *P.*

332. Triodium.

XII s. Parch. 206 fol. (Colbert. 5257.) *P.*

333. Triodii fragmentum.

XIV s. Pap. 154 pages. *P.*

334. Officium mortuorum (1); — Horologium (36).

XV s. Pap. 97 fol. *P.*

335. Officia in festis sanctorum (1); — Menologium (83);
— Officia in dominicis (93).

XV s. Pap. 136 fol. (Du Fresne.-Reg. 3021.) *P.*

336. Psalmi, 12, 3 usque ad finem, et Cantica (1); —
Triodium (119).

XV s. Pap. 225 fol. (Colbert 4728.) *P.*

337. Triodium.

XIII s. Parch. 199 fol. (Reg. 2491.) *P.*

338. Triodium.

XVI s. Pap. 281 fol. (Colbert. 4725.) *P.*

339. Triodium.

XV s. Pap. 294 fol. (Colbert. 4492.) *P.*

340. Menæum.

XIV-XV s. Bombyc. et pap. 376 fol. (Reg. 3010, 2.) *P.*

341. Menæum mart.-april.

Copié (en partie) en 1325. Parch. et bombyc. 402 pages. *P.*

342. Menæum martii (1); — Sophronii Hierosolymitani vita S. Mariæ Ægyptiacæ (177); — Menæum aprilis (193).

XV s. Pap. 371 fol. (Reg. 3006.) *P.*

343. Cosmæ Melodi et S. Joannis Damasceni hymni, cum commentariis (1 et 85); — Epitome commentariorum in triodiis septimanæ sanctæ et festorum dominicorum (38); — De regibus Persarum, seu Magis, venientibus Bethleem (97); — Sententiæ morales : Ἀρχὴν νόμιζε τῶν ὅλων εἶναι θεόν... (100); — Severiani Gabalitani fragmentum (101); — Interrogationes : Ἆρα βλέπουσιν οἱ ἄγγελοι τὸν θεὸν ἢ οὔ;... (102); — De XII. magnis montibus : Δώδεκα ὄρη εἰσεῖν... (102); — Fragmentum de Maria Cleopæ (104 v°); — Germani, patriarchæ CP., homilia in Præsentationem (104 v°); — Leonis imperatoris hymnus nocturnus (108); — Versus de tuenda sanitate : Εὐεξίας τράπεζαν εἰ θέλῃς μάθῃ... (110 v°); — S. Epiphanii fragmentum de septem beneficiis Dei (111); — [Nicephori] Xanthopuli versus in XII. festis dominicis (111); — Ventorum nomina (111 v°); — Fragmenta de processione Spiritus sancti et Judæ XXX. denariis (112 v°); — Diogenis, Cleanthis et Philistionis dicta (112 v°); — Nomina mensium Hebræorum, Macedonum, Ægyptiorum et [Syro-]Græcorum (114); — Hymni tres, cum commentario (116 v°).

XV s. Pap. 119 fol. (Delamare.-Reg. 3003, 2.) *P.*

344. Anthologium, mart.-aug.

XV s. Pap. 233 fol. (Colbert. 4365.) *P.*

345. Menæum junii (1); — Canon paracleticus in beatam Virginem (261).

XV s. Pap. 265 fol. (Mazarin.-Reg. 3008.) *P.*

346. Menæum novembris.

XIII s. Parch. 236 fol. (Mazarin.-Reg. 3010.) *P.*

347. Rituale (1); — S. Basilii liturgia brevior (47); — S. Joannis Chrysostomi liturgia brevior (76); — Epistolæ et evangelia (101).

XII-XVI s. Parch. et pap. 206 pages. *P.*

348. Horologium.

Copié en 1390 par Joasaph. Parch. 150 fol. (Mazarin.-Reg. 2490.) *P.*

349. Euchologium (1) ; — Officia aquæ benedictæ (79 et 86), — et sancti olei (102).

XV s. Pap. 132 fol. (Reg. 3468.) *P.*

350. Dionysii monachi organum sapientiæ spiritualis (1) : — Thecaræ monachi horologium (14 v°) ; — Michaelis Syncelli de orthodoxa fide (18 v°) ; — Theoduli monachi de hymnis (256).

XV s. Pap. 305 fol. (Mazarin.-Reg. 3020.) *P.*

351. Dionysii monachi organum sapientiæ spiritualis (1) ; — Thecaræ monachi horologium (10 v°) ; — Michaelis Syncelli de orthodoxa fide (15 v°) ; — Theoduli monachi de hymnis (266).

Copié en 1389 par le hieromoine Sophonias. Pap. 295 fol. Peint. *P.*

352. Ἐξαποστειλάριον (1) ; — Beatitudines (172) ; — Psalmi graduales (228).

XIII s. Bombyc. 240 fol. (Reg. 3015, 2.) *P.*

353. Triodium.

XIII s. Parch. 168 fol. (Reg. 2497.) *P.*

354. Canones paracletici in honorem beatæ Virginis.

XIII s. Parch. 314 fol. Peint. (Mazarin.-Reg. 3015.) *P.*

355. Sticherarium.

XIII s. Parch. 330 fol. (Reg. 3014.) *P.*

356. Sticherarium.

XIII s. Parch. 130 fol. (Reg. 3467.) *P.*

357. Triodii fragmentum.

XII s. Parch. 22 fol. (Reg. 3469.) *P.*

358. Triodium.

XIV s. Pap. 520 pages. *P.*

359. Georgii Pardi, Corinthi archiep., commentarius in canones dominicos etc.

XIV s. Parch. 150 fol. Palimps. (Colbert. 4670.) *P.*

360. Sticherarii fragmentum (1) ; — Menæi fragmentum (9) ; — Anonymi grammatica, initio mutila (13) ; — Manuelis Moschopuli schedographia (96) ; — Anonymi Ἁγιοπολίτης, seu tractatus de musica ecclesiastica: Ἁγιοπολίτης λέγεται τὸ βιβλίον... (216).

XIV s. Bombyc. 237 fol. (Colbert. 4276.) P.

361. Octoechus.

XIV s. Bombyc. 264 fol. (Colbert. 4477.) P.

362. Thecaræ hymni et preces (1); — Thalassii abbatis centuriæ IV. (97 v°); — Joannis Carpathii capita ascetica CXVII.
(108 v°), — et consolatoria XCVI. ad monachos in India (130 v°);
— S. Nili de oratione capita CLVII. (130 v°); — Heliæ presbyteri
anthologium (139 v°); — S. Nili de oratione (158); — Diadochi,
Photices episcopi, capita ascetica c. (160); — Marci abbatis de
lege spirituali capita cccc. (185 v°); — Symeonis S. Mamantis
capita practica et theologica (202); — Evagrii, monachi Sce-
tensis, capita ascetica (214); — S. Maximi capita ascetica de
charitate cccc. (220); — [Epicteti enchiridion] (245); — Nicetæ
Stethati capita ascetica ccc. (251 v°); — Symeonis S. Mamantis
capita ascetica (298 v°); — Marci eremitæ de pœnitentia cunctis
necessaria (304); — ejusdem ad Nicolaum quemdam epistola
(310).

XIV s. Pap. 317 fol. (Fontebl.-Reg. 2969.) P.

363. Triodium.

XV s. Pap. 394 fol. P.

364. Dionysii monachi organum sapientiæ spiritualis (1);
— Anonymi oratio de hymnorum et canticorum utilitate :
Ὥσπερ ἐπὶ τῶν ἐμπόρων... (3); — Joannis Antiocheni patriarchæ
tractatus de sacris mysteriis (11), — in quo Macarii Magnetis
testimonium de eucharistia (14); — ejusdem Joannis de pes-
simo usu monasteria laïcis tradendi (18); — S. Joannis Damasceni tractatus de sacris mysteriis (34); — Joannis Antiocheni
de quadragesimæ jejunio (36 v°); — Fragmentum de Melchise-
decitis, Theodotianis et Atthinganis : Ἐκ τεσσάρων κακῶν... (43);
— Ordo servari solitus erga Saracenos Christianam fidem amplectentes : Προηγουμένως μέν... (45); — S. Theodori Studitæ
ad Naucratium epistola (48 v°); — Nicephori chartophylacis
epistola ad Theodosium monachum (52); — Fragmentum de
ecclesiæ unione sub Nicolao patriarcha (56); — Hæresis Armenorum de azymis (56 v°); — Ancyranæ synodi canon XVII.
(59 v°); — Nicolai, patriarchæ CP., responsa ad interroga-

tiones monachorum sancti Montis (60); — Joannis Nesteutæ,
CP. patriarchæ, methodus confitendi et pœnitentiæ injun-
gendæ (63); — Ex Clementis constitutionibus : Pauli apostoli
canones ecclesiastici (81), — Simonis Cananæi de ordinatione
episcoporum (84); — Symbolum fidei, cum interpretatione
(86 v°); — Interrogationes et responsiones theologicæ, initio
mutilæ (91); — S. Gregorii Nazianzeni dubiorum solutiones
(149); — Gregorii Thaumaturgi expositio fidei a S. Joanne
evangelista accepta (152 v°); — Anastasii Sinaïtæ quæstiones
aliquot (153); — Methodus inveniendi Paschatis (160); —
Eclogæ e variis Gregorii Palamæ capitibus (164); — Gregorii
Cyprii liber adversus Beccum, patriarcham CP., quem in Latinorum castra transivisse criminatur (171); — Anonymi tractatus astronomicus de cyclo solari et lunari, de Paschate, etc. :
Ἐπειδὴ τοὺς ἄλλους τῶν νῦν σοφῶν... (173); — Anonymi solutiones
theologicæ, initio mutilæ (188); — S. Basilii et Libanii epistolæ
mutuæ (211); — Anonymi tractatus adversus Græcos de processione S. Spiritus, initio mutilus (216).

XIV-XV s. Bombyc. et pap. 223 fol. (Mazarin-Reg. 2935.) P.

365. Canones, cum interpretatione (1 et 37); — S. Basilii
oratio in Nativitatem (26); — Æsopi fabulæ, alphabetice (132);
— Theodori Prodromi iambi in dominicis (158).

XIV s. Bombyc. 158 fol. (Reg. 3346.) P.

366. Menæum, mart.-april.

Copié en 1458 par le moine Athanase. Pap. 353 fol. (Mazarin.-Reg.
3007.) P.

367. Menæum, jan.-aug.

XVI s. Pap. 404 fol. (Mazarin.-Reg. 3005.) P.

368. Menæum julii.

XV s. Pap. 401 fol. (Mazarin.-Reg. 3009.) P.

369. Nicolai Malaxi triodia in honorem beatæ Virginis
[mens. aug. 1-15] (2); — præcedunt versus ad Antonium Cal-
liergem (1 v°); — ejusdem pentecostaria festorum (51), — et
canon lamentatorius in discessum ab urbe Nauplio (80).

XVI s. Pap. 86 fol. (Du Fresne.-Reg. 3470.) P.

370. Theotocarium.

XII s. Parch. 174 fol. (Mazarin.-Reg. 3457.) P.

371. Acacii monachi commentarius in magnum canonem Andreæ Hierosolymitani.

Copié en 1562 par le prêtre Jean Dracopoulos. Pap. 232 fol. (Colbert. 4857.) *P.*

371 A. Canones, cum interpretatione.

XIV s. Bombyc. 346 fol. *P.*

372. Lectionarium.

XI-XV s. Parch. et pap. 291 fol. (Colbert. 4454.) *P.*

373. Praxapostolus.

XIII s. Parch. 236 pages. *P.*

374. Evangeliarium.

XI s. Parch. 114 fol. *P.*

375. Epistolæ et evangelia.

Copié en 10?? par Hélie, prêtre et moine. Parch. 195 fol. (J. A. de Thou.-Colbert. 4954.) *P.*

376. Praxapostolus (1); — Evangelia IV. (153); — præmittuntur Eusebii ad Carpianum epistola et canones (146 v°); — Synaxaria duo (298 v°); — Series imperatorum **CP**. usque ad Manuelem Comnenum (313).

XIV s. Parch. 315 fol. (Mazarin.-Reg. 3456.) *P.*

377. Evangeliarium.

XIII s. Parch. 196 fol. Palimps. (Mazarin.-Reg. 3011.) *P.*

378. Anonymi homiliæ in Evangelia : Οἱ στρατιῶται μέν...

XIV s. Bombyc. 255 fol. (Colbert. 4234.) *P.*

379. Evangelia IV. (7); — præmittitur Synaxarium (1).

XI s. Parch. 292 fol. (Colbert. 4705.) *P.*

380. Evangeliarium.

XVI s. Pap. 243 fol. (Colbert. 4691.) *P.*

381. Evangeliarium.

Copié en 1550 par Michel Mauriki. Pap. 306 fol. (Colbert. 4588.) *P.*

382. Praxapostolus (2); — Menologium (197).

X s. Parch. 271 fol. (Colbert. 4149.) *P.*

383. Praxapostolus.

XVI s. Pap. 206 fol. (Colbert. 3855) *P.*

384. Typicum monasterii Deiparæ Gratiaplenæ, cum sub-scriptione Irenes Augustæ.

XII s. Parch. 141 fol. (Mazarin.-Reg. 3019.) *P.*

385. Typicum monasterii S. Sabæ Hierosolymitani.

XIV s. Pap. 317 fol. (Mazarin.-Reg. 3017.) *P.*

386. Typicum monasterii S. Sabæ Hierosolymitani.

XV s. Pap. 279 fol. *P.*

387. Typicum monasterii S. Sabæ Hierosolymitani.

XV s. Pap. 172 fol. (Mazarin.-Reg. 3018.) *P.*

388. Typicum monasterii S. Sabæ Hierosolymitani (1); — Marci hieromonachi dubiorum quorumdam hujusce typici solutio (420 v°).

Copié en 1573. Pap. 502 fol. (Mazarin.-Reg. 3016.) *P.*

389. Joannis Palæologi imperatoris typicum.

XVIII s. Pap. 61 fol. *P.*

390. Fragmenta theologica (1); — Interrogationes variæ : Περὶ τῆς ἁγίας ἐκκλησίας, etc. (8 et 21 v°); — Anonymi commentarius in Pater noster (18); — Preces variæ (35 v°); — SS. Athanasii et Joannis Chrysostomi excerpta (46); — Ex Physiologo de natura animalium (71); — Anonymi monachi versus de statu animæ usque ad resurrectionem (104); — S. Joannis Damasceni excerpta (113 v°); — Vita S. Alexii (121); — Vita Apollonii regis Tyri, e latino in græcum versa (143).

XVI s. Pap. 168 fol. (Colbert. 6638.) *P.*

391. S. Joannis Chrysostomi liturgia brevior (1); — S. Basilii liturgia brevior (36); — Missa præsanctificatorum (79 bis v°).

XII s. Parch. 94 fol. Peint. (Mazarin.-Reg. 3455.) *P.*

392. S. Joannis Chrysostomi liturgia (1); — S. Basilii liturgia (15 v°); — Euchologium (36).

XII s. Parch. 174 fol. (Colbert. 6052.) *P.*

393. S. Joannis Chrysostomi liturgia (1); — Gregorii papæ Romæ missa præsanctificatorum (45); — Apostolo-evangelia per hebdomadam dicenda (61); — Officia aquæ benedictæ, etc. (99 v°); — Nomocanon, seu canones apostolorum et VII. œcumenicorum conciliorum (138).

Copié (en partie) en 1516 par Charles de Naupacte. Pap. 244 fol. (Reg. 3454.) *P.*

394. Menæum, sept.-aug.

XVII s. Pap. 276 pages. *P.*

395. Orationes pro variis morbis et necessitatibus (1); —
Historia execrandæ et impuræ Gyllus : Ἐπὶ τῆς βασιλείας Τραια-
νοῦ... (8 v°); — Fragmentum theologicæ commentationis (15);
— Interrogationes et responsiones theologicæ (21); — Fragmentum dialogi inter Latinum, Francum, etc. de rebus theologicis (34); — Symboli Nicæni explicatio, initio mutila (36); —
S. Gregorii Nysseni fragmentum de S. Trinitate (39); — Anonymi de terræ motu, de intervallo cælum inter et terram, de
antipodis et tonitru, de cælis, ventis, montibus, mari et ele-
mentis : Ὁ σεισμὸς οὕτως γίνεται... (40 v° et 62); — Preces pro
apibus, vineis et variis morbis recitandæ (43); — Apocalypsis
Mariæ Deiparæ (72); — Fragmentum de incarnatione (77); —
Miraculum S. Theodori tyronis (83); — Christophori, Alexan-
drini patriarchæ, oratio cui vita humana similis sit (94); —
Miraculum S. Menæ martyris de Hebræo et Christiano (111);
— S. Ephræmi sermo de judicio et resurrectione (114 v°); —
Interrogationes et responsiones de rebus physicis (117); —
Neophyti presbyteri monachi oratio de sacerdotio Christi, azy-
mo, etc. (122); — S. Joannis Chrysostomi oratio de Adamo, e
Paradiso terrestri expulso (126 v°); — Anonymi de hæresibus
Latinorum (132); — Distinctiones theologicæ (134 v°); — In-
terrogationes et responsiones : Τί ὑψηλότερον τοῦ οὐρανοῦ; Ἡ
ἀγάπη... (141); — S. Epiphanii oratio in Deiparam (144); —
Pœnæ in mulieres parum pudicæ (155).

XV-XVI s. Pap. 171 fol. (Colbert. 6249.) *P.*

396. Menologium (1); — Canones varii (165), — inter quos
Methodu monachi versus in omnes SS. (213); — Theodori
Prodromi versus de xii. mensibus (249); — Sententiæ e Me-
nandro excerptæ, alphabet. (249 v°); — S. Joannis Chrysostomi catecheticus sermo in S. Pascha (260); — Excerpta e
S. Basilio et Simeone Metaphrasta (262); — S. Joannis Damas
ceni fidei expositio (272); — Michaelis Pselli fidei fundamenta
(282); — Joannis Carpathii consolatio ad monachos in India
degentes (285);   Ecloge XVI. prophetarum (293); — Canticum canticorum (314); — Liber Job (325); — Excerpta ex

Sapientia Jesu filii Sirach (392) ; — Apophth egmata variorum :
Εὐκλείδει τις ὀργισθείς... (412) ; — Theodori Prodromi versus in
Hexaemeron (414) ; — Excerpta ex philosophis περὶ πείρας,
ἐμπειρίας, τέχνης καὶ ἐπιστήμης et de animæ facultatibus (417) ; —
De Alexandri magni præclaré gestis ad Aristotelem referendis
(427) ; — Anonymi chronologia brevis ab Adamo ad Christum
(440) ; — Hierophili sophistæ de alimentis quæ singulis mensibus sumenda aut vitanda sunt (445) ; — Dioclis Carystii de
conservanda valetudine epistola ad Antigonum regem (455) ;
— Hippocratis prognosticorum procœmium (460) ; — Quinti
Smyrnæi versus de XII. Herculis laboribus (461) ; — Apollonis
oracula de Christo (462) ; — Simeonis Metaphrastæ versus
alphabetici : Ἄνω τὸ ὄμμα... (463) ; — S. Joannis Climaci operum epitome (467) ; — Excerpta e S. Maximi operibus (473) ;
— S. Andreæ Cretensis poema in secundum Christi adventum
(490) ; — S. Petri epistolæ catholicæ II. (499) ; — Excerpta e
S. Gregorii Nazianzeni orationibus (514) ; — Agapeti diaconi
capita admonitionum ad Justinianum imp. (601) ; — S. Joannis Damasceni oratio in Annuntiationem (619) ; — S. Dionysii
Areopagitæ epistola ad S. Joannem evangelistam (636) ; —
Leonis Sapientis imp. capita cxc. de monachis instituendis
(638) ; — Apophthegmata varia : Πρὸ πάντων ἔχε τοῦ Θεοῦ τὸν
φόβον... (675) ; — Theodori Prodromi ad Comnenos poemata
tria (684) ; — S. Maximi de numeris fragmentum (704) ; —
Ordo officiorum aulæ CP. (705) ; — Hippocratis fragmentum
de hominis ætatibus (707) ; — Ordo thronorum (708).

XIII s. Bombyc. 711 pages. P.

397. Sticherarium.

XIV s. Parch. 136 fol. (Colbert. 6509.) P.

398. Canonarium.

XIII s. Parch. 270 fol. (Colbert. 6435.) P.

399. Beatitudines (3 v°), — et Anthologium (33 v°).

XV s. Parch. 158 fol. (J. A. de Thou.-Colbert. 6579.) P.

400. S. Gregorii Nazianzeni versus aliquot : Πιστὸν οἰκέτην...
(2 et 132 v°) ; — Canones varii (5), — inter quos Nicolai, patriarchæ CP., lamentatio Deiparæ ad crucem stantis (12), — Ano-

nymi versus in Christi sepulturam : Ἄναξ βασιλεῦ... (16), — et : Δεῦτε βροτοὶ θεάσασθε... (22 v°) ; — Theodori Prodromi versus in Hexaemeron (31) ; — Veterum philosophorum et poetarum dicta de Christo (33 v°) ; — Inscriptiones quæ SS. PP. libris præmitti debent (34) ; — S. Joannis Damasceni de S. Trinitate (37 v°) ; — Anonymi sermo ad populum Christianum : Ἅπαντες χριστεπώνυμοι... (40) ; — Typicum in epitome (60 v°) ; — Anonymi lexicon versibus politicis [Boissonade, *Anecd. gr.*, IV, 366] (87) ; — Manuelis Holoboli rhetoris versus in Michaelem et Andronicum Palæologos (109) ; — Theodori Prodromi versus ad Joannem Porphyrogenitum adversus Persas proficiscentem (116 v°) ; — Anonymi epistolæ consolatoriæ : Εἰ καὶ βαρὺ τὸ πένθος... (127) ; — Epistolarum formulæ : Ὑγιαίνειν ὑμᾶς καὶ κατὰ τὸν ἐκτός... (135, 149 et 162) ; — Vocum difficiliorum in hymnis explicatio (141) ; — Versus in Christi nativitatem : Πάλαι μὲν ἐκ γῆς... (143 u) ; — Versus in S. Nicolaum : Ἕως φόρος λάμπεται... (144 v°) ; — Versus in S. Georgium : Μηδεὶς παρόντων... (155) ; — Paschalion (157) ; — Fidei professio quam exhibuit Leo cum episcopus ordinatus est (168) ; — Prologus Alexiados ab Anna Comneno conscriptæ (171).

XIV s. Bombyc. 175 fol. (Colbert. 6044.) P.

401. Officium S. Georgii martyris (1) ; — Miracula S. Georgii (60 v°) ; — Simeonis Magistri [Metaphrastæ] vita S. Georgii martyris (117).

XIV s. Bombyc. 172 fol. (Colbert. 6067.) P.

402. Typicum.

XIV s. Bombyc. 279 fol. (Colbert. 6040.) P.

403. Liber precum.

XV s. (Copié par Georges Hermonyme.) Pap. 75 fol. (Colbert. 6598.) P.

404. Menæum octobris.

XV s. Bombyc. 159 fol. (Colbert. 6039.) P.

405. Octoechus.

XVII s. Pap. 205 fol. (Colbert. 6465.) P.

406. Horologium synopticum.

Copié en 1478 par Jean Rhosus. Parch. 159 fol. (Medic.-Reg. 3458.) P.

407. Nicephori Callisti Xanthopuli synaxaria in præcipua triodii festa.

Copié en 1371. Pap. 131 fol. *P.*

408. S. Basilii liturgia.

Copié en 1418 par Sophronius. Parch. 5^m,055. Rouleau.

409. S. Joannis-Chrysostomi liturgia.

XII s. Parch. 5^m,585. Rouleau. (Colbert, coté 7.)

409 A. S. Joannis Chrysostomi liturgia.

XIII s. Parch. 4^m,740. Peint. Rouleau.

410. S. Joannis Chrysostomi liturgia.

XIV s. Parch. 5^m,180. Rouleau. (Reg. s. n.)

411. S. Joannis Chrysostomi liturgia.

XV s. Parch. 6^m,250. Rouleau. (Reg. s. n.)

412. Ritus et preces ad conferendos sacros ordines.

XIII-XIV s. Parch. 8^m,615. Rouleau. (Reg. s. n.)

413. Gelasii Cyziceni historia concilii Nicæni.

Copié en 1561. Pap. 82 fol. Peint. (Hurault.-Reg. 2040.) *M.*

414. Gelasii Cyziceni historia concilii Nicæni, a cap. IV. ad finem (1); — Eusebii Pamphili de vita Constantini magni libri IV. (65); — Constantini magni oratio ad sanctorum cœtum (134); — Eusebii historiæ ecclesiasticæ liber I. (155).

XVI s. (Copié par Nicolas Sophianos.) Pap. 162 fol. (Reg. 2511.) *M.*

415. Concilium Chalcedonense (1); — Concilium Sardicense (126 v°); — Concilium Carthaginiense IV. (137); — Cyrilli epistolæ ad Nestorium (208) — et ad Joannem Antiochenum (211 v°).

XIII s. Parch. 216 fol. (Delamare.-Reg. 2041, 2.) *M.*

416. Epistolæ, orationes et alia ad concilium Ephesinum generale III. pertinentia, capitulis 126.

Copié en 1557. Pap. 320 fol. (Hurault.-Reg. 2041.) *M.*

417. Epistolæ, orationes et alia ad concilium Ephesinum generale III. pertinentia, capitulis 130.

XVI s. Pap. 328 fol. (Fontebl.-Reg. 2512.) *M.*

418. Acta concilii Constantinopolitani V. (1); — Justiniani

imp. liber adversus Origenem (224); — Commentarius syno-
dicus, tempore Alexii, CP. patriarchæ, de diversis capitibus
(255 v°).

XV s. Pap. 263 fol. (Hurault,-Reg. 2513.) *M.*

419. Acta concilii Constantinopolitani V. (1); — Justiniani
imperatoris liber adversus Origenem (111).

XVI s. Pap. 130 fol. (Fontebl.-Reg. 2042.) *M.*

420. Concilium Lateranense IV., a. 1215, gr.-lat.

XIV s. Bombyc. 43 fol. (Mazarin.-Reg. 2516.) *M.*

421. Synodus adversus Barlaamum et Acyndinum (1); —
Philothei, patriarchæ CP., adversus Nicephorum Gregoram
sermones antirrhetici XII. (27); — ejusdem de dicto S. Basilii in antirrheticis adversus Eunomium (270); — ejusdem
de divina Christi transfiguratione in monte Thabor (284); —
ejusdem oratio in laudem Gregorii Palamæ (314).

XIV s. Pap. 386 fol. *M.*

422. Acta concilii Florentini (1); — Bessarionis epistola
ad Græcos (162 v°); — Georgii Scholarii orationes IV. (169);
— S. Basilii confessio fidei (213 v°); — Theodori Gazæ ad
Andronicum et Demetrium fratres epistola (214).

XV s. Pap. 214 fol. (Medic.-Reg. 2514.) *M.*

423. Acta concilii Florentini (7 v°); — præmittitur decretum unionis, gr.-lat. (1); — Anonymi de festo S. Joannis
Baptistæ tempore concilii (191); — Georgii Scholarii orationes IV. (192); — Nicolai papæ V. epistola ad imp. Constantinum a Theodoro Gaza græce versa (239); — Bessarionis
epistola ad Græcos (243).

XVI s. Pap. 250 fol. (Du Fresne.-Reg. 2515.) *M.*

424. Acta synodi Hierosolymitani sub Dositheo patriarcha,
a. 1672, habiti.

Copié en 1672. Pap. 103 fol. (Reg. 2514, 2.) *M.*

425. Cyriaci Anconitani versus in S. Nicolaum (D); — Anonymi de septem primis œcumenicis synodis : Χρὴ γινώσκειν ὅτι
ἐπεί... (1); — Anonymus de baptismo Constantini (13); —
Hesiodi opera et dies, cum scholiis et vita (19); — Homeri

batrachomyomachia (27); — Xenophontis œconomici fragmentum (37); — ejusdem Lacedæmoniorum respublica (40);
— Varia de grammatica, e libris Ambrosii Camaldulensis,
inter quæ : Æsopi fabulæ IV. (48); — Inscriptiones græcæ
et latinæ (48 v°); — Fragmentum epistolæ Franc. Philelphi
ad Carolum Francorum regem de vita Mahometi (52); — Notitia aliquot librorum Cyriaci Anconitani (59 v°); — Guarini
Veronensis de diphthongis (70); — Fragmentum erotematum
Manuelis Calecæ (77); — Epistolæ latinæ Poggii, Leonardi
Aretini, et epitaphium Pauli II. papæ (92); — Regulæ gram-
maticales, e cod. Colutii (93 v°).

XV-XVI s. Pap. 115 fol. (Mazarin.-Reg. 3361.) P.

426. Symbolum Nicænum cum interpretatione (5); — SS.
Gregorii Nysseni, Anastasii Sinaïtæ, Athanasii et Felicis papæ
sententiæ de S. Trinitate (11); — Orationis Dominicæ expositio (13 v°); — Cherubici interpretatio (15 v°); — Quid sit fortuna et an Christiano nomen illud usurpare liceat :. Τύχη μὲν
παρὰ τοῖς Ἕλλησιν... (19); — Melissa sententiarum e profanis et
sacris auctoribus (30); — Preces variæ (114); — Interrogationes et responsiones theologicæ (119 v°); — S. Athanasii
responsio Christum Deum esse et jam venisse (123); — Anonymus de fine septimi sæculi, sec. Paulum ad Thessalon. :
Ἐρωτῶμεν δὲ ὑμᾶς καὶ τὰ λοιπά... (137); — S. Cypriani oratio
(146); — Symeonis Metaphrastæ versus de incarnatione (162);
— S. Gregorii Nazianzeni versus (163); — Versus de Constantinop. : Βυζάντιος αὐλή... (163 v°); — Versus secundum alphabetum : Ἀρχὴ τοῦ κόσμου... (164); — Sententiæ historico-theo-
logicæ : Χρὴ εἰδέναι ὅτι ἅμα... (166).

Copié en 1488 par Choricarius. Pap. 170 fol. Peint. (Fontebl.-Reg. 2980.) P.

427. Silvestri Syropuli historia concilii Florentini (1); —
Decretum concilii Florentini, a. 1439 (236); — Disceptationes
inter Græcos et Latinos in concilio Florentino (240 et 391); —
Georgii Scholarii monodia in mortem Marci Ephesini (385).

XV s. Pap. 436 fol. (Medic.-Reg. 3029.) P.

428. Acta synodi Florentinæ (1); — Decretum concilii Florentini, a. 1439 (349 v°).

XVI s. Pap. 351 fol. (Mazarin.-Reg. 3372.) P.

429. Disceptationes inter Græcos et Latinos in concilio Florentino (1); — Decretum concilii Florentini, a. 1439 (169).

XVI s. Pap. 176 fol. (Du Fresne.-Reg. 3030.) *P.*

430. Concilii Florentini, a. 1439, decretum, gr. lat., apographum Burgundiæ ducis insignibus ornatum.

Copié en 1439. Parch. 886/712^{mm}. Peint. Rouleau. (Colbert. s. n.)

431. Ecclesiæ Constantinopolitanæ, sub Dositheo patriarcha, de præsentia Christi reali in eucharistiæ sacramento testimonia.

Copié en 1672. Pap. 1^m,322. Peint. Rouleau. (Reg. s. n.)

432. Ecclesiarum Smyrnensis et insulæ Melos de præsentia Christi reali in eucharistiæ sacramento testimonia.

Copié en 1672 et 1676. Pap. 6 fol. (Reg. s. n.) *A.*

433. Philonis Judæi opera omnia, exceptis sex ultimis libris.

XVI s. (Copié par Nicolas Sophianos.) Pap. 567 fol. (Fontebl.-Reg. 1895.) *M.*

434. Philonis Judæi operum libri I-XVIII. (1); — ejusdem de vita Moysis libri tres (328); — Anonymi historiæ Veteris Testamenti compendium usque ad librum Judith : Θέος ἐστι μὲν ἀνενδέης... (381).

XVI s. Pap. 433 fol. (Fontebl.-Reg. 2250.) *M.*

435. Philonis Judæi vita sapientis per doctrinam perfecti (1); — ejusdem vita viri civilis, sive de Josepho (31 v°), — vitæ Moysis liber I. (65 v°), — de charitate (104 v°), — de resipiscentia (118 v°), — de nobilitate (120), — de virtutibus et legatione ad Gaium (124); — Paschalion ab a. 1382 (134).

XI s. Parch. 175 fol. (Fontebl.-Reg. 2251.) *M.*

436. Clementis Romani epitome de actibus et peregrinationibus S. Petri, in quo ipsius Clementis vita, auctore Jacobo Hierosolymit. episcopo (1); — Vita S. Stephani junioris (65); — Vita S^{æ} Mariæ Ægyptiacæ, auctore Sophronio, Hierosolymit. patriarcha. (113 v°).

XVI s. (Copié par Constantin Palæocappa.) Pap. 133 fol. (Reg. 2249.) *M.*

437. S. Dionysii Areopagitæ liber de cælesti hierarchia (1),

— de ecclesiastica hierarchia (41); — de divinis nominibus
(104), — epistolæ ii-ix. (193).

IX s. Parch. 216 fol. Onciale. (Bigot.-de Mesmes.-Reg. 2262, 2.) *P.*

438. S. Dionysii Areopagitæ opera, cum S. Maximi scholiis (1); — S. Maximi de ecclesiastica mystagogia (218).

Copié en 992. Parch. 249 fol. (Colbert. 928.) *M.*

439. S. Dionysii Areopagitæ opera, cum S. Maximi scholiis.

XI s. Parch. 118 fol. (Fontebl.-Reg. 2264.) *M.*

440. S. Dionysii Areopagitæ liber de divinis nominibus,
cum S. Maximi scholiis (1); — ejusdem de cælesti hierarchia
(72 vo), — de ecclesiastica hierarchia (106), — epistolæ (153);
— Polycratis Diadochi, Ephesini archiep., fragmentum epistolæ ad Victorem papam [Eusebii *Hist. eccles.*, V, 24] (176 vº);
—Clementis Alexandrini fragmentum de S. Joanne evangelista
(177); — Philonis Judæi de vita contemplativa fragmentum
(178); — Vita S. Dionysii Areopagitæ et epigramma in ejus
vitam (179).

XII s. Parch. 185 fol. (Mazarin.-Reg. 2263.) *M.*

441. S. Dionysii Areopagitæ opera, cum S. Maximi scholiis
(1); — Paschalion, ab a. 1352 (108 vº).

XIV s. Parch. 108 fol. (Reg. 2267.) *M.*

442. S. Dionysii Areopagitæ opera, cum S. Maximi scholiis.

XII s. Parch. 253 fol. (Medic.-Reg. 2262.) *M.*

443. S. Dionysii Areopagitæ opera, cum S. Maximi scholiis.

Copié en 1272 par Longin. Parch. 166 fol. Palimps. (Colbert. 845.) *M.*

444. S. Dionysii Areopagitæ opera, cum S. Maximi scholiis.

Copié en 1348 par .....τοῦ πολίτου. Pap. 158 fol. (Fontebl.-Reg. 2266.) *M.*

445. S. Dionysii Areopagitæ opera, cum S. Maximi scholiis.

XIV s. Copié (en partie) par Jean Ducas de Neocésarée. Parch. 126 fol.
(Medic.-Reg. 2268.) *P.*

446. S. Dionysii Areopagitæ opera, cum S. Maximi scholiis.

XVI s. Pap. 281 fol. (Colbert. 3160.) *M.*

447. S. Dionysii Areopagitæ opera, cum S. Maximi scholiis.

XVI s. Pap. 236 fol. (Reg. 2265.) *M.*

448. Georgii Pachymeræ paraphrasis operum S. Dionysii Areopagitæ.

Copié en 1299 par Andronic Lepentarinos. Bombyc. 402 fol. (Medic.-Reg. 2269.) *M.*

449. Georgii Pachymeræ paraphrasis operum S. Dionysii Areopagitæ.

XVI s. Pap. 519 pages. (Colbert. 1558.) *M.*

450. S. Justini philosophi epistola ad Zenam et Serenum (6 v°);—præmittuntur de S. Justino fragmentum, e Photio (1), — et Eusebii fragm. de Justino, Polycarpo et Irenæo (4 v°); — S. Justini sermo paræneticus ad Græcos (17); —ejusdem dialogus cum Tryphone judæo (50), — apologia pro Christianis ad senatum (193), — apologia secunda ad Antoninum Pium et epistolæ tres (201), — liber de monarchia (241), — expositio orthodoxæ fidei (247), — confutatio dogmatum quorumdam Aristotelicorum (261), — quæsita et responsa ad Græcos (302 v°); — Athenagoræ Atheniensis de mortuorum resurrectione (433 v°).

Copié en 1363. Pap. 461 fol. (Fontebl.-Reg. 2270.) *M.*

451. S. Clementis Alexandrini liber adhortatorius ad Græcos (1); ejusdem Pædagogus, libris III (57); — S. Justini ad Zenam et Serenum epistola (155); — ejusdem oratio parænetica ad Græcos, omnia cum scholiis (163 v°); — Eusebii Pamphili evangelicæ præparationis libri I-V (188); — Athenagoræ Atheniensis legatio pro Christianis (322 v°); — ejusdem de resurrectione mortuorum (348 v°); — Eusebii Pamphili adversus Hieroclem liber, cum scholiis (368).

Copié en 914 par Baanès, notaire d'Aréthée, archevêque de Césarée. Parch. 403 fol. (Fontebl.-Reg. 2271.) *P.*

452. S. Clementis Alexandrini Pædagogus, libris III (1); — ejusdem hymnus in Christum (105 v°); — S. Joannis Climaci scala paradisi (107); — præmittuntur vita S. Joannis Climaci in epitome (108), — et Joannis Raithuensis epistola, cum responsione (111); — S. Joannis Climaci liber ad pastorem (219); — Joannis Raithuensis epistola in laudem prædicti libri (226).

Copié (en partie) en 1538 par Valerianus Albini. Pap. 228 fol. (Fontebl.-Reg. 2272.) *M.*

453. S! Hippolyti tabulæ paschales, gr.-lat. ; præmittuntur
S. Hieronymi de illo testimonium et fragmentum catalogi ejusdem operum, e marmore Vaticano (1); — Epitaphium Æliæ
puellæ [*Corp. Inscr. Gr.*, n° 6279] (12); — « Expositione sopra
le tavole pasquali di S. Ippolito » (13); — Vita Sæ Macrinæ, e
cod. Cryptoferrat. (45); — Hypsiclis anaphoricus (59); — Cl.
Ptolemæi magnæ constructionis prolegomena, cum scholiis
(67 et 78); — ejusdem de hypotesibus planetarum liber (88).

XVI-XVII s. Copié (en partie) par Jean de Sainte-Maure. 113 fol. (Teller. Rem.-Reg. 1862.) *G*.

454. Origenis expositio in Job (1); — S. Joannis Chrysostomi homiliæ IV in Job (154).

Copié en 1448 par Basile prêtre. Pap. 183 fol. (Fontebl.-Reg. 2275.) *M*.

455. Origenis commentaria in Joannis et Matthæi evangelia (1).

XVI s. Pap. 385 fol. (Fontebl.-Reg. 1896.) *M*.

456. Origenis philocalia (1); — Arriani de expeditione
Alexandri libri VII (98); — ejusdem historia indica (223 v°);
— Diodori exequiæ Alexandri, ex Plutarcho (246); — Bessa-
rionis versus in mortem Theodoræ Palæolog. (248 v°); —
Fragmentum de Pompeio, ex Plutarcho (249).

Copié en 1426. Pap. 250 fol. *M*.

457. Origenis philocalia.

XVI s. Copié par Constantin Palæocappa. 224 fol. (Teller. Rem.-Reg.
1897, 2.) *M*.

458. Origenis philocalia (1); — Zachariæ Scholastici, episcopi Mitylenæi, dialogus de opificio mundi (201).

Copié en 1541 par le moine Pachome (Constantin Palæocappa). Pap.
295 fol. (Fontebl.-Reg. 2273.) *M*.

459. Origenis philocalia.

Copié en 1543. Pap. 178 fol. (Medic.-Reg. 2274.) *P*.

460. Origenis dialogus contra Marcionistas (1); — Maximi
Tyrii quid sit Deus secundum Platonem (114); — Zachariæ
Scholastici dialogus de opificio mundi (125); — Æneæ Gazæi
Theophrastus, seu de resurrectione mortuorum dialogus (169);
— Preces ante communionem dicendæ (218).

XVI s. Copié par Constantin Palæocappa. Pap. 220 fol. (Teller. Rem.-
Reg. 1897,3.) *M*.

461. Origenis dialogus contra Marcionistas (1); — Æneæ Gazæi Theophrastus, seu de resurrectione mortuorum (133).

XVI s. Copié par le moine Pachome (Constantin Palæocappa). Pap. 207 fol. (Fontebl.-Reg. 2276.) *M.*

462. S. Gregorii Thaumaturgi de anima ad Tatianum (1); — Georgii Gemisti Plethonis de virtutibus (8); — ejusdem responsio ad Georgii Scholarii apologiam pro Aristotele (24); — Bessarionis quæstiones ad Georgium Gemistum (104), — cum duplici ejusdem Plethonis responsione (109); — Plethonis compendium dogmatum Zoroastri et Platonis (123); — ejusdem chorographia Thessaliæ (130); — Ex Polybio, de figura Italiæ (154).

XVI s. Copié par Christophe Auer. Pap. 159 pages. (Colbert. 1186.) *M.*

463. Eusebii Pamphili commentarius in Psalmos.

XVII s. Pap. 352 fol. (Colbert. 646.) *M.*

464. Eusebii Pamphili liber de hebraicis locorum nominibus in S. Scriptura (1); — Lexica varia S. Scripturæ, e Stephano, Orione Thebano aliisque lexicographis (33); — Palladii Helenopolitani historia Lausiaca (95).

XVI s. Pap. 219 fol. (Fontebl.-Reg. 2283.) *M.*

465. Eusebii Pamphili evangelicæ præparationis libri XV.

XIII s. Copié par Longin. Bombyc. 207 fol. (Reg. 1899, 2.) *M.*

466. Eusebii Pamphili evangelicæ præparationis libri XV.

XV s. Copié par César Strategus. Parch. 361 fol. (Hurault.-Reg. 2277.) *M.*

467. Eusebii Pamphili evangelicæ præparationis libri XV.

XVI s. Copié par Michel Damascène de Crète. Pap. 386 fol. (Fontebl.-Reg. 1899.) *M.*

468. Eusebii Pamphili evangelicæ præparationis libri XV.

XVI s. Pap. 453 fol. (Fontebl.-Reg. 2278.) *M.*

469. Eusebii Pamphili demonstrationis evangelicæ libri X.

XII s. Parch. 322 fol. (Medic.-Reg. 1898.) *G.*

470. Eusebii Pamphili demonstrationis evangelicæ libri X.

XVI s. Pap. 308 fol. (Fontebl.-Reg. 1900.) *M.*

471. Eusebii Pamphili demonstrationis evangelicæ libri X.

XVI s. Pap. 230 fol. (Fontebl.-Reg. 1808.) *G.*

472. Eusebii Pamphili demonstrationis evangelicæ libri X.
XVI s. Pap. 309 fol. (Reg. 2279.) *M.*

473. Eusebii Pamphili demonstrationis evangelicæ libri X.
Copié en 1543 par Valerianus Albini. Pap. 238 fol. (Fontebl.-Reg. 1901.) *M.*

474. S. Athanasii adversus Arianos libri III et IV (1); —
ejusdem oratio in illud : Omnia mihi tradita sunt a patre (74),
— fragmenta de docendi ratione, sabbato et circumcisione
(78 v°), — epistola ad Serapionem, Thmuensem episcopum,
adversus blasphemantes et dicentes S. Spiritum esse creatum
(83 v°), — eadem epistola in epitome (111), — epistolæ duæ
de S. Spiritu (116 v°), — homilia in illud Matthæi : Omne peccatum et blasphemia remittetur hominibus (125 v°), — epistola
de synodi Nicænæ decretis contra Arianos (136); — Eusebii
Cæsariensis epistola de fide Nicæna [Theodoret. *Hist. eccl.*, I,
11] (161 v°); — Symbolum fidei Nicænum (162 v°); — Depo-
sitio Arii et sociorum ab Alexandro, Alexandriæ archiep.
(164); — Alexandri Alexandrini epistola ad omnes catholicæ
ecclesiæ episcopos [Socrat. *Hist. eccl.*, I, 8] (167 v°); — Nicænæ synodi epistola adversus Arium et socios [Theodoret.
Hist. eccles., I, 8] (168); — Constantini imperatoris epistola ad
catholicam Alexandrinorum ecclesiam [Socrat. *Hist. eccles.*, I,
19] (170); — Exemplar epistolæ Constantini ad episcopos et
laicos a Syncletio et Gaudentio allatum [Socrat. *Hist. eccles.*,
I, 9] (171); — Constantini imperatoris epistola ad Arium et
Arianos (171 v°); — ejusdem ad Nicomediensium ecclesiam epistola adversus Eusebium et Theognium (177); —
ejusdem ad Theodotum epistola (180); — S. Athanasii de
Dionysii Alexandrini adversus Arianos sententia (180 v°);
— ejusdem de illis qui fugam in persecutione ei obiciebant
(196 v°), — apologeticus secundus contra Arianos (211), —
encyclica epistola ad episcopos (278), — epistola ad Serapionem de morte Arii (285 v°), — ad solitarios epistola (287 v°);
— Alexandrinorum testimonia in gratiam S. Athanasii (293);
— S. Athanasii epistola de synodis Arimini in Italia et Seleu-
ciæ in Isauria habitis (337); — ejusdem apologia ad Constantium imperatorem (383 v°); — epistolæ ad Joannem et Antiochum (406), — ad Palladium (406 v°), — ad Dracontium

(407); — XC. Ægypti et Libyæ episcoporum, et S. Athanasii adversus Arianos epistolæ (412); — S. Athanasii ad Antiochenos epistola (420 v°); — ejusdem epistola ad Jovinianum de fide (422 v°); — Joviniani imp. ad S. Athanasium epistola (424 v°); — Arianorum ad Jovinianum petitiones adversus Athanasium (425); — S. Athanasii homilia in passionem et crucem Domini (426 v°).

XI s. Parch. 457 fol. (Reg. 2284.) *M.*

475. S. Athanasii tractatus adversus gentes (2); — ejusdem de incarnatione verbi tractatus duo (44 et 90 v°); — ejusdem libri de incarnatione adversus Arium et Apollinarium (93), — adversus omnes hæreses (137 v°), — epistola ad Epictetum, Corinthi episcopum, de incarnatione adversus hæreticos (146), — expositio fidei (153 v°); — Liberii, archiep. Romæ, epistola ad S. Athanasium, cum S. Athanasii responsione (156); — S. Athanasii tomus ad Antiochenos (157 v°); — ejusdem de æterna Filii et Spiritus sancti cum Deo existentia, adversus Sabellianos (163 v°), — homilia in Christi nativitatem (174 v°), — epistolæ ad Adelphium episcopum, adversus Arianos (178 v°), — et ad Maximum philosophum (184), — homilia in illud : Ite in castellum quod contra vos est (186 v°), — adversus Arianos libri V. (193), — homilia in illud : Omnia mihi tradita sunt a patre (404), — doctrina ad Antiochum ducem (409), — de sabbato et circumcisione, ex Exodo (409 v°), — ad Sarapionem epistolæ V. de S. Spiritu (413 v°).

XVI s. Pap. 467 fol. (Delamare.-Reg. 1904, 2.) *M.*

476. S. Basilii homiliæ IX. in hexaemeron (3), — S. Gregorii Nysseni capita XXX. de hominis opificio, præmissa ad Petrum fratrem epistola (64 v°); — Theodori Studitæ in parva S. Basilii ascetica scholium (117); — S. Basilii parva ascetica (118); — ejusdem homiliæ in psalmum I. (144 v°), — in illud : Attende tibi ipsi (151), — in illud Lucæ : Destruam horrea mea (158 v°), — ad divites (165), — in psalmum XIV. homiliæ duæ (174), — de jejunio homiliæ duæ (185), — oratio in ebriosos (197), — de ira (204), — de invidia (211), — de gratiarum actione (216 v°), — in laudem Julittæ martyris (223 v°), — in

principium Proverbiorum (232), — exhortatio ad baptismum
(245 v°), — de baptismo [falso S. Basilio attributa] (253 v°),
— de eo quod Deus non sit auctor malorum (258), — oratio
dicta in lacizis (266 v°), — in fame et siccitate (273 v°), — de
fide (282), — in laudem Gordii martyris (285 v°), — in XL.
martyres (292), — in illud Joannis : In principio erat verbum
(297 v°), — contra Sabellianos, Arium et Anomœos (301), —
de eo quod adhærescendum non est rebus sæcularibus (307),
— de humilitate (316 v°), — ad Optimum episcopum, in illud :
Omnis qui occiderit Caïn (321 v°), — ad virginem lapsam (326),
— in laudem Barlaami martyris (330 v°), — homiliæ XIV. in
totidem psalmos (333), — de eo quod Deus sit incomprehensibilis (430 v°), — ad adolescentes de legendis gentilium libris
(435), — de spiritu sancto (444), — ad monachum lapsum
(445 v°), — in calumniantes quod tres Deos colamus (447), —
epistola ad occidentales episcopos (449 v°), — oratio in laudem
Mamantis martyris (452), — de misericordia et judicio (454 v°),
— de Christi humana generatione (457).

X s. Parch. 460 fol. (Reg. 1824.) *G.*

477. S. Basilii homiliæ IX. in hexaemeron (4); — S. Joannis
Chrysostomi homiliæ LXXXVII. posteriores in Joannem (74).

XV s. Pap. 256 fol. (Medic.-Reg. 2287.) *M.*

478. S. Basilii homiliæ IX. in hexaemeron (1); — ejusdem
homilia de creatione hominis (105 v°); — Constantini Harme-
nopuli prochiron legum (109); — Michaelis Pselli synopsis
juris, versibus iambicis (235); — Anonymi lexicon vocum
latinarum in superiori libro existentium (261 v°); — Joannis,
Russiæ metropolitæ, epistola ad Clementem papam (262 v°);
— Petri, Antiocheni patriarchæ, epistola ad Dominicum Gradensem (264); — Michaelis [Pselli] canon acrostichicus in honorem omnium sanctorum (269).

XV s. Pap. 275 fol. (Reg. 2287, 2.) *M.*

479. S. Basilii homiliæ VIII. in hexaemeron (1); — S. Gregorii Nysseni de hominis opificio (76).

XIII-XV s. Parch. et Pap. 171 fol. *G.*

480. S. Basilii homiliæ XVI. in psalmos (1); — ejusdem
homiliæ in illud : Attende tibi ipsi (175), — in illud Lucae :

Destruam horrea mea (186 v°) ; — ad divites (196), — de humilitate (209 v°), — de gratiarum actione (217 v°), — in laudem
Julittæ martyris (228 v°), — de eo quod Deus non sit auctor malorum (241 v°), — de ira (254 v°), — de invidia (265), — in
principium Proverbiorum (273 v°), — oratio habita in lacizis
(293 v°), — in fame et siccitate (304), — in illud Joannis : In
principio erat verbum (317 v°), — in laudem Gordii martyris
(323), — in laudem Barlaami martyris (333), — de humana
Christi generatione (336), — exhortatoria ad baptismum (345),
— in XL. martyres (357), — de jejunio homiliæ duæ (365 v°),
— in ebrios (384), — de jejunio oratio III. (394 v°), — de eo
quod adhærescendum non est rebus sæcularibus (396), — de
fide (410 v°), — de S. Spiritu (414 v°), — contra calumniantes
quod tres deos colamus (417), — ad adolescentes de legendis
gentilium libris (421 v°), — in virginem lapsam (435), — epistola ad S. Gregorium Nazianzenum (441 v°).

X s. Parch. 447 fol. (Medic.-Reg. 1906.) *G.*

481. S. Basilii homiliæ in psalmum I. (1), — in illud : Attende tibi ipsi (9), — in illud Lucæ : Destruam horrea mea
(17 v°), — in divites (25 v°), — de jejunio homiliæ duæ (36 v°),
— ad adolescentes de legendis gentilium libris (52), — de ira
(63), — in illud Joannis : In principio erat verbum (72), — ad
monachum lapsum (76 v°), — quod Deus sit incomprehensibilis (78 v°), — ad episcopos occidentales (84), — de baptismo
(87 v°), — in psalmum XXVIII. (93), — in psalmum XXXVII.
(97), — de misericordia et judicio (107), — in principium Proverbiorum (110 v°), — in ebriosos (128), — de invidia (136 v°),
— oratio exhortatoria ad baptismum (143 v°), — de fide (154 v°),
— contra calumniantes quod tres deos colamus (158 v°), —
contra Sabellianos, Arianos et Anomœos (162 v°), — de S. Spiritu (169), — oratio habita in lacizis (173 et 361), — quod Deus
non sit auctor malorum (182), — contra fœneratores (192 v°),
— in psalmum LIX. (200), — in psalmum LXI. (204), — in
psalmum CXIV. (210 v°), — de gratiarum actione (216), — in
laudem Julittæ martyris (224), — in laudem Gordii martyris
(235 v°), — in XL. martyres (243 v°), — in laudem Barlaami
martyris (251 v°), — in laudem Mamantis martyris (254), —

orationes in psalmos VII, XIV, XXVIII, XXIX, XXXII, XXXIII,
CXV, XLIV, XLV, XLVI. (259), — de eo quod non est adhærescendum rebus sæcularibus (351), — de humilitate (369), —
oratio dicta in fame et siccitate (374 v°), — epistola ad Optimum episcopum in illud : Omnis qui occiderit Caïn (383),
— ad virginem lapsam (387 v°); — S. Gregorii Nysseni
oratio in sancta lumina (392).

XI s. Parch. 397 fol. (Hurault.-Reg. 1907.) *M*.

482. S. Basilii homiliæ XIV. in psalmos, turbato foliorum
ordine (1), — in laudem Barlaami martyris (94), — in principium Proverbiorum (96 v°), — quod Deus non sit auctor malorum (104 v°), — de gratiarum actione (114 v°), — in laudem
Julittæ martyris (121 v°), — in laudem Gordii martyris (132 v°),
— in XL. martyres (140 v°), — in illud : Attende tibi ipsi (147 v°),
— in illud Lucæ : Destruam horrea mea (155), — in divites (162),
— in fame et siccitate (165), — de fide (172), — oratio dicta in
lacizis (173), — de jejunio homiliæ duæ (176 v°), — in irascentes (187), — de invidia (195), — in illud Joannis : In principio erat verbum (203), — de humilitate (217), — de eo quod
non est adhærescendum rebus sæcularibus (224), — oratio
exhortatoria ad baptismum (229), — ad virginem lapsam (230),
— ad adolescentes de legendis gentilium libris (239 v°), —
contra Sabellianos, Arianos et Anomœos (241), — adversus
calumniantes quod tres deos colamus (246); — Vita SS. Cyri
et Joannis (256); — Fragmentum homiliæ XXIX. in Genesim
S. Joannis Chrysostomi (264).

XI s. Parch. 265 fol. (Colbert. 2540.) *M*.

483. S. Joannis Chrysostomi expositio in psalmos CXX-CL.
(1); — S. Basilii homiliæ in psalmos (246).

XI s. Parch. 449 fol. (Colbert. 4275.) *P*.

484. S. Basilii homiliæ in psalmos, desunt tres priores (1);
— ejusdem homiliæ in illud : Attende tibi ipsi (74), — in illud Lucæ : Destruam horrea mea (80 v°), — in divites (86),
— in ebriosos (91 v°), — de ira (97 v°), — de invidia (104), —
in principium Proverbiorum (109 v°), — de eo quod Deus non
sit auctor malorum (116 v°).

X s. Parch. 132 fol. (Colbert. 1528.) *M*.

485. S. Basilii homiliæ in psalmos, initio mutilæ (1); — ejusdem homiliæ in fœneratores (23),— in illud : Attende tibi ipsi (154 v°), — in illud Lucæ : Destruam horrea mea (163 v°), — in divites (171 v°), — de jejunio homiliæ III. (185), — in ebriosos (202), — de ira (211), — de invidia (226 v°), — de eo quod Deus non sit auctor malorum (236 v°), — in XL. martyres (247), — in fame et siccitate (257), — oratio exhortatoria ad baptismum (269), — de fide (279), — in illud Joannis : In principio erat verbum (281 v°), — in virginem lapsam (286).

XI s. Parch. 286 fol. (Reg. 2325.) *M*.

486. S. Basilii homiliae in psalmos (1), — in illud : Attende tibi ipsi (92), — de jejunio homiliæ duæ (100), — de fide (111 v°), — de eo quod Deus non sit auctor malorum (114 v°), — de ira (123 v°), — oratio exhortatoria ad baptismum (130 v°), — in illud Lucæ : Destruam horrea mea (138 v°), — in divites (145), — in ebriosos (154), — in XL. martyres (161), — de humilitate (167), — in Sabellianos, Arianos et Anomœos (172 v°). — in illud Joannis : In principio erat verbum (179), — in fame et siccitate (182 v°), — ad virginem lapsam (191 v°), — epistola ad Optimum episcopum in illud : Omnis qui occiderit Caïn (196), — in laudem Barlaami martyris (200 v°), — in illud : Ne dederis somnum oculis tuis (203), — ad monachum lapsum (207), — ad diaconum lapsum (209), — de eo quod adhærescendum non est rebus sæcularibus (210 v°), — de invidia (220),— de gratiarum actione (226), — in laudem Julittæ martyris (233 v°),— epistola ad occidentales episcopos (243 v°), — ad Simpliciam epistola (246), — epistola ad Eunomium (247), — de jejunio homilia III. (247 v°),— de S. Spiritu (249), — in principium Proverbiorum (251), — adversus calumniantes quod tres deos colamus (266), — in laudem Gordii martyris (268),— epistola ad Gregorium Nazianzenum (275 v°).

XII s. Parch. 279 fol. (Colbert. 457.) *M*.

487. S. Basilii homiliæ in psalmos (1), — adversus fœneratores (19), — ad adolescentes de legendis gentilium libris (122 v°), — exhortatio ad baptismum (132 v°), — de fide (140), — in illud Lucæ : Destruam horrea mea (143), — in divites (149), — de gratiarum actione (158 v°), — in laudem Julittæ martyris (165 v°), — in laudem Gordii martyris (174 v°), — in laudem Barlaami martyris (181), — in XL. martyres (183 v°), — in illud : Attende tibi ipsi (189 v°), — de eo quod non sit Deus auctor malorum (198), — de ira (209 v°), — oratio dicta in lacizis (215), — in fame et siccitate (223 v°), — de humilitate (234), — de eo quod non est adhærescendum rebus sæcularibus (240), — de invidia (251), — in ebriosos (257), — de jejunio homiliæ III. (264), — in illud Joannis : In principio erat verbum (278), — de S. Spiritu (282), — adversus calumniantes quod tres Deos colamus (284), — in Christi nativitatem (287), — contra Sabellianos, Arianos et Anomœos (292 v°), — ad virginem lapsam (298 v°), — ad monachum lapsum (302 v°), — epistola ad S. Gregorium Nazianzenum (304), — asceticæ constitutiones, desunt ix-xix. (306), — Pœnæ in monachos et monachas delinquentes constitutæ (336 v°).

XI s. Parch. 339 fol. (Reg. 2287, 3.) *M.*

488. S. Basilii homiliæ in psalmos, desunt tres priores (1), — in illud Lucæ : Destruam horrea mea (93), — in divites (95), — adversus fœneratores (103 v°), — in illud Joannis : In principio erat verbum (115 v°), — de gratiarum actione (120 v°), — in laudem Julittæ martyris (130), — de eo quod Deus non sit auctor malorum (142 v°), — in illud : Attende tibi ipsi (155), — de ira (165 v°), — de invidia (174 v°), — de fide (182), — oratio dicta in lacizis (185), — ad adolescentes de legendis gentilium libris (195), — in fame et siccitate (208), — de jejunio homiliæ duæ (220), — in ebriosos (236), — in principium Proverbiorum (225).

XII s. Parch. 244 fol. (Mazarin.-Reg. 2289.) *M.*

489. S. Basilii homiliæ in psalmos, desunt sex posteriores (1), — in illud Lucæ : Viri cujusd. divitis fertilis fuit terra (73), — in illud : Vende quæ habes (79), — in illud : Attende tibi ipsi (88), — exhortatio ad baptismum (95 v°), — de jejunio homiliæ duæ (103 v°), — de invidia (115 v°), — de ira (121), — in fame et siccitate (128), — de eo quod Deus non sit malorum auctor (137 v°), — oratio dicta in lacizis (147), — de humana Christi generatione (155), — de humilitate

(162); — S. Joannis Chrysostomi oratio in laudem S. Philogonii (168); — Amphilochii Iconiensis fragmentum orationis de S. Basilio (179); — S. Basilii fragmenta de Juliano Apostata, Proterio illiusque filia, et S. Ephræmo Syro (178).

XII-XIII s. Parch. 185 fol. (Reg. 1823.) *G*.

490. S. Basilii in xvi. priora Isaiæ capita interpretatio (1); — Symeonis Logothetæ eclogæ morales e S. Basilio (383).

Copié (en partie) en 1541, par Christophe Auer. 582 pages. (Fontebl.-Reg. 1909.) *M*.

491. S. Basilii homiliæ in psalmos (1), — epistola ad S. Gregorium Nazianzenum (74), — ad Letoium epistola de vera virginitate (74); — Theodoreti Cyrensis historia religiosa (112); — S. Maximi de charitate capita cd. (178); — ejusdem de theologia et virtute centuriæ vii. (202), — de duabus in Christo naturis (277 v°), — ad Thalassium de variis S. Scripturæ dubiis (278 v°); — S. Joannis apocalypsis (281).

XIII-XIV s. Bombyc. 295 fol. (Colbert. 5102.) *P*.

492. S. Basilii expositio in Isaiam prophetam (1); — S. Joannis Chrysostomi de sacerdotio libri VI. (240).

Copié en 942. Parch. 316 fol. (Fontebl.-Reg. 2290.) *M*.

493. S. Basilii in xvi. priora Isaiæ capita interpretatio, initio et fine mutila (3); — S. Gregorii Nazianzeni fragmenta orationum in Julianum apostatam (1), — et de filio (183).

XI s. Parch. 184 fol. (Colbert. 402.) *M*.

494. S. Basilii in xvi. priora Isaiæ capita interpretatio, initio et fine mutila.

X s. Parch. 282 fol. (Colbert 4184.) *P*.

495. S. Basilii expositio in Isaiam prophetam.

XIII s. Parch. 215 fol. (Hurault.-Reg. 2291.) *M*.

496. S. Basilii expositio in Isaiam prophetam, initio et fine mutila.

XII s. Parch. 230 fol. (Mazarin.-Reg. 2292.) *P*.

497. S. Basilii homiliæ in Christi nativitatem (2), — oratio exhortatoria ad baptismum (9), — homiliæ in psalmos (18 v°), — in illud Joannis : In principio erat verbum (97), — de fide (102), — de gratiarum actione (104 v°), — in laudem

Julittæ martyris (112), — in laudem Gordii martyris (122),
— in XL. martyres (130), — in principium Proverbiorum
(136 v°), — de eo quod Deus non sit auctor malorum (151 v°),
— de jejunio homiliæ duæ (154), — in ebriosos (167 v°), —
in illud : Attende tibi ipsi (178), — ad virginem lapsam (189),
— oratio dicta in lacizis (194), — in fame et siccitale (201 v°),
— de invidia (207), — de ira (213 v°), — epistola ad Optimum
episcopum in illud : Omnis qui occiderit Caïn (227 v°), — epistola ad occidentales episcopos (232), — in illud Lucæ : Destruam horrea mea (235), — in divites (242), — de incarnatione (252 v°), — ad adolescentes de legendis gentilium libris
(256), — apologia ad Neocæsarienses de se ipso et S. Gregorio Thaumaturgo (267 v°), — adversus calumniantes quod
tres deos colamus (272), — ad Urbicium monachum epistolæ
duæ (275); — S. Gregorii Nazianzeni oratio funebris in
S. Basilium (277), — cum explicatione historiarum in hac
oratione occurrentium (315 v°); — S. Joannis Chrysostomi
oratio in omnes sanctos (322); — Fragmenta martyr. SS. Eu-
lampii et Eulampiæ (327), — Callistrati (328), — Probi, Tara-
chi et Andronici (329).

Copié en 970 par Nicetas protospathaire. Parch. 329 fol. Peint. (Colbert. 499.) *M*.

498. S. Basilii homiliæ in principium psalmi I. (2), — in
illud : Attende tibi ipsi (9 v°), — in illud Lucæ : Destruam
horrea mea (20), — in divites (29), — in psalmum XIV. homiliæ duæ (43), — de jejunio homiliæ duæ (59), — in ebriosos
(76 v°), — de ira (87), — de invidia (97), — de gratiarum actione
(105 v°), — in laudem Julittæ martyris (115 v°), — in principium Proverbiorum (128), — de eo quod Deus non sit auctor
malorum (146 v°), — in psalmum LIX. (159), — in psalmum
LXI. (164), — in psalmum CXIV. (171 v°), — in psalmum CXV.
(177 v°), — in XL. martyres (183 v°), — in laudem Gordii
martyris (192), — oratio habita in lacizis (201 v°), — in fame
et siccitate (212), — exhortatoria ad baptismum (225 v°), —
de fide (236), — in illud Joannis : In principio erat verbum
(240), — ad virginem lapsam epistola (245 v°), — epistola ad
occidentales episcopos (252 v°), — ad Optimum episcopum
epistola in illud : Omnis qui occiderit Caïn (256), — ad ado-

lescentes de legendis gentilium libris (262 v°), — in psalmum
VII. (276 v°), — in psalmum XXVIII. (287 v°), — in psalmum
XXIX. (299 v°), — in psalmum XXXII. (308), — in Christi
nativitatem (320 v°).

XI s. Parch. 328 fol. (Colbert. 1934.) *M*.

499. S. Basilii oratio in sanctum baptisma (2); — S. Gregorii Nysseni oratio II. de pauperibus charitate complectendis
(10 v°); — S. Joannis Chrysostomi homiliæ de jejunio et eleemosyna (18 v°), — de humilitate et eleemosyna (22), — de
eleemosyna (28 v°), — in psalmum XCV. (32), — de eleemosyna et collatione in sanctos (36 v°); — S. Joannis Chrysostomi [S. Basilii] oratio in illud : Ne facite eleemosynam coram
hominibus (47); — S. Joannis Chrysostomi homilia de pœnitentia et contritione (51 v°); — S. Athanasii, archiep. Alexandrini, homilia de pœnitentia (64); — S. Joannis Chrysostomi
homilia de pœnitentia et oratione (71), — de pœnitentia
oratio III. (78), — de jejunio et Davide (84 v°), — de eo quod
lata via sit quæ ad perniciem ducit (91), — in memoriam
S. Bassi (95 v°), — de pœnitentia et eleemosyna (100 v°), —
in illud apostoli Pauli : Utinam tolerassetis paululum insi-
pientiæ meæ (108 v°), — in Seraphim (116 v°), — in laudem
S. Philogonii (122 v°), — exhortatio ad sanctum baptisma
(130), — in filium prodigum et de pœnitentia (136 v°), — in
illud apostoli : Nolo vos ignorare, fratres (146 v°); — S.
Ephræmi oratio de secundo Christi adventu (156); — S. Joannis Chrysostomi oratio XVIII. ad Antiochenos (161); — S. Basilii orationes duæ de jejunio (169 v°); — S. Joannis Chrysostomi orationes duæ in Annunciationem (183), — in Martham,
Mariam, Lazarum et Heliam prophetam (192 v°), — in ramos
palmarum (198 v°), — de simultate et ira deponenda (207),
— de justo Job (221), — in decem virgines (226 v°), — in
mulierem peccatricem (231), — in sepulturam et resurrectionem Christi (239 v°), — in Christi resurrectionem (246 v°);
— S. Basilii oratio in XL. martyres (252 v°); — S. Gregorii
Nysseni oratio in laudem Theodori martyris (259); — Martyrium SS. Eustratii et sociorum (265); — Martyrium Theodori,
militum præfecti (285 v°); — Vita S. Georgii martyris (289 v°);

— Vita S^æ Mariæ Ægyptiacæ (299 v°); — S. Joannis Chrysostomi oratio de pœnitentia (316) ; — Andreæ Cretensis
archiep. oratio in Lazarum (324); — S. Joannis Chrysostomi
oratio tertia de Lazaro (335 v°).

XI s. Parch. 349 fol. *G*.

500. S. Basilii homiliæ in Christi nativitatem (3), — exhortatio ad baptismum (6), — in laudem Gordii martyris (10 v°),
— in illud Joannis : In principio erat verbum homiliæ duæ
(14), — adversus Sabellianos, Arianos et Anomœos (18), —
adversus calumniantes quod tres deos colamus (22), — de
fide (23 v°), — eclogæ e S. Scripturis (26 v°), — oratio de baptismate (31 v°), — de ira (34), — de invidia (38 v°), — in illud
Lucæ : Destruam horrea mea (41 v°), — de jejunio homiliæ
duæ (44 v°), — ad Optimum episcopum epistola in illud :
Omnis qui occiderit Caïn (51 v°), — de eo quod Deus non sit
auctor malorum (54 v°), — in illud : Attende tibi ipsi (59 v°), —
de gratiarum actione (63 v°), — in laudem Julittæ martyris
(66 v°), — in principium Proverbiorum (72), — homilia dicta
in lacizis (80), — in fame et siccitate (84 v°), — in XL. martyres (89 v°), — in psalmos homiliæ XIV. (93), — adversus
fœneratores (104 v°), — in ebriosos (159 v°), — ad virginem
lapsam (163), — ad adolescentes de legendis gentilium libris
(166), — de misericordia et judicio (172 v°), — ad S. Gregorium Nazianzenum de ascesi (174 v°), — de vita humana
(179), — de eo quod homo ad similitudinem Dei factus sit
(184 v°), — de eo quod adhærescendum non est rebus sæcularibus (189), — in laudem Mamantis martyris (195), — ad
Amphilochium liber de S. Spiritu (197 v°), — adversus Eunomii apologeticum (228), — epistola ad monachum lapsum
(273 v°), — adversus Eunuchos (274 v°).

XI s. Parch. 274 fol. (Reg. 1824, 3.) *G*.

501. S. Basilii homiliæ in psalmum I. (3), — in psalmum
VII. (10 v°), — de jejunio homiliæ duæ (20), — exhortatio ad
baptismum (32), — in laudem Gordii martyris (41), — in XL.
martyres (48), — in Christi nativitatem (54 v°); — Vita SS.
Theodori Grapti et Theophanis fratris (61 v°); — S. Basilii
homilia in laudem Barlaami martyris (74); — Sisinnii, Cons-

tantinop. archiep., oratio in laudem Ceryci et Julittæ martyrum (76 v°) ; — Vita S. Gregorii Decapolitæ, auctore Ignatio,
diacono Constantinop. (86) ; — Vita S. Onuphrii (108) ; —
Plotini, Thessalonicensis archiep., oratio in laudem Demetrii
martyris (115) ; — Narratio miraculorum S. Michaelis archangeli, auctore Pantaleonte chartophylace (124 v°) ; — Naucratii epistola de morte S. Theodori Studitæ (141 v°), — S.
Joannis Chrysostomi homilia in laudem Romani martyris
(149) ; — S. Gregorii Nysseni homilia in salutationem Deiparæ
(153 v°) ; — Vita S. Sylvestri papæ (164) ; — Vita S. Marcelli, archimandritæ Acoemetarum (188 v°) ; — S. Basilii
homilia in illud Lucæ : Destruam horrea mea (210) ; — Martyrium SS. Eustratii et sociorum (218).

XII s. Parch. 244 fol. Peint. *M*.

502. S. Basilii religiosæ vitæ brevis institutio (A), — regulæ
monachorum fusius disputatæ (8 v°), — regulæ breviores
(67 v°), — pœnæ adversus monachos et monachas delinquentes constitutæ (133 v°), — epistolæ cccii. (137), —
ccclxxxiii. (139 v°), — cccxcii. (140), — constitutiones monasticæ (142) ; — S. Basilii [Germani Constantinop.] expositio
sacræ liturgiæ (174) ; — Nili apophthegmata varia (186) ;
— Vita S. Sabæ, auctore Cyrillo Scythopolitano (188) ; —
Vita S. Euthymii, eodem auctore (245) ; — Narratio miraculi
a S. Georgio erga captivum patrati (275 v°).

XII s. Parch. 281 fol. (Colbert. 3063.) *M*.

502 A. S. Basilii religiosæ vitæ institutio et ad regulas
prolusio (14), — regulæ monachorum fusius disputatæ (22 v°),
— regulæ breviores (85).

XI s. Parch. 174 fol. *M*.

503. S. Basilii adversus Eunomium antirrheticorum libri
V. (2), — de S. Spiritu liber ad Amphilochium (51), — in hexaemeron homiliæ IX. (86) ; — S. Basilii [S. Gregorii Nysseni]
de opificio hominis homiliæ duæ (144) ; — S. Gregorii
Nysseni homilia in illud : Et plantavit Deus paradisum ad
orientem (159 v°), — fragmentum apologiæ in hexaemeron
(162 v°), — de opificio hominis liber ad Petrum fratrem (165),
— oratio funebris in Placillam, Theodosii magni conjugem

(203 v°), — in funere Pulcheriæ (208), — oratio, mortuos non esse lugendos (211), — in Christi nativitatem et infantes Bethlehemiticos (223), — encomium S. Stephani protomartyris (230), — oratio funebris in S. Basilium fratrem (235), — vita Moysis (243 v°), — ad Olympium ascetam, vita Macrinæ (284), — vita S. Gregorii Thaumaturgi (296 v°), — de deitate Filii et S. Spiritus et de fide Abraham (315), — in sanctum baptisma (321), — in laudem Theodori martyris (327), — de Christi resurrectione (330 v°), — de festo Paschatis et resurectione (338), — in sanctum Pascha et de triduano festo resurrectionis (346 v°), — de iis qui adeunt Hierosolymam (355 v°), — de anima et resurrectione, cum Macrina sorore dialogus (357), — ad Evagrium monachum epistola de deitate (393), — ad Eustathium de sanctiss. Trinitate (394 v°), — ad Simplicium tribunum de fide (398 v°), — ad Harmonium, quid nomen vel professio Christianorum sibi velit (401), — ad Petrum fratrem de differentia essentiæ et hypostaseos (404 v°), — oratio cum episcopus ordinatus esset habita (409), — oratio funebris in Meletium, Antiochiæ episcopum (412 v°), — ad Olympium monachum de perfectione (416 v°), — contra Apollinarium liber ad Theophilum, patriarch. Alexandrinum (428), — contra fatum disputatio (430 v°), — ad Hierium epistola de infantibus præmature abreptis (441).

XIV s. Pap. 449 fol. (Fontebl.-Reg. 2286.) M.

504. S. Basilii prologus asceticus (1), — adhortatio de abdicando sæculo et de spiritali perfectione (2 v°), — de exercitatione monastica (9), — de religiosæ exercitationis informatione (10), — procemium ad ethica, de judicio Dei (12), — oratio de fide (19 v°), — capita moralia (26), — oratio ascetica, seu ad regulas prolusio (69), — regulæ monachorum fusius disputatæ (74 v°), — regulæ breviores, cum duplici prologo (115 v°), — constitutiones monasticæ (174 v°), — de baptismo libri III. (207).

XII s. Parch. 244 fol. (Hurault.-Reg. 2288.) M.

505. S. Basilii præfationes duæ in ascetica (1), — de judicio Dei, procemium ad ethica (5), — de fide (17), — ethica (24 v°), —

de institutione monachorum sermo II. (107 v°), — regulæ monachorum fusius disputatæ (112), — regulæ breviores (202 v°), — prologus asceticus, de libero arbitrio (297), — de baptismo libri III [II], (301 v°), — de fide (364 v°), — constitutiones monasticæ (365 v°), — ad Chilonem epistola (421 v°), — de institutione monachorum sermo I. (428 v°), — de abdicatione rerum (435), — de ascesi (446 v°), — admonitio brevis ad juniores (448 v°), — ad monachum lapsum (449), — pœnæ in monachos delinquentes constitutæ (451), — procemium in regulas breviores (456).

XII s. Parch. 456 fol. (Mazarin.-Reg. 1908.) *M.*

506. S. Basilii epistolæ, numero cclxi. (1); — S. Gregorii Nazianzeni epistolæ, numero ccxxxv. (143); — S. Basilii de Spiritu sancto liber ad Amphilochium (189).

X s. Parch. 217 fol. (Mazarin.-Reg. 2293.) *M.*

507. Symeonis Logothetæ eclogæ e variis S. Basilii operibus excerptæ.

XI s. Parch. 208 fol. (Fontebl.-Reg. 1910.) *M.*

508. Symeonis Logothetæ eclogæ e variis S. Basilii operibus excerptæ.

XII s. Parch. 224 fol. (Mazarin.-Reg. 2295.) *M.*

509. Symeonis Logothetæ eclogæ e variis S. Basilii operibus excerptæ (1); — S. Basilii homilia in Christi nativitatem (68 v°), — exhortatio ad baptismum (71 v°), — de jejunio homiliæ duæ (75); — Symeonis Logothetæ orationes XXXIII. e S. Joanne Chrysostomo excerptæ (83); — S. Joannis Chrysostomi commentarius in epistolam Pauli ad Romanos (229), — præfixa Isidori Pelusiotæ ad Isidorum diaconum de hoc ipso commentario epistola (228 v°).

XIV s. Parch. 409 fol. (Mazarin.-Reg. 1992.) *M.*

510. S. Gregorii Nazianzeni oratio in Pascha et in tarditatem (1), — apologeticus de fuga sua (4), — ad eos qui ipsum acciverant (31), — in obitum Cæsarii fratris (33), — in obitum Gorgoniæ sororis (44), — de pace orationes duæ (53), — apologeticus ad patrem, cum Sasimorum episcopus unctus esset (68), — apologeticus post reditum e fuga (70), — de

Gregorio Basilii fratre, — ad patrem, cum Nazianzenæ ecclesiæ curam sibi commisisset (75 v°), — in plagam grandinis (78 v°), — oratio funebris in laudem patris (88), — oratio funebris in laudem S. Basilii (104 v°), — ad Julianum exæquatorem (137 v°), — in præfectum irascentem (144), — de pauperum amore (149 v°), — de dogmate et constitutione episcoporum (165 v°), — adversus Eunomianos præludium (170 v°), — de theologia II. (175), — de filio orationes duæ (188), — de S. Spiritu (205), — ad virginem exhortatio, cum doxologia (214), — de moderatione in disputationibus servanda (216), — de se ipso et ad eos qui dicebant CP. episcopatum ab ipso affectari (227), — de se ipso cum ex agris rediret (231 v°), — oratio valedictoria in præsentia CL. episcoporum (239 v°), — in Christi nativitatem (250), — in lumina (257), — in baptisma (265), — in Pascha (285 v°), — in novam dominicam 298), — in Pentecosten (301 v°), — ad Nectarium episcopum CP. (309), — ad Cledonium orationes duæ (311), — in obitum S. Athanasii Alexandrini (318), — in laudem Cypriani martyris (333), — in Maccabæos (340 v°), — in laudem Heronis philosophi Alexandrini (348), — in appulsum Ægyptiorum episcoporum (355 v°), — de pace oratio III. (359 v°), — contra Arianos et de se ipso (368), — adversus Julianum orationes duæ (375), — in electione Eulalii, Doarensium episcopi (425), — in illud Evangelii: Cum consummasset Jesus hos sermones (427), — ad Evagrium monachum (436), — declamatio in Ezechielem (439), — paraphrasis in Ecclesiasten (440), — in martyrum laudem et contra Arianos (450 v°); — Gregorii presbyteri liber de vita S. Gregorii Nazianzeni (452 v°).

IX s. Parch. 465 fol. Onciale. Peint. [Bordier, *Peint. des mss.*, p. 62.] (Medic.-Reg. 1809.) G.

511. S. Gregorii Nazianzeni oratio valedictoria in præsentia CL. episcoporum (2 et 171), — in S. Pascha et in tarditatem (4), — in S. Pascha oratio II. (6 v°), — in novam dominicam et S. Mamantem martyrem (26 v°), — in S. Pentecosten (32 v°), — in Maccabæos (42 v°), — in Julianum exæquatorem (52), — in Christi nativitatem (61), — in laudem Basilii magni (71 v°), — in sancta lumina (124), — in sanctum baptisma (135), — in Gregorium S. Basilii fratrem (166), — de se ipso et ad eos qui

sedem CP. ab ipso affectari dicebant (186 v°), — de plaga grandinis et sterilitate (193 v°), — de pauperibus charitate complectendis (206 v°), — in laudem Cypriani martyris (230), —
in laudem S. Athanasii (240 v°); — S. Gregorii Nysseni oratio
in laudem S. Gregorii Thaumaturgi (260).

XI s. Parch. 294 fol. *M.*

512. S. Gregorii Nazianzeni apologeticus de fuga in Pontum (1), — oratio ad eos qui ipsum acciverant (35), — oratio
funebris in laudem Cæsarii fratris (37 v°), — in laudem sororis
Gorgoniæ (50 v°), — de pace orationes II. (60 v°), — apologeticus
cum episcopus Sasimorum unctus esset (77), — apologeticus
post reditum in urbem CP. (80), — ad Gregorium fratrem Basilii magni (81), — ad patrem, cum ei Nazianzenæ ecclesiæ
curam commisisset (85), — in plagam grandinis (88), — oratio
funebris in laudem patris (99), — in sermones suos et in Julianum exæquatorem (121), — ad cives Nazianzenos (128 v°), —
oratio funebris in laudem Basilii magni (136), — de pauperum amore (177), — in laudem S. Athanasii (196 v°), — in
laudem Cypriani martyris (212 v°), — in laudem Maccabæorum
(221 v°), — in laudem Heronis Alexandrini (229), — in appulsum Ægyptiorum (239), — de dogmate et constitutione episcoporum (244 v°), — adversus Eunomianos, de theologia orationes II. (249 v°), — de Filio orationes II. (271), — de sancto
Spiritu (292), — ad Arianos (305 v°), — in se ipsum ex agro
revertentem (313), — ad eos qui sedem CP. ab ipso affectari
dicebant (322 v°), — in Julianum apostatam orationes II. (329).

XI s. Parch. 382 fol. (Fontebl.-Reg. 1914.) *G.*

513. Menæum Januarii, 1-18 : S. Gregorii Nazianzeni oratio
funebris in laudem S. Basilii (1); — S. Gregorii Nysseni oratio
in laudem S. Basilii (37 v°); — Vita S. Basilii, auctore Amphilochio (50 v°); — Vita S. Silvestri papæ (77 v°); — Prophetia
Malachiæ (99 v°); — Chrysippi, Hierosolymit. presbyteri, oratio
in laudem S. Joannis præcursoris (102 v°); — S. Joannis
Chrysostomi homiliæ X-XII, in Matthæum (112); — Martyrium S. Polyeucti (136 v°); — Martyrium SS. Philoromi et
Phileæ episcoporum (145 v°); — S. Gregorii Nazianzeni homilia in S. Gregorium Nyssenum (155 v°); — Vita S. Marciani

presbyteri (159); — Vita S. Theodosii cœnobiarchæ (170); — Martyrium SS. Hermyli et Stratonici (211); — Ammonii monachi historia monachorum in monte Sina et in Raithu a barbaris interfectorum (215); — Nili monachi eadem historia (277 v°); — Vita S. Joannis Calybitæ (261 v°); — Vita S. Antonii, auctore S. Athanasio (269); — Vita S. Athanasii, ex Sozomeno (312).

X s. Parch. 334 fol. (Mazarin.-Reg. 2006.) *G.*

514. S. Gregorii Nazianzeni oratio de pauperibus charitate complectendis (1), — ad Cledonium epistolæ duæ (16 v°), — oratio ad eos qui dicebant sedem CP. ab ipso affectari (27), — in se ipsum ex agro revertentem (34), — in laudem S. Athanasii (46), — in Maccabæos (66), — in laudem Cypriani martyris (74 v°), — in laudem Heronis Alexandrini (85), — in præsentia CL. episcoporum (97 v°), — oratio funebris in laudem S. Basilii (114), — in Julianum apostatam orationes II. (158), — in illud : Cum consummasset Jesus, etc. (223).

IX s. Parch. 225 fol. (Colbert. 484.) *M.*

515. S. Gregorii Nazianzeni oratio apologetica de fuga in Pontum (1), — ad patrem, cum Nazianzenæ ecclesiæ curam sibi commisisset (30 v°), — in se ipsum, ad patrem et Basilium magnum post reditum e fuga (33), — ad eos qui ipsum acciverant (34 v°), — apologeticus ad patrem, cum episcopus Sasimorum unctus esset (36 v°), — ad Gregorium Nyssenum, qui post illius consecrationem advenerat (39), — in Julianum exæquatorem (42 v°), — ad cives Nazianzenos (48 v°), — in plagam grandinis (53 v°), — oratio funebris in laudem Cæsarii fratris (63), — in laudem sororis Gorgoniæ (74), — oratio funebris in patrem (83), — orationes tres de pace (101), — in Christi nativitatem (123), — in sancta lumina (129 v°), — in sanctum baptisma (137 v°), — in S. Pascha orationes II. (158 v°), — in novam dominicam (173), — in Pentecosten (177 v°), — de moderatione in disputationibus servanda (184 v°), — in Arianos et de se ipso (196 v°).

IX s. Parch. 202 fol. Peint. (Colbert. 4248.) *M.*

516. S. Gregorii Nazianzeni orationes in Christi nativitatem (1), — in laudem Basilii magni (9 v°), — in sancta lumina (60),

— in sanctum baptisma (71), — ad Gregorium, fratrem Basilii magni (100 v°), — oratio valedictoria in præsentia cl. episcoporum (105), — de pauperum amore (120), — in S. Pascha et in tarditatem (143), — in S. Pascha oratio II. (145), — in novam dominicam (160 v°), — in Pentecosten (166), — in laudem Athanasii (175 v°), — in laudem Maccabæorum (195), — in laudem Cypriani martyris (204), — de sermonibus et ad Julianum exæquatorem (214), — in plagam grandinis (223), — de dogmate et constitutione episcoporum (236 v°), — de theologia orationes II. (242 v°), — apologia de fuga in Pontum (262 v°).

XI s. Parch. 300 fol. (Fontebl.-Reg. 1918.) *M.*

517. S. Gregorii Nazianzeni orationes de filio duæ (3), — de Spiritu sancto (30 v°), — in Nativitatem (48), — in sanctá lumina (58 v°), — in sanctum baptisma (70 v°), — in S. Pascha (105 v°), — in novam dominicam (187 v°), — in Pentecosten (195), — ad Arianos de multitudine sua gloriantes (207), — ad Amphilochium de pace oratio III. (218), — de moderatione in disputationibus servanda (229), — post reditum in urbem CP. (249), — ad eos qui dicebant sedem CP. ab ipso affectari (261 v°), — oratio valedictoria in præsentia cl. episcoporum (270 v°), — ad Cledonium epistolæ II. (288 v°), — ad Nectarium epistola (300 v°), — in Julianum apostatam orationes II. (303), — in illud Evangelii : Cum consummasset Jesus hos sermones (386 v°), — in electione Eulalii, Doarensium episcopi (399 v°), — ad virginem exhortatio, et doxologia (401 v°), — epistola ad Evagrium monachum (404 v°), — annotatio de iv. apud Ezechielem animalibus (404 v°), — paraphrasis in Ecclesiasten (408); — Anonymi expositio historiarum quarum meminit S. Gregorius Nazianzenus in sua de sanctis luminibus oratione (426), — et in suis adversus Julianum orationibus (431 v°); — S. Gregorii Nazianzeni oratio in Pascha et in tarditatem (460).

XI s. Parch. 462 fol. Peint. (Medic.-Reg. 1916.) *M.*

518. S. Gregorii Nazianzeni oratio ad Nazianzi incolas qui ipsum acciverant (1), — apologia post reditum e fuga (4), — ad patrem cum episcopus Sasimorum unctus esset (6), — ad patrem, cum Nazianzenæ ecclesiæ curam sibi commisisset (9 v°), — de pace orationes III. (13), — in præfectum irascentem

(44 v°), — de moderatione in disputationibus servanda (51 v°),
— post reditum in urbem CP. (81), — de dogmate et constitutione episcoporum (93 v°), — de theologia orationes II.
(100 v°), — de filio orationes II. (121), — de Spiritu sancto
(148), — ad Arianos de multitudine sua gloriantes (165); — ad
eos qui sedem CP. ab ipso affectari dicebant (175 v°), — ad
Evagrium monachum epistola (183), — in laudem Heronis
philosophi (186 v°), — ad Cledonium epistolæ II. (198), — ad
Nectarium epistola (208 v°), — in Julianum apostatam orationes II. (210 v°), — in electione Eulalii, Doarensium episcopi
(271), — ad virginem exhortatio, et doxologia (272 v°), — paraphrasis in Ecclesiasten (274).

XI s. Parch. 284 fol. (Fontebl.-Reg. 1917.) *M.*

519. S. Gregorii Nazianzeni orationes II. in S. Pascha (3),
— in novam dominicam (22), — in Pentecosten (27 v°), — in
plagam grandinis (37), — in Maccabæos (49,) — in laudem
Cypriani martyris (57), — in Julianum exæquatorem (67), —
in S. Theophania (75), — in laudem S. Basilii (84), — in sancta
lumina (129), — in sanctum baptisma (138 v°), — in S. Gregorium Nyssenum (164 v°), — in laudem S. Athanasii (168 v°),
— oratio valedictoria in præsentia CL. episcoporum (185), —
de pauperibus charitate complectendis (199 v°), — apologia de
fuga (219 bis v°), — ad Nazianzi incolas qui ipsum acciverant
(255), — oratio funebris in laudem Cæsarii fratris (257), — in
laudem sororis Gorgoniæ (269 v°), — de pace orationes III.
(292), — cum Sasimorum episcopus unctus esset (307), — post
reditum in urbem CP. (310), — ad eos qui dicebant episcopatum
CP. ab ipso affectari (311), — oratio funebris in patrem (314),
— in præfectum irascentem (338), — de theologia orationes
V. (348).

Copié en 1007, par Euthymius, prêtre et moine. Parch. 400 fol. Peint.
(Colbert. 695.) *M.*

520. S. Gregorii Nazianzeni oratio in S. Pascha (1); —
S. Joannis Damasceni crucis encomium (6); — Martyrium
S. Nicetæ martyris (10); — Martyrium Sæ. Euphemiæ (15); —
Martyrium S. Eustathii (25); — Acta SS. Pauli et Theclæ (39);
— Acta S. Joannis evangelistæ (50); — S. Joannis Chrysostomi

[Procli archiep. CP.] oratio in laudem S. Joannis evangelistæ
(59); — Martyrium SS. Cypriani et Justinæ (62); — Martyrium SS. Sergii et Bacchi (65); — S. Joannis Baptistæ capitis
inventio (78 et 84); — Passio martyrum Sebastenorum (97);
— S. Joannis Chrysostomi oratio in Annunciationem b. Virginis (111); — Eusebii, Alexandrini archiepiscopi, oratio de
jejunio (119); — S. Basilii, Cæsariensis episcopi, de jejunio
orationes II. (130); — Martyrium S. Theodori (161); — S. Joannis Chrysostomi enarratio in psalmum L. (169); — ejusdem
oratio de reliquis psalmi L. (193), — de jejunio orationes II.
(211), — de pœnitentia et humilitate (226); — Josephi, Thessalonicensis episcopi, oratio in crucem (240); — S. Joannis
Chrysostomi oratio de Petro et Elia (248), — de eo qui in manus latronum incidit (266), — de divite et Lazaro (269); —
S. Andreæ, Cretensis episcopi, oratio in Lazarum quatriduanum (277); — S. Joannis Chrysostomi oratio de palmis (303),
— de fico arefacta (316), — in decem virgines (327), — in
Job (337); — Amphilochii, Iconiensis episcopi, oratio in mulierem peccatricem (348); — S. Joannis Chrysostomi oratio
in illud Evangelii : Pater, si possibile est, transeat calix iste
(370); — Georgii Nicomediensis oratio de luctu b. Mariæ et
de sepultura Salvatoris (385).

X-XI s. Parch. 440 pages. *M.*

521. S. Gregorii Nazianzeni oratio in S. Pascha (1); —
Acta SS. Pauli et Theclæ (7); — S. Joannis Chrysostomi homilia LXII. in S. Joannis evangelium (139), — et XV. in
S. Matthæi evangelium (186); — S. Gregorii Nysseni oratio II.
de Christi resurrectione (223); — Narratio miraculi de reperta
Beryti imagine Christi (267); — de miraculo imaginis Christi
in puteo ad magnam ecclesiam CP. (302); — S. Joannis Chrysostomi oratio de divite et Lazaro (321).

XI s. Parch. 362 pages. *M.*

522. S. Gregorii Nazianzeni orationes, cum Nicetæ, Serrarum episcopi, commentariis, in Pascha et in tarditatem (1), —
apologia de fuga in Pontum (8 v°), — in novam dominicam
(67 v°), — in Pentecosten (84 v°), — in Maccabæos (112), —
in laudem Cypriani martyris (130), — ad Julianum exæqua-

torem (146), — in Christi nativitatem (163), — in laudem Basilii magni (182), — in sancta lumina (243), — in sanctum baptisma (263), — in S. Gregorium Nyssenum (307), — in laudem S. Athanasii (313 v°), — oratio valedictoria in præsentia CL. episcoporum (340), — de pauperibus charitate complectendis (325*), — in plagam grandiuis (354) ; — Anonymi expositio historiarum quarum meminit S. Gregorius Nazianzenus in oratione I. adversus Julianum (375) ; — Nonni expositio historiarum quarum meminit S. Gregorius Naz. in oratione funebri S. Basilii, in sancta lumina et in duabus adversus Julianum apostatam orationibus (406) ; — Babrii fabulæ tetrastichæ (431 v°).

Copié en 1443. Pap. 432 fol. (Mazarin.-Reg. 2305.) *M.*

523. S. Gregorii Nazianzeni orationes II. in S. Pascha (1), — in Maccabæos (5), — in laudem Cypriani martyris (12), — adversus Julianum exæquatorem (23), — in Christi nativitatem (31 v°), — in laudem S. Basilii (42), — in sancta lumina (79), — in sanctum baptisma (91 v°), — in S. Gregorium Nyssenum (123), — in laudem S. Athanasii (128), — oratio valedictoria in præsentia CL. episcoporum (148 v°), — de pauperibus charitate complectendis (165 v°), — in plagam grandinis (190), — de moderatione in disputationibus servanda (202 v°), — ad eos qui dicebant episcopatum CP. ab ipso affectari (230), — apologia de fuga in Pontum (238), — ad patrem, cum Nazianzenæ ecclesiæ curam sibi commisisset (273 v°) ; — Vita duplex SS. Cosmæ et Damiani (277) ; — Prochori diaconi narratio peregrinationum S. Joannis evangelistæ (294 v°) ; — S. Joannis Chrysostomi oratio de beato Philogonio (339 v°).

XII s. et copié en 1489. Parch. et pap. 314 fol. (Reg. 2315, 2.) *M.*

524. S. Gregorii Nazianzeni oratio in Pascha et in tarditatem (3), — apologeticus de fuga in Pontum (4), — ad Nazianzi incolas qui ipsum acciverant (23), — oratio funebris in laudem Cæsarii fratris (24 v°), — in laudem sororis Gorgoniæ (31), — orationes duæ de pace (36), — ad patrem, cum episcopus Sasimorum unctus esset (45), — apologeticus minor post reditum e fuga (46 v°), — in S. Gregorium Nyssenum (47 v°), — de se ipso (49 v°), — in plagam grandinis (50 v°), — oratio

funebris in patrem (56 v°), — in Julianum exæquatorem (74),
— in præfectum irascentem (77v°), — oratio funebris in laudem S. Basilii (81), — de pauperibus charitate complectendis (102), — oratio funebris in laudem S. Athanasii (112 v°), —
in laudem Cypriani martyris (121 v°), — in Maccabæos (126 v°),
— in laudem Heronis Alexandrini (131), — ad Ægyptios episcopos (137), — de dogmate et constitutione episcoporum
(140 v°), — de theologia orationes V. (144), — in Christi nativitatem (179 v°), — in sancta lumina (185), — in sanctum
baptisma (191), — in S. Pascha (207), — in novam domini-
càm (216 v°), — in Pentecosten (220), — de se ipso et contra
Arianos (225 v°), — de pace oratio III. (230), — de moderatione in disputationibus servanda (235), — de se ipso cum ex
agris rediret (244 v°), — ad eos qui dicebant episcopatum CP.
ab ipso affectari (250), — oratio valedictoria in præsentia CL.
episcoporum (253 v°), — ad Cledonium epistolæ duæ (261 v°),
— ad Nectarium epistola (266 v°), — in Julianum apostatam
orationes duæ (267 v°), — in illud Matthæi : Cum consummasset Jesus hos sermones (303), — in electione Eulalii, Doarensium episcopi (308 v°), — ad virginem exhortatio (309 v°),
— ad Evagrium epistola (311), — annotatio de IV. apud Ezechielem animalibus (312 v°), — paraphrasis in Ecclesiasten
(313); — Vita S. Gregorii Nazianzeni, auctore Georgio presbytero (321).

XIII s. Parch. 323 fol. (Reg. 2308.) *M.*

525. S. Gregorii Nazianzeni orationes duæ in Pascha (1),
— in novam dominicam (23), — in Pentecosten (30), — in
Maccabæos (41), — in laudem Cypriani martyris (51), — in
Julianum exæquatorem (62), — in Christi nativitatem (69 v°),
— oratio funebris in laudem S. Basilii (80), — in sancta lumina
(131), — in sanctum baptisma (142), — in S. Gregorium Nyssenum (173 v°), — in laudem S. Athanasii (178 v°), — oratio
valedictoria in præsentia CL. episcoporum (200 v°), — de pauperibus charitate complectendis (217 v°), — in plagam grandinis (239 v°); — Vita S. Gregorii Nazianzeni, auctore Gregorio
presbytero (253 v°); — [Nonni] expositio historiarum quarum
meminit S. Gregorius Nazianzenus in oratione funebri S.

Basilii et in orationibus II. adversus Julianum apostatam
(274).

XI s. Parch. 279 fol. (Reg. 1917, 2.) *M.*

526. S. Gregorii Nazianzeni apologeticus de fuga in Pontum (1), — ad Nazianzi incolas qui ipsum acciverant (17 v°),
— oratio funebris in laudem Cæsarii fratris (20 v°), — in laudem sororis Gorgoniæ (34 v°), — in laudem patris (46 v°), —
de dogmate et constitutione episcoporum (71), — de theologia
orationes V. (77), — de moderatione in disputationibus servanda (140 v°), — in Arianos et de se ipso (157), — de se ipso
cum ex agris rediret (165 v°), — ad Cledonium epistolæ II·
(176 v°), — ad Nectarium epistola (186 v°), — ad Ægyptios
episcopos (188 v°), — in electione Eulalii, Doarensium episcopi (195), — ad virginem exhortatio, et doxologia (196 v°), —
ad Evagrium epistola (199), — annotatio de iv. apud Ezechielem animalibus (202 v°), — paraphrasis in Ecclesiasten
(204), — oratio in illud Evangelii : Cum consummasset Jesus
hos sermones (219), — in Julianum apostatam orationes duæ
(230 v°).

XI s. Parch. 293 fol. (Reg. 1921.) *M.*

527. S. Gregorii Nazianzeni orationes duæ in Pascha (1),
— in novam dominicam (22), — in Pentecosten (28), — in
plagam grandinis (39), — in Maccabæos (53), — in laudem
Cypriani martyris (62 v°), — in Julianum exæquatorem (73 v°),
— in Christi nativitatem (83 v°), — oratio funebris in laudem
S. Basilii (95), — in sancta lumina (146 v°), — in sanctum
baptisma (157), — ad S. Gregorium Nyssenum (186), — in
laudem S. Athanasii (190), — oratio valedictoria in præsentia
cl. episcoporum (210), — de pauperibus charitate complectendis (225), — de theologia orationes V. (247), — de dogmate et constitutione episcoporum (310 v°), — ad Arianos et
de se ipso (316 v°), — ad eos qui dicebant episcopatum CP.
ab ipso affectari (325 v°), — ad Evagrium epistola (332 v°).

XI s. Parch. 335 fol. (Mazarin.-Reg. 1821.) *G.*

528. S. Gregorii Nazianzeni orationes duæ in Pascha (1),
— in novam dominicam (21 v°), — in Pentecosten (27 v°), —
in Maccabæos (38), — in laudem Cypriani martyris (47 v°), —

in Julianum exæquatorem (58), — in Christi nativitatem (67),
— oratio funebris in laudem S. Basilii (77), — in sancta lumina (126 v°), — in sanctum baptisma (137), — in S. Gregorium Nyssenum (166 v°), — oratio valedictoria in præsentia
cl. episcoporum (171), — in laudem S. Athanasii (186), —
in plagam grandinis (205 v°), — de pauperibus charitate complectendis (218 v°).

XI s. Parch. 240 fol. (Colbert. 2696.) *M.*

529. S. Gregorii Nazianzeni oratio II. in Pascha (1), — in
novam dominicam (20), — in Pentecosten (28 v°), — in Maccabæos (42), — in laudem Cypriani martyris (54 v°), — in
Julianum exæquatorem (68 v°), — in Christi nativitatem (80),
— oratio funebris in laudem S. Basilii (93 v°), — in sancta
lumina (159), — in sanctum baptisma (173), — in S. Gregorium Nyssenum (213), — in laudem S. Athanasii (220), —
oratio valedictoria in præsentia cl. episcoporum (242 v°), — in
plagam grandinis (260), — de pauperibus charitate complectendis (275 v°), — apologia de fuga in Pontum (303).

Copié en 1020. Parch. 360 fol. (Colbert. 2776.) *M.*

530. S. Gregorii Nazianzeni oratio in Pascha et in tardita
tem (1), — in novam dominicam (27), — in Pentecosten (34 v°),
— in Maccabæos (47 v°), — in laudem Cypriani martyris
(59 v°), — in Julianum exæquatorem (72), — in Christi nativi-
atem (84), — oratio funebris in laudem S. Basilii (96), — in
sancta lumina (156 v°), — in sanctum baptisma (169 v°), —
in S. Gregorium Nyssenum (205 v°), — de pauperibus charitate complectendis (255), — in plagam grandinis (283 v°).

XI s. Parch. 299 fol. (Colbert. 5103.) *M.*

531. S. Gregorii Nazianzeni orationes duæ in Pascha (3), —
in novam dominicam (6), — in Pentecosten (11 v°), — in Maccabæos (20 v°), — in laudem Cypriani martyris (29), — in Julianum exæquatorem (39), — in Christi nativitatem (47), —
oratio funebris in laudem S. Basilii (55 v°), — in sancta lumina
(100), — in sanctum baptisma (109 v°), — in S. Gregorium
Nyssenum (135 v°), — in laudem S. Athanasii (139 v°), — in
laudem Heronis Alexandrini (156 v°), — de pauperibus charitate complectendis (167), — in plagam grandinis (187), — ad

Arianos de multitudine sua gloriantes (199), — de se ipso
cum ex agris rediret (207), — ad eos qui dicebant episcopatum CP. ab ipso affectari (217), — oratio valedictoria in
præsentia cl. episcoporum (223), — ad Ægyptios episcopos
(236 v°), — annotatio de iv. apud Ezechielem animalibus
(242), — ad patrem oratio, cum Nazianzenæ ecclesiæ curam
sibi commisisset (243 v°).

XI s. Parch. 247 fol. Peint. (Colbert, 1532.) *M.*

532. S. Gregorii Nazianzeni oratio in Pascha et in tarditatem (5), — in Maccabæos (7 v°), — in laudem Cypriani martyris
(17 v°), — in laudem S. Athanasii (29 v°), — in plagam grandinis (49 v°), — in Julianum exæquatorem (64 v°), — de theologia orationes duæ (74 v°), — in Christi nativitatem (107), —
in sancta lumina (118 v°), — in sanctum baptisma (130 v°), —
in S. Pascha oratio II. (163), — in novam dominicam (184 v°),
— in Pentecosten (192), — adversus Arianos de multitudine
sua gloriantes (203 v°), — oratio III. de pace (215), — de moderatione in disputationibus servanda (226 v°), — post reditum in urbem CP. (247), — ad eos qui dicebant episcopatum
CP. ab ipso affectari (260), — oratio valedictoria in præsentia
cl. episcoporum (267 v°), — de pauperibus charitate complectendis (285 v°), — oratio funebris in laudem S. Athanasii
(311 v°), — ad Cledonium epistolæ duæ (366), — ad Nectarium epistola (377 v°), — oratio in illud : Cum consummasset
Jesus hos sermones (379 v°), — in electione Eulalii, Doarensium episcopi (392 v°), — ad virginem exhortatio, et doxologia
(394 v°), — ad Evagrium monachum epistola (397 v°), — annotatio de iv. apud Ezechielem animalibus (401), — paraphrasis
in Ecclesiasten (402 v°), — in S. Gregorium Nyssenum (419); —
Catalogus patriarcharum CP. usque ad Lucam Chrysobergen,
a. 1169 (425); — Nicephori Callisti catalogus imperatorum et
patriarcharum CP. (431).

X-XV s. Parch. 434 fol. Peint. (Colbert. 642.) *M.*

533. S. Gregorii Nazianzeni orationes duæ in Pascha (4), —
in novam dominicam (28 v°), — in Pentecosten (35 v°), — in
Maccabæos (47 v°), — in laudem Cypriani martyris (58), —
in Julianum exæquatorem (70), — in Christi nativitatem (80),

— oratio funebris in laudem S. Basilii (91), — in sancta lumina (146), — in sanctum baptisma (158 v°), — in laudem sancti Athanasii (196 v°), — oratio valedictoria in præsentia cl. episcoporum (218 v°), — in plagam grandinis (236), — de pauperibus charitate complectendis (251); — Vita S. Gregorii Nazianzeni, auctore Gregorio presbytero, cum explicatione notarum (276 v°); — Testamentum S. Gregorii Nazianzeni (308).

XI s. Parch. 311 fol. Peint. (Colbert. 263.) G.

534. S. Gregorii Nazianzeni oratio ad Julianum exæquatorem (1), — in Christi nativitatem (10), — de theologia orationes tres (20 v°), — de dogmate et constitutione episcoporum (54 v°), — oratio funebris in laudem S. Basilii (73), — in sancta lumina (122 v°), — in sanctum baptisma (133 v°), — in S. Gregorium Nyssenum (163 v°), — in laudem S. Athanasii (168), — oratio valedictoria in præsentia cl. episcoporum (188), — de pauperibus charitate complectendis (203 v°), — orationes duæ in Pascha (226 v°), — in novam dominicam (246 v°), — in Pentecosten (253), — de Spiritu sancto (263 v°), — in Maccabæos (281), — in laudem Cypriani martyris (290); — S. Gregorii Nysseni oratio in Christi nativitatem (301); — S. Basilii oratio in Christi nativitatem (315); — Vita S. Gregorii Thaumaturgi, auctore S. Gregorio Nysseno (324); — S. Joannis Chrysostomi fragmentum homiliæ XLII. in Genesim (361).

X s. Parch. 361 fol. (Fontebl.-Reg. 1920.) *M.*

534 A. S. Gregorii Nazianzeni oratio in Maccabæos (1), — in laudem Cypriani martyris (2 v°), — in laudem S. Athanasii (5), — oratio valedictoria in præsentia cl. episcoporum (24 v°), — de pauperibus charitate complectendis (36 v°), — de theologia orationes duæ priores (58).

XII s. Parch. 86 fol. *G.*

535. S. Gregorii Nazianzeni orationes duæ in Pascha (1), — in novam dominicam (41), — in Pentecosten (54), — in Maccabæos (75), — in laudem Cypriani martyris (93), — in Julianum exæquatorem (114), — in Christi nativitatem (132), — oratio funebris in S. Basilium (152), — in sancta lumina

(254), — in sanctum baptisma (325), — in S. Gregorium
Nyssenum (340), — in laudem S. Athanasii (349).

XII s. Parch. 384 pages. *M*.

536. S. Gregorii Nazianzeni orationes duæ in Pascha (1), —
in novam dominicam (26 v°), — in Pentecosten (34), — in
Maccabæos (46 v°), — in laudem Cypriani martyris (58), — in
Julianum exæquatorem (71 v°), — in Christi nativitatem (84 v°),
— in laudem S. Basilii (97 v°), — in sancta lumina (161)
— in sanctum baptisma (175 v°), — in S. Gregorium Nyssenum (213), — in laudem S. Athanasii (218 v°), — oratio vale,
dictoria in præsentia cl. episcoporum (244), — de pauperibus
charitate complectendis (263 v°), — in plagam grandinis
(291 v°).

XII s. Parch. 308 fol. (Fontebl.-Reg. 2304.) *M*.

537. S. Gregorii Nazianzeni orationes duæ in Pascha (1),
— in novam dominicam (27 v°), — in Pentecosten (35 v°), —
in Julianum exæquatorem (48), — in Christi nativitatem (59),
— oratio funebris in laudem S. Basilii (69 v°), — in sancta lumina (128 v°), — in sanctum baptisma (141), — in S. Gregorium Nyssenum (175 v°), — in Maccabæos (180 v°), — in laudem Cypriani martyris (192), — in laudem S. Athanasii
(204 v°), — oratio valedictoria in præsentia cl. episcoporum
(229), — de pauperibus charitate complectendis (249 v°), —
in plagam grandinis (279), — in electione Eulalii, Doarensium
episcopi (295).

XII s. Parch. 295 fol. (Fontebl.-Reg. 2298.) *M*.

538. S. Gregorii Nazianzeni ad patrem apologeticus minor
(1), — oratio in S. Gregorium Nyssenum (2), — ad patrem
cum Nazianzenæ ecclesiæ curam sibi commisisset (5 v°), —
de pace orationes duæ (8), — apologia de fuga in Pontum
(25), — oratio funebris in patrem (57 v°), — in laudem Cæsarii fratris (79), — in laudem sororis Gorgoniæ (91 v°), — in laudem Heronis Alexandrini (101 v°), — de dogmate et officio
episcoporum (111 v°), — de theologia orationes duæ priores
(117), — ad Ægyptios episcopos (137 v°), — in præfectum
irascentem (143), — in Julianum apostatam orationes duæ
(149 v°), — ad Cledonium epistolæ duæ (218), — ad eos qui

dicebant episcopatum CP. ab ipso affectari (226 v°), — de se ipso cum ex agris rediret (232).

XII s. Parch. 236 fol. (Fontebl.-Reg. 2303.) *M.*

539. S. Gregorii Nazianzeni orationes duæ in Pascha (1), — in novam dominicam (18 v°), — in Pentecosten (24), — in Maccabæos (33), — in laudem Cypriani martyris (41), — in Julianum exæquatorem (50), — in Christi nativitatem (57 v°), — oratio funebris in laudem S. Basilii (66), — in sancta lumina (92 v°), — in sanctum baptisma (101), — in S. Gregorium Nyssenum (119), — in laudem S. Athanasii (122 v°), — oratio valedictoria in præsentia CL. episcoporum (138), — de pauperibus charitate complectendis (152), — in plagam grandinis (172 v°); — S. Gregorii Nazianzeni vita, auctore Gregorio presbytero (184), — [Nonni] expositio historiarum quarum meminit S. Gregorius Nazianzenus in oratione in sancta lumina et in oratione funebri S. Basilii (207).

XII s. Parch. 214 fol. (Medic.-Reg. 2301.) *M.*

540. S. Gregorii Nazianzeni apologeticus de fuga in Pontum (3), — ad Nazianzi incolas qui ipsum acciverant (34 v°), — oratio funebris in laudem Cæsarii fratris (36 v°), — in laudem sororis Gorgoniæ (47 v°), — de pace orationes tres (56), — ad patrem, cum episcopus Sasimorum unctus esset (80), — ad patrem, apologeticus minor (83), — ad patrem, cum Nazianzenæ ecclesiæ curam sibi commisisset (84 v°), — oratio funebris in patrem (88), — in præfectum irascentem (109 v°), — in laudem Heronis Alexandrini (114 v°), — ad Ægyptios episcopos (124), — de dogmate et officio episcoporum (129), — de theologia orationes V. (134), — ad Arianos de multitudine sua gloriantes (187), — de se ipso cum ex agris rediret (194 v°), — de moderatione in disputationibus servanda (204), — ad eos qui dicebant episcopatum CP. ab ipso affectari (218 v°), — ad Cledonium epistolæ duæ (223 v°), — ad Nectarium epistola (231 v°), — in Julianum apostatam orationes duæ (233), — in illud Evangelii : Cum consummasset Jesus hos sermones (288), — in electione Eulalii, Doarensium episcopi (296 v°), — ad virginem exhortatio (298), — paraphrasis in Ecclesiasten (300), — ad Evagrium epistola (311), — annotatio de iv. apud Ezechielem animalibus (313 v°), — doxologia (315); — S. Joannis Chrysostomi homilia in S. Pascha (317).

XII s. Parch. 318 fol. Peint. (Mazarin.-Reg. 2310.) P.

541. S. Gregorii Nazianzeni orationes, cum Nicetæ, Serrarum episcopi, commentariis, in Pascha duæ (1), — in novam dominicam (70), — in Pentecosten (86), — in Maccabæos (124), — in laudem Cypriani martyris (132), — in Julianum exæquatorem (148), — in Christi nativitatem (164), — in laudem S. Basilii (186), — in sancta lumina (250), — in sanctum baptisma (277), — in S. Gregorium Nyssenum (335), — in laudem S. Athanasii (344), — oratio valedictoria in præsentia cl. episcoporum (378 v°), — de pauperibus charitate complectendis (407), — in plagam grandinis (423).

XIV s. Parch. 427. fol. Peint. (Mazarin.-Reg. 2311.) M.

542. S. Gregorii Nazianzeni orationes duæ in Pascha (1), — in novam dominicam (23 v°), — in Pentecosten (30 v°), — in Maccabæos (42), — in laudem Cypriani martyris (51 v°), — in Julianum exæquatorem (63), — in Christi nativitatem (72 v°), — oratio funebris in laudem S. Basilii (83), — in sancta lumina (137), — in sanctum baptisma (149), — in S. Gregorium Nyssenum (182), — in laudem S. Athanasii (187), — oratio valedictoria in præsentia cl. episcoporum (209), — de pauperibus charitate complectendis (226), — in plagam grandinis (254), — de dogmate et officio episcoporum (266 v°), — de theologia orationes tres posteriores (273).

XII s. Parch. 315 fol. (Fontebl.-Reg. 2297.) M.

543. S. Gregorii Nazianzeni orationum argumenta (1); — Anonymi explicatio historiarum quarum meminit S. Gregorius Nazianzenus in orationibus in laudem Cypriani martyris, S. Basilii et in sancta lumina (1); — S. Gregorii Nazianzeni orationes duæ in Pascha (24), — in novam dominicam (52), — in Pentecosten (60), — in Maccabæos (75), — in laudem Cypriani martyris (88), — in Julianum apostatam orationes duæ (103), — in Christi nativitatem (117), — oratio funebris in S. Basilium (134), — in sancta lumina (198), — in sanctum baptisma (214), — in S. Gregorium Nyssenum (254), — in laudem S. Athanasii (261), — oratio valedictoria in præsentia cl. episcoporum (289), — de pauperibus charitate complectendis (311), — in plagam grandinis (343).

XIV s. Parch. 357 fol. Peint. *M.*

544. S. Gregorii Nazianzeni orationes duæ in Pascha (1), — in novam dominicam (30), — in Pentecosten (21), — in laudem Cypriani martyris (37), — in Maccabæos (47 v°), — in Julianum exæquatorem (56 v°), — in Christi nativitatem (65 v°), — oratio funebris in laudem S. Basilii (75 v°), — in sancta lumina (127), — in sanctum baptisma (139), — in S. Gregorium Nyssenum (171 v°), — in laudem S. Athanasii (176), — oratio valedictoria in præsentia cl. episcoporum (197 v°), — de pauperibus charitate complectendis (215), — in plagam grandinis (241).

XII s. Parch. 256 fol. *M.*

545. S. Gregorii Nazianzeni orationes duæ in Pascha (1), — in novam dominicam (16), — in Pentecosten (20 v°), — in Maccabæos (28), — in laudem Cypriani martyris (34 v°), — iu Julianum exæquatorem (42), — in Christi nativitatem (49), — oratio funebris in laudem S. Basilii (55 v°), — in sancta lumina (92 v°), — in sanctum baptisma (100), — in S. Gregorium Nyssenum (122), — in laudem S. Athanasii (125), — oratio valedictoria in præsentia cl. episcoporum (139), — de pauperibus charitate complectendis (150), — in plagam grandinis (166 v°), — apologia de fuga in Pontum (175 v°), — ad Nazianzenos qui ipsum acciverant (203), — in laudem Cæsarii fratris (205), — in laudem sororis Gorgoniæ (215), — de pace orationes duæ (222 v°), — ad patrem cum episcopus Sasimorum unctus esset (237), — apologia post reditum e fuga (239), — ad patrem cum Nazianzenæ ecclesiæ curam sibi commisisset (240 v°), — oratio funebris in patrem (243), — in præfectum irascentem (262 v°), — de dogmate et officio episcoporum (267 v°), — de theologia orationes V. (272), — de pace oratio III. (315), — de moderatione in disputationibus servanda (320 v°), — ad Ægyptios episcopos (331), — ad eos qui dicebant episcopatum CP. ab ipso affectari (334 v°), — de se ipso cum ex agris rediret (339), — adversus Arianos de multitudine sua gloriantes (345 v°), — in laudem Heronis Alexandrini (351 v°), — in Julianum apostatam orationes duæ (358 v°), — in illud Evangelii : Cum consummasset Jesus hos sermones (403 v°), — in electione Eulalii Doarensium episcopi (410 v°), — ad Cledonium epistolæ duæ (412), — ad Nectarium epistola (418 v°), — ad virginem exhortatio (419 v°), — ad Evagrium epistola (421), — annotatio de iv. apud Ezechielem animalibus (423), — paraphrasis in Ecclesiasten (424), — oratio in laudem martyrum et adversus Arianos (433 v°).

XI s. Parch. 433 fol. Peint. (Colbert. 2695.) *M.*

546. S. Gregorii Nazianzeni orationes duæ in Pascha (1), — in novam dominicam (31 v°), — in Pentecosten (41), — in Maccabæos (56), — in laudem Cypriani martyris (69), — in Julianum exæquatorem (84), — in Christi nativitatem (97), — oratio funebris in laudem S. Basilii (111), — in sancta lumina (181), — in sanctum baptisma (197), — in S. Gregorium Nyssenum (240), — in laudem S. Athanasii (246 v°), — de pauperibus charitate complectendis (275), — oratio valedictoria in præsentia CL. episcoporum (308); — Testamentum S. Gregorii Nazianzeni (321).

XII s. Parch. 325 fol. (Colbert. 1066.) *M.*

547. S. Gregorii Nazianzeni orationes duæ in Pascha (8), — in novam dominicam (24 v°), — in Pentecosten (29 v°), — in Maccabæos (37 v°), — in laudem Cypriani martyris (46), — in Julianum exæquatorem (54), — in Christi nativitatem (61 v°), — oratio funebris in laudem S. Basilii (69 v°), — in sancta lumina (112), — in sanctum baptisma (121), — in S. Gregorium Nyssenum (145), — in laudem S. Athanasii (147 v°), — oratio valedictoria in præsentia CL. episcoporum (162 v°), — de pauperibus charitate complectendis (175 v°), — in plagam grandinis (193 v°); — præmittitur Octoechi fragmentum (1).

XII s. Parch. 202 fol. (Colbert. 2792.) *M.*

548. Menæum augusti : S. Gregorii Nazianzeni oratio in Maccabæos (1); — Josephi liber de Maccabæis (8); — S. Joannis Chrysostomi oratio in laudem Maccabæorum (27 v°); — Narratio translationis reliquiarum S. Stephani protomartyris sub Cyrillo Hierosolymit. patriarcha (33); — Vita S. Dal-

matii (37 v°); — ejusdem ad synodi Ephesinæ patres epistola,
cum responsione (47); — Martyrium S. Eusignii (49); —
S. Domitii (54 v°); — SS. Laurentii, Xysti et Hippolyti (77); —
S. Eupli (81); — SS. Photii et Aniceti (83); — S. Diomedis
(98); — S. Myronis (104); — SS. Flori et Lauri (108 v°); —
Vita S. Macarii archimandritæ, auctore Saba monacho (136);
— Martyrium S. Andreæ ducis (154 v°); — Acta S. Thaddæi
apostoli (160 v°); — Martyrium Sˣ. Bassæ et trium filiorum
(163); — Vita Samuelis prophetæ (174 v°); — Martyrium
S. Agathonici (183); — Martyrium S. Irenæi (190 v°); — Vita
S. Titi, Cretensis episcopi, auctore Zena discipulo (192 v°); —
S. Andreæ Cretensis oratio in S. Titum apostolum (196 v°); —
Martyrium S. Adriani (210); — Gesta Pœmenis abbatis (223);
— Gesta Moysis abbatis (247 v°); — S. Joannis Chrysostomi
oratio in S. Joannis Baptistæ decollationem (250 v°); — ejusdem encomium S. Joannis Baptistæ (255); — ejusdem oratio
in S. Joannis Baptistæ circumcisionem (259); — S. Andreæ
Cretensis oratio ejusdem argumenti (263); — Michaelis mo-
nachi oratio in Isaacium et Dalmatium (279 v°); — S. Joannis
Chrysostomi oratio in laudem Maccabæorum (296 v°); — Martyrium VII. Dormientium (300 v°).

XI s. Parch. 312 fol. (Reg. 2481.) *M.*

549. S. Gregorii Nazianzeni orationes, cum Nicetæ, Serrarum episcopi, commentariis; oratio II. in Pascha (1), — in
novam dominicam (25 v°), — in Pentecosten (34 v°), — in Maccabæos (50 v°), — in Julianum exæquatorem (62), — in Christi
nativitatem (73), — in sancta lumina (88 et 135 v°), — oratio
funebris in laudem S. Basilii (92), — in sanctum baptisma
(148 v°), — in S. Gregorium Nyssenum (166 v°).

XIV s. Parch. 169 fol. Palimps. (Medic.-Reg. 2313.) *M.*

550. S. Gregorii Nazianzeni orationes duæ in Pascha (5), —
in novam dominicam (30), — in Pentecosten (37), — in Maccabæos (49), — in laudem Cypriani martyris (59), — in Julianum exæquatorem (72), — in Christi nativitatem (83), — oratio
funebris in laudem S. Basilii (94 v°), — in sancta lumina (153),
— in sanctum baptisma (166 v°), — in S. Gregorium Nyssenum
(204), — in laudem S. Athanasii (209 v°), — oratio valedic-

toria in præsentia CL. episcoporum (232), — de pauperibus charitate complectendis (251), — in plagam grandinis (276).

XII s. Parch. 294 fol. Peint. (Reg. 2296.) *M.*

551. S. Gregorii Nazianzeni apologia de fuga in Pontum (1), — oratio ad Nazianzenos qui ipsum acciverant (7 v°), — in laudem Cæsarii fratris (8 v°), — in laudem sororis Gorgoniæ (14), — de pace orationes tres (18 v°), — ad patrem, cum episcopus Sasimorum unctus esset (29), — apologia post reditum e fuga (30 v°), — in S. Gregorium Nyssenum (31), — ad patrem, cum Nazianzenæ ecclesiæ curam sibi commisisset (33), — in plagam grandinis (34), — oratio funebris in patrem (39), — in Julianum exæquatorem (49), — in Christi nativitatem (53), — in præfectum irascentem (56), — in laudem Cypriani martyris (58 v°), — in Maccabæos (62 v°), — oratio funebris in laudem S. Basilii (66), — in sancta lumina (85), — in sanctum baptisma (89), — in laudem S. Athanasii (102), — de pauperibus charitate complectendis (110 v°), — in Pascha orationes duæ (121), — in Pentecosten (136 v°), — oratio valedictoria in præsentia CL. episcoporum (142).

XII s. Parch. 158 fol. *M.*

552. S. Gregorii Nazianzeni apologia de fuga in Pontum (3), — de dogmate et officio episcoporum (49 v°), — de theologia orationes V. (50 v°), — adversus Arianos de multitudine sua gloriantes (134), — de se ipso cum ex agris rediret (144), — ad eos qui dicebant episcopatum CP. ab ipso affectari (157), — de moderatione in disputationibus servanda (165), — de pace orationes tres (184), — in præfectum irascentem (217 v°), — ad Ægyptios episcopos (225 v°), — in illud Evangelii : Cum consummasset Jesus hos sermones (233 v°), — in laudem Cæsarii fratris (246 v°), — in laudem sororis Gorgoniæ (264 v°), — oratio funebris in patrem (278), — ad Nazianzenos qui ipsum acciverant (307 v°), — in electione Eulalii, Doarensium episcopi (311), — in laudem Heronis Alexandrini (313), — ad Cledonium epistolæ duæ (327), — ad Nectarium epistola (339), — in Julianum apostatam orationes duæ (341 v°), — ad virginem exhortatio (427 v°), — ad Evagrium epistola (430), — annotatio de IV. apud Ezechielem animalibus (433 v°), — apologia

post reditum e fuga (435 v°), — ad patrem, cum Nazianzenæ
ecclesiæ curam sibi commisisset (438), — paraphrasis in Ecclesiasten (441 v°), — ad patrem, cum episcopus Sasimorum
unctus esset (457); — Anonymi explicatio historiarum, quarum meminit S. Gregorius Nazianzenus in oratione funebri
S. Basilii, in orationibus adversus Julianum et in sancta lumina (461).

XIII s. Parch. 506 fol. (Hurault.-Reg. 2302.) *M.*

552 A. S. Gregorii Nazianzeni orationes, cum Nicetæ, Serrarum episcopi, commentariis, in Pascha duæ (8); — præmittuntur definitiones vocum theologicarum, initio mutilæ (1);
— oratio in novam dominicam (70), — in Pentecosten (84 v°),
— in Maccabæos (109 v°), — in laudem Cypriani martyris
(125), — in Julianum exæquatorem (137 v°), — in sancta lumina (219), — in sanctum baptisma (233 v°), — in S. Gregorium Nyssenum (266 v°), — in laudem S. Athanasii (271), —
oratio valedictoria in præsentia CL. episcoporum (291), — de
pauperibus charitate complectendis (311), — in plagam grandinis (333).

XIII s. Bombyc. 339 fol. *P.*

553. S. Gregorii Nazianzeni orationes, cum Nicetæ, Serrarum episcopi, commentariis, in Pascha duæ (1), — in novam
dominicam (84 v°), — in Pentecosten (104 v°), — in Maccabæos (140), — in laudem Cypriani martyris (158 v°), — in Julianum exæquatorem (171), — in Christi nativitatem (184 v°),
— oratio funebris in laudem S. Basilii (204).

XIII s. Parch. 239 fol. (Mazarin.-Reg. 2312.) *M.*

554. S. Gregorii Nazianzeni orationes duæ in Pascha (3);
— præmittuntur anonymorum et Joannis Eugenici versus in
S. Gregorium Nazianzenum (1), — et S. Basilii epitaphium (2);
— oratio in novam dominicam (21), — in Pentecosten (26), —
in Maccabæos (35), — in laudem Cypriani martyris (43), — in
Julianum exæquatorem (52), — in Christi nativitatem (60), —
oratio funebris in laudem S. Basilii (69), — in sancta lumina
(113), — in sanctum baptisma (122 v°), — in S. Gregorium
Nyssenum (148), — in laudem S. Athanasii (151 v°), — oratio
valedictoria in præsentia CL. episcoporum (168), — de paupe-

ribus charitate complectendis (181), — in plagam grandinis
(200 v°), — de fuga in Pontum (211 v°).

XIII s. Parch. 242 fol. (Medic.-Reg. 2299.) *M.*

555. S. Gregorii Nazianzeni orationes duæ in Pascha (1),
— in novam dominicam (20 v°), — in Pentecosten (27), — in
Maccabæos (38), — in laudem Cypriani martyris (47 v°), —
in Christi nativitatem (68 v°), — oratio funebris in laudem
S. Basilii (78 v°), — in sancta lumina (129 v°), — in sanctum
baptisma (141), — in S. Gregorium Nyssenum (173), — in laudem S. Athanasii (178), — oratio valedictoria in præsentia cl.
episcoporum (199), — de pauperibus charitate complectendis
(215 v°), — in plagam grandinis (242).

XII s. Parch. 255 fol. (Mazarin.-Reg. 2306.) *M.*

555 A. S. Gregorii Nazianzeni orationes, cum Nicetæ, Serrarum episcopi, commentariis : oratio II. in Pascha (1), — in
novam dominicam (8 v°), — in Pentecosten (24), — in Maccabæos (48), — in laudem Cypriani martyris (63), — in Julianum
exæquatorem (76 v°), — in Christi nativitatem (90), — oratio
funebris in laudem S. Basilii (107), — in sancta lumina (123),
— in sanctum baptisma (144), — in S. Gregorium Nyssenum
(183 v°), — in laudem S. Athanasii (189 v°), — oratio valedictoria in præsentia cl. episcoporum (213), — de pauperibus
charitate complectendis (236), — in plagam grandinis (261).

XIII s. Bombyc. 277 fol. *M.*

556. S. Gregorii Nazianzeni orationes, cum scholiis, in Pascha duæ (1), — in novam dominicam (31 v°), — in Pentecosten
(40 v°), — in Christi nativitatem (55 v°), — in sancta lumina
(70), — in sanctum baptisma (85), — in Julianum exæquatorem (127 v°), — oratio funebris in laudem S. Basilii (140), —
in laudem S. Athanasii (209), — oratio valedictoria in præsentia cl. episcoporum (234 v°), — in S. Gregorium Nyssenum
(254 v°), — de pauperibus charitate complectendis (260), —
apologia de fuga in Pontum (289 v°), — in laudem Cypriani
martyris (346 v°), — in Maccabæos (363).

XII s. Parch. 375 fol. (Medic.-Reg. 2300.) *M.*

557. S. Gregorii Nazianzeni apologia de fuga in Pontum
(1), — in Julianum apostatam orationes duæ (38 v°), — in lau-

dem Cæsarii fratris (84), — in laudem sororis Gorgoniæ
(92 v°), — oratio funebris in patrem (93 v°), — de pace orationes tres (112), — de theologia orationes V. (133 v°), — ad
Nectarium epistola (178), — oratio in laudem Heronis Alexandrini (179 v°), — de se ipso, cum ex agris rediret (186 v°), —
de se ipso ad eos qui dicebant episcopatum CP. ab ipso affectari (193 v°), — de moderatione in disputationibus servanda
(197), — in præfectum irascentem (209), — ad Ægyptios episcopos (214), — de dogmate et officio episcoporum (218 v°), —
ad Arianos de multitudine sua gloriantes (223), — ad patrem,
cum episcopus Sasimorum unctus esset (229), — apologia
post reditum e fuga (231), — ad patrem, cum Nazianzenæ ecclesiæ curam sibi commisisset (232 v°), — ad Nazianzenos qui
ipsum acciverant (234 v°), — ad Evagrium epistola (236 v°),
— ad Cledonium epistolæ duæ (238 v°), — in electione Eulalii
Doarensium episcopi (245 v°), — in illud Evangelii : Cum
consummasset Jesus hos sermones (247), — paraphrasis in
Ecclesiasten (253 v°), — annotatio de iv. apud Ezechielem
animalibus (262 v°).

XIII s. Bombyc. 263 fol. (Teller. Rem.-Reg. 2310,2.) *P.*

558. S. Gregorii Nazianzeni orationes, cum Nicetæ, Serrarum episcopi, commentariis, in Pascha duæ (1), — in novam
dominicam (136 v°), — in Pentecosten (169), — in Maccabæos
(227), — in laudem Cypriani martyris (258), — in Julianum
exæquatorem (279), — in Christi nativitatem (302), — oratio
funebris in laudem S. Basilii (336 v°).

XIII s. Parch. 385 fol. (Hurault.-Reg. 2314.) *M.*

559. S. Gregorii Nazianzeni oratio in sanctum baptisma
(7 v°); — S. Methodii Patarensis oratio in occursum Christi
et Symeonis (15); — S. Joannis Damasceni oratio de iis qui in
fide obdormierunt (26 v°); — Anonymi narratio de miraculosa
restitutione imaginis ectypæ Deiparæ Virginis sub Germano
CP. patriarcha (36 v°); — S. Joannis Chrysostomi oratio in
adorationem sanctæ crucis (52); — ejusdem ad Antiochenos
homilia xviii. (55); — Anonymi de mirabiliter servata beatæ
Mariæ auxilio Constantinopoli a Persis, sub Heraclio, obsessa
(62 v°); — Cosmæ Vestitoris oratio de translatis S. Joannis

Chrysostomi reliquiis (67 v°); — Joannis, Euchaïtarum metropolitæ, oratio in tres hierarchas SS. Basilium, Gregorium Naz. et Joannem Chrysost. (74); — Anonymi oratio in annuntiationem beatæ Mariæ (84); — S. Joannis Chrysostomi [Gregorii Thaumaturgi] oratio ejusdem argumenti (90 v°); — S. Andreæ Cretensis oratio in Lazarum a Christo suscitatum (93); — ejusdem oratio in diem palmarum (103); — S. Joannis Chrysostomi homilia in magnam hebdomadem (114); — ejusdem homiliæ LXXXI., LXXXIV-LXXXVII. in Matthæum (121); ejusdem homilia in Judam proditorem (147); — ejusdem homilia XC. in Matthæum (153); — S. Epiphanii oratio in Christi sepulturam (158 v°); — S. Gregorii Nazianzeni oratio in S. Pascha (168 v°); — S. Joannis Chrysostomi homiliæ duæ in Christi ascensionem (170); — Anonymi rerum a SS. Petro et Paulo gestarum historia (177); — S. Andreæ Cretensis oratio in Christi transfigurationem (187); — ejusdem oratio in dormitionem beatæ Mariæ (195 v°); — S. Joannis Damasceni oratio ejusdem argumenti (201 v°); — S. Andreæ Cretensis oratio in decollationem S. Joannis Baptistæ (204 v°); — Symeonis Metaphrastæ sermones XXIV. e S. Basilii operibus collecti (213).

XIV s. Bombyc. 282 fol. *M.*

560. S. Gregorii Nazianzeni de theologia oratio I. (1), — ad patrem, cum Sasimorum episcopus unctus esset (4), — de moderatione in disputationibus servanda (7 v°), — ad Arianos de multitudine sua gloriantes (17 v°), — de theologia orationes tres posteriores (23), — apologia de fuga in Pontum (52), — in S. Gregorium Nyssenum (86), — in laudem S. Athanasii (98 v°), — in plagam grandinis (116), — in Maccabæos (127 v°), — de dogmate et officio episcoporum (135 v°), — de theologia oratio II. (144 v°), — de pace orationes tres (159), — in laudem Cæsarii fratris (189), — in laudem sororis Gorgoniæ (202 v°), — ad patrem, cum Sasimorum episcopus unctus esset (212 v°), — ad patrem, cum Nazianzenæ ecclesiæ curam sibi commisisset (217 v°), — in præfectum irascentem (220 v°), — in laudem Heronis Alexandrini (226 v°), — ad Ægyptios episcopos (237 v°), — oratio funebris in patrem (243), — de se ipso, cum ex agris rediret (265 v°), — ad eos qui dicebant episcopatum CP. ab ipso affectari (275 v°), — oratio valedictoria in præsentia CL. episcoporum (281 v°), — ad Cledonium epistolæ duæ (295 v°), — ad Nectarium epistola (305 v°), — oratio in illud Evangelii : Cum consummasset Jesus hos sermones (307), — in electione Eulalii Doarensium episcopi (317 v°), — ad virginem exhortatio, et doxologia (319), — ad Evagrium epistola (321 v°), — annotatio de IV. apud Ezechielem animalibus (324 v°), — paraphrasis in Ecclesiasten (325), — in Julianum apostatam oratio I. (338 v°).

XV-XI s. Parch. 374 fol. (Colbert. 500.) *M.*

561. S. Gregorii Nazianzeni orationes duæ in Pascha (1), — in novam dominicam (33), — in Pentecosten (42 v°), — in Maccabæos (57 v°), — in laudem Cypriani martyris (71), — in Julianum exæquatorem (87), — in Christi nativitatem (100 v°), — oratio funebris in laudem S. Basilii (115), — in sancta lumina (189 v°), — in sanctum baptisma (206), — in S. Gregorium Nyssenum (251 v°), — in laudem S. Athanasii (258 v°), — oratio valedictoria coram CL. episcopis (289), — de pauperibus charitate complectendis (312 v°), — in plagam grandinis (345).

XIII s. Parch. 363 fol. (Colbert. 565.) *M.*

562. S. Gregorii Nazianzeni oratio funebris in laudem S. Basilii (4), — de pauperibus charitate complectendis (25), — in laudem S. Athanasii (37 v°), — in laudem Cypriani martyris (43), — in Maccabæos (47 v°), — in Christi nativitatem (51 v°), — in sancta lumina (55 v°), — in sanctum baptisma (60), — in Pascha oratio II. (73 v°), — in novam dominicam (84), — in Pentecosten (84 v°), — de pace oratio III. (89 v°), — de moderatione in disputationibus servanda (93 v°), — ad eos qui dicebant episcopatum CP. ab ipso affectari (101), — oratio valedictoria coram CL. episcopis (104 v°) ; — Vita S. Gregorii Nazianzeni, auctore S. Gregorio Nysseno (111 v°); — apologia de fuga in Pontum (125), — oratio funebris in laudem Cæsarii fratris (144), — in laudem sororis Gorgoniæ (151 v°), — oratio funebris in patrem (157), — ad Nazianzenos qui ipsum acciverant (169), — in laudem Heronis Alexandrini (170 v°), — de theologia orationes duæ priores (176), — in præfectum irascentem (192), — ad Ægyptios episcopos (189),

— de pace orationes duæ priores (195 v°), — ad Cledonium epistolæ duæ (205), — oratio in illud Evangelii : Cum consummasset Jesus hos sermones (210), — de theologia orationes tres posteriores (211 v°), — de se ipso, cum ex agris rediret (236), — ad Arianos de multitudine sua gloriantes (241 v°), — de theologia oratio I. (245 v°), — ad Nectarium epistola (248 v°), — oratio in electione Eulalii Doarensium episcopi (249 v°), — ad virginem exhortatio, et doxologia (250), — ad patrem, cum Nazianzenæ ecclesiæ curam sibi commisisset (251 v°), — ad patrem, cum Sasimorum episcopus unctus esset (253), — apologia post reditum e fuga (254 v°), — ad Evagrium epistola (255 v°), — annotatio de iv. apud Ezechielem animalibus (257), — paraphrasis in Ecclesiasten (257 v°), — in Julianum apostatam orationes duæ (264 v°).

XIV s. Parch. 297 fol. (J. A. de Thou.-Colbert. 275.) **G.**

563. S. Gregorii Nazianzeni orationes duæ in Pascha (1), — in novam dominicam (11), — in Pentecosten (15), — in plagam grandinis (22), — in Maccabæos (30), — in laudem Cypriani martyris (35), — in Julianum exæquatorem (42), — in Christi nativitatem (47), — oratio funebris in laudem S. Basilii (53), — in sancta lumina (84), — in sanctum baptisma (92), — in S. Gregorium Nyssenum (112), — in laudem S. Athanasii (115), — oratio valedictoria in præsentia cl. episcoporum (127), — de pauperibus charitate complectendis (137), — de theologia oratio I. (152 v°).

XIII s. Parch. 152 fol. (Fontebl.-Reg. 1922.) *M.*

564. S. Gregorii Nazianzeni orationes duæ in Pascha (2), — in novam dominicam (31), — in Pentecosten (39 v°), — in Maccabæos (53 v°), — in laudem Cypriani martyris (66 v°), — in Julianum exæquatorem (81), — in Christi nativitatem (94), — oratio funebris in laudem S. Basilii (108), — in sancta lumina (183), — in sanctum baptisma (197), — in S. Gregorium Nyssenum (238), — in laudem S. Athanasii (244), — de pauperibus charitate complectendis (273), — in plagam grandinis (306 v°), — ad Nazianzenos qui ipsum acciverant (325), — oratio valedictoria in præsentia cl. episcoporum (329).

Copié en 1327. Bombyc. 352 fol. (Colbert. 728.) *M.*

565: S. Gregorii Nazianzeni orationes, cum Nicetæ, Serrarum episcopi, commentariis, in sancta lumina (1), — in S. Gregorium Nyssenum (32 v°), — in laudem S. Athanasii (37), — oratio valedictoria in præsentia cl. episcoporum (57), — de pauperibus charitate complectendis (76), — in plagam grandinis (96).

XIV s. Bombyc. 109 fol. (Medic.-Reg. 2316.) *M.*

566. S. Gregorii Nazianzeni orationes duæ in Pascha (1 v°), — in novam dominicam (24), — in Pentecosten (31 v°), — in Maccabæos (43), — in laudem Cypriani martyris (54), — in Julianum exæquatorem (65), — in Christi nativitatem (75 v°), — oratio funebris in laudem S. Basilii (86 v°), — in sancta lumina (144), — in sanctum baptisma (155 v°), — in S. Gregorium Nyssenum (185 v°), — in laudem S. Athanasii (190), — oratio valedictoria in præsentia cl. episcoporum (211 v°), — de pauperibus charitate complectendis (229), — in plagam grandinis (256 v°).

Copié en 1326. Parch. 271 fol. (Reg. 2309.) *P.*

567. S. Gregorii Nazianzeni oratio de pauperibus charitate complectendis (1), — in laudem Cypriani martyris (4), — in laudem Heronis Alexandrini (21), — de pace oratio I. (31), — de moderatione in disputationibus servanda (39), — de se ipso, cum ex agris rediret (46), — ad eos qui dicebant episcopatum CP. ab ipso affectari (56 v°), — oratio valedictoria in præsentia cl. episcoporum (63), — in electione Eulalii Doarensium episcopi (75), — in Julianum apostatam oratio I. (76 v°), — de theologia orationes tres posteriores (110), — de dogmate et officio episcoporum (137), — de theologia oratio II (141), ad Ægyptios episcopos (152 v°), — in laudem S. Athanasii (154 v°), — in Maccabæos (166), — oratio funebris in laudem S. Basilii (171).

XI s. Parch. 194 fol. (Reg. 2307.) *M.*

568. S. Gregorii Nazianzeni orationes, cum Nicetæ, Serrarum episcopi, commentariis, in Pascha duæ (1), — in novam dominicam (100), — in Pentecosten (122), — in Maccabæos (152), — in laudem Cypriani martyris (174), — in Julianum exæquatorem (194), — in Christi nativitatem (212), — oratio

funebris in laudem S. Basilii (239), — in sancta lumina (322),
— in sanctum baptisma (347), — in S. Gregorium Nyssenum
(405), — in laudem S. Athanasii (414), — oratio valedictoria
in præsentia CL. episcoporum (449), — de pauperibus charitate
complectendis (481), — in plagam grandinis (514); — Vocum
arabicarum interpretatio græco-barbara (530); — Alphabetum
secretum (530); — Fragmentum homiliarum XVI. et XVII. S.
Joannis Chrysostomi in epistolam ad Romanos (IX s. Onc.),
et in marginibus pars vitæ S. Abercii (532).

XIV s. Parch. 539 pages. (Fontebl.-Reg. 1919.) *M.*

569. S. Gregorii Nazianzeni orationes duæ in Pascha (1),
— in novam dominicam (22), — in Pentecosten (29), — in
Maccabæos (40), — in laudem Cypriani martyris (50 v°), —
in Julianum exæquatorem (55 v°), — in Christi nativitatem
(65 v°), — oratio funebris in laudem S. Basilii (76), — in sancta
lumina (127), — in sanctum baptisma (138 v°), — in S. Gregorium Nyssenum (168), — in laudem S. Athanasii (170 v°),
— oratio valedictoria in præsentia CL. episcoporum (193 v°),
— de pauperibus charitate complectendis (210), — in plagam
grandinis (234), — apologia de fuga in Pontum (249), — de
theologia orationes tres posteriores (291 v°).

XIV s. Bombyc. 328 fol. (Colbert. 1342.) *M.*

570. S. Gregorii Nazianzeni orationes, cum Nicetæ, Serrarum episcopi, commentariis, in Pascha duæ (1), — in novam
dominicam (43 v°), — in Pentecosten (65 v°), — in Maccabæos
(92 v°), — in laudem Cypriani martyris (103 v°), — in Julianum exæquatorem (115 v°), — in Christi nativitatem (132 v°),
— oratio funebris in laudem S. Basilii (147 v°), — in sancta
lumina (191), — in sanctum baptisma (206), — in plagam
grandinis (219 v°), — fragmenta aliquot orationum (254).

XIV s. Bombyc. 262 fol. (Fontebl.-Reg. 2315.) *M.*

571. S. Gregorii Nazianzeni orationes duæ in Pascha, cum
Michaelis Pselli commentariis (2), — orationes, cum Nicetæ,
Serrarum episcopi, commentariis, in novam dominicam (73 v°),
— in Pentecosten (90), — in Maccabæos (118), — in laudem
Cypriani martyris (134), — in Julianum exæquatorem (149),
— in Christi nativitatem (163 v°), — oratio funebris in laudem

S. Basilii (185 v°), — in sancta lumina (242 v°), — in sanctum baptisma (263), — in S. Gregorium Nyssenum (303 v°), — in laudem S. Athanasii (309 v°),.— oratio valedictoria in præsentia CL. episcoporum (336), — de pauperibus charitate comsplectendis (361), — in plagam grandinis (392 v°); — Isidori Characeni mansiones Parthicæ (417); — Anonymi excerpta geographica e Strabone (418 v°).

XV s. Bombyc. 430 fol. (Medic.-Reg. 1915.) *M.*

571 A. S. Gregorii Nazianzeni orationes duæ in Pascha (2), — in novam dominicam (17 v°), — in Pentecosten (21 v°), — in Maccabæos (29), — in laudem Cypriani martyris (35 v°), — in Julianum exæquatorem (43), — in Christi nativitatem (49 v°), — oratio funebris in laudem S. Basilii (56 v°), — in sancta lumina (91 v°), — in sanctum baptisma (99 v°), — in S. Gregorium Nyssenum (122 v°), — in laudem S. Athanasii (125 v°), — oratio valedictoria in præsentia CL. episcoporum (140 v°), — de pauperibus charitate complectendis (152 v°), — in plagam grandinis (169 v°).

Copié en 1415, par Étienne. Pap. 179 fol. *P.*

572. Nicetæ Davidis, Dadybrorum episcopi, paraphrasis carminum arcanorum S. Gregorii Nazianzeni (1); — Nicetæ, Serrarum episcopi, commentarius in S. Gregorii Nazianzeni orationes duæ in Pascha (103), — in orationem funebrem S. Basilii (127), — in Christi nativitatem (170 v°); — Theodoreti, episcopi Cyri, curationis Græcarum affectionum sermones IV. (183); — Eusebii fragmentum de hora qua Christus crucifixus est et de dissensu evangelistarum (239); — S. Maximi fragmentum de indictiono, italice (240), — Theophanis Ceramei homilia de indictionis initio (244); — Synodicon breve, a concilio Antiocheno a. 274 ad concilium VII. œcumenicum (252); — Fragmentum catenæ in Isaïam (260); — Theodoreti excerpta e sermonibus II. et III. curationis Græcarum affectionum (264 v°); — Index græco-latinus codicis cujusdam varia de jure canonico continentis (268).

XVI s. Copié (en partie) par Jean de Santa Maura. Pap. 271 fol. (Teller. Rcm.-Reg. 1922,2.) *M.*

573. Basilii Minimi scholia in S. Gregorii Nazianzeni ora-

tiones in Christi nativitatem (1), — in orationem funebrem
S. Basilii (14 v°), — in Julianum exæquatorem (32 v°), —
in sancta lumina (36 v°), — in sanctum baptisma (42), — in
S. Gregorium Nyssenum (50 v°), — in laudem S. Athanasii
(52), — in orationem valedictoriam in præsentia CL. episcoporum (61 v°), — de pauperibus charitate complectendis (79),
— in orationes duas in Pascha (88 v°), — in novam dominicam
(97), — in Pentecosten (105 v°), — in Maccabæos (117 v°),
— in laudem Cypriani martyris (120), — in plagam grandinis (123 v°), — in laudem Heronis Alexandrini (128 v°), —
in præfectum irascentem (133 v°), — in orationes duas de
pace (136), — de moderatione in disputationibus servanda
(144 v°), — in apologiam de fuga in Pontum (150), — ad cives
qui ipsum acciverant (161 v°), — in laudem Cæsarii fratris
(162 v°), — in laudem sororis Gorgoniæ (168), — in laudem patris (171), — de se ipso, cum Sasimorum episcopus
unctus esset (175), — de se ipso, post reditum e fuga (176 v°),
— in orationem III. de pace (177 v°), — in electione Eulalii
Doarensium episcopi (181 v°), — ad Arianos de multitudine sua gloriantes (182 v°), — de dogmate et constitutione
episcoporum (185 v°), — ad Ægyptios episcopos (188 v°), —
in epistolas II. ad Cledonium (191), — ad eos qui dicebant
episcopatum CP. ab ipso affectari (195), — de se ipso, cum ex
agris rediret (198), — in epistolam ad Evagrium (201), — in
orationes V. de theologia (202 v°), — in orationes II. adversus
Julianum (262).

XI s. Parch. 279 fol. (Fontebl.-Reg. 1913.) *M.*

574. S. Gregorii Nazianzeni orationes, cum Nicetæ, Serrarum episcopi, commentariis, in Pascha duæ (1), — in novam
dominicam (66), — in Pentecosten (82), — in Christi nativitatem (108), — oratio funebris in S. Basilium (118 v°), — in
sancta lumina (178), — in sanctum baptisma (198).

Copié en 1315, par Jean, prêtre. Bombyc. 239 fol. (Colbert. 5148.) *M.*

575. S. Gregorii Nazianzeni orationes, cum Nicetæ, Serrarum episcopi, commentariis, in Pascha duæ (1), — in novam
dominicam (30), — in Pentecosten (40), — in Maccabæos
(60 v°), — in laudem Cypriani martyris (73 v°), — in Julianum

exæquatorem (84 v°), — in Christi nativitatem (94 v°), — oratio funebris in S. Basilium (109), — in sancta lumina (155 v°), — in sanctum baptisma (175), — in S. Gregorium Nyssenum (203 v°), — in laudem S. Athanasii (208), — oratio valedictoria in præsentia cl. episcoporum (230), — de pauperibus charitate complectendis (251).

XIV s. Parch. 261 fol. Palimps. (Colbert. 2494.) *M*.

576. S. Gregorii Nazianzeni orationes, cum Nicetæ, Serrarum episcopi, commentariis, in Pascha II., initio mutila (1), — in novam dominicam (27), — in Pentecosten (57), — in Maccabæos (90 v°), — in laudem Cypriani martyris (99), — in plagam grandinis (106 v°), — in Julianum exæquatorem (112 v°), — in Christi nativitatem (130 v°), — oratio funebris S. Basilii (164), — in sancta lumina (215), — in sanctum baptisma (229), — oratio valedictoria in præsentia cl. episcoporum (248), — in laudem S. Athanasii (264), — in S. Gregorium Nyssenum (280).

XII s. Parch. 287 fol. (Colbert. 3062.) *M*.

577. S. Gregorii Nazianzeni orationes, cum Nicetæ, Serrarum episcopi, commentariis, in Pascha II., initio mutila (1), — in novam dominicam (25 v°), — oratio valedictoria in præsentia cl. episcoporum (45 v°), — in laudem S. Athanasii (71), — in Pentecosten (95), — in Maccabæos (124 v°), — in Julianum exæquatorem (141 v°), — oratio funebris in laudem S. Basilii (143), — in sancta lumina (158), — in sanctum baptisma (164), — in S. Gregorium Nyssenum (181 v°), — de pauperibus charitate complectendis (186 v°), — in plagam grandinis (208).

XI s. Parch. 211 fol. (Mazarin.-Reg. 1822.) *G*.

578. S. Gregorii Nazianzeni orationes, cum Nicetæ, Serrarum episcopi, commentariis, in Pascha II., initio mutila (1), — in novam dominicam (37 v°), — in Pentecosten (49 v°), — in Maccabæos (71), — in laudem Cypriani martyris (85 v°), — in Julianum exæquatorem (96), — in Christi nativitatem (108 v°), — oratio funebris in S. Basilium (126), — in sancta lumina (182), — in sanctum baptisma (198 v°), — oratio valedictoria in præsentia cl. episcoporum (234 v°), — de pauperibus charitate complectendis (255 v°), — in S. Gregorium Nyssenum (276 v°), — in plagam grandinis (281 v°), — in laudem S. Athanasii (295 v°).

XIII s. Parch. 316 fol. *M*.

579. S. Gregorii Nysseni oratio in laudem S. Gregorii Thaumaturgi, initio et fine mutila (1); — Martyrium S. Platonis (18); — Vita S. Amphilochii, Iconiensis episcopi (24); — Vita S. Gregorii, episcopi Agrigentini (30 v°); — Martyrium Sæ. Catharinæ (62 v°); — Vita S. Clementis, Romani episcopi (73 v°); — Martyrium S. Petri, Alexandrini archiepiscopi (123 v°); — Martyrium S. Mercurii (131 v°); — Martyrium S. Alypii (140 v°); — Martyrium S. Jacobi Persæ (152); — Vita S. Stephani junioris (160 v°); — Vita S. Andreæ apostoli (196 v°).

XI s. Parch. 206 fol. (Colbert. 569.) *G*.

580. S. Gregorii Nysseni oratio in laudem S. Gregorii Thaumaturgi (3); — Martyrium S. Platonis (53 v°); — Vita S. Amphilochii, Iconiensis episcopi (65 v°); — Vita S. Gregorii, episcopi Agrigentini (77 v°); — Martyrium Sæ. Catharinæ (145 v°); — Acta S. Petri, quibus præfixa Clementis Romani epistola ad Jacobum, Hierosolymitanum episcopum (168 v°).

XI s. Parch. 252 fol. Peint. (Colbert. 413.) *M*.

581. S. Gregorii Nysseni oratio in laudem S. Gregorii Thaumaturgi (1); — S. Joannis Chrysostomi homiliæ XXXI. priores in Genesim (9); — ejusdem de sacerdotio libri V. et VI. (119); — ejusdem de incomprehensibili homiliæ IX. adversus Anomœos (140).

XI s. Parch. 256 fol. (Colbert. 418.) *M*.

582. S. Gregorii Nysseni oratio in sancta lumina (12); — S. Gregorii Nazianzeni oratio in sancta lumina (40); — S. Basilii oratio exhortatoria ad baptismum (57); — S. Joannis Chrysostomi orationes duæ in Epiphaniam (74); — ejusdem oratio in baptisma et in tentationem (96); — ejusdem homilia de occursu Salvatoris (128); — S. Amphilochii Iconiensis oratio de occursu Salvatoris (137); — S. Joannis Chrysostomi oratio in annuntiationem beatæ Mariæ (148); — Andreæ Cretensis homilia in annuntiationem beatæ Mariæ (155); — S. Basilii oratio in XL. martyres (175); — S. Audreæ Cretensis oratio in Lazarum quatriduanum (187); — S. Joannis Chrysostomi oratio in Lazarum quatriduanum et in filium viduæ (192); — ejusdem orationes duæ in dominicam palmarum (216); — Andreæ Cretensis oratio in dominicam palmarum (236); — S. Joannis Chrysostomi oratio in sanctam secundam magnæ hebdomadis (256); — ejusdem orationes de ficu arefacta (272), — in parabolam decem virginum (281), — orationes duæ in Jobum (289), — de meretricibus et pigmentis (313); — Amphilochii Iconiensis oratio in mulierem peccatricem (321); — S. Joannis Chrysostomi oratio in lotionem pedum (338); — ejusdem orationes in hæc verba : Pater, si potest fieri, transeat a me calix iste (344), — de cruce et adversus Judæos (353), — encomium crucis et latronis (357); — Epiphanii oratio in divini corporis sepulturam (370); — Gregorii Antiocheni oratio in mulieres unguentiferas (390); — S. Gregorii Nazianzeni orationes IV. in Pascha (402); — ejusdem oratio in novam dominicam (427); — Leontii presbyteri oratio in festum mediæ Pentecostes (436); — S. Gregorii Nazianzeni oratio in Pentecosten (477); — S. Joannis Chrysostomi oratio in Pentecosten et quare hodie signa non fiant (490); — ejusdem oratio in nativitatem S. Joannis Baptistæ (523); — Antipatri Bostrensis oratio in S. Joannem Baptistam (534); — S. Joannis Chrysostomi oratio in laudem SS. Petri et Pauli (543); — S. Gregorii Nazianzeni oratio in Maccabæos (548).

XI s. Parch. 552 pages. *G*.

583. S. Gregorii Nysseni de Deo trino, e communibus notionibus (2); — ejusdem epistola ad Eustathiam et Ambrosiam (6 v°); — Georgii Hamartoli fragmentum de Heraclio imperatore (12); — ejusdem fragmentum Arsenii monachi vitam complectens, gr.-lat. (15 v°); — Anastasii Bibliothecarii collectaneorum præfatio (24 v°); — Georgii Hamartoli fragmentum de Justino et Justiniano, latine (26); — Table de la « Chronique abrégée, recueillie ... par Georges Syngele [Hamartole] » (27); — Georgii Hamartoli fragmenta de Leone Isauro et de animarum post obitum in cælos ascensu, latine (32); — Federici Morelli Parisiensis oratio in litteratorum laudem (45); — Ano-

7

nymi oratio adversus jurisperitos : Ἔννοιά μοί ποτε ἐγένετο...
(49); — Anonymi dialogus Cephalum inter et Aristophontem
de vitæ honestæ præmio : Πολλῶν ἀγώνων μοι... (61); — S.
Ephræmi oratio ad Deum (82); — ejusdem homilia de extremo
judicio et compunctione (83 v°); — Nicænæ synodi subscrip-
tiones et canones aliquot (89); — Libanii declamatio, Demosthenis nomine, adversus Æschinem (95); — Anonymi tactico-
rum fragmenta (109); — « Explicatio numeri Platonici qui
γάμος dicitur » (119); — Libanii descriptiones aliquot (127 et
168); — ejusdem orationes ad Antiochenos pro stipendio rhe-
toribus persolvendo (136), — in Constantium et Constantem
imperatores (146), — adversus Aristidem pro saltatoribus (165);
— Eustathii [Eumathii] fragm. de Ismeniæ et Ismenis amo-
ribus (166); — Libanii oratio ad Theodosium cum Antiochenis
reconciliatum (170 v°); — Federici Morelli carmen de restaurato
Musæo Burdigalensi, a. 1596 (173); — S. Gregorii Nazianzeni
oratio in Christi nativitatem (175); — Gregorii, Hierosolymitani patriarchæ, antirrheticorum adversus Veccum, CP. patriarcham, caput xxxvi. (183); — Pappi Alexandrini mechanica,
manu Angeli Vergetii (191); — Æsopi fabulæ, alphabetice
(224); — Babrii fabulæ tetrastichæ (236); — De horologii solaris conficiendi ratione fragmentum (244).

XVI-XVII s. Pap. 245 fol. (Baluz.-Reg. 2317,2.) *M.*

584. S. Gregorii Nysseni homiliæ IV. posteriores in beatitudines (1), — in orationem dominicam homiliæ V. (32), — liber
de virginitate, præmittitur epistola ad virtutem hortatoria
(64 v°), — vita Macrinæ sororis (108), — oratio funebris in S.
Basilium (128), — ad Olympium liber de perfectione (141 v°),
— vita Moysis (158); — S. Joannis Chrysostomi homiliæ tres
ad virgines de pœnitentia, continentia, virginitate et lectione
(222).

XII s. Parch. 290 fol. (Colbert. 268.) *M.*

584 A. S. Gregorii Nysseni de oratione dominica homiliæ
III-V. (1), — accurata expositio in Salomonis Ecclesiasten
(15), — commentarius in Canticum canticorum (64 v°), — oratio de divinitate Filii et Spiritus sancti (211 v°).

XIII s. Bombyc. 216 fol. *M.*

585. S. Gregorii Nysseni orationes **XXVIII.** de divinitate Filii et Spiritus sancti (1), — in Christi nativitatem (10), — de S. Stephano protomartyre (19 v°), — oratio funebris in laudem S. Basilii (26 v°), — de sancto Christi baptismate (38), — in illud : Quamdiu fecistis uni ex his, etc. (46 v°), — in mortuos (53), — in laudem Theodori martyris (69), — in laudem Meletii Antiocheni episcopi (74), — orationes duæ in SS. XL. martyres (78 v°), — in S. Pascha et de resurrectione orationes tres (245 et 182), — in ascensionem Christi (192 v°), — ad Eustathium, de eo quod S. Spiritus sit Deus (194 v°), — ad Ablabium, de eo quod tres Deos dici non oportet (199 v°), — ad Petrum fratrem, de differentia substantiæ et hypostaseos (206 v°), — ad Hierium, de infantibus morte præmatura raptis (212), — de fide, ad Simplicium tribunum (223 v°), — ad Harmonium, quid nomen professiove Christiani sibi velit (226), — in illud Iæ. ad Corinthios : Tunc et'ipse filius subjectus erit (230), — in laudem Pulcheriæ (239 v°), — in laudem Placillæ (87), — in Psalmum VI. (93), — in laudem S. Gregorii Thaumaturgi (96), — de beatitudinibus orationes VIII. (168 v°), — de oratione dominica orationes V. (133 v°).

• XVI s. Copié (en partie) par Zacharias, prêtre. Pap. 271 fol. (Hurault,- Reg. 1911.) *M.*

586. S. Gregorii Nysseni testimonia adversus Judæos (1), — in Hexaemeron liber (16), — oratio in illud : Quatenus uni ex his fecistis, etc. (46 et 170), — de infantibus morte præmatura raptis (53 v°), — de mortuis qui in fide obdormierunt (66 et 178), — dialogus de anima et resurrectione cum sorore Macrina (84), — in Christi nativitatem (129), — in laudem S. Stephani protomartyris (139 v°), — in laudem S. Basilii (147 v°), — in sanctum baptisma (160 v°), — in laudem Theodori martyris (197 v°), — in laudem Meletii Antiocheni episcopi (203), — orationes duæ in SS. XL. martyres (208 v°), — in S. Pacha et de resurrectione orationes V. (219), — in ascensionem Christi (258), — ad Eustathium, de eo quod S. Spiritus sit Deus (260), — ad Ablabium, de eo quod tres Deos dici non oportet (266), — ad Petrum fratrem, de differentia substantiæ et hypostaseos (274), — ad Hierium, de infantibus morte præmatura raptis (280), — de fide, ad Simplicium tribunum (294),

— ad Harmonium, quid nomen professiove Christiani sibi velit (297), — in illud I^æ.ad Corinthios : Quando sibi subjecerit omnia (302 v°), — in laudem Pulcheriæ (313), — in laudem Placillæ (319), — in Psalmum VI. (325), — in laudem S. Gregorii Thaumaturgi (328 v°), — de beatitudinibus orationes VIII. (357), — de oratione dominica orationes V. (404 v°).

XVI s. Pap. 436 fol. (Faur.-Reg. 1824,2.) *M.*

587. S. Gregorii Nysseni oratio catechetica magna (1); — S. Macarii Ægyptii homiliæ L. (41); — S. Clementis Alexandrini Pædagogus, libris III. (175); — ejusdem hymnus in laudem Christi servatoris et iambi de S. Clementis Pædagogo (279).

XVI s. Pap. 280 fol. (Fontebl.-Reg. 1912.) *M.*

588. S. Gregorii Nysseni oratio catechetica magna (1), — de perfecta Christiani forma (51 v°), — in illud I^æ. ad Corinthios : Quando sibi subjecerit omnia (71), — ad illos qui castigationes ægre ferunt (83 v°), — commentarius in Canticum canticorum (90).

XVI s. (Copié par André Darmarios.) Pap. 222 fol. (Colbert. 2938.) *M.*

589. S. Gregorii Nysseni accurata expositio in Ecclesiasten Salomonis.

XVI s. Pap. 68 fol. (Colbert. 2947.) *M.*

590. S. Gregorii Nysseni de anima et resurrectione dialogus cum Macrina sorore.

XVI s. (Copié par Jacques Diassorinos.) Pap. 87 fol. (Colbert. 2510.) *M.*

591. S. Gregorii Nysseni de anima et resurrectione dialogus cum Macrina sorore.

XVI s. Pap. 45 fol. (Gaignières.) *M.*

592. S. Gregorii Nysseni oratio catechetica magna.

XVI s. (Copié par Ange Vergèce.) Pap. 122 pages. (Gaignières.) *M.*

593. S. Ephræmi Syri sermo asceticus (1), — oratio de evellenda superbia (19), — de judicio, amore et compunctione (30), — reprehensio sui ipsius et confessio (34 v°), — de vita ascetica (48), — monachum perfectum esse debere (49), — de garrulitate et affectibus (64 v°), — quomodo anima cum la-

crymis ad Deum recurrere debeat tentationis tempore (73 v°),
— admonitiones ad fratres (78), — commonitio ad fratrem
(109 v°), — de animæ compunctione (82 v°), — oratio parænetica (86), — oratio compunctoria (92 v°), — de pœnitentia
(95), — canticum in peccatores impœnitentes (96 v°), — de
pœnitentia (98), — de affectibus (103 v°), — de pœnitentia
et fine sæculi (114 v°), — in SS. PP., qui temporibus suis defuncti sunt (125 v°), — beatitudines (128 v°), — de sacerdotio
(134), — de pœnitentia (138), — de compunctione (147), —
de regulis et ordinatione monasteriorum (152 v°), — de pœnitentia, charitate et futuro judicio (166), — interrogationes et
responsiones de extremo judicio (172), — de antichristo (185),
— adhortationes ad monachos (188 v°), — de humilitate capita c. (198), — epistola de divite moriente (221), — de virtute
capita x. (234 v°), — capita xii. in illud : Attende tibi ipsi
(247), — beatitudines (260).

XI s. Parch. 263 fol. (Colbert. 2545.) *M.*

594. S. Ephræmi Syri capita xii. in illud : Attende tibi ipsi
(1), — consilia xciv. de vita spirituali (34 v°), — de recta vita
capita lxxxiv. (60), — beatitudines (75), — adhortationes ad
monachos (93), — de humilitate capita c. (271), — oratio, monachum perfectum esse debere (313), — de divina gratia (334),
— de garrulitate et affectibus (341); — Palladii historia Lausiaca (357).

XIII s. Parch. 476 pages. *G.*

595. S. Ephræmi Syri adhortationes iv. de virtute ad novitium monachum (1 v°), — de virtute capita x. (17), — capita
xii. in illud : Attende tibi ipsi (31), — ad novitium monachum,
de vita spirituali consilia xciii. (60 v°), — de recta vita capita
lxxxix. (76), — beatitudines (86 v°), — ad monachos adhortationes l. (98), — de humilitate capita c. (207), — monachum
perfectum esse debere (236 v°), — de divina gratia (249), —
de garrulitate et affectibus (253 v°), — de virtutibus et vitiis
(263), — reprehensio sui ipsius et confessio (276), — oratio
ad eversionem superbiæ (280 v°), — sermo asceticus (288 v°),
— oratio ad imitationem Proverbiorum (309), — ad eorum
correctionem, qui, dum vitiose vivunt, honores appetunt

(344 v°), — de affectibus (349 v°), — de pœnitentia (351 v°),
— de compunctione orationes tres (356 v°), — fragmentum
e sermone tetrasyllabo (379 v°), — sermo paræneticus (366),
— in SS. PP. qui temporibus suis defuncti sunt orationes
duæ (371 v°), — sermo heptasyllabus (380 v°) — de timore
animi (381), — oratio e S. Ephræmi doctrina (384 v°), —
oratio admonitoria in formam epistolæ (385), — quomodo
anima cum lacrymis ad Deum recurrere debeat tentationis
tempore (390), — de extremo judicio et compunctione (394 v°),
— de patientia (401 v°), — de beatitudinibus et miseriis
(407 v°), — confessio sive oratio ad Deum (409), — oratio in
secundum Christi adventum (411), — oratio de fide (414 v°).

XI s. Parch. 418 fol. (Medic.-Reg. 2383.) *M.*

596. S. Ephræmi Syri de virtute capita viii-x. (1), — capita xii. in illud : Attende tibi ipsi (6 v°), — non esse ridendum
neque gloriandum sed lugendum et plorandum nosmetipsos
(29 v°), — ad novitium monachum de vita spirituali capita
xciii. (33), — de vita recta capita lxxxix. (49), — beatitudines (58 v°), — adhortationes l. ad monachos (70), — de
humilitate capita lxxvii. (175), — interrogatio cur frater
negligentem se præbeat in cella (185 v°), — de patientia et
consummatione sæculi (193), — fragmentum e sermone de
sanctimonia (199), — fragmentum de eleemosyna (199), —
fragmentum e sermone in Adamum, Paradisum et Marcio-
nem (199 v°), — fragmentum e sermone in Caïn (199 v°), —
de virtute et expellendis cupiditatibus (200), — responsio ad
fratrem de Heli sacerdote (206 v°), — de salute animæ et futuro judicio (212); — Anastasii Sinaïtæ oratio in ingressum
jejuniorum (223 v°).

XIII s. Parch. 234 fol. (Colbert. 625.) *M.*

597. S. Ephræmi Syri liber II. de virtutibus et vitiis (1), —
sermo asceticus (39 v°), — oratio ad imitationem Proverbiorum (68 v°), — de timore (70), — ad eorum correctionem, qui,
dum vitiose vivunt, honores appetunt (116), — reprehensio
sui ipsius et confessio (124), — de affectibus (151), — de pœnitentia (155), — de compunctione orationes tres (161), —
sermo paræneticus (173), — in SS. Patres qui temporibus suis

defuncti sunt orationes duæ (179), — fragmentum e sermone tetrasyllabo (187 v°), — sermo heptasyllabus (188 v°), — de timore animi (189), — oratio e S. Ephræmi doctrina (193), — oratio admonitoria in formam epistolæ (194), — quomodo anima cum lacrymis ad Deum recurrere debeat tentationis tempore (199 v°), — de extremo judicio et compunctione (205 v°), — de patientia (215), — de beatitudinibus et miseriis (223), — confessio sive oratio ad Deum (225), — oratio in secundum Christi adventum (227 v°), — oratio de fide (233); — Vita S. Ephræmi Syri (238); — S. Ephræmi Syri testamentum (241 v°).

XIII s. Bombyc. 258 fol. *G.*

598. S. Ephræmi Syri liber de virtutibus et vitiis, initio mutilus (1), — sermo asceticus (28 v°), — oratio ad imitationem Proverbiorum (50 v°), — de timore (51 v°), — ad eorum correctionem, qui, dum vitiose vivunt, honores appetunt (88 v°), — reprehensio sui ipsius et confessio (94), — de affectibus (116 v°), — de pœnitentia (119 v°), — de compunctione orationes tres (124), — sermo paræneticus (134), — in SS. Patres qui temporibus suis defuncti sunt orationes duæ (139 v°), — fragmentum e sermone tetrasyllabo (147 v°), — sermo heptasyllabus (148), — de timore animi (148 v°), — oratio e S. Ephræmi doctrina (153), — oratio admonitoria in formam epistolæ (153), — quomodo anima cum lacrymis ad Deum recurrere debeat tentationis tempore (158), — de extremo judicio et compunctione (162), — de patientia (168 v°), — de beatitudinibus et miseriis (175), — confessio sive oratio ad Deum (176 v°), — oratio in secundum Christi adventum (178 v°), — oratio de fide (183); — Nomina hegumenorum in sancto monasterio Pauli Latris (187 v°).

X s. Parch. 187 fol. (Colbert. 912.) *M.*

599. S. Ephræmi Syri sermo de variis inferni tormentis (1), — de patientia (7), — de virtute ad novitium monachum (13 v°), — de virtute capita x. (22 v°), — capita xii. in illud : Attende tibi ipsi (39 v°), — de pœnitentia (44), — non esse ridendum neque gloriandum sed lugendum et plorandum nosmetipsos (55 v°), — ad novitium monachum de vita spirituali

capita xciii. (60), — de recta vita capita lxxxix. (79), — beatitudines (92), — adhortationes l. ad monachos (99 v°), — de
humilitate capita c. (252), — interrogatio cur frater negligentem se præbeat in cella (279), — monachum perfectum esse
debere (293 v°), — de divina gratia (313), — de garrulitate et
affectibus (319).

XIV s. Bombyc. et parch. 320 fol. (Mazarin.-Reg. 2285.) *M*.

599 A. S. Ephræmi Syri adhortationes aliquot ad monachos
(1), — de pœnitentia (18), — ad novitium monachum adhortationes duæ (19 v°), — de humilitate capita c. (24), — interrogatio cur frater negligentem se præbeat in cella (31 v°), —
de non ferendo in alios judicio et de patientia (36), — oratio
in secundum Christi adventum (36 v°), — oratio in pretiosam
et vivificam crucem Domini (42), — responsiones ad varias
quæstiones (45 v°), — monachum perfectum esse debere (54),
— sermo de divina gratia (61), — de garrulitate et affectibus
(63 v°), — sermones XV. de virtutibus (66), — reprehensio
sui ipsius et confessio (71 v° et 153 v°), — sermo ad eversionem superbiæ (74), — oratio de compunctione (77), — oratio de pœnitentia (84), — sermo asceticus (108 v°), — oratio
ad imitationem Proverbiorum (125), — de timore (125 v°), —
ad eorum correctionem, qui, dum vitiose vivunt, honores appetunt (149 v°), — de affectibus (168), — de pœnitentia (170),
— de compunctione orationes tres (173 v°), — sermo paræneticus (180), — in SS. Patres qui temporibus suis defuncti sunt
orationes duæ (183 v°), — sermo tetrasyllabus (188 v°), —
sermo heptasyllabus (184), — de timore animi (189), — oratio e S. Ephræmi doctrina (191 v°), — oratio adhortatoria in
formam epistolæ (192), — de patientia (196 v°), — quomodo
anima cum lacrymis ad Deum recurrere debeat tentationis
tempore (200), — de extremo judicio et compunctione (203),
— de beatitudinibus et miseriis (205), — confessio sive oratio
ad Deum (206), — oratio in secundum Christi adventum
(207 v°), — oratio de fide (210).

XIII s. Parch. et bombyc. 215 fol. *M*.

600. Vita S. Joannis Chrysostomi, auctore Georgio Alexandrino (1); — Cosmæ Vestitoris oratio in translationem reli-

quiarum S. Joannis Chrysostomi (122); — S. Joannis Chrysostomi homiliæ, statuæ dictæ, XXI. (126).

XI s. Parch. 348 fol. (Medic.-Reg. 1972.) *M.*

601. Vita S. Joannis Chrysostomi, auctore Simeone Metaphraste (1); — Vita S. Stephani junioris Thaumaturgi (101);
— Clementis Romani epistola ad Jacobum fratrem Domini
(144).

XII s. Parch. 220 fol. (Reg. 2457.) *M.*

602. S. Joannis Chrysostomi homiliæ XXXII. priores in
Genesim.

XI s. Parch. 267 fol. (Mazarin.-Reg. 1813.) *G.*

603. S. Joannis Chrysostomi homiliæ, a XXXI. ad finem, in
Genesim.

XI s. Parch. 357 fol. *M.*

604. S. Joannis Chrysostomi homiliæ XXX. priores in Genesim.

X s. Parch. 264 fol. (Fontebl.-Reg. 1924.) *G.*

605. S. Joannis Chrysostomi homiliæ V-XXXII. in Genesim.

XI s. Parch. 356 fol. (Colbert. 862.) *M.*

606. S. Joannis Chrysostomi homiliæ XI-XXXII. in Genesim.

X s. Parch. 139 fol. *G.*

607. S. Joannis Chrysostomi homiliæ II. et III. in Genesim
(1), — in Judæos homiliæ III-VI. (7), — de incomprehensibili
homiliæ XXVI-XXX. (49), — contra Anomœos homilia LX.
(88), — ad populum Antiochenum homiliæ XXXII. et XXXIII.
(95 v°), — adversus eos qui scandalizati sunt (120).

X s. Parch. 129 fol. (Colbert. 629.) *M.*

608. S. Joannis Chrysostomi homiliæ XXX. priores in Genesim.

XI s. Parch. 209 fol. (Fontebl.-Reg. 1810.) *G.*

609. S. Joannis Chrysostomi homiliæ XXXIII. priores in
Genesim.

XII s. Parch. 257 fol. (Colbert. 383.) *M.*

610. S. Joannis Chrysostomi homiliæ XXX. in Genesim.

XI s. Parch. 309 fol. *G*.

611. S. Joannis Chrysostomi homiliæ II-XXIV. priores in Genesim.

XI s. Parch. 165 fol. (Fontebl.-Reg. 1928.) *M*.

612. S. Joannis Chrysostomi homiliæ XXX. priores in Genesim.

XI s. Parch. 330 fol. (Reg. 1931.) *M*.

613. S. Joannis Chrysostomi homiliæ XXXII. priores in Genesim (1); — Index librorum monasterii Salvatoris Christi, s. XIV. (296 v°).

XI s. Parch. 296 fol. (Reg. 1930.) *G*.

614. S. Joannis Chrysostomi homiliæ XXX. priores in Genesim.

XI s. Parch. 232 fol. (Medic.-Reg. 1926.) *M*.

615. S. Joannis Chrysostomi homiliæ XXX. priores in Genesim.

XI s. Parch. 220 fol. (Delamare.-Reg. 1929, 3.) *M*.

616. S. Joannis Chrysostomi homiliæ XXIX. priores in Genesim.

XI s. Parch. 323 fol. (Reg. 1829, 3.) *G*.

617. S. Joannis Chrysostomi homiliæ IV-XXXII. in Genesim.

X s. Parch. 193 feuillets. (Colbert. 2997.) *M*.

618. S. Joannis Chrysostomi homiliæ II-XXIX. in Genesim.

XI s. Parch. 195 fol. (Reg. 1932.) *M*.

619. S. Joannis Chrysostomi homiliæ XXVIII. priores in Genesim.

XI s. Parch. 196 fol. (Colbert. 2692.) *M*.

620. S. Joannis Chrysostomi homiliæ III-XXVIII. in Genesim.

XI s. Parch. 184 fol. (Colbert. 1962.) *M*.

621. S. Joannis Chrysostomi homiliæ XXVII. priores in Genesim.

XI s. Parch. 263 fol. (Colbert. 362.) *M*.

622. S. Joannis Chrysostomi homiliæ XI-XXVII. in Genesim.

XI s. Parch. 126 fol. (Colbert. 844.) *M.*

623. S. Joannis Chrysostomi homiliæ VI-XXVIII. in Genesim.

XII s. Parch. 506 pages. *M.*

624. S. Joannis Chrysostomi homiliæ LXVII. in Genesim; desunt homiliæ III., IV., IX., XI-XXII.

XI s. Parch. 270 fol. (Colbert. 45.) *G.*

625. S. Joannis Chrysostomi homiliæ XXXIII. priores in Genesim.

XI s. Parch. 282 fol. (Delamare.-Reg. 1929, 2.) *M.*

626. S. Joannis Chrysostomi homiliæ XXX. priores in Genesim.

XI s. Parch. 333 fol. (Hurault.-Reg. 2319.) *M.*

627. S. Joannis Chrysostomi homiliæ XXXII. priores in Genesim.

XI s. Parch. 329 fol. *M.*

628. S. Joannis Chrysostomi homiliæ XXXII. priores in Genesim.

XII s. Parch. 236 fol. (Reg. 2348.) *M.*

629. S. Joannis Chrysostomi homiliæ XXXI. priores in Genesim.

IX s. Parch. 300 fol. (Reg. 2321.) *M.*

630. S. Joannis Chrysostomi homiliæ XXX. priores, excepta XX[a].

XI-XII s. Parch. 295 fol. (Fontebl.-Reg. 2320.) *M.*

631. S. Joannis Chrysostomi homiliæ XXX. priores in Genesim.

XII s. Parch. 285 fol. (Colbert. 707.) *M.*

632. S. Joannis Chrysostomi homiliæ VI-XXVIII. in Genesim.

XII s. Parch. 238 fol. (Colbert. 948.) *M.*

633. S. Joannis Chrysostomi homiliæ XXX. priores in

Genesim (1); — ejusdem homilia catechetica in sanctum Pascha (235 v°).

Copié en 1186. Parch. 236 fol. (Colbert. 643.) *M.*

634. S. Joannis Chrysostomi homiliæ XXXIII. priores in Genesim.

X s. Parch. 311 fol. (Fontebl.-Reg. 1925.) *M.*

635. S. Joannis Chrysostomi homiliæ XIV., XV., I-IV. (1); — S. Ephræmi homilia de salute animæ et futuro judicio (63); — Germani, CP. patriarchæ, narratio de imagine Christi Berytensi (70); — S. Gregorii Nysseni oratio in laudem S. Gregorii Thaumaturgi (72); — Georgii, Nicomediensis episcopi, oratio in beatæ Mariæ præsentationem (114); — S. Joannis Chrysostomi homilia in Seraphim (125); — Martyrium S. Menæ Ægyptii (133 v°); — S. Epiphanii, archiepiscopi Cypri, homilia in Christi sepulturam (141); — S. Joannis Chrysostomi homilia catechetica in S. Pascha (156 v°); — ejusdem homilia in decem virgines (158); — ejusdem oratio I. in Job (164); — Martyrium SS. Petri et Pauli apostolorum (171); — Vita Sᵃᵉ. Mariæ Ægyptiacæ, auctore Sophronio Hierosolymitano (189 v°); — Narratio de sanguine qui a latere imaginis Christi, a Nicephoro imp. allatæ, fluxit (213); — De imagine Deiparæ non manu factæ (214 v°); — Anonymi de iis qui per incuriam lapsi sunt et peccata excusare conantur : Ἀδελφέ, τὸν μονήρι βίον... (216); — Marci monachi de lege spirituali (222); — ejusdem consilium mentis ad animam (228 v°); — Excerpta e Palladii historia Lausiaca (232 v°); — Explicatio dicti illius : Inimico tuo fausta precare : Ἐὰν ἀκριδῶς ἐξετάσῃς... (237 v°); — S. Athanasii Alexandrini didascalia ad Antiochum ducem (242 v°); — S. Joannis Chrysostomi homilia in illud : Verum frustra turbatur omnis homo (262 v°); — Marci monachi interrogata et responsa de baptismate (264 v°).

XIV s. Bombyc. 271 fol. (Colbert. 4249.) *P.*

636. S. Joannis Chrysostomi homiliæ XXXI-LXVII. in Genesim.

XI s. Parch. 210 fol. (Mazarin.-Reg. 1814.) *G.*

637. S. Joannis Chrysostomi homiliæ **XXXI-LXVII**. in Genesim.

Copié en 1057, par le moine Antoine. Parch. 251 fol. (Medic.-Reg. 1927.) *M*.

638. S. Joannis Chrysostomi homiliæ **XXXI-LXVII**. in Genesim.

XI s. Parch. 6 fol. et 694 pages. *M*.

639. S. Joannis Chrysostomi homiliæ **XXXIII**. priores in Genesim (1); — ejusdem homilia catechetica in sanctum Pascha (276 v°).

XI s. Parch. 276 fol. (Fontebl.-Reg. 1929.) *M*.

640. S. Joannis Chrysostomi homiliæ **XXXI-LXVII**. in Genesim.

XI s. Parch. 270 fol. (Colbert. 2673.) *M*.

641. S. Joannis Chrysostomi homiliæ **XXV-XLIII**. in Genesim.

XI s. Parch. 193 fol. (Reg. 2324.) *M*.

642. S. Joannis Chrysostomi homiliæ **XXXI-LXVII**. in Genesim.

XI s. Parch. 297 fol. (Colbert. 651.) *M*.

643. S. Joannis Chrysostomi homiliæ **XXXI-LXVII**. in Genesim.

XII s. Parch. 231 fol. (Reg. 1815.) *G*.

644. S. Joannis Chrysostomi homiliæ **XXXI-LXVII**. in Genesim.

Copié en 1430, par Michel Maurianos. Pap. 236 fol. (Medic.-Reg. 2322.) *M*.

645. S. Joannis Chrysostomi homiliæ **XXXII-XLVI**. in Genesim.

XI s. Parch. 243 fol. (Colbert. 46.) *G*.

646. S. Joannis Chrysostomi homiliæ **XXXII-XLVI** in Genesim.

' XI s. Parch. 324 fol. (Reg. 2323.) *M*.

647. S. Joannis Chrysostomi homiliæ **XXXI-XLVII**. in Genesim.

XI s. Parch. 359 fol. (Colbert. 3051.) *G*.

648. S. Joannis Chrysostomi homiliæ XXXV-XLVI. in Genesim.

Copié en 1051. Parch. 265 fol. (Colbert. 363.) *M.*

649. S. Joannis Chrysostomi homiliæ XXXVII-LXVI. in Genesim.

XI s. Parch. 265 fol. (Fontebl.-Reg. 1811.) *G.*

650. S. Joannis Chrysostomi homiliæ VI-XXX. in Genesim.

XII s. Parch. 342 pages. *G.*

651. S. Joannis Chrysostomi homiliæ VI-XXVII. et III-IV. in Genesim.

XI s. Parch. 312 pages. *G.*

652. S. Joannis Chrysostomi homiliæ XL-LXVI. in Genesim.

XII s. Parch. 240 fol. (Colbert. 759.) *M.*

653. S. Joannis Chrysostomi homiliæ XXX. priores in Genesim.

XIII s. Copié (en partie) par Michel. Bombyc. 165 fol. (Mazarin.-Reg. 1812.) *M.*

654. S. Joannis Chrysostomi et Theodoreti homiliæ in Psalmos I-IX. et XXXVII-XLVII.

X s. Parch. 195 fol. (Mazarin.-Reg. 1962.) *G.*

655. S. Joannis Chrysostomi commentariorum tomus II. in Psalmos XLIII-LI. et C-CXVIII.

Copié en 1037. Parch. 249 fol. (Medic.-Reg. 2326.) *M.*

656. S. Joannis Chrysostomi homilia in inscriptionem Psalmi L. (3), — de incomprehensibili orationes sex (14 v°), — adversus Judæos orationes sex (62), — homilia in eos qui Paschatis die jejunant (144 v°), — de Lazaro et paupere orationes IV. (154), — de Saüle et Davide orationes III. (203), — de Ozia orationes VI. (229 v°), — de Anna Samuelis matre orationes V. (303), — in Job orationes IV. (309 v°), — homilia in Psalmum XLVIII. (332), — in sanctam crucem (343), — in Psalmum XLIV. (353); — Martyrium S^re. Euphemiæ (364).

XI s. Parch. 364 fol. (Reg. 1963.) *M.*

657. S. Joannis Chrysostomi homiliæ in Psalmos CXIX-

CL. (1); — ejusdem ad Olympiadem diaconissam epistolæ XVII. (183).

XII s. Parch. 257 fol. (Medic.-Reg. 1957.) *M.*

658. S. Joannis Chrysostomi homiliæ IV-XII., XLIII-XLIX. et CXIX-CL.

XVI s. (Copié par Constantin.) Pap. 587 pages. (Teller. Rem.-Reg. 1932,2.) *M.*

659. S. Joannis Chrysostomi homilia in Psalmum VI. (1), — in Psalmum LI. (25), — in Psalmum L. (45), — in Psalmum XCV. (55), — de tribus pueris et fornace Babylonica (69); ejusdem explanatio in Danielem prophetam (105) ; omnia græce et latine, interprete Gabriele a S. Hieronymo, et ab eodem e codice Scorialensi descripta.

XVII s. Pap. 336 pages. (Colbert. 3096.) *M.*

660. S. Joannis Chrysostomi homiliæ IV. in Isaiam (1 vᵒ), — in Psalmum XCV. (22), — in Seraphim (32), — in Psalmum XLVIII. (50 vᵒ), — de judicio, eleemosyna et pœnitentia (56 vᵒ), — in illud : Adstabimus omnes ante tribunal (72 vᵒ), in I. Corinth. X, 1 (80 vᵒ), — in II. Corinth. IV, 13 (92), — in I. Corinth. IV, 13 (102 vᵒ), — in Psalmum L. homiliæ duæ (112 vᵒ), — in Rom. V, 3, de gloria in tribulationibus (138), — homiliæ XXIX., XXX., XXXII. et XXXIX. in Matthæum (147 vᵒ), — de David et Job (173 vᵒ), — de frequentandis synaxibus et de pœnitentia (178), — de pœnitentia (181), — de fato et providentia homiliæ VI. (207 vᵒ), — in illos qui novilunia observant (233 vᵒ), — in illos qui ad ludos Circenses proficiscuntur (242), — homilia II. de Lazaro (264 vᵒ), — in Eutropium eunuchum ad altare ecclesiæ confugientem (280), — in Eutropium eunuchum, cum ecclesiam affligere frustra conatus esset (286), — de Anna Samuelis matre homiliæ V. (307 vᵒ), — in Johannem V, 19 (359), — in Act. XVII, 21, Ignoto Deo (366 vᵒ).

XII s. Parch. 377 fol. (Colbert. 49.) *G.*

661. S. Joannis Chrysostomi homiliæ II-V. in Esaiæ, VI, 2 (1), — in Seraphim (16), — homilia LXVIII. in Joannem (20), — in Genesim homiliæ XXX. priores (24); — Andreæ Cretensis oratio in Lazarum quatriduanum (260 vᵒ) ; — ejusdem oratio in ramos palmarum (272 v°); — Gregorii, patriarchæ Antiocheni, homilia in Christi sepulturam (285).

XI-XI s. Parch. 286 fol. (Medic.-Reg. 2352.) *M*.

662. S. Joannis Chrysostomi homiliæ V-XLV. in Matthæum.

Copié en 1047, par le moine Marc. Parch. 330 fol. *G*.

663. S. Joannis Chrysostomi homiliæ I-XX. in Matthæum (1), — homilia LXXXI. in Matthæum (139), — in Judæ proditionem (144), — homiliæ LXXXII-LXXXIX. (150 v°).

XI s. Parch. 185 fol. *M*.

664. S. Joannis Chrysostomi homiliæ XLIV. priores in Matthæum.

XI s. Parch. 299 fol. (Colbert. 170.) *G*.

665. S. Joannis Chrysostomi homiliæ III-XLV. in Matthæum.

XII s. Parch. 308 fol. (Colbert. 3052.) *M*.

666. S. Joannis Chrysostomi homiliæ XLIV. priores in Matthæum.

XI s. Parch. 412 fol. (Reg. 1942.) *M*.

667. S. Joannis Chrysostomi homiliæ XLV. priores in Matthæum.

XI s. Parch. 258 fol. (Colbert. 166.) *G*.

668. S. Joannis Chrysostomi homiliæ XLIV. priores in Matthæum.

Copié en 955, par Jean, prêtre. Parch. 362 fol. (Colbert. 399.) *G*.

669. S. Joannis Chrysostomi homiliæ XLIV. priores in Matthæum.

XI s. Parch. 351 fol. (Medic.-Reg. 1816.) *G*.

670. S. Joannis Chrysostomi homiliæ IV-XLI. in Matthæum.

XI s. Parch. 302 fol. (Colbert. 381.) *M*.

671. S. Joannis Chrysostomi homiliæ XLV. priores in Matthæum.

XI s. Parch. 365 fol. (Medic.-Reg. 1934.) *M*.

672. S. Joannis Chrysostomi homiliæ XLIV. priores in Matthæum.

XI s. Parch. 406 fol. Palimps. (Fontebl.-Reg. 1936.) *M.*

673. S. Joannis Chrysostomi homiliæ XLV. priores in Matthæum.

XI s. Parch. 340 fol. (Mazarin.-Reg. 1940.) *M.*

674. S. Joannis Chrysostomi homiliæ XLIV. priores in Matthæum.

XI s. Parch. 373 fol. (Fontebl.-Reg. 2327.) *M.*

675. S. Joannis Chrysostomi homiliæ XLIV. priores in Matthæum (1); — ejusdem commentarius in epistolam ad Galatas (328); — Nili, ex eparcho CP. monachi, epistola cap. LIII. (380 vº).

Copié en 1034. Parch. 386 fol. (Medic.-Reg. 2333.) *P.*

676. S. Joannis Chrysostomi homiliæ XLIII. priores in Matthæum.

X s. Parch. 284 fol. (Colbert. 205.) *G.*

677. S. Joannis Chrysostomi homiliæ IV-XLI. in Matthæum.

XI s. Parch. 217 fol. (Colbert. 147.) *G.*

678. S. Joannis Chrysostomi homiliæ XII-XLII. in Matthæum.

XI s. Parch. 210 fol. (Colbert. 2778.) *G.*

679. S. Joannis Chrysostomi homiliæ XXXIX. priores in Matthæum.

XI s. Parch. 305 fol. (Colbert. 307.) *M.*

680. S. Joannis Chrysostomi homiliæ IV-XXXIX. in Matthæum.

XI s. Parch. 212 fol. (Hurault.-Reg. 2328.) *M.*

681. S. Joannis Chrysostomi homiliæ XLV. priores in Matthæum.

XI s. Parch. 407 fol. (Colbert. 376.) *M.*

682. S. Joannis Chrysostomi homiliæ V-XLIV. in Matthæum.

XII s. Parch. 245 fol. (Colbert. 203.) *G.*

683. S. Joannis Chrysostomi homiliæ VI-XL. in Matthæum (1); — Andreæ Cretensis homiliæ duæ in dormitionem Deiparæ (195); — Martyrium S. Eustathii et sociorum (201 v°); — Martyrium SS. Barbaræ et Julianæ (204); — Vita S. Nicolai Myrensis episcopi (204); — Martyrium SS. Eustratii, Auxentii, Eugenii, Mardarii et Orestis (209); — S. Joannis Chrysostomi homilia in transfigurationem Domini (211 v°); — Joannis, Thessalonicensis archiepiscopi, de dormitione Deiparæ (213); — S. Joannis Chrysostomi homiliæ XXV-XXXIII. in epistolam I. ad Corinthios (219).

XII-X s. Parch. 250 fol. (Colbert. 616.) G.

684. S. Joannis Chrysostomi homiliæ II-XXXI. in Matthæum.

XIII s. Parch. 210 fol. (Colbert. 502.) *M.*

685. S. Joannis Chrysostomi homiliæ XLVI-XC. in Matthæum.

XI s. Parch. 257 fol. (Colbert. 400.) *G.*

686. S. Joannis Chrysostomi homiliæ XLVII-XC. in Matthæum.

XI s. Parch. 355 fol. (Colbert. 2511.) *M.*

687. S. Joannis Chrysostomi homiliæ XLV-XC. in Matthæum (1); — Joannis Geometræ prosphoneticus in Annuntiationem (323 v°).

XI s. Parch. 329 fol. (Mazarin.-Reg. 1941.) *G.*

688. S. Joannis Chrysostomi homiliæ XLIII-XC. in Matthæum.

XI s. Parch. 289 fol. (Medic.-Reg. 1817.) *G.*

689. S. Joannis Chrysostomi homiliæ XLV-XC. in Matthæum.

XI s. Parch. 436 fol. (Medic.-Reg. 1935.) *G.*

690. S. Joannis Chrysostomi homiliæ XLIII-XC. in Matthæum.

X s. Parch. 213 fol. (Colbert. 134.) *G.*

691. S. Joannis Chrysostomi homiliæ XLIII-XC. in Matthæum.

XI s. Parch. 315 fol. (Colbert 377.) *M.*

692. S. Joannis Chrysostomi homiliæ XLVIII-XC. in Matthæum.

XI s. Parch. 290 fol. (Reg. 1829, 2.) G.

693. S. Joannis Chrysostomi homiliæ XLVIII-XLIX. in Matthæum (1 et 221); — Simeonis Metaphrastæ mensis november : vita S. Gregorii Thaumaturgi, auctore S. Gregorio Nysseno (5); — Martyrium S. Platonis (32); — Vita S. Amphilochii Iconiensis (38); — Vita S. Gregorii Agrigentini (44 v°); — Martyrium Sæ. Catharinæ (78 v°); — Vita S. Clementis Romani (89); — Martyrium S. Petri Alexandrini (138); — Martyrium S. Mercurii (146); — Vita S. Alypii (154 v°); — Martyrium S. Jacobi Persæ (166); — Vita S. Stephani Junioris (173); — Vita S. Andreæ apostoli (210 v°).

XI s. Parch. 223 fol. (Mazarin.-Reg. 2022.) *M.*

694. S. Joannis Chrysostomi homiliæ XLV-XC. in Matthæum (1); — Cyclus solaris (304 v°).

XI s. Parch. 305 fol. (Fontebl.-Reg. 1937.) G.

695. S. Joannis Chrysostomi homiliæ XLVI-XC. in Matthæum.

XI s. Parch. 318 fol. (Reg. 1939.) G.

696. S. Joannis Chrysostomi homiliæ XLIX-XC. in Matthæum.

XI s. Parch. 388 fol. (Colbert. 3053.) *M.*

697. S. Joannis Chrysostomi homiliæ XLVII-XC. in Matthæum.

XI s. Parch. 288 fol. (Fontebl.-Reg. 1938.) G.

698. S. Joannis Chrysostomi homiliæ XLV-LXXXIII. et LXXXIX. in Matthæum (1); — S. Epiphanii oratio in Christi sepulturam (295); — S. Joannis Chrysostomi homilia in Christi ascensionem (309); — Georgii, Cæsariensis presbyteri, de cccxviii. SS. Patribus qui concilio Nicæno interfuerunt (320); — S. Joannis Chrysostomi oratio de SS. omnibus (330).

XI-XV s. Copié (en partie) en 1042, par Nicéphore, clerc. Parch. et pap. 337 fol. (Mazarin-Reg. 1943.) *M.*

699. S. Joannis Chrysostomi homiliæ variæ XIII. in Mat-

thæum et Joannem (3); — Georgii Nicomediensis oratio in
magnam Parasceven (98); — Joannis Thessalonicensis oratio
de unguentiferis mulieribus et resurrectione Christi (116); —
S. Joannis Chrysostomi homiliæ duæ in Matthæum (127); —
S. Gregorii Nazianzeni orationes duæ in Pascha, cum scholiis
(140); — ejusdem oratio in novam dominicam (160); — Gregorii, Antiocheni patriarchæ, oratio de unguentiferis mulieribus et de resurrectione Domini (165 v°); — S. Joannis Chrysostomi homilia de paralytico (175); — Excerpta e quibusdam
S. Joannis Chrysostomi homiliis (186 v°); — Andreæ Cretensis oratio in vitæ vanitatem et de mortuis (228); — S. Gregorii Nazianzeni oratio in Pentecosten (245 v°); — S. Joannis
Chrysostomi oratio in omnes Martyres (256).

XII s. Parch. 262 fol. (Medic.-Reg. 1970.) *M.*

700. S. Joannis Chrysostomi commentarius in Matthæum
(1); — Eusebii Cæsariensis et Isidori Pelusiotæ fragmenta de
resurrectione Domini (43 v°); — S. Joannis Chrysostomi commentarius in Joannem (46-87); — Hesychii disputatio de hora
qua Dominus crucifixus est (154); — Epitome variarum homiliarum S. Joannis Chrysostomi (163).

X s. Parch. 350 fol. (Colbert. 365.) *G.*   *(Reg. 1829, 3)*

701. S. Joannis Chrysostomi commentarius in Matthæum
(4); — Eusebii Cæsariensis et Isidori Pelusiotæ fragmenta de
resurrectione Domini (137 v°); — S. Joannis Chrysostomi
commentarius in Joannem (143); — Hesychii disputatio de
hora qua Dominus crucifixus est (231 v°); — Titi Bostrensis
et aliorum patrum commentarii in Lucæ evangelium (241).

X s. Parch. 292 fol. (Fontebl.-Reg. 1944.) *G.*

702. S. Joannis Chrysostomi commentarius in Matthæum
(1); — Eusebii Cæsariensis et Isidori Pelusiotæ fragmenta de
resurrectione Domini (122); — S. Joannis Chrysostomi commentarius in Joannem (126); — Hesychii disputatio de hora
qua Dominus crucifixus est (200); — Titi Bostrensis et aliorum patrum commentarii in Lucæ evangelium (208); — S.
Joannis Damasceni excerpta e variis S. Joannis Chrysostomi
homiliis in XIV. epistolas Pauli (252).

X s. Parch. 434 fol. (Reg. 2331.) *M.*

703. S. Joannis Chrysostomi commentarius in Matthæum (1); — ejusdem commentarius in Joannem (134 v°); — Titi Bostrensis et aliorum patrum commentarii in Lucæ evangelium (208 v°); — Origenis commentarius in Marci evangelium (246 v°); — ejusdem prologus commentarii in Matthæi evangelium (294).

XII s. Parch. 296 fol. (Medic.-Reg. 2330.) *M.*

704. S. Joannis Chrysostomi commentarius in Matthæum (1); — Eusebii Cæsariensis et Isidori Pelusiotæ fragmenta de resurrectione Domini (53 v°); — S. Joannis Chrysostomi commentarius in Joannem (57); — Hesychii disputatio de hora qua Dominus crucifixus est (131 v°); — Titi Bostrensis et aliorum patrum commentarii in Lucæ evangelium (140 v°); — S. Maximi capita varia, initio et fine mutila (185).

X s. Parch. 191 fol. (Mazarin.-Reg. 2332.) *M.*

705. S. Joannis Chrysostomi homiliæ LXXXVIII. in Joannem (1); — S. Basilii oratio in sanctum baptisma (339).

IX s. Parch. 348 fol. (Teller.-Rem. Reg. 1953, 2.) *M.*

706. S. Joannis Chrysostomi homiliæ LIX. priores in Joannem.

XI s. Parch. 167 fol. (Mazarin.-Reg. 1949.) *M.*

707. S. Joannis Chrysostomi homiliæ XL. priores in Joannem.

X s. Parch. 210 fol. (Reg. 1950.) *G.*

708. S. Joannis Chrysostomi homiliæ LXXXVIII. in Joannem (1); — Georgii Nicomediensis oratio in beatam Mariam ad crucem et sepulcrum assidentem (217).

Copié en 1296. Parch. 224 fol. (Medic.-Reg. 2334.) *M.*

709. S. Joannis Chrysostomi homiliæ II-LXXXVI. in Joannem.

XIV s. Bombyc. 432 fol. (Colbert. 655.) *M.*

710. S. Joannis Chrysostomi homiliæ XLVI. priores in Joannem (1); — S. Basilii homilia in sanctum baptisma (242).

Copié en 1065, par Basile ὁ Ἀρμενιακός. Parch. 246 fol. (Colbert. 370.) *M.*

711. S. Joannis Chrysostomi homiliæ XLII. priores in Joannem.

XII s. Parch. 217 fol. (Colbert. 409.) *M.*

712. S. Joannis Chrysostomi homiliæ XLIV. priores in Joannem.

XII s. Parch. 208 fol. (Medic.-Reg. 1946.) *G.*

713. S. Joannis Chrysostomi homiliæ XXXVIII. priores in Joannem.

X s. Parch. 270 fol. (Colbert. 2691.) *M.*

714. S. Joannis Chrysostomi homiliæ XLIV. priores in Joannem.

XI s. Parch. 242 fol. (Colbert. 706.) *M.*

714 A. S. Joannis Chrysostomi homiliæ VII-XLI. in Joannem.

XIII s. Parch. 135 fol. *M.*

715. S. Joannis Chrysostomi homiliæ XLIV. priores in Joannem.

XIV s. Pap. 181 fol. (Fontebl.-Reg. 2335.) *M.*

716. S. Joannis Chrysostomi homiliæ XLI-LXXXVIII. in Joannem.

X s. Parch. 252 fol. (Mazarin.-Reg. 1951.) *G.*

717. S. Joannis Chrysostomi homiliæ XLVII-LXXXVIII. in Joannem.

X s. Parch. 382 fol. (Reg. 1952.) *M.*

718. S. Joannis Chrysostomi homiliæ XLVI-LXXXVIII. in Joannem.

XI s. Parch. 246 fol. (Fontebl.-Reg. 1948.) *M.*

719. S. Joannis Chrysostomi homiliæ XLV-LXXXVIII. in Joannem.

XI s. Parch. 256 fol. (Mazarin.-Reg. 1953.) *M.*

720. S. Joannis Chrysostomi homiliæ XLV-LXXXVIII. in Joannem.

XI s. Parch. 160 fol. (Colbert. 936.) *G.*

721. S. Joannis Chrysostomi homiliæ XLII. priores in Joannem.

XI s. Parch. 394 pages. *M.*

722. S. Joannis Chrysostomi homiliæ XLVI-LXXXVIII. in Joannem.

XII s. Parch. 294 fol. (Mazarin.-Reg. 2336.) *M.*

723. S. Joannis Chrysostomi homiliæ XLVI-LXXXVIII. in Joannem.

Copié en 1368, par le diacre Basile. Bombyc. 208 fol. (Colbert. 4169.) *M.*

724. S. Joannis Chrysostomi homiliæ XLVI-LXXXVIII. in Joannem (1); — Joannis, Thessalonicensis episcopi, de consonantia evangelistarum (321).

Copié en 974, par le moine Étienne. Parch. 335 fol. (Medic.-Reg. 1947.) *M.*

725. S. Joannis Chrysostomi commentarius in Acta apostolorum (1); — ejusdem commentarius in epistolam Pauli ad Galatas (243 v°).

XII s. Parch. 279 fol. (Colbert. 870.) *M.*

726. S. Joannis Chrysostomi homiliæ II-LV. in Acta apostolorum.

XIII s. Parch. 273 fol. (Colbert. 590.) *M.*

727. S. Joannis Chrysostomi commentarius in Acta apostolorum.

XII s. Parch. 344 fol. (J. A. de Thou.-Colbert. 950.) *M.*

728. S. Joannis Chrysostomi commentarius in Acta apostolorum (1); — ejusdem oratio in laudem S. Petri (365).

XIII s. Parch. 370 fol. (Mazarin.-Reg. 1956.) *M.*

729. S. Joannis Chrysostomi commentarius in Acta apostolorum.

XI s. Parch. 250 fol. (Colbert. 3333.) *G.*

730. S. Joannis Chrysostomi homiliæ in inscriptionem Actorum apostolorum (1), — de utilitate e sacrorum librorum lectione percipienda (5), — de eo, quod tacere non sit sine periculo (12 v°), — in illud : Pone manum tuam subter femur meum (29), — de Davide et Saule (41), — in laudem Romani martyris (46), — de eo, quod nemo læditur nisi a se ipso (71 v°), — in laudem Philogonii martyris (104 v°), — in Christi incarnationem (113), — in illud : Exiit edictum a Cæsare (131 v°), — in illos qui novilunia observant (138), — in illud : Dominus regnavit (148), — in illud : Nolo vos igno-

rare, fratres (160), — in Theophania (171), — de S. Spiritu
(179), — in baptismum, in tentationem et adversus Arianos
(195), — in laudem Bassi martyris (212), — homilia post in-
gentem terræ motum habita (217), — in Publicanum et Pharisæum (220 v°), — in illud apostoli : Sive per occasionem,
sive per veritatem (224 v°), — in filium prodigum (234 v°), —
de fide, de lege naturæ et de S. Spiritu (245 v°), — homilia IX.
in epist. I. ad Corinthios (253 v°), — de futuræ vitæ deliciis
(260 v°), — in illud : Attendite ne eleemosynam vestram
(266 v°), — de resurrectione mortuorum (271), — homiliæ
duæ in psalmum L. (286 v°), — de pœnitentia (312 v°), — in
psalmum XLI. (317 v°), — de pœnitentia et contritione (329 v°).

XI s. Parch. 343 fol. (Colbert. 3058.) *M.*

731. S. Joannis Chrysostomi commentarius in epistolam
Pauli ad Romanos (1); — ejusdem commentarius in epistolam ad Colossenses (233 v°).

XI s. Parch. 299 fol. (Medic.-Reg. 1955.) *M.*

732. S. Joannis Chrysostomi commentarius in epistolam
Pauli ad Romanos.

XI s. Parch. 301 fol. (Medic.-Reg. 1954.) *M.*

733. S. Joannis Chrysostomi homiliæ XVII-XXXIII. in
epistolam Pauli ad Romanos.

XI s. Parch. 271 fol. (Colbert. 676.) *M.*

734. S. Joannis Chrysostomi commentarius in epistolam
Pauli ad Romanos.

Copié en 1273. Parch. 206 fol. (Colbert. 993.) *M.*

735. S. Joannis Chrysostomi commentarius in epistolam
Pauli ad Romanos.

XII s. Parch. 346 fol. (Reg. 1829, 4.) *G.*

736. « Metaphoræ, similitudines et allegoriæ e S. Joannis
Chrysostomi homiliis in epistolas Pauli. »

XVII s. Pap. 128 fol. (J. A. de Thou.-Colbert. 1497.) *M.*

737. « Diversæ lectiones ex commentariis D. Joannis
Chrysostomi in epist. D. Pauli ad Romanos repertæ in exem-
plari ms. Thusani. »

XVII s. Pap. 15 fol. (Baluz.-Reg. 1954, 2.) *M.*

738. S. Joannis Chrysostomi homiliæ II-XXX. in I. epist.
Pauli ad Corinthios.

X s. Parch. 174 fol. (Reg. 1818.) *G.*

739. S. Joannis Chrysostomi commentarius in I. epist.
Pauli ad Corinthios.

XI s. Parch. 689 pages. *G.*

740. S. Joannis Chrysostomi commentarius in I. epist.
Pauli ad Corinthios.

XI s. Parch. 482 fol. (Mazarin.-Reg. 2337.) *M.*

741. S. Joannis Chrysostomi commentarius in II. epist.
Pauli ad Corinthios.

XV s. Pap. 265 fol. (Fontebl.-Reg. 2339.) *M.*

742. Excerpta moralia ex homiliis S. Joannis Chrysostomi
in epistolas ad Corinthios et Ephesios.

XIII s. Parch. 442 fol. (Mazarin.-Reg. 2338.) *M.*

743. S. Joannis Chrysostomi homiliæ in II. Pauli epistolas
ad Thessalonicenses (1); — ejusdem homiliæ XVIII. in I.
epist. ad Timotheum (83 v°); — ejusdem homilia VI. in
epist. ad Titum (168); — ejusdem homiliæ XII. in epist. ad
Colossenses (168).

XI s. Parch. 231 fol. (Colbert. 909.) *M.*

744. S. Joannis Chrysostomi commentarius in II. epistolas
Pauli ad Thessalonicenses (1); — ejusdem commentarius in
epist. ad Timotheum (181).

IX s. Parch. 254 fol. (Colbert. 4183.) *M.*

745. S. Joannis Chrysostomi homiliæ II-VI. in epist. Pauli
ad Titum (1); — ejusdem homiliæ III. in epist. ad Philemonem (23).

XII s. Parch. 38 fol. (Colbert. 3106.) *G.*

745 A. S. Joannis Chrysostomi commentarius in epist.
Pauli ad Philippenses (1); — ejusdem commentarius in epist.
ad Hebræos (71).

XIII s. Bombyc. 215 fol. *M.*

746. S. Joannis Chrysostomi homiliæ XXXIV. in epistolam

Pauli ad Hebræos (1); — Andreæ, Cæsariensis episcopi, commentarius in Apocalypsin (239 v°).

XV s. Pap. 307 fol. (Reg. 2340.) *M.*

747. Excerpta e S. Joannis Chrysostomi homiliis in epistolas Pauli.

XI s. Parch. 243 fol. (Colbert. 983.) *G.*

748. S. Joannis Chrysostomi homiliæ in eos qui novilunia observant (2), — in illud : Dominus regnavit (11 v°), — in illud : Nolo vos ignorare, fratres (23), — de Christi baptismo (33), — de S. Spiritu (41 v°), — in laudem Luciani martyris (57), — de fide, de lege naturæ et de S. Spiritu (61 v°), — homiliæ tres in illud : Habentes eumdem spiritum (69 v°), — de peccatis fratrum non evulgandis (96 v°), — de eo, quod non est desperandum (106), — in illud : Cum autem venit Petrus (113), — in illud : Vidua eligatur (127 v°), — in illud : Propter fornicationem autem (142 v°), — in illud : Mulier ligata est (152), — quales ducendæ uxores (160), — in Publicanum et in Pharisæum (177 v°), — in illud : Sive per occasionem, sive per veritatem (181), — de cæco et de Zacchæo (190 v°), — in filium prodigum (203), — de perfecta charitate (214), — in laudem S. Meletii, patriarchæ Antiocheni (225), — in illud : Verum frustra turbatur omnis homo (230), — in illud : Si remiseritis hominibus peccata (235), — in illud : Nos qui vivimus etc. (239), — in laudem Eustathii Antiocheni (248 v°), — in illud : Pacem sectamini (255 v°), — in illos qui ad ludos circenses pergunt (264), — quomodo Adamus accepit animam (274), — de jejunio (280 v°), — in illud : Faciamus ad imaginem nostram (286), — de eo, quod peccatum tres servitutes induxerit (289 v°), — de eo, quod propter Adami peccatum non punimur (294 v°).

XI s. Parch. 298 fol. (Colbert. 970.) *M.*

749. S. Joannis Chrysostomi fragmentum commentarii in Acta apostolorum (A), — homiliæ quatuor in divitem et Lazarum (4), — homiliæ II-V. in Isaiam (116), — in Seraphim (173), — in illud : Vidua eligatur (186), — in illud : In faciem Petro restiti (222), — de diabolo tentatore (258), — contra ignaviam, quod voluntas causa sit peccati (270), — homilia in Jeremiam

X, 23 (291),—de Davide etSaule (310),—in laudem Philogonii martyris (343), — homiliæ XII. et XIII. in epist. II. ad Corinthios (361), — in Heliam et in viduam (408), — homilia I. in Isaiam (429); — S. Ephræmi homilia in Josephum a fratribus venditum (451); — ejusdem [S. Joannis Chrysostomi homilia XVIII. ad Antiochenos] homilia de jejunio (486); — S. Joannis Chrysostomi homilia in parabolam M. talentorum (505); — ejusdem homilia in psalmum XLVIII. (535), — de Davide et Saüle (548), — homiliæ II. et VIII. ad Antiochenos (592).

XI s. Parch. 618 pages. *M.*

750. S. Joannis Chrysostomi homiliæ in illud : Quæcumque ligaveritis super terram (1), — in illud : Pater, si possibile est, transeat (5 vº), — in mysticam cœnam Servatoris (13 vº), — in crucem et latronem (21), — in secundum Domini adventum (27 vº), — in illud prophetæ : Ne timeas, quando ditescit homo (34), — in illud : Verum frustra turbatur omnis homo (44), — in Publicanum et in Pharisæum (48 vº), — in crucem (51), — in adorationem crucis (54 vº), — in illud : Voluntarie peccantibus nobis (59 vº), — de recordatione injuriæ (67 vº), — de pœnitentia (78 vº), — in Christi incarnationem (99 vº), — in illud : Sicut desiderat cervus (114 vº), — in illud : In principio erat verbum (124), — in illud : Dominus regnavit (129), — de serpente Mosaïco (139), — in illud : Elevaverunt flumina (153), — in illud : Vovete et reddite Domino (157 vº), — in turturem (162), — de Petro et Helia (166), in illud : Elevatum est cor Oziæ (173 vº), — in illud : Vidi Dominum, etc. (180 vº), — in Seraphim (185), — in laudem Philogonii martyris (190 vº), — in sigilla librorum (197 vº), — in cæcum natum (207), — in paralyticum (217 vº), — de Samaritana (226 vº), — de eo quod adhærendum non est rebus sæcularibus (235).

X s. Parch. 240 fol. (Fontebl.-Reg. 1958.) *M.*

751. S. Joannis Chrysostomi homiliæ III-VI. in Judæos (1), — in illud : Vidi Dominum, etc. (56), — homiliæ II-V. in Oziam (60), — in Seraphim (90 vº), — homiliæ quinque in divitem et Lazarum (98), — in illud : Nolo vos ignorare, fratres (169); — Martyrium S. Cornelii centurionis (174); — S.

Joannis Chrysostomi homilia in exaltatione S^æ. Crucis
(179) ; — Severi, ,Gabalorum episcopi, homilia de eodem
(181 v°); — S. Ephræmi homilia de loco resurrectionis (188 v°);
— Alexandri monachi sermo de inventione S^æ. Crucis (191);
— S. Joannis Chrysostomi homilia de adoratione S^æ. Crucis
(208) ; — Nicetæ Davidis homilia in S. Crucem (215).

XI s. Parch. 215 fol. (Colbert. 364.) *M.*

752. S. Joannis Chrysostomi homiliæ, maximam partem
suppositiciæ, de eo quod Christiani vitam rectam et inculpa-
tam esse oporteat (1), — quod virum studiosum virtutis vel
inimici suspiciant (8), — de recto vitæ instituto (14 v°), —
quod Christiano jurare nefas sit homiliæ duæ (21), — quod
in summa paupertate etiam Deo gratiæ agendæ sint (34 v°), —
in iracundos (40), — de ira (44 v°), — de ira, patientia et mansuetudine (51 v°), — de eleemosyna homiliæ tres (55 v°), — de
eleemosyna et condonandis injuriis (79 v°), — homilia X. in
Joannem (86 v°), — de humilitate et tranquillitate (92 v°), —
de humilitate (99), — de pœnitentia (105 v°), — de pœnitentia, quod sua delicta cognoscere optimum sit (112), — de
animæ cura et nocturnarum precum utilitate (118), — de
insana honorum cupiditate (126), — de invidia homiliæ duæ
(131), — quod suorum delictorum oblivisci non oporteat (142
v°), — quod dolores et supplicia minus formidanda sint quam
regni cælorum amissio (148 v°), — de terribili judicii die
homiliæ duæ (155 v°), — in illos qui pœnas in alia vita infli-
gendas negant (168), — de concordia et charitate (175 v°), —
de mansuetudine et injuriarum oblivione (180 v°), — de charitate, quod invidus Deo bellum indicat (186), — in ebriosos
et nimium voluptatibus addictos homiliæ duæ (195), — de vita
monastica homiliæ IV. (209), — de illis qui ad eucharistiam
minus digni accedunt (233 v°), — de sumendo Christi corpore, etc. (240), — de fructibus e tentatione percipiendis
(248 v°), — de ferendis propter Christi amorem adversis (255
v°), — de gratiis in rebus adversis agendis, illudque maximum lucrum esse homiliæ duæ (261), — quod nemo ·absque
ærumnis et afflictionibus regnum cælorum consequi possit
(270 v°), — quod ærumnæ peccatorum veniam nobis impetrent

(277 v°), — quod melius sit pro Deo molestias ferre patienter quam benefacere (284), — quod quisque vivus et mortuus lugere teneatur (289), — quod mortuos lugere non oporteat, verum preces pro illis fundere (295), — quod jejunium absque bonis operibus nihil prosit (299 v°), — de jejunio (306), — de jejunio quadragesimali (311), — de Anna (317 v°), — in illud Matthæi: Videns autem Jesus turbas ascendit in montem (324), — homilia LXII. in Matthæum (332), — homilia XXVII. in Matthæum (340), — quod melius sit injuriam pati quam facere (346 v°), — de oratione (352), — de pœnitentia (363).

XI s. Parch. 370 fol. (Hurault.-Reg. 2344.) *M.*

753. S. Joannis Chrysostomi de pœnitentia homiliæ IV. (1), — in Christi incaruationem (87), — de oratione (101 v°), — in Matthæum : Ne sacerdotes indignis dent mysteria (108 v°), — de sancta communione, ex epist. ad Corinthios (112), — quomodo communicandum, ex epist. ad Hebræos (115), — in turturem (119), — de Josepho et castitate (124), — in Suzannam (129 v°), — in vanitatem vitæ et in mortuos (136), — in illud Psalmorum : Verum frustra turbatur omnis homo (141), — de mortuis non lugendis, ex epist. ad Philippenses (145), — de eodem, ex epist. ad Corinthios (148), — de facilitate acquirendæ virtutis (150 v°), — de afflictionibus fortiter tolerandis (153 v°), — de non utendo amuletis et incantationibus (157), — de fuga in persecutione, ex Matthæo (161 v°), — de instituenda secundum Deum vita (164); — S. Basilii homiliæ IX. in Hexaemeron (173 v°).

X s. Parch. 279 fol. (Medic.-Reg. 2349.) *M.*

754. S. Joannis Chrysostomi homiliæ tres in illud apostoli : Habentes autem eumdem spiritum fidei, etc. (1), — ad eos qui ad ludos circenses pergunt (57), — in Lazarum homiliæ IV. (77), — in illud apostoli : Nolumus vos ignorare, fratres (180), — in illud : Vidua eligatur (200), — in illud : Propter fornicationem unusquisque suam uxorem habeat (233), — in illud : Mulier alligata est legi (253), — in laudem Maximi et quales ducendæ sint uxores (268), — de diabolo tentatore (304), — adversus ignaviam, et quod voluntas sit causa peccati (316), — in illud Isaiæ : Vidi Dominum sedentem (336), — in illud : Et factum est anno quo mortuus est rex Ozias (355), — in illud : Elevatum est cor Oziæ (364), — homiliæ IV. et V. in illud : Et factum est anno quo mortuus est rex Ozias (379), — in Seraphim (407), — de instituenda secundum Deum vita (419), — in illud apostoli : Non quod volo facio (433), — in illud : Cum Petrus Antiochiam venisset (459), — in illud : Scio, Domine, quia non est hominis via ejus (492), — de prophetiarum obscuritate (509), — de V. Testamenti obscuritate (530), — adversus eos qui mundum a dæmonibus gubernari dicunt (564), — homiliæ duæ de oratione (598), — de peccatis fratrum non evulgandis (619), — de eo quod non est desperandum (640), — de eo quod non est ad gratiam concionandum (655), — homilia I. cum presbyter Antiochiæ esset designatus (673).

XI s. Parch. 687 pages. *G*.

755. S. Joannis Chrysostomi homiliæ VIII. in laudem S. Pauli apostoli (1) ; — Nicetæ Davidis homilia in laudem S. Petri apostoli (62), — in laudem S. Pauli apostoli homiliæ duæ (76), — homilia in laudem XII. apostolorum (103 v°), — S. Joannis évangelistæ (112), — S. Jacobi apostoli (125), — S. Thomæ apostoli (134), — S. Bartholomæi apostoli (151 v°), — S. Philippi apostoli (160), — homiliæ duæ in laudem S. Andreæ apostoli (168 v°), — S. Matthæi evangelistæ (209), — S. Lucæ evangelistæ (227 v°), — S. Marci evangelistæ (236), S. Jacobi, fratris Domini (243), — S. Timothei (253), — S. Dionysii Areopagitæ (261 v°), — S. Joannis Climaci (275) ; — Martyrium S. Georgii (289 v°) ; — Vita S. Theodori Studitæ, auctore Michaele monacho (307 v°) ; — S. Theodori Studitæ oratio in vigilia natalis Christi (371), — in vigilia sanctorum luminum (379 v°), — in inventionem capitis S. Joannis Baptistæ (385 v°), — in adorationem Salvatoris, feria IV. quadragesimæ (390 v°), — in natalem S. Joannis Baptistæ (395) ; — Gregorii II. papæ epistola ad Leonem III. imperatorem de sacris imaginibus (403).

XI s. Parch. 415 fol. *M*.

756. S. Joannis Chrysostomi homilia de Adami peccato (1) ; — ejusdem [Severiani, Gabalorum episcopi] homilia VI. de mundi creatione (5 v°) ; — ejusdem homiliæ in Christi natalem (17 v°), — in illud : Dominus regnavit, exultet terra (37), — de S. Spiritu (46 v°), — de ecclesia (57), — de Arianis et Macedonianis (62), — de cæco et de Zacchæo (62), — unum esse legislatorem utriusque Testamenti (71 v°), — in sanctam crucem (81), — in illud : Pone manum tuam subter femur meum (90 v°), — in illud : Vidua eligatur (100 v°), — in divitem et in Lazarum (112 v°), — in parabolam filii prodigi (120), — in inscriptionem psalmi L. homiliæ duæ (124 v°), — in illos qui dicunt a dæmonibus humana gubernari (145 v°), — in illud : Venite exultemus (157), — de patientia et de futura vita (161), — de pseudoprophetis et hæreticis (168 v°), — de patientia (185).

X s. Parch. 201 fol. (Colbert. 734.) *M.*

757. S. Joannis Chrysostomi homilia de Adami peccato (1) ; — ejusdem homilia in secundum Christi adventum (9 v°) ; — S. Gregorii Nazianzeni homilia de pauperibus charitate complectendis (22 v°) ; — S. Joannis Damasceni homilia de fidelibus defunctis (50 v°) ; — S. Basilii homiliæ duæ de jejunio (68 v°) ; — S. Gregorii Nazianzeni homilia in plagam grandinis (89) ; — Nicetæ Davidis homilia in Theodorum, militum præfectum (105 v°) ; — S. Gregorii Nysseni homilia in ejusdem martyris laudem (123) ; — S. Joannis Chrysostomi in Psalmum L. homiliæ duæ (131 v°).

XI s. Parch. 164 fol. (Colbert. 2839.) *M.*

758. S. Joannis Chrysostomi [Severiani, Gabalorum episcopi] homiliæ sex de mundi creatione (1) ; — S. Joannis Chrysostomi homiliæ XXI. priores in Genesim (52 v°).

X s. Parch. 214 fol. (Colbert. 853.) *M.*

759. S. Joannis Chrysostomi homilia in principium indictionis (5), — de S. Babyla et adversus Julianum (8), — in SS. martyres Juventinum et Maximinum (38 v°), — in S. Pelagiam Antiochenam (42 v°), — de serpente Mosaïco (48), — in sanctam crucem (60), — in S. Phocam (68), — in Zachariam et Elizabeth (72 v°), — in S. Theclam (74), — unum esse legislatorem utriusque Testamenti (76), — in illud Jeremiæ : Domine, non est hominis via ejus (83), — de prophetiarum obscuritate (89 v°), — de V. Testamenti obscuritate (97 v°), — in SS. Bernicen et Prosdocen (110), — in dictum apostoli de gloria in tribulationibus (118), — homiliæ duæ in illud Psalmorum : Noli timere, cum ditescit homo (124), — in laudem Barlaami martyris (136), — in laudem S. Romani homiliæ duæ (141), — in divitem et Lazarum (149), — in psalmum XCV. (157), — in memoriam martyrum (165), — cum Eutropius ecclesiam incassum affligere conatus fuisset (172), — in laudem S. Philogonii (183), — de sigillis librorum (188), — de eo quod nemo læditur nisi a se ipso (196), — in illud : Pone manum tuam subter femur meum (209); — S. Gregorii Nysseni homilia de divinitate Filii et S. Spiritus (217 v°); — S. Joannis Chrysostomi homilia III. de Davide et Saüle (224), — in Abraham (233 v°), — in laudem S. Ignatii (236), — in illud : Exiit edictum a Cæsare (243), — homiliæ V-IX. in Matthæum (247), — in natalem Christi (276), — in Stephanum protomartyrem (284), — de baptismo Christi (290), — in illud : Dominus regnavit, exultet terra (295 v°), — homiliæ X., XII. et XIII. in Matthæum (303), — de S. Spiritu (318), — de fide, lege naturæ et S. Spiritu (328 v°), — in laudem S. Luciani martyris (334), — in illud apostoli : In faciem ei restiti (337), — in Eustathium Antiochenum (349), — in laudem S. Meletii, patriarchæ Antiocheni (354 v°), — in laudem martyrum Ægyptiorum (358), — in laudem S. Juliani martyris (361), — in conceptionem S. Joannis Baptistæ (368), — in SS. Macchabæos homiliæ tres (372), — de arbore scientiæ boni et mali (380).

XI s. Parch. 389 fol. (Medic.-Reg. 2343.) *M.*

760. S. Joannis Chrysostomi homilia in principium indictionis (1); — Vita S. Symeonis Stylitæ, auctore Antonio monacho (2 v°); — S. Basilii homilia in laudem S. Mamantis (10 v°); — Cosmæ Vestitoris homilia in laudem Zachariæ pontificis (14); — Sisinnii, CP. archiepiscopi, homilia de miraculo S. Michaelis in urbe Chonis (16); — S. Joannis Damasceni homilia in natalem beatæ Mariæ (22); — Leonis imperatoris homilia de eodem argumento (28 v°); — Andreæ Cretensis homilia de eodem argumento (32 vᵒ); — Vita Sᵃᵉ. Theodoræ Alexandrinæ (37); — Andreæ Cretensis homilia in exaltationem sanctæ Crucis (45 vᵒ); — S. Joannis Chrysostomi homilia de eodem argumento (52 vᵒ); — Sophronii, Hierosolymitani patriarchæ, homilia de eodem argumento (54); — Vita SS. Eustathii et filiorum (56 vᵒ); — S. Joannis Chrysostomi homilia in Zachariam et Elisabeth (66 vᵒ); — ejusdem homilia in natalem S. Joannis Baptistæ (69); — Vitæ Sᵃᵉ. Euphrosynes Alexandrinæ (74); — S. Joannis Chrysostomi homilia in laudem S. Joannis Theologi (79 vᵒ); — ejusdem homilia secunda de Lazaro (84 vᵒ); — ejusdem homilia de drachma et homine duos habente filios (89); — ejusdem homilia de defunctis, quod non sint nimis acerbe deflendi (91 vᵒ); — S. Ephræmi homilia de caritate et de ultimo judicio (95 vᵒ); — S. Joannis Chrysostomi homilia in vanitatem vitæ et in mortuos (103); — Anastasii monachi homilia in patres, qui in Christo obdormierunt (107); — S. Joannis Chrysostomi homilia in ejectionem Adami e paradiso (113); — S. Gregorii Nysseni homilia in laudem Theodori martyris (122 vᵒ); — Nectarii, CP. patriarchæ, homilia de jejunio et eleemosyna (128); — Ceramei, metropolitæ Rhosi in Calabria, homilia in Zacchæum (138); — S. Joannis Chrysostomi homilia in Zacchæum (140 vᵒ); — ejusdem homilia in Publicanum et Pharirisæum (143); — S. Basilii, Seleuciensis episcopi, homilia de eodem argumento (146 vᵒ et 155); — S. Joannis Chrysostomi homilia de eodem argumento (149 vᵒ); — ejusdem homilia in parabolam filii prodigi (152 vᵒ et 157 vᵒ); — ejusdem homilia in Martham, Mariam, Lazarum et Eliam (161); — ejusdem in ramos palmarum homiliæ duæ (165 vᵒ), — Josephi Thessalonicensis homilia in sanctam crucem (172); — in illud : Verum frustra turbatur omnis homo (174); — Christi narratio et revelatio ad Jeremiam et Abimelech (176 vᵒ); — Anonymi de castitate : Παρίκαζε τὴν ἁγνείαν... (182); — Zachariæ, Hierosolymitani patriarchæ, homilia de sua in Persidem ejectione (206); — S. Ephræmi homiliæ de abstinendo a cupiditatibus carnalibus (214), — de levibus animi perturbationibus (216), — sermo paræneticus (218), — de timore Dei (220), — de pietate (227), — de proferentibus excusationes peccatorum

(229 v°), — de virginitate (235 v°), — sermo adhortatorius ad monachos (239).

XIV-XII s. Pap. et parch. 256 fol. (Mazarin.-Reg. 2356.) *M.*

761. S. Joannis Chrysostomi homilia in illud Evangelii : Et cum oratis, non eritis sicut hypocritæ (3), — de Anna Samuelis matre homiliæ IV. (27), — de pœnitentia, continentia et virginitate (125), — de turture (184 v°), — ad eos qui ab exercitiis spiritualibus et sancta tabula abstinent (197), — de scandalo fugiendo (205), — ad Ducem abbatem, qui præcepta ad spiritualem vitam informandam petiverat (259), — in illud Jeremiæ : Domine, non est in homine via ejus (280), — de pœnitentia et mutanda vitæ ratione (305), — ad Cyriacum episcopum epistolæ duæ (326), — homilia in Psalmum CXL. (393), — de Pentecoste (433), — de cruce (438), — de Samaritana (453), — de piscibus captis et Petro apostolo (469), — de filio unigenito viduæ (484), — in illud Lucæ : Exiit seminans ut seminaret semen suum (499), — in illud : Ignem veni mittere in terram (510), — de legisperito et de eo qui in manus latronum incidit (524), — de muliere sanguinis profluvio laborante (535).

XII s. Parch. 544 pages. *M.*

762. S. Joannis Chrysostomi homilia de eleemosyna (1), — quod gratiam scientiæ habens debet impertire indigentibus (7), — de divite et Lazaro (12 et 41), — de pœnitentia et contritione (21), — in parabolam de eo qui in manus latronum inciderat (30), — monita ad morum doctrinam pertinentia (84), — de Josepho et temperantia (93), — de Susanna (107), — ad Antiochenos homilia XV. (123), — de cœmeterii appellatione et in crucem (151), — in illud : Elevatum est cor Oziæ (166), — in Seraphim (180), — in Petrum apostolum et Eliam prophetam (199), — in illud : Superbis resistit Deus (230), — de pœnitentia, continentia et virginitate (240), — in illos qui jejunium honori sibi esse volunt (283), — de justo et beato Job (289), — in illud : Viri divitis abundavit ager homiliæ duæ (305), — de pœnitentia (325), — in Eutropium eunuchum ad altare ecclesiæ confugientem (329), — de divite et paupere (342), — in dimissionem Chananææ, post reditum ab exilio (353).

XII s. Parch. 374 pages. *G.*

763. S. Joannis Chrysostomi homilia in natalem S. Joannis
Baptistæ (1); — ejusdem homilia in SS. Petrum et Paulum
apostolos (2); — S. Cyrilli Alexandrini homilia in transfigurationem Domini (5 v°); — Theognosti monachi homilia in dormitionem Deiparæ (8 v°); — Germani, CP. patriarchæ, homilia
de eodem (11 v°); — S. Joannis Chrysostomi homilia in decollationem Præcursoris (19); — Andreæ Cretensis homilia in
natalem Deiparæ (23 v°); — S. Basilii homiliæ de eo quod
non sit auctor malorum Deus (30), — in illud : Attende tibi
ipsi (39 v°), — adversus irascentes (47 v°), — in illud : In
principio erat verbum (54 v°), — in ditescentes homiliæ duæ
(58 v°), — de jejunio homiliæ duæ (73 v°), — in ebriosos
(85 v°), — de ira (92 v°), — de invidia (97 v°), — non esse rebus
sæcularibus adhærescendum (103), — de fide (113), — tempore famis et siccitatis (116), — ad Optimum epistola in illud :
Quicumque occiderit Caïn (125 v°), — in lacizis (130), — ad
calumniantes quod tres deos colamus (138), — ad monachum
lapsum (141), — ad virginem lapsam (143), — ad alium monachum lapsum (147 v°), — de virginitate ascetica institutio
(149), — in laudem XL. martyrum (153 v°); — S. Joannis
Chrysostomi homilia in Petrum apostolum et Eliam prophetam (160), — in Judæos homilia II. (169), — in Matthæum
homilia XVIII. (199), — futura præsentibus præferenda (179),
— de gratiarum actione (183), — de eo quod qui luget mortuos ingratus Deo sit (186), — præparatio gratiarum actionis
super mortuos (190), — de humana natura et eleemosyna
(192 v°), — homilia de pœnitentia (205 v°).

X s. Parch. 211 fol. (Colbert. 3057.) *M.*

764. S. Joannis Chrysostomi homilia de uno legislatore V.
et N. Testamenti (1), — cum Saturninus et Aurelianus in exilium acti essent (16 v°), — in Eutropium eunuchum homiliæ
duæ (23), — in illud : Pone manum tuam subter femur meum
(41 v°), — de S. Acacio pastore, de ovo et in volum (50), —
de eo quod qui se ipsum injuria non afficiat a nemino lœdi possit (60), — de sigillis librorum (85 v°). — in Christi nativitatem (102), — in laudem S. Philogonii martyris (126), — in illud : Dominus regnavit, exultet terra (137 v°), — de S. Spiritu

(153 v°), — in laudem S. Bassi martyris (174 v°), — post
terræ motum (182), — de fide, de lege naturæ et de S. Spiritu
(187), — in epist. I. ad Corinthios homilia IX. (198 v°), — de
futurorum fruitione et præsentium utilitate (208), — in illud :
Cavete ne eleemosynam faciatis coram hominibus (215), —
ad eos qui domi tenent virgines introductitias homiliæ duæ
(222), — in laudem martyrum Ægyptiorum (279), — in illud
Apostoli : Scimus autem quoniam diligentibus Deum (285 v°),
— de eo quod mari similis hæc vita 29(4 v°), — in illud : Quem-
admodum desiderat cervus (298 v°), — de inani gloria et de
educandis liberis (314 v°), — de virginitate (344); — Fragmentum actorum S. Thomæ; s. IX. (440).

X s. Parch. 441 fol. (Mazarin.-Reg. 1974.) G.

765. S. Joannis Chrysostomi homilia in eos qui novilunia
observant (3), — homiliæ sex de Lazaro (15), — in illud :
Vidua eligatur (117 v°), — ad Olympiadem epistola (135), —
de Davide et Saule homiliæ duæ (159 v°), — in spectacula
(186 v°), — in Job homiliæ quatuor (207), — de incomprehensibili adversus Anomœos homiliæ septem (237).

XII s. Parch. 329 fol. Peint. (Mazarin.-Reg. 1975.) M.

765 A. S. Joannis Chrysostomi in Judæos homiliæ III. et
IV. (1), — de sacerdotio homiliæ IV-VI. (40), — in Judæos
homilia II. (81).

XII s. Parch. 92 fol. M.

766. S. Joannis Chrysostomi homilia in annunciationem
Deiparæ (1); — Theodoti monachi homilia de eodem (5 v°); —
S. Joannis Chrysostomi homilia in quatriduanum Lazarum
(12 v°); — Hesychii presbyteri homilia de eodem (17 v°); — S.
Joannis Chrysostomi homiliæ duæ in ramos palmarum (22);
— S. Epiphanii homilia in sepulturam Christi (28); — S. Joannis Chrysostomi homilia in sabbatum sanctum (32) ; — ejusdem homilia in Pascha (41 v°); — S. Gregorii Nazianzeni
homilia in Pascha et in tarditatem (44); — S. Joannis Chrysostomi homilia in S. Thomam (46 v°) ; — S. Gregorii Nazianzeni homilia in novam dominicam (51); — S. Joannis Chrysostomi homilia in Pentecosten (53); — Leontii, Neapoleos
episcopi, homilia de eodem (56); — Andreæ Cretensis homilia

in exaltationem sanctæ Crucis (66); — Antipatri Bostrensis homilia in natalem S. Joannis Baptistæ (69 v°); — S. Joannis Chrysostomi homiliæ duæ in assumptionem Domini (73 v°); — S. Gregorii Nazianzeni homilia in Pentecosten (82 v°); — S. Joannis Chrysostomi homilia de eodem (94); — ejusdem homilia in omnes SS. (97); — Procli, CP. patriarchæ, homilia in Transfigurationem (102); — S. Cyrilli Alexandrini homilia de eodem (107); — Andreæ Cretensis homiliæ duæ in dormitionem beatæ Mariæ (111 v°); — ejusdem homiliæ duæ in nativitatem Deiparæ (136); — S. Joannis Chrysostomi homilia in sanctam crucem (156).

IX s. Parch. 159 fol. (Colbert. 929.) *M.*

767. S. Joannis Chrysostomi homilia de oratione, de Pharisæo ac Publicano (1); — ejusdem homilia de filio prodigo et de pœnitentia (7 v°); — S. Joannis Damasceni homilia de fidelibus defunctis (21 v°); — S. Joannis Chrysostomi homilia de secundo adventu Domini (31); — ejusdem homilia de compunctione (38); — S. Ephræmi homilia de adventu Domini (45 v°); — S. Gregorii Nazianzeni homilia in plagam grandinis (51); — S. Joannis Chrysostomi homilia de Jona, Daniele et tribus pueris (59 v°); — Andreæ Cretensis homilia de vita humana et defunctis (65); — S. Basilii homilia de jejunio (75 v°); — S. Gregorii Nysseni homilia in laudem S. Theodori (87); — Nectarii, CP. patriarchæ, homilia de eodem (91 v°); — Anonymi narratio de miraculo Berytensi : Βηρυτός ἐστι πόλις... (98 v°); — Anonymi narratio de miraculo imaginis Christi in puteo ad magnam ecclesiam CP. : Δεσποτικῶν θαυμάτων ἀνάμνησις... (105 v°); — Anonymi narratio de festo Orthodoxiœ : Τοῦ βασιλέως Θεοφίλου... (117 v°); — Excerpta e variis historiis de adoratione SS. imaginum : Εἰ καὶ τῇ παιδείᾳ... (126 v°); — S. Gregorii Magni epistolæ duæ ad Leonem Isauricum (130); — Anonymi narratio de miraculo imaginis Christi in puteo ad magnam ecclesiam : Οὐδὲν οὕτως εὐφραίνειν... (138); — S. Joannis Chrysostomi homilia de pœnitentia (141 v°); — ejusdem homilia de cruce (147); — Theodori Studitæ homilia de adoratione sanctæ crucis (150 v°); — Josephi Thessalonicensis homilia de eodem (153); — S. Joannis Chrysostomi homilia

de jejunio (155 v°); — ejusdem homilia de pœnitentia (162) ;
— Narratio de acathisto : Ἐν τοῖς χρόνοις Ἡρακλείου... (172);
— S. Joannis Chrysostomi homilia de pœnitentia, de Achab
et Jona (177 v°); — ejusdem homilia de sancta synaxi (182 v°);
— ejusdem homilia de divite et Lazaro (190) ; — ejusdem homilia de quatriduano Lazaro (193); — ejusdem homilia de
oblivione injuriarum (195) ; — Andreæ Cretensis homilia de
quatriduano Lazaro (206); — S. Joannis Chrysostomi homilia
in ramos Palmarum (215 v°); — Callisti, CP. patriarchæ, homilia in laudem S. Joannis jejunatoris (216); — S. Joannis
Damasceni de sanctis imaginibus ad Constantinum Caballinum
(229).

XIII s. Parch. 241 fol. (Fontebl.-Reg. 1829.) G.

768. S. Joannis Chrysostomi homiliæ tres in illud Apostoli :
Habentes eumdem spiritum fidei (1), — in eos qui ad ludos
circenses proficiscuntur (27), — homilia I. de Lazaro (34 v°),
— in illud : Pone manum tuam subter femur meum (50), —
homiliæ III. et IV. de Lazaro (58), — in illud Apostoli : Nolo
vos ignorare, fratres (80), — in illud Apostoli : Vidua eligatur
(88 v°), — in illud : Propter fornicationem (102 v°), — in illud Apostoli : Mulier alligata est viro (109), — in laudem Maximi et quales ducendæ sint uxores (115 v°), — de diabolo
tentatore (131), — contra ignaviam, et quod nec Deus, nec
diabolus, sed voluntas sit peccati causa (136 v°), — in Isaïam
homiliæ I. II. IV. et V. (144 v°), — in Seraphim (176 v°), — de
instituenda secundum Deum vita (182), — in illud Apostoli : Non quod volo, facio (187 v°), — in illud Apostoli
In faciem Petro restiti (199 v°), — in illud : Domine, non est
in homine via ejus (212 v°), — de prophetiarum obscuritate
(219 v°), — de V. Testamenti obscuritate (229), — adversus
illos qui mundum a dæmonibus gubernari statuunt (243 v°),
— de precatione homiliæ duæ (255), — de peccatis fratrum
non evulgandis (263 v°), — non esse desperandum (272), —
non esse ad gratiam concionandum (278), — oratio I. cum
presbyter Antiochiæ esset designatus (286).

XIII s. Parch. 291 fol. (Colbert. 1030.) *M.*

769. Anonymi homilia, initio mutila (1); — S. Joannis

Chrysostomi homilia IV. in Job (6) ; — ejusdem homilia in divitem et Lazarum (18); — Eusebii Cæsariensis homilia in memoriam Constantini imp. et Sylvestri papæ (44); — De translatione reliquiarum S. Joannis Chrysostomi : Ἀλλὰ πῶς ἄν τις... (84); — Narratio et revelatio S. Archippi et prosmonarii S. Michaelis in Chonis : Ἡ ἀρχὴ τῶν ἰαμάτων... (97); — Andreæ Cretensis homilia in exaltationem Sᵃᵉ. Crucis (104); — Martyrium S. Nicetæ (111 v°); — Martyrium SS. Eustathii et Theopistis uxoris (123 v°); — Martyrium Sᵃᵉ. Theclæ (141 v°); — Martyrium S. Artemii (153); — Martyrium S. Demetrii (157); — Martyrium SS. Cosmæ et Damiani, et miracula (162 v°); — Leontii homilia in sanctam dominicam (180); — Vita S. Heraclidis (184).

XIII s. Bombyc. 192 fol. (Colbert. 5171.) *M.*

770. S. Joannis Chrysostomi homilia in Judæ proditionem (2 v°) ; — Procli, CP. patriarchæ, homilia in S. Pascha (4 v°) ; — Anonymi commentarius de J. C. et de iis quæ sub Pilato gesta sunt : Ἐγὼ Ἀνανίας προτίκτωρ ἀπὸ ἐπάρχων... (7) ; — Josephi ab Arimathæa narratio de impetrato ad sepulturam Christi corpore : Ἐγὼ Ἰώσηφ ὁ ἀπὸ Ἀριμαθαίας... (21); — Pontii Pilati ad Tiberium imp. de J. C. epistola (25); — Historia eorum quæ, J. C. mortuo, Pilato contigerunt : Καὶ ἀχθέντος αὐτοῦ... [Thilo, A] (27 v°) ; — Martyrium S. Demetrii (29 v°); — Martyrium SS. Barbaræ et Julianæ (33 v°); — Vita S. Nicolai Myrensis (38); — Martyrium S. Andreæ apostoli (43 v°); — Eusebii, Alexandrini patriarchæ, homilia de eleemosyna (46); — Martyrium et miracula S. Georgii (59); — S. Joannis Chrysostomi homilia in nativitatem Christi (76); — ejusdem homilia in Theophania (81); — S. Ephræmi homilia de Antichristo et fine mundi (86 v°); — Amphilochii, Iconiensis episcopi, homilia in occursum Christi (95); — Germani, CP. patriarchæ, homilia in Præsentationem (101); — S. Joannis Chrysostomi homilia in Transfigurationem (106); — Vita S. Basilii, auctore Amphilochio Iconiensi (109 v°); — S. Joannis Chrysostomi encomium in SS. Petrum et Paulum (114 v°); — Andreæ Cretensis homilia in exaltationem Sᵃᵉ. Crucis (118); — Anastasii Sinaïtæ homilia in ingressum jejuniorum (129 v°); — Marty-

rium Sæ. Anastasiæ (143) ; — S. Joannis Chrysostomi homilia
in annuntiationem b. Mariæ (147 v°) ; — ejusdem homilia in
falsos prophetas (151 v°) ; — ejusdem homilia XIII. in epistolam ad Philippenses (171 v°) ; — ejusdem homilia de pœnitentia (178) ; — ejusdem homilia de ejectione Adami e paradiso
(206) ; — Abrahami patriarchæ testamentum : Ἔζησεν Ἀβραὰμ
τὸ μέτρον... (225 v°) ; — S. Joannis Chrysostomi homilia XII.
in epistolam ad Philippenses (241 v°) ; — ejusdem homilia in
vanitatem vitæ et in mortuos (248 ;) — Procli, CP. patriarchæ, homilia in laudem S. Stephani protomartyris (252 v°) ; —
Narratio de dormitione Deiparæ, auctore S. Joanne evangelista
(257) ; — Martyrium S. Joannis Baptistæ (264).

Copié en 1315 par le prêtre Georges. Parch. 268 fol. (Colbert. 2493.) *M.*

771. S. Joannis Chrysostomi (?) homilia in Zacchæum (3) ;
— ejusdem homilia in Publicanum et in Pharisæum (5) ; —
S. Joannis Chrysostomi homilia in filium prodigum (7 v°) ; —
ejusdem homilia in secundum Christi adventum (12 v°) ; — S.
Ephræmi homilia de Sᵃ. Cruce in secundum Domini adventum (14 v°) ; — S. Hippolyti martyris homilia de mundi consummatione, de Antichristo et de secundo Domini adventu
(19) ; — S. Joannis Chrysostomi homilia in illud : De dormientibus nolo vos ignorare (29 v°) ; — S. Anastasii Sinaïtæ
homilia in fratres in Christo dormientes (34) ; — S. Basilii
homiliæ duæ de jejunio (40) ; — De inventione capitis S.
Joannis Baptistæ : Πάλιν ἡμῖν ὁ θεῖος ἐφέστηκε... (48 v°) ; — Martyrium S. Theodori tyronis (53 v°) ; — Narratio de festo Orthodoxiæ : Τοῦ βασιλέως Θεοφίλου... (58 v°) ; — Josephi, Thessalonicensis archiepiscopi, homilia in sanctam Crucem (64) ; —
S. Joannis Chrysostomi homilia de jejunio (66) ; — S. Basilii
homilia in laudem XL. martyrum (67) ; — S. Joannis Chrysostomi homiliæ duæ in Annuntiationem (71 v°) ; — Andreæ Cretensis homilia in annuntiationem b. Mariæ (76) ; — Procli,
CP. patriarchæ, homilia in laudem beatæ Mariæ (83 v°) ; —
ejusdem homilia in quatriduanum Lazarum (92 v°) ; — S.
Joannis Chrysostomi homilia de eodem (101) ; — ejusdem
homilia in ramos palmarum (104) ; — S. Epiphanii homilia
de eodem (107 v°) ; — Andreæ peccatoris homilia de eodem

(112 v°) ; — S. Joannis Chrysostomi homilia in ficum arefactam (122) ; — S. Cyrilli Alexandrini homilia de eodem (129) ;
— S. Joannis Damasceni homilia in ficum arefactam et in
parabolam vineæ (125) ; — S. Joannis Chrysostomi homilia in
X. virgines (130 v°) ; — ejusdem homilia in Pharisæum et
meretricem (133 v°) ; — ejusdem homilia in mulierem peccatricem (140) ; — ejusdem homilia in Judæ proditionem (143) ;
— S. Cyrilli Alexandrini homilia in mysticam cœnam (148 v°) ;
— S. Joannis Chrysostomi homilia in Christum apostolorum
pedes lavantem (152 v°) ; — S. Athanasii homilia in Christi
passionem (154 v°) ; — S. Cyrilli Hierosolymitani homilia de
eodem (156 v°) ; — S. Epiphanii homilia in Christi sepulturam
(166 v°) ; — S. Athanasii homilia in S. Pascha (174) ; — S.
Joannis Chrysostomi homilia in Christi resurrectionem (176) ;
— ejusdem homiliæ duæ in S. Pascha (180 v°) ; — S. Gregorii
Nysseni homilia in Christi resurrectionem (184 v°) ; — ejusdem homilia in S. Pascha (193 v°) ; — S. Joannis Chrysostomi homilia in novam dominicam (203) ; — S. Athanasii
homilia de eodem (211) ; — Andreæ Cretensis homilia in laudem S. Georgii (214) ; — Vita Sᵃᵉ. Mariæ Ægyptiacæ, auctore
Sophronio Hierosolymit. (223) ; — Anonymi de liberata CP. :
Ἐν τοῖς χρόνοις Ἡρακλείου... (234 v°) ; — S. Joannis Chrysostomi homilia in blasphemias Judæorum (240) ; — Leontii, CP.
presbyteri, homilia in mesopentecosten (243) ; — S. Athanasii
homilia in Ascensionem (248 v°) ; — Gregorii Cæsariensis
homilia in patres Nicænos (253 v°) ; — S. Joannis Chrysostomi homiliæ duæ in Pentecosten (259 v°) ; — ejusdem homilia in omnes SS. (270) ; — Asterii, Amaseæ episcopi, homilia
de eodem (273 v°), — Martyrium S. Ceryci (280) ; — S. Athanasii homilia in nativitatem S. Joannis Baptistæ (282) ; — S.
Joannis Chrysostomi homilia de eodem (284 v°) ; — Acta SS.
apostolorum Petri et Pauli (289) ; — S. Joannis Chrysostomi
homilia in SS. Petrum et Paulum apostolos (297 v°) ; — ejusdem homilia in laudem XII. apostolorum (300) ; — ejusdem
homilia in laudem S. Pauli apostoli (301 v°) ; — S. Cyrilli
Alexandrini homilia in Transfigurationem (303 v°) ; — S.
Joannis Chrysostomi homilia de eodem (305 v°) ; — Andreæ
Cretensis homilia de eodem (310) ; — S. Joannis Damasceni

homiliæ duæ in dormitionem Deiparæ (318); — Andreæ Cretensis homilia de eodem (333 v°); — ejusdem homilia in decollationem S. Joannis Baptistæ (338); — Martyrium S. Georgii (347 v°); — Martyrium S. Procopii (353 v°).

XIV s. Parch. 361 fol. (Colbert. 1711.) *M.*

772. S. Joannis Chrysostomi homiliæ duæ in Publicanum et in Pharisæum (1); — ejusdem homilia de filio prodigo (7 v°); — Theophanis Ceramei homilia de eodem (14); — S. Joannis Damasceni homilia de iis qui in fide obdormierunt (15); — Andreæ Cretensis homilia de vita humana et defunctis (25 v°); — S. Joannis Chrysostomi homilia de mortuis non lugendis (38); — ejusdem homilia de patientia (43); — ejusdem homilia in secundum Christi adventum (51); — ejusdem homilia de compunctione, patientia et desiderio (58 v°); — S. Ephræmi homilia in secundum Christi adventum (68); — S. Joannis Chrysostomi homilia in Jonam, Danielem et tres pueros (75); — ejusdem homilia in ejectionem Adami e paradiso (81 v°); — Anastasii Sinaïtæ homilia in Psalmum VI. (97 v°); — S. Basilii homiliæ duæ de jejunio (108); — ejusdem homilia in illud : Attende tibi ipsi (120); — Nectarii, CP. archiepiscopi, homilia in Theodorum martyrem (127); — Narratio de miraculo imaginis Christi in urbe Beryto : Βηρυτὸς τίς ἐστι πόλις... (144); — De miraculo imaginis Christi in puteo magnæ ecclesiæ : Οὐδὲν οὕτως εὐφραίνειν... (151); — Narratio de festo Orthodoxiæ : Τοῦ βασιλέως Θεοφίλου... (155); — S. Joannis Chrysostomi homilia de pœnitentia (158); — ejusdem homilia de gloriando in cruce Domini (165); — ejusdem homilia in illud : Gaudete in Domino (168 v°); — ejusdem homilia de pœnitentia et contritione (176); — Vita Sⁱᵉ. Mariæ Ægyptiacæ, auctore Sophronio Hierosolymit. (188 v°); — S. Joannis Chrysostomi homilia de pœnitentia, Achab et Jona (205); — ejusdem homilia de divite et Lazaro (210); — Anastasii Sinaïtæ homilia de sacra synaxi et oblivione injuriarum (213 v°); — S. Joannis Chrysostomi homilia de simultate et ira deponenda (221 v°); — Andreæ Cretensis homilia in Lazarum quatriduanum (234 v°); — ejusdem homilia in ramos palmarum (246); — S. Joannis Chrysostomi homiliæ duæ in ramos palmarum (258); — ejus-

dem homilia in magnam hebdomadem (267); — in ficum arefactam (274); — ejusdem homilia de eleemosyna et in decem
virgines (278 v°); — ejusdem homilia in meretricem et in
Pharisæum (284 v°); — S. Ephræmi homilia in meretricem
(289); — S. Joannis Chrysostomi homilia in Judæ proditionem
(295); — Georgii Nicomediensis homilia in b. Mariam ad crucem et sepulturam Domini assistentem (302 v°); — S. Epiphanii, Cypri episcopi, homilia in Christi sepulturam (316); —
S. Joannis Chrysostomi homilia in resurrectionem Christi
(326); — S. Athanasii Alexandrini homilia in Pascha (331 v°);
— Hesychii Hierosolymitani [S. Gregorii Nysseni] homilia in
resurrectionem Domini (335); — S. Gregorii Nysseni homilia III. in Pascha (344 v°); — Leonis Sapientis imp. homilia in
Christi resurrectionem (357); — S. Joannis Chrysostomi homilia in Christi resurrectionem (363 v°); —ejusdem homiliæ II.
et III. in S. Pascha (370 v°); —ejusdem homilia in novam dominicam (381); — ejusdem homilia in laudem S. Thomæ apostoli
(384 v°); — Joannis, Thessalonicensis episcopi, homilia de concordia evangelistarum circa resurrectionem Domini (389 v°);
— Gregorii, Antiocheni episcopi, homilia in mulieres unguentiferas (398 v°); — S. Joannis Chrysostomi homilia in paralyticum xxxviii. annorum (406); — ejusdem homilia in illud
Judæorum : Dæmonium habes (414 v°); — Leontii, CP. presbyteri, homilia in mesopentecosten (417 v°); — S. Joannis
Chrysostomi homilia in Samaritanam (424); — ejusdem homilia in cæcum et Zacchæum (430 v°); — ejusdem homilia in
Ascensionem (441); — Gregorii Cæsariensis homilia in patres
Nicænos (445); — Acta concilii Nicæni (452); — S. Joannis
Chrysostomi homiliæ duæ in Pentecosten (458); — ejusdem
homilia in S. Pascha (473); — Anonymi homiliæ die secunda
diacinisimi (475), — dominica S. Thomæ (477 v°), — dominica
unguenta ferentium (482 v°), — dominica Pharisæi (486 v°);
— Vita S. Symeonis Stylitæ, auctore Theodoreto, episcopo
Cyri (493); — Vita S. Mamantis (509 v°); — Vita S. Anthymi
Nicomediensis (516); — Passio S. Babylæ, Antiocheni episcopi
(520); — Narratio de S. Michaelis miraculo in urbe Chonis :
Καὶ τὸ περὶ τῶν ἄλλων... (525); — Vita S. Charitonis (532); —
Anonymi homilia in Eliam prophetam : Μὴ ἅπτεσθε τῶν χριστῶν...
(538); — Anonymi homilia in Christi nativitatem : Ὁ πανάγα-

θες Θεός... (543); — Passio XL. martyrum (547); — S. Basilii
homilia in laudem XL. martyrum (554).

XV s. Pap. 555 fol. (Medic.-Reg. 2424.) *M.*

773. S. Joannis Chrysostomi homiliæ duæ in Pharisæum
et Publicanum (4); — ejusdem homiliæ duæ de filio prodigo
(10 v°); — S. Joannis Damasceni homilia de fidelibus defunctis
(23 v°); — S. Gregorii Nazianzeni homilia de pauperibus
charitate complectendis (33 v°); — S. Joannis Chrysostomi
homilia de secundo Domini adventu (48 v°); — ejusdem
homilia de compunctione, patientia et desiderio (55); — S.
Ephræmi homilia de adventu Christi et Antichristi (62 v°); —
S. Hippolyti Romani homilia de fine mundi, etc. (68); — S.
Basilii homilia in illud : Attende tibi ipsi (83 v°); — S. Gre-
gorii Nysseni homilia in ingressum jejuniorum (91); — S.
Joannis Chrysostomi homilia de Jona, Daniele et tribus pueris
(99); — S. Basilii homilia de jejunio (105 v°); — S. Anastasii
Sinaïtæ homilia de eodem (112 v°); — S. Basilii homilia de
jejunio (123); — Dorothei homilia de eodem (128); — Andreæ
Cretensis homilia de vita humana et de mortuis (131); — S.
Joannis Chrysostomi homilia de mortuis non lugendis (143 v°);
— S. Ephræmi homiliæ duæ de Patribus defunctis (148 v°); —
S. Gregorii Nazianzeni homilia in plagam grandinis (154); —
S. Joannis Chrysostomi homilia de ejectione Adami e paradiso
(163 v°); — S. Gregorii Nysseni homilia in laudem Theodori
martyris (178 v°); — Nectarii, CP. patriarchæ, homilia de eodem (184); — Narratio de festo Orthodoxiæ : Τοῦ βασιλέως Θεοφίλου... (191 v°); — Narratio de imagine Domini quæ dicitur
Ἀντιφονητής : Δεσποτικῶν θαυμάτων... (201 v°); — S. Gregorii Magni
epistolæ duæ ad Leonem Isauricum (213); — Narratio de miraculosa restitutione imaginis b. Mariæ Romanæ, quam ex
archetypo S. Lucæ Germanus, CP. patriarcha, fieri curaverat :
Καὶ πάντα μὲν ὁ χρόνος... (223); — Narratio de imagine Christi
Berytensi : Βηρυτό τίς ἐστι πόλις... (239); — De miraculo imaginis Christi in puteo magnæ ecclesiæ : Οὐδὲν οὕτως οἶδεν...
(245 v°); — S. Joannis Chrysostomi homilia in Psalmum L.
(251); — ejusdem homilia de pœnitentia (262 v°); — ejusdem
homiliæ duæ de cruce (270); — Theodori Studitæ homilia de

adoratione crucis (282); — Josephi, Thessalonicensis episcopi, homilia de eodem (285); — Nicetæ Choniatæ homilia de
eodem (288 v°); — S. Joannis Chrysostomi homilia de pœnitentia et contritione (290 v°); — Vita Sæ. Mariæ Ægyptiacæ,
auctore Sophronio Hierosolymit. (303); — Narratio de diei
acathisti celebratione : Ἐν τοῖς χρόνοις Ἡρακλείου... (319 v°); —
S. Joannis Chrysostomi homilia de pœnitentia, Achab et Jona
(326 v°); — S. Anastasii Sinaïtæ homilia de synaxi et injuriarum oblivione (333); — S. Joannis Chrysostomi homilia de
divite et Lazaro (342); — ejusdem homilia de simultate et ira
deponenda (345 v°); — S. Athanasii homilia in Præsentationem (358 v°); — Amphilochii Iconiensis homilia de eodem
(370); — S. Gregorii Thaumaturgi homilia de eodem (374 v°);
— Leonis Sapientis imp. homilia de eodem (378 v°); — Martyrium S. Theodori ducis (384 v°); — Martyrium S. Theodori
Tyronis (394 v); — S. Theodori Studitæ homilia de inventione capitis S. Joannis Baptistæ (400); — Evodii de XLII.
martyribus (403); — Martyrium SS. XL. martyrum (415 v°);
— S. Basilii homilia in laudem XL. martyrum (423 v°); —
S. Joannis Chrysostomi homiliæ duæ in Annuntiationem
(429 v°); — Andreæ Cretensis homilia de eodem (436 v°); —
S. Gregorii Thaumaturgi homilia de eodem (446); — Gennadii, CP. patriarchæ, homilia de eodem (453 v°).

XV s. Pap. 460 fol. (Medic.-Reg. 1828.) G.

774. S. Joannis Chrysostomi homilia in Seraphim (1); —
Narratio de S. Michaelis miraculo in urbe Chonis (9); — Andreæ Cretensis homilia in nativitatem b. Mariæ (15); — S.
Joannis Damasceni homilia de eodem (23);   Andreæ Cretensis homilia in exaltationem Sæ. Crucis (33); — Sophronii
Hierosolymit. homilia de eodem (42); — Vita S. Cornelii
(46); — Martyrium SS. Eustathii et Theopistis uxoris (58 v°);
— Martyrium Sæ. Theclæ (89); — Vita Sæ. Euphrosynes Alexandrinæ (102 v°); — Anonymi homilia in S. Joannem evangelistam (112 v°); — Vita S. Gregorii Magnæ Armeniæ (125 v°);
— S. Joannis Chrysostomi homilia in nativitatem S. Joannis
Baptistæ (154); — Vita S. Ananiæ (161); — Martyrium SS.
Cypriani et Justinæ (165); — Martyrium S. Dionysii Areopa-

gitæ (184); — Anonymi homilia in laudem S. Thomæ apostoli (196); — Martyrium S. Longini centurionis (205) ; — Anonymi homilia in laudem S. Lucæ evangelistæ (214); — Vita S. Artemii (222); — Anonymi homilia in laudem S. Jacobi fratris Domini (255); — Martyrium SS. Marciani et Martyrii (264 v°); — Martyrium S. Demetrii (266 v°); — Martyrium S. Arethæ (275 v°) ; — Vita S. Abramii (299); — Vita SS. Cosmæ et Damiani (320); — Vita SS. Acindyni, Pegasii, Anempodisti, Aphthonii et Elpidiphori (325 v°); — Vita S. Joannicii (342 v°); — Vita S. Pauli confessoris (379); — Vita Sæ. Matronæ Chiensis (387); — Vita Sæ. Theoctistes Lesbiæ, auctore Symeone Metaphraste (409); — Vita S. Philippi apostoli (421); — Vita SS. Guriæ, Samonæ et Abibi (427); — Acta S. Matthæi apostoli (447 v°); — Georgii Chartophylacis homilia in b. Mariam, quando triennis templo reddita est (451); — Vita S. Gregorii Agrigentini (463); — Martyrium Sæ. Catharinæ (509 v°); — S. Clementis epitome peregrinationum S. Petri (525); — Martyrium S. Clementis (586); — Vita S. Alypii Stylitæ (599 v°); — Martyrium S. Jacobi Persæ (615 v°); — Anonymi homilia in laudem S. Andreæ apostoli (626).

XV s. Pap. 628 fol. (Reg. 2460.) *M.*

775. S. Joannis Chrysostomi homiliæ de patientia (1), — de eleemosyna (14), — de dilectione (30 v°), — de doctrina et correptione (44), — de peccato et confessione (54 v°), — de imperio et potestate (66), — de futuro judicio (73), — de virtute et vitio (84), — homilia LXXVI. in Joannem (96 v°), — de juramentis (105), — de morte (111 v°), — de liberorum educatione (122), — de mansuetudine et oblivione injuriarum (130), — de oratione (140 v°), — de pœnitentia (151 v°), — de ingluvie et ebrietate (158 v°), — de adversa valetudine et medicis (164 v°), — de mulieribus et pulchritudine (170 v°), — de avaritia (181 v°), — de prosperitate et adversitate (188 v°), — de superbia et inani gloria (193), — de invidia (198), — de odio et inimicitiis (202), — de tristitia et mœrore (207 v°), — de ira et furore (211 v°), — ecloga de silentio (217 v°); — Theodori Magistri homilia in laudem S. Pauli apostoli (218);

— S. Joannis Damasceni homilia de iis qui in fide obdormierunt (232); — S. Joannis Chrysostomi homilia in Geneseos
initium (243 v°), — homilia de eo quod de aliis creaturis Deus
dixit : fiat, de homine : faciamus (249 v°), — de dominio hominum in feras (252 v°), — de tribus servitutis modis per peccatum inductis (256), — de ligno scientiæ boni et mali (261),
— de lege data Adamo (264), — in illud : Vidit Deus cuncta
quæ fecerat (267), — de imagine Dei (271), — homilia XX.
in epistolam Pauli ad Hebræos (275), — de iis qui sanctis
cœtibus non intersunt (277 v°), — de jejunio et eleemosyna
(278 v°), — de inopia (282 v°), — in ficum arefactam (284),
— ex interpretatione in Matthæum XXIV, 16 (289), — in
decem virgines (296 v°), — de justo et beato Job (301), —
homilia LXXXI. in Matthæum (306 v°), — in Judæ proditionem (313 v°).

XV s. Pap. 326 fol. (Medic.-Reg. 2342.) *M.*

776. S. Joannis Chrysostomi homilia in Publicanum et
Pharisæum (1); — S. Basilii homilia de jejunio (4); — Jeremiæ
prophetæ paralipomena : Ἐγένετο ἡνίκα αἰχμαλωτεύθησαν... (9);
— De miraculo imaginis b. Mariæ in puteo magnæ ecclesiæ :
Οὐδὲν οὕτως εὐφραίνειν... (17); — S. Basilii homilia de exercitatione monastica (21); — ejusdem pœnæ in monachos et
monachas delinquentes (22 v°); — Anonymi narratio e vita
S. Theodori Sabaitæ excerpta : Ἄκουσον διηγήσεως... (25); —
S. Joannis Chrysostomi homiliæ in illud Matthæi : Simile est
regnum Dei homini patrifamilias (29 v°), — adversus hæreticos (38), — de Josepho et castitate (40 v°), — in Susannam (44 v°), — de Lazaro et divite (49), — homilia in Geneseos
initium (52 v°), — de Pharisæo (58), — de pœnitentia homiliæ
duæ (60), — ad corruptores virginum Christi (80 v°), — in illud :
Verum frustra turbatur omnis homo (84), — contra Judæos,
gentiles et hæreticos (87), — de fide (92), — de spe (97), —
de charitate (99 v°), — in illud : Attendite ne eleemosynam
faciatis coram hominibus (101), — de circo (105), — in illud :
Religiosum uti facetiis non oportet (108), — de fugienda
simulatione (113), — in laudem caritatis (115 v°), — de eo
quod bonum Christi discipulum benignum est nec cito ira-

scitur (118); — Vita S. Joannis Chrysostomi, auctore Georgio Alexandrino patriarcha (120 v°) ; — S. Joannis Chrysostomi homilia in Psalmum L. (245 v°); — ejusdem homilia quomodo animam acceperit Adamus et de passione Christi (255 v°).

XV s. Pap. 260 fol. (Medic.-Reg. 2353.) *M.*

777. S. Joannis Chrysostomi interpretatio in Isaiam [homilia III. de pœnitentia] (1 et 17); — ejusdem de incomprehensibili homiliæ sex (180); — ejusdem interpretatio Psalmi C. (282); — ejusdem homilia de Eutropio, paradiso, scripturis, etc. (299).

Copié en 1542 par Christophe Auer. Pap. 332 pages. (Fontebl.-Reg. 1933.) *M.*

777 A. Anonymi homilia in mundi creationem, initio mutila (1); — [Severiani, Gabalorum episcopi,] homiliæ quinque de eodem (4 v°); — S. Joannis Chrysostomi homilia de eodem (77 v°); — S. Basilii homiliæ undecim in Hexaemeron (111); — S. Gregorii Nysseni oratio apologetica in S. Basilii Hexaemeron (242); — ejusdem liber de opificio hominis (246 v°).

XVI s. Pap. 328 fol. *M.*

778. S. Joannis Chysostomi homiliæ sex in Judæos (1); — Matthæi hieromonachi adversus Judæos libri V. (68) ; — Theophanis, Nicæni metropolitæ, homiliæ sex adversus Judæos (165); — Gennadii Scholarii dialogus cum Judæo de veritate Christianæ religionis (209).

XVI s. (Copié par Constantin.) Pap. 248 fol. (Fontebl.-Reg. 1961.) *M.*

779. S. Joannis Chrysostomi homiliæ III-XXI. ad Antiochenos (1); — S. Anastasii Sinaïtæ homilia de fratribus præmortuis (227 v°); — S. Joannis Chrysostomi homilia in illud : In qua potestate hæc facis (240 v°), — in illud : In principio erat verbum (261 v°), — in Theophania (269 v°), — in illud : Genimina viperarum (280), — de tribus modis servitutis (289 v°), — de S. Acacio pastore (296 v°), — de Lazaro homilia I. postridie kalendas (311).

X s. Parch. 330 fol. (Mazarin.-Reg. 1976.) *M.*

780. S. Joannis Chrysostomi homiliæ XXI. ad Antiochenos.

X s. Parch. 294 fol. (Faure.-Reg. 1976, 2.) *M.*

781. S. Joannis Chrysostomi homiliæ XXI. ad Antiochenos (2), — homiliæ in Psalmum XLVIII. (195), — in Psalmum XXXVIII. (205 v°), — in spectacula (208 v°), — in illud : Pone manum tuam subter femur meum (230), — quando Eutropius, etc. (235), — unum esse legislatorem V. et N. Testamenti (250), — de S. Philogonio (260), — de incarnatione (266 v°), — in sancta lumina (280 v°), — in Psalmum L. et de pœnitentia (286), — in reliqua Psalmi L. (294).

Copié en 939 par Stylianus. Parch. 302 fol. (Medic.-Reg. 1965.) *G.*

782. S. Joannis Chrysostomi homiliæ I-III., XVI-XXI. ad Antiochenos (1), — de simultate et ira deponenda (68 v°), — in parabolam M. talentorum (83).

XI s. Parch. 95 fol. *M.*

783. S. Joannis Chrysostomi homiliæ XII-XIX. ad Antiochenos.

XI s. Parch. 56 fol. *M.*

784. S. Joannis Chrysostomi homiliæ XXI. ad Antiochenos (1), — de simultate et ira deponenda (240 v°), — in Job homiliæ duæ (254 v°); — Martyrium SS. Eustratii, Auxentii, Eugenii, Mardarii et Orestæ (270).

Copié en 1003 par le prêtre Basile. Parchemin. 291 fol. (Colbert. 3054.) *M.*

785. S. Joannis Chrysostomi homiliæ XXI. ad Antiochenos.

XI s. Parch. 318 fol. (Colbert. 4096.) *P.*

786. S. Joannis Chrysostomi homiliæ XXI. ad Antiochenos (1), — de Lazaro et divite homiliæ V. (205).

XI s. Parch. 266 fol. (Fontebl.-Reg. 1966.) *M.*

787. S. Joannis Chrysostomi homiliæ XXI. ad Antiochenos (4), — de simultate et ira deponenda (220 v°), — in parabolam M. talentorum, (234 v°), — in magnam hebdomadem (247), — homilia I. ad Antiochenos (256).

XI s. Parch. 257 fol. *M.*

788. S. Joannis Chrysostomi homiliæ XXI. ad Antiochenos (1); — Joannis Nesteutæ homilia de pœnitentia (204); — Iambi de recuperata CP. : Σὸν ἔργον ὄντως... (228).

XI-XIV s. Parch. 228 fol. (Medic.-Reg. 1968.) *M.*

789. S. Joannis Chrysostomi homiliæ II-XXI. ad Antiochenos (1); — Martyrium S. Theodori tyronis (327); — De festo Orthodoxiæ : Τοῦ βασιλέως Θεοφίλου... (349) ; — Martyrium S. Arethæ et sociorum (370); — Martyrium SS. Eustathii et Theopistis uxoris (418); — Germani, CP. patriarchæ, homilia in præsentationem beatæ Mariæ (467); — Vita S. Joannis propter Christum pauperis (477).

XI s. Parch. 504 pages. *M.*

790. S. Joannis Chrysostomi homiliæ XXI. ad Antiochenos (1), — in nativitatem S. Joannis Baptistæ (234), — in laudem SS. Petri et Pauli (238 v°), — in Christi transfigurationem (242); — Germani, CP. patriarchæ, homilia in dormitionem Deiparæ (244 v°); — S. Joannis Chrysostomi homilia in decollationem S. Joannis Baptistæ (249); — Anonymi narratio de inventione capitis S. Joannis Baptistæ (253); — Theodori Studitæ narratio de eadem re (258); — S. Joannis Chrysostomi homilia in annuntiationem beatæ Mariæ (262).

XII s. Copié par le moine Luc. Parch. 268 fol. (Fontebl.-Reg. 1971.) *M.*

791. S. Joannis Chrysostomi homiliæ XXI. ad Antiochenos.
XI s. Parch. 221 fol. (Fontebl.-Reg. 2361.) *M.*

792. S. Joannis Chrysostomi homiliæ XXI. ad Antiochenos.
XI s. Parch. 298 fol. (Fontebl.-Reg. 2346.) *M.*

793. S. Joannis Chrysostomi homiliæ XXI. ad Antiochenos.
XI s. Parch. 218 fol. (Fontebl.-Reg. 2345.) *M.*

794. S. Joannis Chrysostomi homiliæ XXI. ad Antiochenos.
X s. Parch. 271 fol. (Teller.-Rem.-Reg. 2341, 2.) *P.*

795. S. Joannis Chrysostomi homiliæ II-XIV, XVII et XIX. ad Antiochenos.

XI s. Parch. 109 fol. (Fontebl.-Reg. 2347.) *M.*

796. S. Joannis Chrysostomi homiliæ XXI. ad Antiochenos (1), — in illud : Non est in homine via ejus (234), — de eo quod nemo læditur nisi a se ipso (243), — in Psalmum XLI. (258).

XI s. Parch. 267 fol. Peint. (Colbert. 2715.) *M.*

797. S. Joannis Chrysostomi homiliæ II-IV. ad Antioche-

nos (1), — in Christum a diabolo tentatum homiliæ tres (3!),
— in Geneseos initium et de jejunio (48), — cur de aliis creaturis dixit Deus : fiat, de homine : faciamus (54), — de tribus servitutis modis per peccatum inductis (57 v°), — quod non propter Adamum punimur (63), — de lege data Adamo (76),
— ad virgines, de compunctione (79 v°), — in Josephum (95),
— in Susannam (96), — in Abraham (101), — in Lazarum et divitem (107 v°), — de eo quod inimicis parcendum sit (111).
— in illud : Deus superbis restitit (114 v°), — in illud : Qui voluerit inter vos primus esse (117 v°), — in illud : Attendite ne eleemosynam faciatis coram hominibus (121 v°), — de eleemosyna (127 v°), — in illud : Cum oratis, non eritis sicut hypocritæ (134), — in illud : Exiit qui seminat seminare (138 v°),
— de divite et paupere (142), — in titulum Psalmi L. (144 v°),
— in illud : Venite exultemus (159 v°), — in illud : Pater mi, si possibile est (160), — quomodo Adamus accepit animam (161), — de dominio hominum in feras (165), — in illud : Priusquam edisset de ligno (168), — in Psalmum L. (171 v°),
— in illud : Dominus regnavit (175), — in Chananæam et in Pharaonem (178), — in illud : Quæcumque ligaveritis, etc. (190 v°) ; — S. Basilii exhortatio ad baptismum (197) ; — Amphilochii, Iconiensis episcopi, homilia in occursum Domini (200); — S. Methodii homilia de eodem (205); — S. Joannis Chrysostomi homilia in annuntiationem Deiparæ (215 v°);
— Theodoti monachi homilia de eodem (218 v°); — S. Andreæ Cretensis homilia in Lazarum quatriduanum (223 v°);
— S. Joannis Chrysostomi homilia in psalmos, initio mutila (234 v°); — ejusdem homilia in magnam feriam secundam (236); — ejusdem homilia in decem virgines (244); — ejusdem homilia in Judæ proditionem (250) ; — Procli, CP. archiepiscopi, homilia in feriam quintam cœnæ Domini (253).

X-IX s. Parch. 261 fol. (Colbert. 3059 et 3060.) M.

798. S. Joannis Chrysostomi homiliæ XXI. ad Antiochenos (1), — de simultate et ira deponenda (398), — in parabolam M. talentorum (423), — in magnam hebdomadem (447).

Copié en 1541 par Christophe Auer. Pap. 480 pages. (Fontebl.-Reg. 1957.) M.

799. S. Joannis Chrysostomi de sacerdotio libri VI. (1), —

adversus Anomœos homilia I. (87 v°), — adversus Judæos homiliæ VI. (97), — adversus Anomœos homiliæ II-VI. (215 v°),
— de Lazaro homiliæ IV. (261 v°), — in Isaiam homiliæ V.
(326 v°), — in Seraphim (369 v°); — Anonymi tractatus adversus secundas apud Christianos nuptias, initio mutilus (378).

XII s. Parch. Peint. 395 fol. *M.*

800. S. Joannis Chrysostomi de sacerdotio libri IV. (1), —
adversus Judæos homiliæ VI. (65), — adversus Anomœos
homiliæ VI. (121), — de providentia Dei, etc. (170), — de
precibus Christi (207 v°), — in illos qui Paschatis tempore
jejunant (216), — de Lazaro homiliæ I-II. (225), — in Genesim homilia XXIV. (249), — de Lazaro homilia IV. (260 v°),
— in illud apostoli : De dormientibus nolo vos ignorare, fratres (265), — homiliæ II-V. in Isaiam (273 v°), — in Seraphim
(296 v°), — in Isaiam homilia I. (302).

XI s. Parch. 310 fol. *G.*

801. S. Joannis Chrysostomi de sacerdotio libri VI. (3), —
homiliæ V. in Annam (74), — de Davide et Saule homilia III.
(116 v°), — in laudem S. Philogonii martyris (134), — homiliæ IV. in Job (142 v°), — ad juniorem viduam homiliæ duæ
(170), — in laudem S. Babylæ martyris (191 v°), — de providentia, ad Stagirium monachum, homiliæ tres (233), — adversus monasticæ vitæ obtrectatores homiliæ tres (307), — ad
Theodorum lapsum epistolæ duæ, cum responso (381 v°).

XI s. Parch. 427 fol. (Colbert. 974.) *M.*

802. S. Joannis Chrysostomi de sacerdotio libri VI. (2), —
de incomprehensibili, adversus Anomœos homiliæ IX. (68 v°)
— adversus Judæos homiliæ VI. (179 v°), — in Oziam homiliæ VI. (264 v°).

XI s. Parch. 309 fol. (Colbert. 247.) *M.*

803. S. Joannis Chrysostomi de sacerdotio libri VI. (2), —
adversus Judæos homiliæ VI. (73), — de incomprehensibili,
adversus Anomœos homiliæ IX. (174 v°).

XI s. Parch. 298 fol. (Colbert. 248.) *G.*

804. S. Joannis Chrysostomi de sacerdotio libri III-VI. (1),
— adversus Judæos homiliæ VI. (105), — de incomprehensi-

bili, adversus Anomœos homiliæ VI. (317), — de Filii cum Patre consubstantialitate (448), — de petitione filiorum Zebedæi (479), — de providentia Dei, etc. (300), — in Isaiam homiliæ VI. (611).

XI s. Parch. 698 pages. *M.*

805. S. Joannis Chrysostomi de sacerdotio libri VI. (1), — de Filii cum Patre consubstantialitate (66 v°), — de petitione filiorum Zebedæi (78), — de providentia Dei, etc. (86 v°), — in eos qui novilunia observant (131), — de Lazaro homiliæ IV. (139), — in eos qui ad ludos circenses proficiscuntur (155), — in illud : De dormientibus nolo vos ignorare, fratres (196 v°), — in Isaiam homiliæ V. (205).

Copié en 1064 par le prêtre Manuel. Parchemin. 236 feuillets. (Reg. 2351.) *M.*

806. S. Joannis Chrysostomi de sacerdotio libri VI. (3), — de incomprehensibili, adversus Anomœos homiliæ IX. (49), — adversus Judæos homiliæ VI. (131 v°), — in eos qui novilunia observant (194), — de Lazaro homiliæ V. (201), — in illud apostoli : De dormientibus nolo vos ignorare, fratres (248 v°), — in Oziam homiliæ VI. (255 v°), — homiliæ IV. in Job (287 v°), — in spectacula et de Abraham (307), — in laudem omnium SS. (317).

XII s. Parch. 321 fol. Peint. (Hurault.-Reg. 1819.) *G.*

807. S. Joannis Chrysostomi de sacerdotio liber VI. imperfectus (1), — adversus Judæos homiliæ VI. (5 v°), — de incomprehensibili, adversus Anomœos homiliæ VI. (91 v°), — in eos qui ad ludos circenses proficiscuntur (146), — de Lazaro homiliæ IV. (156), — in illud apostoli : De dormientibus nolo vos ignorare, fratres, (113), — in Isaiam homiliæ V. (223 v°), — in Seraphim (263), — in illud : Omnes stabimus ante tribunal Christi (269 v°).

XI s. Parch. 270 fol. (Fontebl.-Reg. 2351.) *M.*

808. S. Joannis Chrysostomi de sacerdotio libri VI. (1), — adversus Judæos homiliæ VI. (53), — de incomprehensibili, adversus Anomœos homiliæ V. (109), — de Lazaro homiliæ V. (135 v°), — in Seraphim (176 v°), — in Psalmum XCV. (180 v°), — de pœnitentia homiliæ duæ (183 v°), — de precatione homilia I. (195), — de eleemosyna (198), — de vita secundum Deum instituenda (201 v°), — in Psalmun L. homiliæ duæ (206), — in illud Psalmorum : Noli timere, cum dives factus fuerit homo (217), — in annuntiationem Deiparæ (220 v°), — de oratione (224 v°), — in Publicanum et Pharisæum (227), — de filio prodigo homiliæ duæ (230), — in secundum Christi adventum (239 v°); — Vita S. Basilii, auctore Amphilochio, Iconiensi episcopo (245); — Narratio passionis Christi : Μετὰ τὸ καταλυθῆναι.... (261); — Vita S. Silvestri papæ (279); — Vita S. Joannis Chrysostomi, auctore Georgio, Alexandriæ archiepiscopo (293 v°); — Martyrium S. Panteleemonis (317); — Miraculum S. Clementis Romani de puero in profundo maris relicto (327); — S. Joannis Chrysostomi homiliæ XXI ad Antiochenos (331).

XVI s. Copié (en partie) par Olymbrius, lecteur. Pap. 525 fol. (Reg. 2342, 2.) *M.*

809. S. Joannis Chrysostomi de sacerdotio libri VI. (3), — adversus Judæos homiliæ VI. (59 v°), — de incomprehensibili, adversus Anomœos homiliæ IX. (128), — de Ozia homiliæ VI. (221), — de Lazaro homiliæ IV. (257), — in illud apostoli : De dormientibus nolo vos ignorare, fratres (299 v°).

XVI s. (Copié par Arsène de Monembasie.) Pap. 307 fol. (Fontebl.-Reg. 1960.) *M.*

810. S. Joannis Chrysostomi de sacerdotio libri VI. (3); — ejusdem homiliæ XXXI-LXVII. in Genesim (75); — Nicephori Blemmidæ commentarius in aliquot Psalmos (248).

Copié (en partie) en 1540. Pap. 308 fol. (Fontebl.-Reg. 2341.) *M.*

811. S. Joannis Chrysostomi adversus Judæos homiliæ IV. (1), — de incomprehensibili, adversus Anomœos homiliæ tres (51), — de Ozia homiliæ V. (64), — de Lazaro homiliæ VI. (90 v°), — in Job homiliæ IV. (139), — de eo quod e desidia oriatur improbitas (159 v°), — ad eos qui queruntur quod diabolus non sit e medio sublatus (166 v°), — de instituenda secundum Deum vita (171 v°), — in Christi baptismum (177).

XI s. Parch. 178 fol. (Fontebl.-Reg. 1964.) *M.*

812. S. Joannis Chrysostomi de incomprehensibili, adversus Anomœos homiliæ VI. (1), — de consubstantiali (43), — de petitione filiorum Zebedæi (52 v°), — de providentia Dei, etc. (60), — adversus Judæos homiliæ VII. (96), — in Isaiam homiliæ

III. (176 v°), — in Seraphim (192), — de sacerdotio libri VI.
(196 v°).

XI s. Parch. 249 fol. (Colbert. 3055.) G.

813. S. Joannis Chrysostomi de incomprehensibili, adversus
Anomœos libri IX. (1), —adversus Judæos homiliæ IV. (118),
— de Ozia homiliæ IV. (196), — de sacerdotio libri III.
priores et VI. fragmentum (223).

XI s. Parch. 244 fol. (Mazarin.-Reg. 1973.) G.

814. S. Joannis Chrysostomi de providentia libri tres, ad
Stagirium monachum (1), — adversus vitæ monasticæ vitupe-
ratores libri tres (64), —ad Theodorum lapsum epistolæ duæ,
cum responsione (145 v°), — de compunctione, ad Demetrium
monachum (196 v°), — de compunctione, ad Stelechium (216),
— ad Cyriacum epistolæ duæ (230 v°).

XI s. Parch. 241 fol. (Colbert. 3056.) M.

815. S. Joannis Chrysostomi fragmenta librorum de providentia, ad Stagirium monachum (1), — et homiliæ de secundo
Domini adventu (52), — ad Olympiadem epistola, quod nemo
læditur nisi a se ipso (57), — homilia VIII. in Pauli epistolam
ad Thessalonicenses (60), — homilia XXVII. in Acta apostolorum (68 v°), — ad Theodorum lapsum libri II. (73), — de
compunctione, ad Demetrium monachum (106), — de compunctione, ad Stelechium (121), — homilia in annuntiationem
Deiparæ et contra Arium (132) ; — Miracula S. Nicolai Myrensis (117); —Nectarii, Cp. patriarchæ, homilia cur sabbato
primo jejuniorum fit memoria S. Theodori martyris (149 v°).

XVI s. Pap. 153 fol. (Colbert. 1764.) M.

816. S. Joannis Chrysostomi epistolæ duæ ad Theodorum
lapsum (1); — ejusdem homilia in quatriduanum Lazarum
(25); —Athanasii narratio de imagine Christi Berytensi(30);—
Vita Sæ. Mariæ Ægyptiacæ, auctore Sophronio Hierosolymitano (33); — Andreæ Cretensis homilia in annuntiationem
Deiparæ (53); — S. Basilii homilia in laudem XL. martyrum
(66); — S. Theodori Studitæ catechesis de imitandis Christi
passionibus (71 v°); — ejusdem de Christianis in Bulgaria interfectis (72 v°); — Vita S. Alexii (74); — S. Joannis Chrysostomi homilia in filium prodigum (85); — ejusdem homilia

in SS. Petrum et Paulum apostolos (93); — ejusdem homilia in Transfigurationem (96); — ejusdem homilia in Pentecosten (100 v°); — Commentarius de SS. apostolis Petro et Paulo (104); — Encomium S. Pauli, e variis S. Joannis Chrysostomi homiliis, auctore Theodoro magistro (115); — S. Gregorii Nysseni homilia in laudem S. Theodori tyronis(132); — S. Joannis Chrysostomi homilia in ramos palmarum (138); — ejusdem homilia in ficum arefactam (144); — ejusdem homilia in decem virgines (149 v°); — ejusdem homilia in mulierem peccatricem (158 v°); — ejusdem homilia in Judæ proditionem (167 v°); — ejusdem homilia in illud : Tunc milites præsidis (181); — S. Epiphanii homilia in Domini sepulturam (187); — ejusdem homilia in omnes martyres (200); — ejusdem homilia in natalem S. Joannis Baptistæ (206); — ejusdem homilia in decollationem S. Joannis Baptistæ (211); — ejusdem homilia in laudem S. Joannis evangelistæ· (215); — ejusdem homilia de anima (220 v°); — ejusdem homilia in vanitatem vitæ et in mortuos (224); — ejusdem homilia de fine sæculi (229); — Josephi, Thessalonicensis archiepiscopi, homilia in sanctam crucem (236 v°); — S. Basilii homiliæ duæ de jejunio (240 v°); — ejusdem homilia in illud : Attende tibi ipsi (255); — Andreæ Cretensis homilia in ramos palmarum (263 v°); — S. Joannis Chrysostomi homilia in Ascensionem (278); — Narratio de liberata CP. : Ἐν τοῖς χρόνοις Ἡρακλείου... (287 v°); — S. Joannis Damasceni homilia in Transfigurationem (295); — ejusdem homilia in Deiparæ dormitionem (308); — S. Joannis Chrysostomi homilia de serpente (321).

XIV s. Bombyc. 326 fol. (Colbert. 833.) *M.*

817. S. Joannis Chrysostomi epistola ad Theodorum lapsum (1); — Basilii, Georgii et Maximi scholia in orationem valedictoriam S. Gregorii Nazianzeni (26); — Origenis adversus Marcionistas dialogi V. (56); — Vita S. Gregorii Nysseni (103); — Fragmentum commentarii in S. Gregorii Nazianzeni homiliam de moderatione in disputationibus servanda (131 v°); — Matthæi Camariotæ encomium SS. Basilii, Gregorii Nazianzeni et Joannis Chrysostomi (134); — Joannis Argyropuli monodia in obitum Joannis Palæologi (146 v°); — ejusdem oratio con-

solatoria ad imp. Constantinum Palæologum de obitu fratris
Joannis Palæologi (149); — ejusdem homilia de imperio, ad
Constantinum Palæologum (157) ; — ejusdem veterum principum cum imperatore nunc regnante comparatio (164); — Joannis VIII. papæ epistola ad Photium CP. patriarcham (175); —
Lazari monachi oratio protreptica adversus Latinos, ad Larissæ metropolitam (176 v°); — S. Maximi epistola ad Marinum
presbyterum Cypri (178 v°); — Homeri Odysseæ encomium :
Ποιηταὶ μὲν καὶ ῥήτορες... (180 v°); — Summa rerum de Ulysse
in Odyssea narratarum : Μετὰ τὴν τῆς Ἰλίου πόρθησιν... (183);
— Georgii Gemisti Plethonis descriptio orbis terrarum, e Strabone (186); — Isaaci Porphyrogeniti Iliadis paralipomena
(196 v°); — Græcorum et Trojanorum ducum characteres, e
Dictye Cretensi (204); — Theodori Gazæi [Bessarionis cardi-
nalis] disputatio de eo quod natura consilio utatur (207 v°); —
Georgii Trapezuntii epistola ad Isaiam Cyprium (208 v°) ; —
Anonymi epistola ad Georgium Trapezuntium de ejus in Ptolemæi carpum commentariis, cum responsione Georgii Trapezuntii (210 v°); — [Matthæi Camariotæ] prolegomena artis
rhetoricæ (211 v°).

XVI s. Pap. 214 fol. (Fontebl.-Reg. 1897.) *M.*

818. S. Joannis Chrysostomi fragmenta epistolæ II. ad Theodorum lapsum (1), — homiliæ de compunctione, ad Demetrium (10), — homiliarum de compunctione, ad Stelechium
(11), — librorum III. de providentia, ad Stagirium (16), —
homiliarum III. in Annam (40), — de theatris non frequentandis (60), — homiliarum II. in David et Saülem (80).

XII s. Parch. 93 fol. (Colbert. 3145.) *G.*

819. S. Joannis Chrysostomi epistolæ duæ ad Cyriacum (1);
— ejusdem homilia de eleemosyna (18 v°) ; — ejusdem
homiliæ I-VII. in Matthæi evangelium (23); — Andreæ Cretensis homilia in nativitatem Deiparæ (73); — S. Joannis
Damasceni homiliæ IV. de eodem (77) ; — Sophronii Hierosolymitani homilia in exaltationem Sæ. Crucis (98 v°) ; —
Pantaleonis, presbyteri et monachi Byzantini, homilia de
eodem (100); — Anonymi encomium Sr. Crucis : Τί εἴπω ἢ τί
λαλήσω... (102); — Anonymi homilia de conceptione S. Joannis

Baptistæ : Εὔκαιρος ἡμέρα, αἰσία... (105) ; — S. Theodori Studitæ testamentum (109 v°) ; — S. Joannis Chrysostomi homilia in laudem S. Romani martyris (114) ; — ejusdem homilia in laudem S. Barlaami martyris (117 v°) ; — Germani, CP. archiepiscopi, homilia in præsentationem Deiparæ (122) ; — Procli, CP. patriarchæ, homilia in Deiparam (124 v°) ; — Georgii, Nicomediensis metropolitæ, homilia de eodem (127 v°) ; — ejusdem homilia in conceptionem Deiparæ (133) ; — S. Joannis Chrysostomi homilia de theatris non frequentandis (139 v°) ; — S. Anastasii Sinaitæ homilia in descriptionem beatæ Mariæ (149 v°) ; — S. Joannis Chrysostomi homilia in natalem Domini (153 v°) ; — ejusdem homilia in laudem S. Philogonii martyris (157 v°) ; — S. Joannis Chrysostomi homilia in natalem Domini (163) ; — S. Gregorii Nysseni homilia in laudem S. Stephani protomartyris (169 v°) ; — ejusdem homilia in natalem Domini (175) ; — Amphilochii, Iconiensis episcopi, homilia in circumcisionem Domini (182 v°) ; — S. Gregorii Thaumaturgi homilia in Theophania (186 v°) ; — S. Joannis Chrysostomi homilia de eodem (190) ; — ejusdem homilia in Purificationem (195) ; — S. Cyrilli Hierosolymitani homilia de eodem (198) ; — S. Joannis Chrysostomi homilia in laudem S. Meletii, patriarchæ Antiocheni (201) ; — S. Gregorii Thaumaturgi homilia in Annuntiationem (204 v°) ; — Naucratii monachi epistola ad fratres persecutione dispersos (208 v°) ; — Vita et miracula S. Basilii, auctore Amphilochio Iconiensi (238) ; — S. Joannis Chrysostomi homilia in Annuntiationem (257) ; — ejusdem homilia in laudem Deiparæ (261 v°).

XVI s. Pap. 263 fol. (Fontebl.-Reg. 1959.) *M.*

820. Eclogæ xxxiv. e variis S. Joannis Chrysostomi homiliis.

XI s. Parch. 286 fol. (Colbert. 334.) *M.*

821. Eclogæ xxxiii. e variis S. Joannis Chrysostomi homiliis.

XI s. Parch. 260 fol. (Colbert. 2744.) *M.*

822. S. Joannis Chrysostomi sententiarum moralium centuriæ quinque (1) ; — S. Gregorii Nazianzeni testamentum (90) ; — S. Joannis Chrysostomi homilia in Psalmum XXXVII.

(91 v°); — ejusdem homilia in terræ motum et in parabolam divitis et Lazari (95); — ejusdem homilia de simultate et ira deponenda (101 v°); — Hippolyti martyris homilia de fine mundi, Antichristo et secundo Christi adventu (106); — Excerpta moralia e SS. Ephræmo, Joanne Chrysostomo, vita S. Stephani confessoris, Basilio, etc., initio mutila (116); — Excerpta de sancta Trinitate : Τὴν τῶν προκειμένων ῥημάτων... (173); — Evagrii monachi tractatus de moribus (182); — S. Athanasii excerpta de moribus (190 v°).

XIII-XIV s. Parch. 209 fol. (Colbert. 2495.) *M.*

823. Eclogæ xxvi. e variis S. Joannis Chrysostomi homiliis.

XII s. Parch. 166 fol. Peint. (Medic.-Reg. 1969.) *M.*

824. Eclogæ xxxii. e variis S. Joannis Chrysostomi homiliis.

XI s. Parch. 322 fol. (Reg. 2355.) *M.*

825. Nemesii Emeseni tractatus de natura hominis (1); — idem liber, alia manu (49); — Theophili de hominis fabrica libri V. (108); — Nomina et virtutes plantarum : Βετονίκη ἐν πετρώδεσι τόποις... (152); — Excerpta botanica, iatrica et physica e Praxamo, Julio Africano, Democrito et Florentino (152 v).

XVI s. Pap. 153 fol. (Fontebl.-Reg. 2104.) *M.*

826. Nemesii Emeseni tractatus de natura hominis.

XVI s. (Copié par Jacques Diassorinos.) Pap. 133 fol. (Baluz.-Reg. 2587,2.) *M.*

827. Nemesii Emeseni tractatus de natura hominis.

XVI s. Pap. 62 fol. (Medic.-Reg. 2587.) *M.*

827 A. Anonymi [Nemesii?] de anima : Τὴν κακίαν Πλωτῖνος μέν...

XVI s. Pap. 5 fol. (Reg. s. n.) *G.*

828. S. Augustini de trinitate libri XV. a Maximo Planude græce versi (1); — Maximi Planudis de processione S. Spiritus capita quatuor, cum Bessarionis et Demetrii Cydoniensis responsione (211).

XV s. Copié par Jean Plousiadenos. Pap. 223 fol. (Medic.-Reg. 2419.) *M.*

829. S. Augustini de trinitate libri XV. a Maximo Planude
græce versi.

XV s. Pap. 245 fol. (Reg. 2420.) *M*.

830. Synesii Ægyptius, seu de providentia (1), — de regno,
ad Arcadium imp. (21 v°), — Dio (38 v°), — calvitii encomium
(53), — de insomniis, cum præfatione et commentariis Nicephori Gregoræ (66).

XVI s. Pap. 104 fol. (Fontebl.-Reg. 1977.) *M*.

831. Synesii encomium calvitii (1), — Dio (7), — Ægyptius, seu de providentia (13 v°), — de regno, ad Arcadium
imp. (22 v°), — concio in laudem Anysii (29 *bis*), — homiliæ
duæ (29 *bis*), — ad Pæonium, de dono astrolabii (30), — de
insomniis, cum Nicephori Gregoræ commentariis (31 v°), —
homilia de Pentapolitana calamitate (54 v°); — Theoduli rhetoris [Thomæ Magistri] declamationes duæ (56), — ad Thessalonicenses homilia de concordia (61 v°), — in laudem S. Joannis Baptistæ (82), — ad magnum stratopedarcham Angelum
homilia gratulatoria (88), — ad magnum logothetam Theodorum Metochiten (89), — ad Niphonem, CP. patriarcham (90),
— epistola ad Josephum philosophum de Italorum et Persarum
irruptione (91), — ad Hierotheum anachoretam (93 v°), — ad
Andronicum imp. pro Chandreno (64); — Gregorii Cyprii,
CP. patriarchæ, homilia in S. Georgium martyrem (68), — in
S. Dionysium Areopagitam (76), — in laudem S^{te}. Marinæ
martyris (76 v°), — in S. Euthymium, Madytorum episcopum
(99), — encomium maris (108), — in laudem Andronici imperatoris (110), — in laudem S. Joannis Baptistæ (115 v°).

Copié en 1541 par Jean Nathanael de Gortyne. Pap. 122 fol. (Teller
Rem.-Reg. 1863.) *G*.

832. S. Isidori Pelusiotæ epistolæ mccxiii.

XIII s. Parch. 155 fol. (Medic.-Reg. 2357.) *M*.

833. S. Epiphanii Panarii adversus octoginta hæreses
libri II.

XVI s. Pap. 487 fol. (Fontebl.-Reg. 1923.) *M*.

834. S. Epiphanii physiologus, cum lat. versione et notis

D. Consali Ponce de Leon, Hispalensis (1); — S. Petri liturgia, eodem interprete (65).

Copié en 1585. Papier. Ff. A-II et 97 pages. Peint. (Teller. Rem.-Reg. 2318, 2.) *M.*

835. S. Epiphanii Panarii liber III. (1), — expositio brevis fidei catholicæ (123), — ancoratus (138 v°), — Panarii anacephalæosis (191 v°), — liber de ponderibus et mensuris (206 v°); — Excerpta e S. Joanne Chrysostomo de S. Trinitate (219).

XVI s. Pap. 220 fol. (Fontebl.-Reg. 2318.) *M.*

836. S. Cyrilli Alexandrini commentariorum in Isaiam libri V. (1); — ejusdem commentarius in Sophoniam, cap. I. (268); — demonstrationis evangelicæ fragmentum (275).

X s. Parch. 279 fol. (Fontebl.-Reg. 1979.) *G.*

837. S. Cyrilli Alexandrini defensio xii. capitulorum suorum adversus Theodoretum Cyrensem (1); — Photii, CP. patriarchæ, epistolæ (32).

XV s. Pap. 54 fol. (J.-A. de Thou.-Colbert. 1859.) *M.*

837 A. S. Cyrilli Alexandrini thesaurus de sancta et consubstantiali Trinitate.

XIII s. Copié par le moine Nicolas. Parch. 106 fol. *M.*

838. S. Cyrilli Alexandrini thesaurus de sancta et consubstantiali Trinitate.

XV s. Pap: 200 fol. (Medic.-Reg. 2359.) *M.*

839. S. Cyrilli Alexandrini thesaurus de sancta et consubstantiali Trinitate.

XV s. Pap. 332 fol. (J.-A. de Thou.-Colbert. 1408.) *M.*

840. S. Cyrilli Alexandrini thesaurus de sancta et consubstantiali Trinitate.

XVI s. (Copié par Constantios.) Pap. 238 fol. (Fontebl.-Reg. 1980.) *M.*

841. Theodoreti Cyrensis quæstiones in Octateuchum, Regum libros IV. Paralipomenon libros II. et XII. Prophetas minores (1); — Nomina prophetarum, etc. : Ἡσαΐας ἀπὸ Ἱερουσαλήμ... (116).

X s. Parch. 724 pages. *G.*

842. Theodoreti Cyrensis quæstiones in Octateuchum, Regum libros IV. et Paralipomenon libros II.

XII s. Parch. 212 fol. (Medic.-Reg. 2362.) *M.*

843. Theodoreti Cyrensis commentarius in Psalmos (1); — Catena in Cantica, e SS. PP. (325).

XI s. Parch. 351 fol. *M.*

844. Theodori Cyrensis commentarius in Psalmos (1); — Catena in Cantica, e SS. PP. (351).

X s. Parch. 390 fol. (Reg. 2364.) *P.*

845. Theodoreti Cyrensis commentarius in Psalmos XXIV, 12-CL, 1.

XII s. Parch. 227 fol. (Reg. 2363.) *M.*

846. Theodoreti Cyrensis commentarius in XII. Prophetas minores.

XV s. Pap. 149 fol. (Fontebl.-Reg. 1982.) *M.*

847. Theodoreti Cyrensis commentarius in XII. Prophetas minores; præmittuntur Joannis, Euchaitarum metropolitæ, versus de Theodoreto.

XVI s. (Copié par Constantios.) Pap. 157 fol. (Teller. Rem.-Reg. 1982, 2.) *M.*

848. Theodoreti Cyrensis commentarius in XII. Prophetas minores, cum duplici præfatione (13); — ejusdem excerpta e commentariis in Isaiam prophetam (122 vᶜ); — S. Cyrilli Alexandrini lexicon vocum Hebraicarum (137); — Exordia sermonum et definitiones variæ (143 vᵒ); — Hymni epitaphii in honorem B. Virginis, auctoribus Petro, Paulo, Joanne Theologo, Hierotheo et anonymo (146 vᵒ).

Copié en 1659 par Constantin Coccos. Pap. 189 fol. (Reg. 2364, 2.) *M.*

849. Theodoreti Cyrensis commentarius in XIV. epistolas Pauli.

XVI s. Pap. 261 fol. (Reg. 1983.) *M.*

850. Theodoreti Cyrensis dialogi tres Eranistam inter et orthodoxum.

XII s. Parch. 100 fol. (Colbert. 4066.) *M.*

851. Theodoreti Cyrensis de Græcarum affectionum curatione libri XII.

XVI s. (Copié par Constantios.) Pap. 126 fol. (Fontebl.-Reg. 1984.) *M.*

852. Cassiani epitome de institutis cœnobiorum (1); — ejusdem de octo vitiis capitalibus in epitome (12 vᵒ); — ejusdem epitome collationum ad Leontium, de patribus in Sceti degentibus (36 v°); — Dorothei archimandritæ doctrinæ capitis ultimi fragmentum (80 *bis*); — Anonymi eclogæ librorum V. et N. Testamenti, cap. xv : Λέγει ἐν τοῖς ἄσμασιν ὁ Σολομών... (81); — Menæ monachi syllogismi (139 v°); — Petri abbatis opusculum de Paulicianis et Manichæis (144); — Anastasii Sinaitæ quæstiones et responsiones XVI. (147 v°).

XI s. Parch. 237 fol. (Mazarin.-Reg. 2371.) *M.*

853. Cassiani epitome de institutis cœnobiorum (1); — ejusdem de octo vitiis capitalibus in epitome (7); — ejusdem epitome collationum ad Leontium, de patribus in Sceti degentibus (26); — Palladii historiæ Lausiacæ capita clxv. (56); — Hieronymi, monachi et presbyteri Dalmatæ, historia de vitis Patrum Ægyptiorum (149 v°).

XI s. Parch. 188 fol. (Colbert. 1213.) *M.*

854. Nili monachi sententiæ ad vitam instituendam utiles (1); — Fragmenta de Augusto illiusque nomine octavo anni mensi indito, de vii. philosophis Atheniensibus, de cdxxvi. columnis in ecclesia Sᵉ. Sophiæ, de synodis, et varia de Constantinopoli (5); — Excerpta ex constitutionibus apostolicis, Eusebio et Hesychio de nativitate Christi (17); — Menses Judæorum, Macedonum, Græcorum et Ægyptiorum (18); — Ordo librorum S. Scripturæ et de Prophetis (18); — S. Joannis Damasceni de lumine et igne solis et astrorum (20 v°); — S. Joannis apostoli expositio fidei, S. Gregorio Thaumaturgo revelata; sequuntur de fide quæstiones xix. (22 v°); — S. Basilii [Germani CP.] historia mystagogica catholicæ ecclesiæ (26 v°); — Germani, CP. patriarchæ, homilia in sepulturam Domini (35); — S. Athanasii, disputatio adversus Arium in concilio Nicæno habita (48); — Palæphati de incredibilibus liber, initio mutilus (51); — S. Epiphanii e Panario excerpta (55); — Anastasii Sinaitæ quæstiones xcv., xcii. et cxiv. (64 v°); — Imperatorum CP. epochæ a Nicephoro I. ad Constantinum VII. (71); — Anonymi ecloga historiarum a mundi creatione ad Amasiam usque regem Judæ : Τὰ μὲν τῆς Χαλδαίων... (71 v°); — S. Athanasii quæstiones ad Antiochum ducem (99); — Constantini Porphyrogeniti de thematibus libri duo (105 v°); — Definitiones theologicæ e S. Clementis Stromatibus et aliorum PP. operibus collectæ (121); — Sophronii, Hierosolymitani patriarchæ, excerpta ex epistola ad Honorium papam (131); — S. Maximi excerpta de essentia et hypostasi adversus Marcionistas (131); — Explicatio historiarum quarum meminit S. Gregorius Nazianzenus in oratione funebri S. Basilii, in suis adversus Julianum et in sancta lumina orationibus (137); — S. Maximi de triginta denariis Judæ proditoris (159); — S. Athanasii fragmentum in descriptionem beatæ Mariæ (160); — Excerpta physica : Τίς ἡ οὐσία τῶν ἀστέρων. Πάντων τῶν ἀστέρων... (160 v°); — Anonymi de inveniendo Paschate (168); — Georgii Chœrobosci de figuris poeticis (173 v°); — Fragmentum de baptismo apostolorum (175 v°); — Georgii Pisidæ versus in Hexaemeron (176); — S. Gregorii Nysseni de somno et oscitatione (189 v°); — Voces animalium : Ἐπὶ μὲν ἀνθρώπων... (191); — Secundi philosophi sententiæ (191); — Dionysii de ventis (192); — Anonymi cosmographia : Περὶ τῶν τεσσάρων στοιχείων. Τέσσαρα εἰσὶ τὰ πρῶτα... (192); — Anonymi de litteris Hebræorum, de mensuris, etc. (200); — Oratio Salomonis : Θεὲ πατέρων καὶ κύριε... (201 v°); — Anonymi de ponderibus Hebræorum, de VII. hominis ætatibus, etc. (201 v°); — Varia de Armenorum hæresi : Λόγος στηλιτευτικὸς κατὰ Ἀρμενίων... (202); — Papisci et Philonis Judæi cum christiano abbate dialogus de fide (220 v°); — Synaxarium, versibus : Τὸν Συμεὼν ἐκ Στύλου... (225); — Anonymi versus de S. Trinitate, de virtutibus et vitiis, de imagine Domini : Ἄναρχος ἀρχὴ παντός... (228 v°); — Monodia de Manuele Anema : Ἐμέλλομέν σοι... (220); — Versus de Sᵃ. Barbara (232); — Anonymi expositio fidei, per interrog. et respons. : Ποίας θρησκείας εἶ;... (233 v°); — Cassiani Romani de octo vitiosis cogitationibus (236 v°); — Libanii declamationes (245); — Leonis grammatici chronicon usque ad Leonem VI. (328); — S. Pantaleontis encomium, versibus politicis (420).

XIII s. Bombyc. 422 fol. (Medic.-Reg. 2431.) P.

855. Esaiæ abbatis sermones ascetici XXX ; desunt VI. priores.

XII s. Parch. 94 fol. (Colbert. 1509.) M.

856. Pauli monachi asceticarum narrationum libri III et IV.

Copié en 1296. Parch. 751 pages. M.

857. Pauli monachi asceticarum narrationum libri IV.

Copié en 1261, par le moine Athanase. Parch. 188 fol. (Medic.-Reg. 2385.) *M*.

858. Diadochi, Photices episcopi, definitiones x. et capita c. (1) ; — Cebetis tabula, fine mutila (28) ; — S. Gregorii Nazianzeni homilia in Pascha, cum Nicetæ Heracleensis expositione (29 v°, 127 v° et 226); — S. Maximi confessoris sermo asceticus per interrog. et respons. (34); — ejusdem ad Elpidium de caritate capita cd. (52), — capita gnostica cc. (84), — alia capita xv. (110), — de duplici Christi voluntate capita x. (113), — epistola ad Joannem cubicularium de tristitia secundum Deum (114), — epistola ad Georgium, Africæ præfectum, de magistratu non ambiendo (116 v°) ; — Basilii, hegumeni lauræ Malcini, sermo de vita ascetica (130) ; — Symeonis S. Mamantis capita theologica ci. (133 v°); — ejusdem capita gnostica xxv. (148 v°), — alia capita theologica cii. (152 v°); — Joannis Cassiani de institutis cœnobiorum epitome (170) ; — ejusdem epitome de octo capitalibus vitiis (179); — ejusdem collationum de patribus in Sceti degentibus epitome (195 v°) ; — Epicteti manuale a Nilo monacho interpolatum (216); — S. Gregorii Nazianzeni homilia in Christi natalem, cum Nicetæ Heracleensis expositione (227 v° et 237); — Nili monachi de octo vitiosis cogitationibus (229); — Joannis Carpathii ad monachos in India degentes capita consolatoria c. (239); — ejusdem capita theologica et gnostica cxvii. (258 v°); — Eliæ presbyteri capita ascetica ccxxxvii. (271); — Theodori Edesseni capita ascetica c. (289); — Fragmentum theologicum : Προοίμιον διατυπώσεως. Εὐχείρωτος... (306).

XIV s. Parch. 306 fol. Peint. (Medic.-Reg. 2426.) *M*.

859. Anastasii Sinaitæ quæstiones (1 et 296); — Vita Sæ Mariæ Ægyptiacæ, auctore Sophronio Hierosolymitano (141 v°); — S. Joannis Chrysostomi homilia de compunctione (157 v°); — ejusdem (?) explicatio orationis dominicæ (176); — S. Athanasii adversus Arianos homiliæ II-IV. (185).

XVI s. Pap. 376 fol. (Fontebl.-Reg. 1904.) *G*.

860. Anastasii Sinaitæ quæstiones (1); — S. Basilii homiliæ in principium Proverbiorum (90), — in sanctum baptisma

(109), — de fide (111 v°), — adversus irascentes (116), — in
illud Evangelii : Destruam horrea mea (125 v°), — in laudem
Julittæ martyris (134), — ad adolescentes de legendis gentilium libris (147 v°), — in illud : Plantavit Deus paradisum
(162), — ad Petrum Alexandrinum epistola (170), — epistola
ad virginem lapsam (178), — contra Sabellianos homilia
(184 v°), — adversus columniatores, quod tres Deos colamus
(194), — ad Optimum episcopum epistola (199); — ejusdem (?)
ad infirmum oratio consolatoria (204).

XIV s. Bombyc. 207 fol. (Medic.-Reg. 2370.) *M.*

861. Anastasii Sinaitæ anagogicarum contemplationum in
Hexaemeron libri XII.

XVI s. (Copié par Jean Rhosos.) Pap. 177 fol. (Colbert. 2253.) *M.*

862. S. Joannis Climaci scala paradisi (154 v°); — præmittuntur auctoris vita in epitome (150 v°), — Joannis Raithuensis ad Joannem Sinaitam epistola (153), — et sequuntur versus xxiv. de scala paradisi : Εἴπερ κατέγνως... (301 v°); —
ejusdem liber ad pastorem (302 v°).

XII s. Parch. Fol. 150-312. (Colbert. 4320.) *M.*

863. S. Joannis Climaci scala paradisi, cum scholiis (7);
— præmittuntur Joannis Raithuensis ad Joannem Sinaitam
epistola (1), — auctoris vita in epitome (2 v°), — et sequuntur versus ut in præcedenti (131); — ejusdem liber ad pastorem (132).

XI s. Copié par le moine Grégoire. Parch. 143 fol. (Fontebl.-Reg.
2372.) *M.*

864. S. Joannis Climaci scala paradisi, a gradu iv. ad
xxviii., cum scholiis.

XII s. Parch. 178 fol. (Colbert. 3065.) *M.*

865. S. Joannis Climaci scala paradisi, cum scholiis (8 v°);
— præmittuntur Joannis Raithuensis ad Joannem Sinaitam
epistola (1 et 7), — et auctoris vita in epitome (4 v°); — ejusdem liber ad pastorem (180).

XII s. Parch. 192 fol. Peint. (Colbert. 3023.) *M.*

865 A. S. Joannis Climaci scala paradisi (7); — præmittuntur Joannis Raithuensis ad Joannem Sinaitam epistola (2),

— auctoris vita in epitome (4 v°), — et initio voluminis epistola recens Joannis cujusdam presbyteri ad hegumenum monasterii S_æ. Anastasiæ (1); — ejusdem liber ad pastorem (220 v°).

XIV s. Bombyc. 237 fol. *M.*

866. S. Joannis Climaci scala paradisi (13 v°); — præmittuntur auctoris vita in epitome (2 v°), — et Joannis Raithuensis ad Joannem Sinaitam epistola (9 v°); — ejusdem liber ad pastorem (283 v°); — Anonymi explicatio horum Joannis Climaci verborum : Μετερχόμενος τὸ μέσον ἐν μέσοις, κτλ... (306).

XIV s. Bombyc. 312 fol. (Mazarin.-Reg. 2375.) *M.*

867. S. Joannis Climaci scala paradisi, cum scholiis.

XIV s. Bombyc. 128 fol. (Reg. 2374,2.) *M.*

868. Eliæ Cretensis commentarius in S. Joannis Climaci scalam paradisi.

XIV s. Bombyc. 244 fol. (Reg. 2215.) *G.*

869. S. Joannis Climaci scala paradisi, initio mutila (1); — ejusdem liber ad pastorem (155).

XII s. Parch. 169 fol. (Colbert. 1629.) *M.*

870. S. Joannis Climaci scala paradisi (8), — præmittuntur auctoris vita in epitome (1 v°) — et Joannis Raithuensis ad Joannem Sinaitam epistola (5); — ejusdem liber ad pastorem (130 v°).

XV s. Pap. 141 fol. (Colbert, 1522.) *M.*

871. S. Joannis Climaci scala paradisi (10); — præmittuntur Joannis Raithuensis ad Joannem Sinaitam et Danielis Raithuensis in vitam S. Joannis Climaci epistolæ (2); — ejusdem liber ad pastorem (219); — Anonymi scholia brevia in S. Joannis Climaci scalam paradisi et in librum ad pastorem : Νοεραὶ νεάνιδες... (237).

XV s. Pap. 291 fol. (Colbert. 3032.) *M.*

872. S. Joannis Climaci scala paradisi (11 v°); — præmittuntur Joannis Raithuensis ad Joannem Sinaitam et Danielis Raithuensis in vitam S. Joannis Climaci epistolæ (1); — ejusdem liber ad pastorem (253 v°).

Copié en 1552 par le hiéromoine Ambroise. Pap. 276 fol. (Colbert. 767.) *M.*

873. Barsanuphii et Joannis discipuli responsiones ad varias quæstiones asceticas (1); — Anonymi capita e SS.'PP. excerpta de morte, oratione, etc. : Ἰωάννης τίς τῆς μεγάλης Ἀντιοχείας... (154); — S. Basilii adhortatio de abdicando sæculo et de spiritali perfectione (235); — ejusdem homilia de exercitatione monastica (244 v°), — capita ascetica (246), — religiosæ vitæ brevis institutio et ad regulas prolusio (248 v°); — Antonii, CP. patriarchæ, ad Dorotheum monachum epistola (260); — Symeonis S. Mamantis homilia de principio vitæ monasticæ (283); — ejusdem capita moralia (289 v°); — S. Nili de oratione capita cxl. (324 v°); — Moysis abbatis ad abbatem Pœmena capita de virtutibus (347 v°); — Anonymi de attentione in monachis deligendis habenda, e vita S. Pachomii : Νέος ἔτι ὢν ὁ ἅγιος Παχώμιος... (349); — Miraculum SS. Evagrii et Synesii, Cyrenes episcopi (354 v°).

XIII s. Bombyc. 356 fol. (Medic.-Reg. 2430.) *M.*

874. Isaaci Syri sermones ascetici, a Patricio et Abramio philosophis græce versi (1) ; — S. Macarii Magni capitum asceticorum cl. metaphrasis, auctore Symeone Logotheta (185); — S. Maximi de caritate centuriæ IV. (222); — S. Joannis Chrysostomi ad Stagirium homiliæ tres (253); — ejusdem homilia I. ad Theodorum lapsum (305).

XIII s. Pap. 323 fol. (Colbert. 4.) *G.*

875. Isaaci Syri sermones ascetici in epitome.

XI s. Parch. 63 fol. (De Mesmes.-Reg. 2943, 2.) *P.*

876. Niconis monachi Pandectæ cap. i.-xxix. (1); — Nomocanon, cum interpretatione Alexii Aristeni, canones apostolorum et Nicænos tantum amplectens (119).

XIII s. Bombyc. 128 fol. (Mazarin.-Reg. 1995, 2.) *M.*

877. Niconis monachi Pandectes, initio et fine mutila.

XIII s. Bombyc. 275 fol. (Mazarin.-Reg. 1995.) *M.*

878. Niconis monachi Pandectes, initio et fine mutila.

XIII s. Bombyc. 388 fol. (Colbert. 926.) *M.*

879. Niconis monachi Pandectes, initio et fine mutila.

XIII s. Bombyc. 396 fol. (Colbert. 504.) *M.*

880. Niconis monachi Pandectes (1); — accedunt Timothei, presbyteri et scevophylacis magnæ ecclesiæ, libellus de proselytis (399 v°), — et Methodii, CP. patriarchæ, constitutio de apostatis (402); — Ordo episcoporum CP., Romæ, Alexandriæ, Hierosolymæ et Bulgariæ (402); — Hymni in laudem beatæ Virginis (408).

XIII s. Bombyc. 408 fol. (Mazarin.-Reg. 1994.) *M.*

881. Antiochi monachi Pandectes (1); — Narratio de colloquio Theodosii imp. cum solitario : Ὁ δοῦλος τοῦ Θεοῦ... (167); — Nili monachi narratio de patribus in monte Sina interemptis (170 v°); — Acta S. Joannis evangelistæ (204); — Martyrium S. Stephani protomartyris (213); — Vita S. Pachomii abbatis (222); — vita alia (255); — Dormitio S. Lucæ apostoli (279); — S. Joannis Chrysostomi homilia in laudem S. Andreæ apostoli (280 v°); — Martyrium S. Matthæi apostoli (291 v°); — Martyrium S. Jacobi apostoli et Hierosolymit. episcopi (300 v°); — Inventio capitis S. Joannis Baptistæ (302 v°); — Martyrium S. Marci evangelistæ (310); — Peregrinationes et martyrium S. Thomæ apostoli (313 v°); — Mors S. Thomæ apostoli (327); — Peregrinationes et martyrium S. Philippi apostoli (330 v°); — Acta S. Philippi apostoli (342 v°); — Acta SS. Andreæ et Matthæi, cum Christus Sinopen proficisci jussit (348 v°).

X s. Parch. 359 fol. (Colbert. 703.) *M.*

882. Antiochi monachi Pandectes (1); — S. Cyrilli Alexandrini ad Nestorium epistola et anathematismorum capita xii. (154); — ejusdem sermo de incarnatione Dei verbi (188 v°), — ex tomo synodico (190), — commonitorium ad Eulogium (190), — ad Succensum episcopum epistolæ duæ (192), — excerpta ex scholiis de incarnatione unigeniti Dei (200 v°); — SS. Athanasii et Basilii excerpta (207 v°); — S. Basilii expositio fidei (208 v°); — Libanii sophistæ epistola ad Datianum (209).

XVI s. Pap. 209 fol. (Fontebl.-Reg. 1981.) *G.*

883. Antiochi monachi Pandectes, fine mutila.

XII s. Parch. 116 fol. (Medic.-Reg. 2307.) *M.*

884. Antiochi monachi Pandectes.

XIII s. Parch. 242 fol. (Mazarin.-Reg. 2368.) *M.*

885. Antiochi monachi Pandectes.

XI s. Parch. 166 fol. (Medic.-Reg. 2382.) *M.*

886. S. Maximi opera : prologus de scholiis ad marginem libri adscriptis (1), — Quæstiones LXV. in sacram scripturam, cum epistola ad Thalassium (1 v°), — de duabus Christi naturis (84), — ad præpositam, de moniali quæ e monasterio exierat et quam facti pœnituerat (87 v°), — Dominicæ orationis brevis expositio (89), — de tristitia secundum Deum (96), — epistola : Ὁ κατὰ σάρκα πόθος... (97 v°), — epistola ad Thalassium presbyterum (99), — epistola parænetica ad Georgium Africæ præfectum (99 v°), — ad Pyrrhum presbyterum (105 v°), — ad Joannem cubicularium adversus Severum (107), — Commentarius in selecta quædam SS. Dionysii et Gregorii Theologi capita, cum præfatione ad Thomam (130 v°), — alii commentarii in varia S. Gregorii Theologi capita, cum præfatione ad Joannem, Cyzici archiep. (136 v°), — Disputatio cum Pyrrho de duabus in Christo voluntatibus (213), — ad Maximum presbyterum (219 v°), — de operationibus et voluntatibus cap. L. et LI. (223), — ad Georgium presbyterum, de Christi mysterio (234), — adversus eos qui dicunt unam esse divinitatis et humanitatis in Christo operationem (235 v°), — Tomus dogmaticus, ad Marinum diaconum (236), — ad Joannem archiep. epistola, quod anima sit incorporea (238 v°), — in illud : Pater, si possibile est, transeat a me calix (240), — Definitiones variæ (240 v°), — exemplum epistolæ ad Nicandrum episcopum missæ (241 v°), — ad Jordanem presbyterum epistola, quod anima separata operationem et virtutem retineat (243), — ad SS. PP. et monachos Siciliam incolentes epistola (246), — mystagogia (250), — Expositio Psalmi LIX. (262 v°), — Tractatus asceticus per interrog. ac respons. (266), — de caritate capita CD. (276 v°), — capita CC. de incarnatione (299 v°), — epistola ad Cosmam diaconum, de essentia et hypostasi (313), — capita XV. theologica (317 v°), — de Paschate et computo liber, cum præfatione ad Petrum Patricium et catalogo imperatorum CP. (319 v°), — de Trinitate dialogi tres priores (346), — de vita ac certamine S. Maximi confessoris (366 v°).

XIII s. Parch. 375 fol. Peint. (Dufresne.-Reg. 1801.) *A.*

887. S. Maximi expositio mysterii Trinitatis, cum figura (1); — Hexastichon iambicum, quatenus pertineant ad Deum τὸ διττὸν, τὸ τριτὸν, etc. (1 v°); — SS. Anastasii Antiocheni et Cyrilli Alexandrini expositio orthodoxæ fidei (2); — S. Cyrilli Alexandrini tractatus de Trinitate (12); — S. Gregorii Thaumaturgi expositio fidei per revelationem (14 v°); — S. Joannis Chrysostomi de Trinitate (16 v°); — Nicephori patriarchæ expositio fidei (20); — Metrophanis, Smyrnæ episcopi, expositio fidei (22); — Theodori Studitæ tractatus de Trinitate (24 v°); — Gennadii, CP. patriarchæ, de christiana doctrina opusculum ad Amurathem (27 v°); — Theophili, Antiocheni patriarchæ, ad Autolycum liber III. (42); — Thaddæi Pelusiotæ tractatus adversus Judæos (113).

Copié en 1540-1539 par le moine Pachome (Constantin Palæocappa). Pap. 223 fol. (Fontebl.-Reg. 1827.) G.

888. S. Maximi mystagogia (1), — Dominicæ orationis brevis expositio (43), — interpretatio Psalmi LIX. (69), — epistola parænetica ad Georgium, Africæ præfectum (79 v°), — ad Joannem cubicularium epistolæ tres (101), — epistola ad Joannem archiepiscopum, quod anima sit incorporea (125), — ad Jordanem presbyterum, quod anima separata operationem et virtutem retineat epistolæ duæ (131 v°), — ad Thalassium presbyterum epistola (141), — ad Joannem cubicularium (143 v°), — ad præpositam, de moniali quæ e monasterio exierat et quam facti pœnituerat (147), — ad Joannem cubicularium epistola de rectis ecclesiæ circa Deum dogmatibus (152), — ad Petrum illustrem brevis sermo adversus Severi dogmata (192 v°), — ad eumdem epistola dogmatica (213), — de essentia et hypostasi, ad Cosmam diaconum (220 v°), — ad Julianum Alexandrinum, de ecclesiæ circa Incarnationem doctrina (251), — epistola, nomine Georgii Africæ præfecti, ad moniales quæ ab ecclesia catholica in urbe Alexandria desciverant (255), — epistola ad Pyrrhum presbyterum (260 v°), — ad Marinum monachum (266), — ad Cydoniæ episcopum (271 v°), — ad Auxentium (273). — ad Stephanum presbyterum (273 v°), — ad Constantinum sacellarium (275), — ad Cononem presbyterum (279), — ad Thalassium presbyterum (280 v°), — ad Joannem cubicularium (282 v°), — ad Cyrisicium episcopum epistolæ duæ (285), — ad Joannem episcopum epistolæ duæ (287), — ad Polychronium abbatem epistolæ octo (289 v°), — de variis difficultatibus quæ in SS. Dionysii et Gregorii Theologi operibus occurrunt (296 v°).

XVII s. Pap. 320 fol. (Colbert. 664.) *M.*

889. S. Maximi loci communes e variis scriptoribus sacris et profanis.

XII s. Parch. 39 fol. (Reg. 2832.) *M.*

890. Joannis Carpathii (?) ad Indiæ monachos capita consolatoria c. (1); — ejusdem (?) narrationes variæ de vitis anachoretarum (17); — Joannis Cassiani collationum epitome (66); — ejusdem librorum de octo capitalibus vitiis epitome (80 v°); — Nili monachi tractatus de pravis cogitationibus (103 v°); — Joannis Carpathii ad Indiæ monachos capita consolatoria c. (117); — Geronticum (138).

XI s. Parch. 293 fol. (Medic.-Reg. 2406.) *M.*

891. S. Theodori Studitæ catecheses selectæ CLXX. pro dominicis et festis totius anni (8); — Vitæ S. Joannis evangelistæ fragmentum, auctore Prochoro (5 et 262).

Copié en 1136 par le moine Arsène. Parch. 263 fol. (Dufresne.-Reg. 1988.) *M.*

892. S. Theodori Studitæ catecheses, initio et fine mutilæ.

XIII s. Parch. 205 fol. (Mazarin.-Reg. 2377.) *M.*

893. S. Theodori Studitæ catechesis parva (1); — ejusdem testamentum (213 v°); — Naucratii monachi epistola encyclica de obitu Theodori Studitæ, et epigramma (220); — ejusdem Theodori carmina (233 v°).

XIII s. Parch. 251 fol. (Reg. 2376.) *M.*

894. S. Theodori Studitæ contra Iconomachos antirrhetici tres (1), — Joannis, Ignatii, Sergii et Stephani iconomachorum refutatio (44), — Problemata sive quæstiones Iconomachis propositæ (59 v°), — adversus Iconomachos capita VII. (62 v°), — ad Platonem epistola de imaginum adoratione (67 v°), — epistolæ dogmaticæ tertii exilii LV. (71), — epistolæ primi et secundi exilii LVI. (143), — epistolæ tertii exilii CLXXXIV. (230), — testamentum S. Theodori Studitæ (398); — Naucratii monachi epistola encyclica de obitu Theodori Studitæ, et epigramma (403).

XIV s. Parch. 412 fol. (Medic.-Reg. 1987.) *M*.

895. [Symeonis S. Mamantis] homiliæ X-XII, XV, XIX. et XX. de S. Spiritus participatione et vitæ sanctitate (1), — de jejunio, non prima solum hebdomade sed et aliis accurate servando (10), — de temperantia et patientia ad virtutes comparandas necessariis (22), — de improbis animi affectibus (44), — quod hominum promissis standum non sit (54), — de obedientia et abicienda propria voluntate (64).

XI s. Parch. 66 pages. *M*.

896. S. Theodori Studitæ epistolæ (1); — ejusdem versus iambici de variis rebus, gr.-lat. (529); — ejusdem scholion in S. Basilii ascetica, gr.-lat. (549).

XVII s. Copié par J.-B. Cotelier. Pap. 550 pages. (Baluz.-Reg. 2376, 2.) *M*.

897. S. Joannis Damasceni homilia in nativitatem beatæ Mariæ (1); — S. Jacobi Hierosolymit., fratris Domini, narratio de eodem (9); — Anastasii, Antiocheni patriarchæ, pars narrationis eorum quæ gesta sunt in Perside (23); — S. Ephræmi homilia de animæ salute et futuro judicio (29); — Anastasii Sinaïtæ homilia de sacra synaxi et de injuriarum oblivione (48); — Vita S. Alexii (63); — S. Joannis Chrysostomi homilia de simultate et ira deponenda (70); — ejusdem homilia in Judæ proditionem (94 v°); — Martyrium S. Georgii (114); — Acta SS. Petri et Pauli (131 v°); — Vita S. Procopii (157 v°); — Vita S. Panteleemonis (195); — Vita S. Nicolai, Myrensis episcopi (216 v°); — Andreæ Cretensis homilia in laudem S. Nicolai Myrensis (247 v°); — Joannis Thessalonicensis homilia in dormitionem beatæ Mariæ (253); — Vita SS. Guriæ, Samonæ et Abibi (271 v°); — S. Joannis Chrysostomi homilia de ecclesia (280); — S. Theodori Studitæ homilia de inventione capitis S. Joannis Baptistæ (284 v°); — S. Joannis Chrysostomi homilia in quatriduanum Lazarum (288); — Eulogii Alexandrini homilia in ramos palmarum (291 v°); — S. Joannis Chrysostomi homilia in secundum Christi adventum (297); — ejusdem homilia de S. Petri abnegatione (309); — Germani, CP. patriarchæ, ho-

milia in præsentationem beatæ Mariæ (315 v°); — S. Amphilochii, Iconiensis episcopi, homilia III. in Domini occursum
(319 v°); — S. Joannis Chrysostomi homilia in Annuntiationem (324 v°).

XII-XV s. Parch. et pap. 328 fol. (Medic.-Reg. 2429.) *P.*

898. S. Joannis Damasceni accurata expositio orthodoxæ
fidei (1); — ejusdem homilia III. de imaginibus (75); — ejusdem de duabus voluntatibus et operationibus Christi (78); —
S. Maximi ad Marinum monachum epistola (95); — ejusdem
epistola ad Cosmam diaconum de essentia et hypostasi (103 v°);
— Anastasii Sinaïtæ definitiones ex Hodego (115).

XII s. Parch. 123 fol. (Colbert. 1539.) *M.*

899. S. Joannis Damasceni orthodoxæ fidei accurata expositio, initio mutila (II, 6), cum versione latina.

XV s. Pap. 208 fol. (Colbert. 2765.) *M.*

900. S. Joannis Damasceni capita dogmatica cxiii. de Dei
incomprehensibilitate, etc. (1 v°); — Michaelis Pselli capita de
omnifaria doctrina (79 v°); — Anonymi expositio allegorica
liturgiæ S. Basilii : Ἐκκλησία ἐστὶ ναός... (102 v°); — Anonymi
de divinis mysteriis liber, e variis SS. PP. libris : Ἡ γὰρ σάρξ
μου... (111); — Anonymi de illis qui V. Testamenti libros de
hebraica lingua in græcam converterunt (119 v°); — Petri
Antiocheni epistola de azymis, ad Dominicum Gradensem
(120 v°); — Joannis, Nicæni archiep., ad Zachariam, magnæ
Armeniæ catholicum, epistola de Christi nativitate (128 v° et
149); — Joannis, Hierosolymit. archiepiscopi, epistola ad
Constantinum Caballinum de sacris imaginibus (135); — SS.
Maximi et Joannis Damasceni fragmenta de duabus Christi
naturis (140 v°); — Anonymi de Græcorum et Latinorum circa
nonnulla dogmata dissensionibus : Ὁ πάπας Ῥώμης καὶ ὅσοι...
(142); — Anonymi narratio de Armeniæ catholicis et regibus
usque ad Justinum imp. : Ἐν ταῖς ἡμέραις αὐτῶν... (144 v°); —
Isaaci, magnæ Armeniæ catholici, in Armenos invectivæ duæ
(152); — Series Armeniæ catholicorum usque ad Isaacum,
accedunt nonnulla de Armeniæ regibus (180 v°).

XV s. Pap. 182 fol. (Medic.-Reg. 2428.) *M.*

901. S. Joannis Damasceni dialectica (1); — [ejusdem] or-

thodoxæ fidei accurata expositio, insertis Theodori Abucaræ
cum Saraceno dialogi fragmentis (21 v°); — Excerpta, seu
sermones XIV. e SS. PP., ad mores informandos pertinentia :
Ποιήσατε καρποὺς ἀξίους... (96); — Joannis, Antiocheni patriarchæ, de mysteriis vivificis corporis et sanguinis Christi (232 v°).

XIV s. Parch. 240 fol. (Mazarin.-Reg. 1986.) *M.*

902. S. Joannis Damasceni dialectica (1); — ejusdem orthodoxæ fidei accurata expositio (17); — Nicephori, CP. patriarchæ, chronicorum fragmenta, ab Adamo ad Christum
(85); — Michaelis Pselli de definitione fidei (87); — S. Gregorii Nazianzeni epistolæ variæ (91); — Lexicon V. et N.
Testamenti : Ἄαπτος ὁ ἀπρόσπέλαστος... [A] (128).

XIV s. Bombyc. 174 fol. (Fontebl.-Reg. 2427.) *M.*

903. Barlaami et Joasaphi, Indiæ regis, historia, auctore
Joanne, S. Sabæ monacho; fine mutila.

XI s. Parch. 195 fol. (Colbert. 2800.) *M.*

904. Barlaami et Joasaphi, Indiæ regis, historia, auctore
Joanne, S. Sabæ monacho.

XII s. Parch. 196 fol. (Medic.-Reg. 2381.) *M.*

905. Barlaami et Joasaphi, Indiæ regis, historia, auctore
Joanne, S. Sabæ monacho (1); — Sapientia Jesu, filii Sirach,
fine mutila (192); — Fragmentum homiliæ S. Joannis Chrysostomi, s. X. (225).

XII s. Parch. 226 fol. Palimps. (Medic.-Reg. 2380.) *M.*

906. Barlaami et Joasaphi, Indiæ regis, historia, auctore
Joanne, S. Sabæ monacho; initio mutila.

XII s. Parch. 81 fol. (Reg. 2817.) *M.*

907. Barlaami et Joasaphi, Indiæ regis, historia, auctore
Joanne, S. Sabæ monacho.

XIV s. Bombyc. 111 fol. Peint. (Delamare.-Reg. 2380, 2.) *M.*

908. Barlaami et Joasaphi, Indiæ regis, historia, auctore
Joanne, S. Sabæ monacho.

XVI s. Pap. 94 fol. (Colbert. 1633.) *M.*

909. Theodori Grapti [Nicephori, CP. patriarchæ,] apologia fidei orthodoxæ (1); — ejusdem antirrheticorum libri III.

adversus Mammonam (93); — ejusdem antirrheticus alius adversus Mammonam [vel Eusebium et Epiphanidem] de incarnatione Christi (216 v°); — Vita Nicephori, CP. patriarchæ, [auctore Ignatio diacono] (305)

Copié en 1368. Pap. 341 fol. (Fontebl.-Reg. 1826.) *G.*

910. Theodori Grapti [Nicephori, CP. patriarchæ,] apologia fidei orthodoxæ (1); — ejusdem antirrheticorum libri III. adversus Mammonam (82); — ejusdem antirrheticus alius adversus Mammonam [vel Eusebium et Epiphanidem] de incarnatione Christi (187); — Vita Nicephori, CP. patriarchæ, [auctore Ignatio diacono] (260).

X s. Parch. 287 fol. (Medic.-Reg. 1989.) *G.*

911. Nicephori, CP. patriarchæ, apologia fidei orthodoxæ (5 v°); — ejusdem antirrheticorum libri III. adversus Mammonam (111); — ejusdem antirrheticus alius adversus Eusebium et Epiphanidem (241); — ejusdem censura testimoniorum adversus sacras imagines allatorum (343 v°).

X s. Copié par le moine et prêtre Étienne. Parch. 369 fol. (Colbert. 354.) *G.*

912. Fragmentum asceticum : Μακάριος ὁ ἐν τῇ ἡμέρᾳ... (4); — Symeonis Metaphrastæ sermones XXIV. de moribus ex S. Basilii magni operibus selecti (12); — S. Basilii epistolæ ad Chilonem discipulum (72 v°), — ad Gregorium Nazianzenum (75 v°), — ad Amphilochium, Heraclidæ nomine (78), — de perfectione vitæ monachorum (79 v°), — ad Theodoram monacham (81), — ad monachum lapsum (82), — ad Amphilochium epistolæ tres (82 v°), — ad adolescentes homilia de legendis gentilium libris (87), — ad Diodorum Antiochenum de modo componendi libros (93 v°), — ad calligraphum epistola (94), — ad Ambrosium Mediolanensem epistola (94 v°), — ad Letoïum epistola de vera virginitate (95), — homiliæ de eo quod Deus non est malorum causa (131 v°), — in illud : Attende tibi ipsi (137 v°), — adversus calumniantes quod tres Deos colamus (142), — in sanctum baptisma (144), — ad Eupaterium epistola (145 v°); — S. Joannis Chrysostomi homiliæ de patientia (146 v°), — de eleemosyna (157), — de dilectione (168), — de doctrina et correctione (176), — de peccato et confessione (182 v°), — de imperio et potestate (189 v°), — de

futuro judicio (193), — de virtute et vitio (199 v°), — homilia
LXXVI. in Joannem (206 v°), — de juramentis (211), — de
morte (214 v°), — de liberorum educatione (220 v°), — de
mansuetudine et injuriarum deponenda memoria (225), — de
oratione (231), — de pœnitentia (237 v°), — de jejunio et temperantia (241 v°), — de humilitate animi (244), — de anima
(247), — in Petrum apostolum et Eliam prophetam (249), —
de providentia (253 v°), — de divitiis et paupertate (257), —
de ingluvie et ebrietate (263), — de adversa valetudine et
medicis (266), — de mulieribus et pulchritudine (269), — de
avaritia (275), — de prosperitate et adversitate (278 v°), — de
superbia et inani gloria (281), — de invidia (284), — de odio
et inimicitiis (286 v°), — de tristitia et mœrore (289 v°), — de
ira et furore (291 v°), — de silentio et arcanis (295); — Theodori Magistri homilia de laudibus S. Pauli apostoli, e S. Joanne
Chrysostomo (295 v°); — Fragmentum de Melchisedech, διὰ
τί ἀγενεαλόγητος; Ἐν τοῖς χρόνοις... (304); — Anonymi de variis
parabolæ significationibus : Ἰστέον ὡς πολυσήμαντόν... (304 v°);
— Anonymi observationes in Fl. Josephi loca, ubi de Christo
sermo fit (304 v°); — S. Joannis Chrysostomi de sacerdotio
libri VI. (306); — Anonymi de decem plagis Ægypti, explicatio
Decalogi, etc. : Αὕτη δὲ ἡ δεκάλογος... (351); — Innocentii papæ
ad Arcadium imp. epistola de injusto S. Joannis Chrysostomi
exilio (353 v°); — S. Joannis Chrysostomi ad Olympiadem epistolæ XVII. (354); — ejusdem homilia quod nemo læditur nisi
a se ipso (398); — ejusdem epistolæ variæ (412); — ejusdem
homilia de providentia Dei (485 v°); — S. Basilii homilia adversus Sabellianos, Arium et Anomœos (515); — ejusdem homilia in illud : In principio erat verbum (517); — ejusdem
professio fidei (518 v°); — ejusdem ad Eustathium medicum
epistola de objectionum hœreticorum solutione (519).

XIV s. Bombyc. 520 fol. (Mazarin.-Reg. 2294.) *M.*

913. Sermones et capita ascetica : ...Λόγος β'. Πόλλην ὁ Θεὸς
ἔδωκε... (9 v°); — S. Maximi de caritate capita cD. (115); —
Nili monachi capita varia (161), — de affectibus (183), — sententiæ asceticæ LXII. (185 v°), — definitiones affectuum animæ
rationalis (188 v°), — sententiæ variæ (190), — liber de cogi-

tationibus (191 v°), — de octo vitiosis cogitationibus (204 v°),
— sententiæ morales (212), — de oratione capita CLIII. (215),
— paræneticon (226), — ad Anastasium episcopum epistolæ
(226 v°), — sententiæ de rebus cælestibus (227); — Diadochi,
Photices episcopi, de rebus asceticis capita c. (230 v°); — S.
Ephræmi Syri oratio (275 v°); — ejusdem homilia non esse
ridendum, neque gloriandum, sed lugendum et plorandum
nosmetipsos (277), — reprehensio sui ipsius et confessio (280),
— homilia compunctoria (287 v°).

X s. Parch. 290 fol. (Colbert. 4355.) *M.*

914. Anonymi capita ascetica XVI. ex dictis SS. Patrum,
initio mutila (1); — Anachoretarum XII., qui unum locum
convenerant, apophthegmata : Εἶπεν δὲ ὁ πρῶτος... (143 v°); —
Apophthegmata patrum, qui in ascetica vita consenuerant :
Ἡρωτήθη γέρων· Τί ἐστιν φιλαργυρία;... (145 v°); — Interrogata
et responsa senum de cogitationibus : Ἐρ. Πῶς δεῖ εἶναι τὸν
μοναχόν... (147); — Anastasii monachi narrationes variæ de
Sinaïtis patribus (162); — Moysis abbatis capita VII. ascetica
ad Pœmena abbatem (171); — ejusdem de virtutibus capita
XII. (172); — Apophthegmata SS. senum : Ἔλεγον περὶ τοῦ ἀββᾶ
Ἀγάθονος... (182); — Vita S. Eulogii latomi (183 v°); — Danielis abbatis sermo de patricia, quæ nomen eunuchi accepit
(188); — Anonymi de sancta et pudica quadam virgine : Ὁ αὐτὸς
ἀββᾶς Δανιήλ... (190); — de abbate Daniele (191); — Excerpta
e patericis Joannis Eucratæ (192 v°); — Apophthegmata SS.
senum : Ἦλθον ποτὲ ὁ ἀββᾶς Ἀμμωνᾶς... (225); — de abbate
Macario τοῦ Πολιτικοῦ (236 v°); — de duabus mulieribus et
abbate Macario (238 v°); — Excerpta e Joannis Eucratæ Prato
spirituali (250 v°); — Excerpta ex Antonii monachi Melissa
(266); — Vita S. Pauli anachoretæ (271); — Cassiani Romani
de octo vitiosis cogitationibus (276 v°); — S. Marciani sermo
asceticus (294); — Anonymi sermo de recta vitæ instituendæ
ratione : Δεῦτε πρός με πάντες... (296 v°).

XII s. Parch. 304 fol. (Colbert. 694.) *M.*

915. S. Gregorii Nazianzeni oratio de Christi nativitate
(B v°); — Anonymi tractatus asceticus, initio mutilus : ...Ἐπί
παρθενείας ψυχῆς... (1); — Anonymi tractatus alter asceticus,

libris II., initio mutilus (58); — Anonymi sermones XXIV.
ascetici : A'. Ὁ τῶν ἀπάντων δεσπότης... (217).

XIV s. Bombyc. 515 fol. (Mazarin.-Reg. 2402.) *M.*

916. Gesta et apophthegmata SS. Patrum, ex Gerontico,
ordine alphabetico, Π-Ω (1); — Joannis Moschi Pratum spiri-
rituale, initio mutilum (29); — Excerpta e variis Esaiæ abbatis operibus (135); — Macarii abbatis ad Esaiam abbatem
epistola (146 v°); — Esaiæ abbatis de timore Dei (147); —
Moysis abbatis ad Pœmena abbatem capita VII. ascetica
(149); — ejusdem lamentationes (152 v°), — neminem esse
vituperandum (154), — de humilitate (155), — de perpessio-
nibus (158 v°), — de operatione novi hominis (159 v°), — de
vitæ solitariæ tranquillitate (162 v°), — de gaudio animæ quæ
Deo obedire incipit (164), — de septem fratribus qui Macarium abbatem adierunt (170); — S. Gregorii papæ dialogorum libri I-II, 12 (174).

XI s. Parch. 222 fol. (Colbert. 2500.) *M.*

917. Capita ascetica varia excerpta e Gerontico, initio mutila (1); — Apophthegmata SS. PP. qui in ascesi consenuerant
(90); — Collationes senum inter se de cogitationibus (91 v°);
— Moysis abbatis ad Pœmena abbatem capita VII. ascetica
(107); — ejusdem capita XII. de virtutibus (108); — Anastasii
Sinaïtæ narratio de patribus Sinaïtis (109); — Eclogæ e Joannis Eucratæ patericis (121 v°); — Apophthegmata varia SS.
Patrum : Ἔλεγον ὅτι τις τῶν γερόντων... (182).

XII s. Parch. 239 fol. (Colbert. 5096.) *M.*

917 A. Excerptorum e Pauli monachi Evergetidæ Paterico
liber III.

Copié en 1348 par le moine Thomas. Bombyc. 280 fol. *M.*

918. Capita ascetica varia excerpta e Gerontico et dictis
SS. Patrum.

XIII s. Parch. 205 fol. *M.*

919. Anonymi Patericon : Διηγήσαντο ἡμῖν οἱ μαθηταί... (1);
— Excerpta e Palladii historia Lausiaca (29); — Apophtheg-
mata SS. PP., alphabetice : Εἶπεν ὁ ἀββᾶς Ἀντώνιος... (47); —
Anonymi præcepta de vita ascetica : Ὁ ὢν ἐν ἀρχῇ... (129 v°).

XIV s. Parch. 158 fol. *M.*

920. Anonymi interrogata et responsa ascetica, initio mutila (1); — Anastasii Sinaïtæ homilia in ingressum jejuniorum (9 v°); — S. Ephræmi ad Joannem monachum epistola de patientia (22), — adhortationes iv. de virtute ad novitium monachum (25 v°), — de virtute capita x. (36), — capita x. in illud : Attende tibi ipsi (46), — non esse ridendum neque gloriandum, sed lugendum et plorandum nosmetipsos (63), — de vita spirituali capita xcvi. (65 v°), — de vita recte instituenda capita lxxxix. (78), — beatitudines lv. (85), — aliæ beatitudines xx. (89), — adhortationes xlix. ad monachos (92 v°), — de humilitate capita lxxix. (170), — homilia de secundo Christi adventu (186 v°), — quæstiones et responsa : Ἐρώτησις. Εἰπὲ ἡμῖν καὶ τὰ λοιπά... (191 v°), — homilia altera in secundum Christi adventum (196); — S. Maximi confessoris de caritate capita cd., mutila (200 et 240); — ejusdem de eo quod monachus debet esse perfectus (222 v°); — ejusdem de loquacitate (235).

XI s. Parch. 261 fol. (Colbert. 834.) *M.*

921. Anonymi tractatus de Verbi divinitate et consubstantialitate, initio et fine mutilus (1); — Vita S. Sabæ martyris, initio mutila (8 et 169); — Vita S. Danielis Stylitæ (178, 12 et 161); — Vita S. Ignatii Theophori, Antiocheni episcopi (151 et 20); — Martyrium Sæ. Julianæ Nicomediensis (23 v°); — Martyrium Sæ. Anastasiæ (28 v°); — Martyrium X. Martyrum Cretensium (41 v°); — Vita Sæ. Eugeniæ (44 v°); — S. Gregorii Nysseni homilia in S. Stephanum protomartyrem (60); — Vita SS. Theodori Grapti et Theophanis ejus fratris (67); — Martyrium SS. Indæ et Domnæ (75 v°); — Vita S. Marcelli archimandritæ (84 et 180); — Vita S. Spiridonis, Trimithuntis episcopi (165 et 91); — Martyrium SS. Auxentii, Eugenii, Orestæ et Mardarii (107); — Martyrium SS. Lucii, Philemonis et Apollonii (122); — Martyrium S. Eleutherii (142); — Martyrium SS. Menæ, Hermogenis et Eugraphi (154 et 175); — Vitæ Sæ. Melaniæ initium (188 v°).

XII-XI s. Parch. 188 fol. (Colbert. 958.) *M.*

922. Parallela, sive loca SS. Patrum per interrogationem et responsionem; initio tabula quadrata : Εὐδοκίας ἡ δέλτος Αὐγούστης πέλει (4) — et versus acrostichi (5 v°); — Excerptum de sancta Trinitate e S. Basilii adversus Eunomium libris (6); — Anastasii Sinaïtæ ad orthodoxos de variis doctrinæ capitibus responsiones LXXIX. (8); — SS. Basilii et Gregorii Nazianzeni dialogus (228); — Capita de sancta Trinitate, ex SS. Theodoreto, Irenæo et Augustino (230 v°); — Capita de incarnatione, ex apostolicis constitutionibus, Eusebio et Hesychio (236); — De decalogo (240); — De sex primis conciliis generalibus (241); — Capita de sancta Trinitate, ex SS. Cyrillo, Isidoro et Joanne Damasceno (248 v°); — S. Maximi quomodo Deus Verbum inhabitat, et quid inhabitatio (259); — Excerpta e S. Joanne Chrysostomo in I. ad Corinthios (260 v°).

XI s. Parch. 265 fol. Peint. (Colbert. 1450.) *M.*

923. S. Joannis Damasceni sacra parallela.

IX s. Parch. 394 fol. Onc. Peint. *M.*

924. Loci communes theologici CCXLV., ex SS. Patrum operibus excerpti (Interpretatio sacræ scripturæ, ordine alphabetico) : Πάντες σχεδὸν οἱ κατά...

X s. Parch. 370 fol. (Reg. 1993.) *M.*

925. Loci communes theologici ex SS. Patrum operibus excerpti, in quibus : Πῶς χρὴ μερίσαι τὰ κδ´ γράμματα εἰς τρία μέρη ἰσόψηφα (1); — Series imperatorum CP. usque ad Leonem IV. (12); — Sententiæ ex Democrito et aliis philosophis (81); — Qui fuerunt artium inventores (102); — Versus Homerici de octo sermonis partibus (102); — S. Epiphanii fragmentum de XII. lapidibus (102); — De XII. mensibus et indictione (103 v°); — Versus patricii et proconsulis Mitylenæi de indictione (103 v°); — Preces, versibus iambicis (106); — Petri Antiocheni ad Dominicum Gradensem epistola de azymis (113).

XVIII s. Pap. 119 fol. *M.*

926. Loci communes LXXII. e scriptoribus ecclesiasticis et profanis collecti, tres primi desiderantur (1); — SS. Basilii, Gregorii Nazianzeni, Joannis Chrysostomi et Epiphanii fragmenta (118 v°); — Martyrium S. Stephani junioris (127 v°); — S. Gregorii Magni, an prosit mortuis in ecclesia sepeliri (179 v°); — Dorothei abbatis de jejuniis servandis doctrina

xv. (186 v°); — S. Joannis Chrysostomi de compunctione ad virgines, monachos et fideles (189 v°); — Anonymi quomodo possit quis sine scandalo eucharistiam suscipere cum in grave peccatum incidisse se noverit : Τὸ κρίνειν καὶ ἀνακρίνειν... (205).

XI s. Parch. 206 fol. (Colbert. 1527.) *M.*

927. Joannis Cassiani narrationes ad mores informandos utiles (1); — S. Macarii excerpta de perfectione spirituali (68); — Anonymi expositiones de rebus spiritualibus : Μοναχός τις, ὦ Θεόδωρος... (505).

XII s. Parch. 564 pages. *M.*

928. Anthologion.

XIII s. Parch. 480 pages. Palimps. *M.*

929. Anonymi commentarius de J. C. et de iis quæ sub Pontio Pilato gesta sunt, Anaphora et Paradosis Pilati, Narratio Josephi Arimathiensis, initio et fine mutilus [Thilo, *B*] (1); — Anonymi lamentio de suis peccatis : Στίχοι. Ἐμὲν οὐ πρέπει... (71); — Versus Adami e Paradiso ejecti : Τοῦ Παραδείσου τὸ φυτόν... (72); — Joannis, Nicæni archiepiscopi, ad Zachariam, magnæ Armeniæ catholicum, epistola de die quo Christus natus est (81); — Petri diaconi et philosophi de cyclo et indictione (97); — Anonymi de fide, etc. : Πιστεύω εἰς πατέρα... (100); — Nomina xxiv. prophetarum (117); — Nomina xxiv. S. Joannis Baptistæ (117); — De xii. jejuniis (118); — S. Gregorii Nazianzeni dialogus terræ et maris (120); — Excerpta e Gerontico (125), — inter quæ, S. Basilii definitiones theologicæ (133), — et S. Ephræmi Syri excerpta (230); — Anonymi tractatus per interrog. et respons. de ecclesia, divinis officiis, etc. (300 et 421); — Excerpta e Physiologo (325); — Leonis Sapientis imp. ænigmata de CP. (403); — Versus varii de CP., etc. : Πάριθι πάντάλενα Βαβυλωναία... (414); — Explicatio orationis dominicæ (440); — De vocibus animalium (479); — De annis beatæ Mariæ (479); — Constitutiones SS. Apostolorum (480); — S. Athanasii Alexandrini homilia : Τρία πετεῖ ὁ Θεός... (502); — Apocalypsis Esdræ prophetæ (510); — S. Joannis Chrysostomi homilia de S. Dominica (532); — Jesu Christi epistola, Romæ, in templo S. Petri inventa (548); — Versus de sede animarum usque ad resurrectionem : Πῶς κάθη, πῶς ἀμεριμνῆς... (561); — S. Joannis Damasceni versus iambici de anima et corpore (582).

XV s. Pap. 588 pages. (Colbert. 5104.) *P.*

930. S. Clementis Romani homiliæ I-XIX, 14 (5); — præmittitur Constantini chartophylacis fragmentum de LXX. linguis (4); — Triodii fragmentum palimps. (284).

X s. Parch. 287 fol. Peint. (Fontebl.-Reg. 2874.) *P.*

931. S. Clementis Romani constitutiones apostolicæ, initio et fine mutilæ (5); — Interrogationes et responsiones de variis rebus theologicis, initio et fine mutilæ (194).

XVI s. Pap. 205 fol. (Colbert. 4491.) *P.*

932. Martyrium S. Dionysii Areopagitæ, fine mutilum.

XV s. (Copié par Georges Hermonyme.) Pap. 15 fol. (Teller. Rem.-Reg. 2942, 3.) *P.*

933. S. Dionysii Areopagitæ liber de cælesti hierarchia, cum S. Maximi prologo (2), — de ecclesiastica hierarchia (46), — de divinis nominibus (107), — de mystica theologia (188), — epistolæ X. (193); — Interpretatio vocum quarumdam in operibus S. Dionysii; omnia cum scholiis (216); — Michaelis, syncelli et presbyteri Hierosolymit., encomium S. Dionysii (220); — Martyrium S. Dionysii (243 v°).

X s. Parch. 251 fol. (Colbert. 3948.) *P.*

934. S. Dionysii Areopagitæ opera, cum S. Maximi scholiis (1); — Polycratis, Ephesini archiepiscopi, fragmentum epistolæ ad Victorem papam (116 v°); — S. Maximi de ecclesiastica mystagogia (117).

XI s. Parch. 120 fol. (Medic.-Reg. 2881.) *P.*

935. S. Dionysii Areopagitæ opera, cum S. Maximi commentariis.

XIII s. Parch. 331 fol. (Medic.-Reg. 2880.) *P.*

936. S. Dionysii Areopagitæ opera, cum S. Maximi commentariis, initio mutila.

XIV s. Bombyc. 220 fol. (Colbert. 4619.) *P.*

937. S. Ignatii epistolæ II-XI. (1); — S. Polycarpi epistola ad Philippenses (48); — S. Hippolyti homilia de consummatione sæculi, de antichristo et de secundo Domini ad-

ventu (64); — S. Cyrilli Alexandrini cum Nestorio dialogus
(82); — S. Athanasii ad Marcellinum prooemium in Psalmorum expositionem (86); — S. Gregorii Nysseni de eo quod
Psalmorum series vitæ Davidis consentanea sit (107); — ejusdem excerpta in inscriptiones Psalmorum (110 v°); — Josephi
caput c. ex Hypomnestico (118); — S. Gregorii Nysseni in
diapsalma (118 v°); — S. Hippolyti argumentum enarrationis
in Psalmos (120).

XVI s. Pap. 120 fol. (Colbert. 4443.) P.

938. S. Justini tractatus de orthodoxa fide (1); — Dominici
Gradensis ad Petrum Antiochenum epistola cum responsione
(15 v°); — Petri Antiocheni homilia, cum Argyrus Italus ad
confutanda Græcorum placita venit (26); — Gennadii Copinæ
et Maximi scholia in epitaphium S. Basilii a S. Gregorio Nazianzeno scriptum (34); — Anonymi scholia in S. Gregorii
Nazianzeni homiliam de S. Athanasio (76 v°); — Gennadii
Constantinop. homilia de recta et inculpata Christianorum fide,
ad Mohammedem II. (87); — S. Anastasii Sinaïtæ quæstio
xcvi. (91); — ejusdem explicatio vaticinii de CP. a Moham-
mede expugnanda (100); — Anonymi chronicon [ed. Ism.
Bullialdus ad calcem Mich. Ducæ] (103); — Interpretatio he-
braicorum nominum in S. Scriptura (111 v°); — Testamentum xii. Jacobi filiorum (112); — Testamentum Jobi (172 v°).

XVI s. Pap. 192 fol. (Fontebl.-Reg. 2976.) P.

939. Origenis commentarius in S. Marci evangelium.
XVI s. Pap. 77 fol. (Reg. 2878.) P.

940. Origenis philocalia (1); — S. Basilii homiliæ novem
in Hexaemeron (87); — S. Gregorii Nysseni ad Petrum fratrem explicatio apologetica in Hexaemeron (138); — ejusdem
de hominis opificio (140).

XV s. Pap. 177 fol. (Hurault.-Reg. 2877.) P.

941. Origenis philocalia (1); — Bessarionis hieromonachi
versus in mortem Theodoræ Palæologinæ (188 v°); — Manuelis
Phile versus in laudem Alexandri magni (189 v°); — ejusdem
versus in tabellam Alexandri magni nuptias exhibentem
(190 v°); — Anonymi iambi alii : Σαθρὸν μὲν εὐτύχημα... (191 v°).

Copié en 1535. Pap. 192 fol. (Colbert. 3905.) P.

942. Origenis philocalia.

XVI s. (Copié par André Darmarios.) Pap. 232 fol. (J.-A. de Thou.-Colbert. 4008.) *P.*

943. Origenis philocalia.

XVI s. (Copié par André Darmarios.) Pap. 257 fol. (J.-A. de Thou.-Colbert. 4007.) *P.*

944. Origenis philocaliæ initium.

XVI s. (Copié par Constantin Palæocappa.) Pap. 21 fol. (Colbert. 4900.) *P.*

945. Origenis philocaliæ pars (1) ; — ejusdem adversus Celsum libri VIII. (48) ; — ejusdem fragmenta duo ex homilia adhortatoria ad martyrium (315) ; — S. Joannis Climaci fragmentum (324 v°).

XV s. Pap. 325 fol. (Fontebl.-Reg. 2876.) *P.*

946. S. Methodii Patarensis convivii decem virginum homiliæ I-VIII.

XVI s. Pap. 67 fol. (Mazarin.-Reg. 2906.) *P.*

947. S. Methodii Patarensis revelationes (11) ; — S. Joannis Chrysostomi homilia de hominis interitu (18) ; — S. Gregorii Nazianzeni homilia de blasphemia (20 *bis*) ; — Jesu Christi epistola, Romæ, in templo S. Petri inventa (21 v°) ; — S. Joannis apostoli Apocalypsis apocrypha (26 v°) ; — S. Nili epistola de caritate, pœnitentia, etc. (32 v°) ; — Anonymi interrogationes et responsiones theologicæ, ex Antonii Melissæ collectaneis (46 et 135) ; — Eusebii papæ sermo de sacra Dominica (107 v°) ; — Joannis, Hierosolymit. patriarchæ, adversus illos qui aquam calidam in mysteriorum celebratione negant esse adhibendam (109 v°) ; — De vii. primis conciliis œcumenicis (110) ; — Anonymi narratio illorum quæ Christi passionis temporibus contigerunt, ex Hebræo translata [Gesta Pilati] : Ἐν ἔτει ἐννέα καὶ δεκάτο... (115 v°) ; — Dialogus SS. Basilii et Gregorii Nazianzeni (152 v°) ; — S. Epiphanii homilia in festo palmarum (156) ; — Anonymi catechesis in dormitionem beatæ Mariæ (164 v°) ; — S. Joannis Chrysostomi homilia de pœnitentia : Ἀγαπητῆ, εὐχαρκήτο... (176) ; — Christophori, Alexandrini patriarchæ, homilia parænetica de vita humana (179 v°) ; — Epochæ celebriores (190) ; — S. Joannis Chrysostomi homilia in Judæ proditionem (191) ; — Vita S. Symeonis Stylitæ, auctore Antonio abbate (194) ; — S. Joan-

nis Chrysostomi homilia in nativitatem beatæ Mariæ (198 v°) ;
— Visio Danielis prophetæ (199 v°) ; — Excerpta e Physio-
logo (201 v°) ; — Interpretatio symboli apostolici (211 v°) ; —
Anonymi versus de homine, secundum ordinem alphabeti :
Ἀρχὴ πάντων τῶν βρωτῶν... (213 v°) ; — Preces variæ (215 v°) ;
— Leontii, Neapoleos Cypri episcopi, homilia in laudem
beatæ Mariæ (219) ; — Nomina xxiv. SS. senum (223) ; —
Apophthegmata Prophetarum (224) ; — Historiæ variæ e V.
Testamento : Πρὸ πάντων καὶ διὰ πάντων... (234) ; — Nomina
populorum terræ (268 v°) ; — Varia de V. et N. Testamento
(268 v°) ; — Joachimi abbatis prophetia de Cypro insula (275) ;
— S. Joannis Chrysostomi homilia περὶ ὀφέλιας τῶν ἀκουόντον
αὐτῶν (276 v°) ; — Cosmæ monachi visio (283) ; — Vita S. Ma-
carii Romani (286 v°) ; — Vita S. Thomæ apostoli (289 v°) ;
— Vita SS. Andronici et Athanasiæ uxoris ejus (292 v°) ; —
Vita SS. septem dormientium in Epheso puerorum (295) ; —
Narratio de lamentationibus Jeremiæ prophetæ (297 v°).

Copié en 1574 par Georges de Corfou. Pap. 298 fol. (Reg. 2996.) P.

948. Eusebii Cæsariensis commentarius in Canticum canticorum (1) ; — Polychronii commentarius in Canticum canticorum (45).

XVI s. (Copié par André Darmarios.) Pap. 127 fol. (J.-A. de Thou.-Colbert.
4005.) P.

949. Eusebii Cæsariensis adversus Marcellum Ancyranum
liber I. (6) ; — ejusdem liber de ecclesiastica theologia (54) ;
— Michaelis Pselli de omnifaria doctrina (86) ; — Joannis
Argyropuli de Spiritus sancti processione (110) ; — Claudii
[Caroli] a Lotharingia cardinalis interrogationes et Zachariæ
Cretensis responsa de variis fidei capitibus (118 v°) ; — Isidori
Pelusiotæ epistolæ aliquot (127 v°); — Michaelis Byzantii ad So-
phianum epistola de processione Spiritus sancti (195) ; — Geor-
gii Gemisti Plethonis de Spiritus sancti processione (195 v°).

Copié en 1581 par Pantaleon Mamouka. Pap. 198 fol. (Reg. 2985, 2.) P.

950. Collectio excerptorum ex SS. Patrum operibus : Anonymi fragmentum de resurrectione, initio mutilum (1) ; —
S. Athanasii fragmenta de Pauli Samosatensis hæresi (2), —
de Paulo, CP. episcopo (3), — de imp. Constantii in ortho-

doxos sævitia (4), — de legatis summi Pontificis male habitis (6), — ex epistola ad solitariam vitam agentes (8), — de prima rerum creatione (11), — de Prophetarum et Evangeliorum in omnibus consensu (12) ; — Socratis fragmentum de Acacio, Amidæ episcopo (14) ; — Evagrii fragmenta duo de Chosroe, Persarum rege (16) ; — Fragmentum concilii Nicæni (20) ; — S. Basilii fragmenta de paradiso (25), — ex homiliis in Hexaemeron (39) ; — Nicephori Callisti fragmenta de Paulo Samosatensi (44), — de miraculo a S^a. Euphemia patrato (51), — de miraculo a S^a. Glyceria patrato (53), — de miraculo a beata Virgine patrato (57), — de variis sanctæ crucis nominibus (59) ; — Origenis, SS. Cyrilli, Basilii et Hesychii fragmenta de Genesi, etc. (62) ; — Ordo sedium patriarchæ CP. obnoxiarum (89) ; — Fragmentum de decem Judæorum festis (111) ; — De VII. orbis miraculis (135) ; — Fragmentum de Monothelitis, Juliano Halicarnassæo et Iconoclastis (144 et 155) ; — Asterii, Amaseni episcopi, homilia in laudem S^æ. Euphemiæ (148) ; — S. Cyrilli Alexandrini ad Succensum epistola (153) ; — S. Basilii epistolæ aliquot (157) ; — Fragmenta ex epistolis S. Ignatii martyris (165) ; — S. Athanasii epistola ad Rufinianum [ad Ephes., XVIII.] (166) ; — S. Gregorii Magni fragmentum de Paschasio diacono, etc. (174) ; — Anonymi de mensura terræ : Τὸ τῆς γῆς μῆκος... (217) ; — Photii fragmenta de jejunio quadragesimæ et de apostolis (227) ; — Anonymi fragmentum de S. Maria Magdalena (235) ; — Photii fragmentum de animæ perfectione (243) ; — Anonymi fragmentum de patria Pauli apostoli (336) ; — Jesu Christi ad Abgarum et Abgari ad Christum epistolæ (341) ; — Photii fragmenta de termino vitæ et de Spiritus sancti processione (343) ; — De Ptolemæo rege et lege Mosaica (351) ; — Anonymi procemium in Psalterium (415) ; — De stationibus Israelitarum in deserto (475) ; — Anonymi fragmentum de Alexandro, Cleopatra, Nabuchodonosore et illius successoribus (573).

XIV s. Bombyc. 576 pages. (Baluz.-Reg. 2971, 2.) *P.*

951. S. Athanasii apologia pro Dionysio, Alexandrino episcopo, de eo quod cum Ario non senserit (1) ; — Definitiones geometricæ (95).

XVI s. Pap. 110 pages. (J.-A. de Thou.-Colbert. 4956.) *P.*

952. Vita S. Antonii, auctore S. Athanasio, Alexandrino episcopo.

Copié en 1608. Papier. 40 fol. (Teller. Rem.-Reg. 2942, 2.) *P.*

953. Vita S. Antonii, auctore S. Athanasio, Alexandrino archiepiscopo, in linguam vulgarem versa a Belisario Donati.

Copié en 1625. Papier. 87 fol. (Du Fresne.-Reg. 2971.) *P.*

954. S. Cyrilli Hierosolymitani catecheses IV, VI, VII, IX-XI, XVII. (1); — S. Basilii homilia tempore famis et siccitatis (137 v°).

XIV s. Bombyc. 150 fol. (Colbert. 4863.) *P.*

955. S. Basilii homiliæ IX. in Hexaemeron (1); — S. Athanasii responsa ad quæstiones Antiochi ducis (121); — Hesychii, presbyteri Hierosolymitani, sententiæ asceticæ (183 v°).

XI s. Parch. 185 fol. (Fontebl.-Reg. 2892.) *P.*

956. S. Basilii homiliæ IX. in Hexaemeron (1); — S. Gregorii Nysseni tractatus de hominis opificio (82 v°); — ejusdem explicatio apologetica in Hexaemeron, ad Petrum fratrem (90 v°); — ejusdem [S. Basilii] homilia de Spiritu sancto (143 v°); — S. Basilii adversus Eunomium libri VI. priores (146), — ad Amphilochium Iconiensem, de Spiritu sancto capita xxx. (221), — de vera virginitate, ad Letoium, Melitenes episcopum (263), — homilia in ebriosos (313), — homilia in laudem Gordii martyris (319), — in laudem XL. martyrum (324 v°), — in laudem Barlaami martyris (330), — adversus iracundos (332), — de invidia (338 v°), — in illud Evangelii: Destruam horrea mea (343), — in ditescentes (348), — tempore famis et siccitatis (356), — in principium Proverbiorum (363 v°), — exhortatoria ad baptismum (376), — de fide (383 v°), — in illud : In principio erat Verbum (386), — dicta in lacizis (389 v°).

XIV s. Bombyc. 396 fol. (Medic.-Reg. 2896.) *P.*

957. S. Basilii in Hexaemeron homiliæ I-III, VI-VIII., initio et fine mutilæ.

XII s. Parch. 54 fol. (Colbert. 3069.) *M.*

958. S. Basilii in Hexaemeron homiliæ IX. (1) ; — Vita S. Basilii (85) ; — Vita S. Gregorii Nazianzeni (113).

XV s. Pap. 141 fol. (Fontebl.-Reg. 2894.) *P.*

959. S. Basilii in Hexaemeron homiliæ IX.

XVI s. Pap. 203 fol. (Colbert. 4721.) P.

960. S. Basilii homiliæ III., initio mutila, et IV. in Hexaemeron (3) ; — S. Gregorii Nazianzeni homilia in Christi nativitatem (10), — in sancta lumina (18), — in sanctum Pascha
(28) ; — Vita S. Joannis Chrysostomi, auctore Georgio
Alexandrino (39).

XI s. Parch. 168 fol. (Colbert. 4136.) P.

961. Anonymi commentarius in Vetus Testamentum, initio
et fine mutilus (1), — in quo fragmentum evangelii secundum
Matthæum (64) ; — S. Basilii commentarius in Esaiam (70) ; —
Josephi testimonia de Christo et S. Joanne Baptista (186 v°) ;
— S. Gregorii Nysseni epistola canonica ad Letoium, fine
mutila (187 v°).

XV s. Pap. 201 fol. (Colbert. 5109.) P.

962. S. Basilii in Psalmos homiliæ II-XVI. (1), — in illud :
Attende tibi ipsi (145), — quod Deus non sit auctor malorum
(154), — in principium Proverbiorum (165), — de avaritia
(181 v°), — in ditescentes (189 v°), — de jejunio homiliæ duæ
(200 v°), — in ebriosos (215 v°), — adversus irascentes (224), —
de invidia (232 v°), — de gratiarum actione (240), — in laudem
Julittæ martyris (249 v°), — in laudem Gordii martyris (262), —
in laudem XL. matyrum (271), — in laudem Barlaami martyris
(278 v°), — dicta in lacizis (281 v°), — in Christi nativitatem
(290 v°), — exhortatoria ad baptismum (297), — de fide (307 v°),
— in prima verba evangelii secundum Joannem (311 v°), —
adversus Sabellianos (316 v°), — ad adolescentes, de legendis
gentilium libris (325), — tempore famis et siccitatis (337 v°),
— non adhærescendum esse rebus sæcularibus (356 v°), —
de humilitate (361 v°).

XIV s. Bombyc. 364 fol. (Colbert. 4490.) P.

963. S. Basilii homilia ad adolescentes de legendis gentilium libris (1) ; — Libanii allocutio panegyrica ad Julianum
Antiochiæ versantem (14 v°) ; — Aristidis de Smyrna terræ
motu obruta epistola, ad impp. Marcum Antoninum et Com-
modum (23) ; — Libanii declamatio I., Menelai ad Trojanos
oratio (31) ; — ejusdem oratio de inexplebili cupiditate (37) ;

— ejusdem oratio qua ostenditur amicos optimas esse divitias (39) ; — ejusdem descriptio veris (41) ; — Juliani imp. epistolæ xviii. et Libanii duæ (42 v°) ; — Libanii parentatio in Julianum imp. (53) ; — ejusdem lamentatio ad Antiochenos de Daphnæi Apollinis fano (110) ; — ejusdem lamentatio de Nicomedia (112) ; — Michaelis Acominati versus iambici de pristina Athenarum dignitate (116 v°) ; — S. Joannis Damasceni capita philosophica, theologica et physica (118) ; — Georgii Gemisti Plethonis oratio funebris in obitum Cleopæ Palæologinæ (243) ; — ejusdem de virtutibus tractatus (248) ; — Timæi Locrensis de anima mundi (257 v°) ; — Isocratis oratio ad Demonicum (267 v°) ; — Aristidis oratio Ulyssis nomine ad Achillem (280) ; — Aristotelis de virtutibus et vitiis (289 v°) ; — ejusdem excerpta de ethicis et politicis (294), — Marci Eugenici ad imperatorem epistola de pœnarum æternitate (300) ; — ejusdem ad eumdem epistola de morte (313 v°) ; — Ciceronis somnium Scipionis, a Maximo Planude græce versum (320 v°) ; — Demetrii Cydonii homilia de contemnenda morte (327 v°) ; — Hermiæ philosophi introductio in isagogen Porphyrii (352 v°) ; — Thucydidis orationes, ex historiis excerptæ (370).

XV s. Pap. 386 fol. (Medic.-Reg. 3362.) P.

964. S. Basilii oratio de abdicando sæculo et spirituali perfectione (1) , — dignotio asceticarum informationum (13), — hypotyposeos vitæ asceticæ prologus (16 v°), — prooemium ad ethica, de judicio Dei (18), — de fide (31 v°), — prooemium breve ad ethica (40), — capita moralia lxxx. e N. Testamento (40 v°), — prologus asceticus de libero arbitrio (133 v°), — regulæ monachorum fusius disputatæ (138), — regulæ breviores (228 v°), — de baptismo libri duo (358 v°), — constitutiones monasticæ (418), — ad Chilonem epistola (478), — de institutione vitæ religiosæ (484 v°), — de exercitatione monastica (487), — admonitio brevis ad juniores monachos (489 v°), — admonitio ad monachum lapsum (489 v°), — pœnæ in monachos et monachas delinquentes (492).

XI s. Parch. 493 fol. (Mazarin.-Reg. 2895.) P.

965. Eunomii apologeticus (1) ; — S. Basilii adversus Eu-

nomii apologiam antirrheticorum libri V. (17 v°) ; — ejusdem
ad Amphilochium Iconiensem liber de Spiritu sancto (143).

XI s. Parch. 215 fol. (Colbert. 4529.) *P.*

966. S. Basilii adversus Eunomium libri V. (1) ; — ejusdem
ad Amphilochium Iconiensem liber de Spiritu sancto (219 v°).

XI s. Parch. 355 fol. (Medic.-Reg. 2893.) *P.*

967. S. Basilii epistolæ variæ cccxxxvi. (6 et 17) ; — S. Joannis Chrysostomi ad Olympiadem epistolæ xvi. (229 v°) ; —
ejusdem epistola ad Innocentium, Romæ episcopum (284 v°);
— ejusdem epistola ad Cyriacum episcopum (228 v°) ; — S.
Gregorii Nazianzeni sententiæ tetrastichæ (292) ; — ejusdem
monosticha alphabetica (294), — epigrammata in mortem S.
Basilii (294 v°), — versus varii (295 v°) ; — Isidori Pelusiotæ
epistolæ vii. (297 v°); — Juliani imp. ad Libanium epistola
(299); — Anonymi versus duo in horologium (299) ; — Dionysii Areopagitæ epistola ad Joannem evangelistam (299 v°) ;
— Symeonis, Euchaïtarum metropolitæ, ad Joannem monachum epistolæ (300); — S. Gregorii Nysseni fragmentum de
humanæ vitæ miseriis (306 v°) ; — Anonymi christianæ fidei
expositio (307); — Anonymi de septem hominis ætatibus
(307); — Anonymi quot annos vixerit b. Maria (307 v°) ; —
Chronici fragmentum a creatione mundi ad vii. usque synodum
(307 v°) ; — Varia de computo (308).

Copié en 1377 par le moine Ignace. Papier. 309 fol. (Hurault.-Reg.
2897.) *P.*

968. Anonymi ad imperatorem epistola : Κράτιστε, Θεόσεπτε,
Θεοπρόβλητε... (1) ; — SS. Basilii et Gregorii Nazianzeni epistolæ
mutuæ (9) ; — S. Basilii homiliæ IX. in Hexaemeron (17); —
S. Gregorii Nysseni homiliæ tres de hominis opificio (109);
— ejusdem explicatio apologetica in Hexaemeron (135); —
Michaelis Pselli et Basilii Megalomitæ ænigmata (207); —
S. Basilii homiliæ in ebriosos (210 v°), — in illud : Attende
tibi ipsi (217 v°), — in laudem Barlaami martyris (222), —
in laudem Gordii martyris (227), — exhortatio ad baptismum
(236), — in laudem XL. martyrum (248 v°), — in Christi nativitatem (257); — S. Joannis Chrysostomi homilia in laudem
Babylæ martyris (267); — Nicolai Cabasilæ expositio missæ

(323) ; — Petri, Antiocheni patriarchæ, ad Dominicum Gradensem epistola (363) ; — Joannis, Russiæ metropolitæ, epistola ad Clementem papam (374) ; — Excerpta de Spiritus sancti processione (380) ; — De vii. conciliis œcumenicis (392).

XV s. Pap. 395 fol. (Medic.-Reg. 2989.) *P.*

969. S. Basilii epistola cxli. (1), — homilia adversus calumniantes quod tres Deos colamus (7 v°), — epistola ccci. (10), — de Spiritu sancto liber ad Amphilochium (11), — adversus Eunomium libri V. (61), — homilia de fide (172 v°), — homilia de eo quod incomprehensibilis sit Deus [Cyrilli Hierosolymit. catechesis IX.] (176), — in sanctum baptisma (182), — de judicio et misericordia (184 v°), — de illuminatione sive baptismo [Cyrilli Hierosolymit.] (188), — adversus Sabellianos (194), — ad Letoium liber de vera virginitate (205), — homilia in ebriosos (279), — de invidia (288 v°), — in laudem Barlaami martyris (295), — epistola lxxviii. (298), — homilia de humilitate (300 v°), — epistola lxxix. (306 v°), — et epistolæ ccc. finis (311) ; — Fragmentum de S. Trinitate (311 v°) ; — Michaelis Pselli ad Michaelem Ducam imp. responsa de rebus theologicis (311 v°) ; — Maximi explicatio quorumdam Scripturæ locorum, ubi de Christo (314 v°) ; — Manuelis Moschopuli adversus Latinos de processione Spiritus sancti (315 v°) ; — Andronici Palæologi apophthegmata (319) ; — Excerpta e SS. Joanne Chrysostomo et Maximo (320).

XIV s. Bombyc. 320 fol. (Mazarin.-Reg. 3430.) *P.*

970. S. Basilii epistolæ variæ (1) ; — S. Joannis Damasceni fragmenta de orthodoxa fide et idiomatum proprietatibus (82 v°) ; — Photii, CP. patriarchæ, de Spiritus sancti processione (91 v°) ; — S. Gregorii papæ ad Germanum, CP. patriarcham, fidei expositio (94), — cum Germani responsione ad papam et ad legatos Minoritas de Spiritus sancti processione (55 v°) ; — S. Basilii homilia in Christi nativitatem (71), — exhortatio ad baptismum (79 v°), — homilia in laudem XL. martyrum (90), — in laudem Barlaami martyris (98 v°), — in laudem Gordii martyris (104 v°), — in ebriosos (110), — adversus irascentes (119 v°), — de invidia (128), — de humilitate (135 v°), — in illud : Destruam horrea mea (143), —

adversus ditescentes (151), — in illud : In principio erat Verbum (163), — de fide (168), — de Spiritu sancto (171 v°) ; — Nicolai Cabasilæ homilia de usura, initio mutila (175) ; — Anonymi homilia in nativitatem b. Mariæ : Καὶ πρῶτα μὲν τὸν Θεόν... (183) ; — Nicolai Cabasilæ homilia in ascensionem Domini (199) ; — ejusdem homilia in Annuntiationem (204 v°) ; — Narratio de quibusdam in Hungaria prodigiose factis, a. 1454, sept. 13 : Εἰς Οὐγρίαν... (211 v°) ; — Gregorii Palamæ homiliæ duæ in ingressum Deiparæ in sancta sanctorum (214), — de præmiis et pœnis bonos et malos post Domini adventum manentibus (238), — in crucem Domini (246), — in festum Purificationis (255), — in Annuntiationem (260 v°), — in Ascensionem homiliæ duæ (266) ; — ejusdem hypotheses xvi. e PP. et conciliis (278), — inter quas Nicolai Pepagomeni ad Gregorium Thessalonicensem epistola (355 v°); — Disputatio in palatio coram imperatore Gregorium Thessalonicensem inter et Nicephorum Gregoram habita (362) ; — — Theophanis orthodoxi disputatio cum quodam Barlaamita (368) ; — ejusdem disputatio cum Theotimo de divinitate (393 v°) ; — Confutatio illorum quæ Acindynus adversus Barlaamum scripsit (416 v°) ; — Anonymi apologia de divinis operationibus et secundum illas participatione : Εἰ μέν τις ἐστὶν ὁ πρός... (437 v°) ; — Anonymi de deifica participatione : Φέρε δὴ προθῶμεν... (460) ; — Anonymi de eo quod Acindynus et Barlaamus impie dividant unam divinitatem in duas æquales : Ταῖς πνευματοκινήτοις... (474); — Nota de expugnatione CP. (482).

XV s. Pap. 482 fol. (Medic.-Reg. 2986.) P.

971. S. Basilii epistolæ variæ.

XVI s. Pap. 176 fol. (Reg. 2897, 2.) P.

972. S. Basilii ad Gregorium Nazianzenum de vita eremitica epistola (3) ; — Plutarchi de animi tranquillitate (17), — de fortuna Romanorum (48), — de fortuna Alexandri Magni libri II. (72 v°).

XV s. (Copié par Georges Hermonyme.) Papier. 116 fol. (J.-A. de Thou.-Colbert. 3993.) P.

973. Symeonis Metaphrastæ sermones XXIV. de moribus, e variis S. Basilii operibus selecti.

Copié en 1045. Parchemin. 309 fol. (Colbert. 4514.) P.

974. Symeonis Metaphrastæ sermones XXIV. de moribus, e variis S. Basilii operibus selecti.

XIV s. Bombyc. 180 fol. (Medic.-Reg. 2898.) *P.*

975. S. Gregorii Nazianzeni homiliæ, cum scholiis, in S. Pascha duæ (1), — in novam Dominicam (40), — in Pentecosten (51), — in Macchabæos (69), — in laudem Cypriani martyris (86), — in Julianum exæquatorem orationes duæ (104), — oratio funebris in laudem S. Basilii (120), — in S. Theophania (188), — exhortatio ad baptismum (204), — in laudem Gregorii, fratris S. Basilii (247), — in laudem S. Athanasii (253), — in plagam grandinis (281), — de pauperibus caritate complectendis (299), — homilia valedictoria in præsentia CL. episcoporum (335).

XII s. Parch. 352 pages. *P.*

975 A. S. Gregorii Nazianzeni orationes, cum [Eliæ Cretensis] scholiis, de theologia V. (3), — ad Ægyptios (55), — in laudem Cæsarii fratris (59), — in Julianum apostatam orationes duæ (70), — de fuga in Pontum (118), — de pace orationes tres (143 v°), — in laudem patris (161), — adversus Arianos de multitudine sua gloriantes (177), — adversus Eunomianos prævia disputatio (183), — ad Nectarium, CP. episcopum, epistola (188), — in illud Matthæi : Cum consummasset Jesus hos sermones (189), — in electione Eulalii, Doarensium episcopi (196), — ad Evagrium monachum epistola (197), — annotatio de iv. apud Ezechielem animalibus (199), — paraphrasis in Ecclesiasten (200), — in præfectum irascentem (209 v°), — ad patrem, cum Nazianzenæ ecclesiæ curam sibi commisisset (214), — ad patrem, cum Sasimorum episcopus unctus esset (216), — post reditum e fuga (218), — in laudem sororis Gorgoniæ (219 v°), — de virginitate (226 v°), — de moderatione in disputationibus servanda (228) ; — Vita S. Gregorii Nazianzeni, in epitome, ex Menologio (242 v°) ; — Troparion in eumdem (243).

XI s. Parch. 243 fol. *P.*

975 B. S. Gregorii Nazianzeni oratio I. in S. Pascha (2), — in novam dominicam (21), — in Pentecosten (26 v°), — in Christi nativitatem (35 v°), — in sancta lumina (43 v°), —

oratio valedictoria coram CL. episcopis (52), — in sanctum
baptisma (64), — de pauperibus caritate complectendis (90),
— de dogmate et officio episcoporum (115), — de theologia oratio II. (119 v°), — ad Ægyptios (134), — in laudem
S. Athanasii (139), — in laudem Cypriani martyris (153 v°),
— in laudem Macchabæorum (161 v°), — in laudem Heronis
philosophi [Maximi Cynici] (168), — in laudem S. Basilii
(178), — coram S. Gregorio Nysseno (217 v°), — ad Nazianzenos qui se acciverant (221), — de fuga in Pontum (223), —
in laudem Cæsarii fratris (254 v°), — ad patrem cum Nazianzenæ ecclesiæ curam sibi commisisset (260 v°), — ad patrem
cum Sasimorum episcopus unctus esset (262 v°), — de episcopi munere ægre suscepto (265), — in Julianum exæquatorem (266 v°), — in præfectum irascentem (273), — in plagam
grandinis (278), — in laudem sororis Gorgoniæ (288), — in
laudem patris (296 v°), — de pace orationes I. et II. (316), —
adversus Eunomianos oratio de theologia (331 v°), — in Pascha et in tarditatem (336) ; — Macarii epistola ad fratres
(337 v°).

XIV-XI s. Parch. 350 fol. Palimps. P.

976. S. Gregorii Nazianzeni homilia in Christi nativitatem
(11), — oratio funebris in laudem S. Basilii (26), — in sancta
lumina (103), — in sanctum baptisma (121), — in laudem
Gregorii, fratris S. Basilii (170), — in laudem S. Athanasii
(177), — oratio valedictoria in præsentia CL. episcoporum
(209), — de pauperibus caritate complectendis (231), — in
plagam grandinis (269) ; — Narratio miraculi S. Michaelis in
Chonis (323) ; — Martyrium S. Demetrii (347) ; — Martyrium
S. Theodori, militum præfecti (363) ; — Constantini Acropolitæ homilia in laudem Georgii martyris (395) ; — ejusdem
homilia in laudem Constantini magni et Helenæ ejus matris
(439).

XII-XIV s. Parch. 488 pages. P.

977. S. Gregorii Nazianzeni homiliæ de fuga in Pontum
(1), — in Pascha et in tarditatem (31 v°), — in laudem S.
Mamantis martyris (49), — in Macchabæos (62 v°), — in Julianum exæquatorem (70 v°), — in Christi nativitatem (78), —

oratio funebris in laudem S. Basilii (87), — in sanctum baptisma (130), — de pauperibus caritate complectendis (155 v°), — in plagam grandinis (189 v°), — in laudem Cypriani martyris (212 v°), — in festo Martyrum, præsente S. Gregorio Nysseno (222 v°); — Apocalypsis S. Joannis (226 v°); — Expositio historiarum quarum meminit in homiliis S. Gregorius Nazianzenus, initio et fine mutila (245).

XII s. Parch. 247 fol. (Colbert. 4241.) P.

978. S. Gregorii Nazianzeni homiliæ in Pascha et in tarditatem (2), — in S. Pascha (4 v°), — in novam Dominicam (26), — in Pentecosten (33 v°), — in Maccabæos (45 v°), — in laudem Cypriani martyris (56), — in plagam grandinis (68 v°), — in Julianum exæquatorem (84), — in S. Theophania (94 v°), — in laudem S. Basilii (106), — in sancta lumina (161 v°), — in sanctum baptisma (171 v°), — in festo martyrum, præsente S. Gregorio Nysseno (200), — in laudem S. Athanasii (204), — oratio valedictoria in præsentia CL. episcoporum (219), — de pauperibus caritate complectendis (233).

XII s. Parch. 252 fol. (Reg. 2882, 2.) P.

979. S. Gregorii Nazianzeni homilia in Christi nativitatem (3); — S. Joannis Chrysostomi homilia de eodem (13 v°); — Procli, CP. patriarchæ, homilia de eodem (17 v°); — S. Epiphanii, Cypri archiepiscopi, homilia in laudem b. Mariæ (21 v°); — S. Joannis Chrysostomi homilia in stellam, magos, etc. (26); — Procli, CP. patriarchæ, homilia in S. Stephanum protomartyrem (37 v°); — S. Joannis Chrysostomi homilia in Herodem et infantes (42); — Amphilochii Iconiensis homilia in laudem S. Basilii (45 v°); — S. Cyrilli Alexandrini homilia in occursum Domini (74); — S. Gregorii Nazianzeni homilia de eodem (78 v°); — S. Joannis Chrysostomi homilia de fine mundi (84); — S. Anastasii [Sinaitæ] homilia in Psalmum VI. (93 v°); — S. Joannis Chrysostomi homilia in filium prodigum (106 v°); — ejusdem homilia in mesopentecosten (119 v°); — S. Gregorii Neocæsariensis homilia in Annuntiationem Deiparæ (122 v°); — Germani, CP. patriarchæ, homilia in præsentationem b. Mariæ (130 v°); — S. Joannis Chrysostomi homilia in divitem et Lazarum (136 v°);

— Severi[ani], Gabalorum episcopi, homilia in cæcum natum
(141); — S. Joannis Chrysostomi homilia in XL. martyres
(144); — ejusdem homilia in Annuntiationem b. Mariæ (151);
— ejusdem homilia in Lazarum quatriduanum (155); — S.
Epiphanii homilia in ramos palmarum (158); — S. Joannis
Chrysostomi homilia de eodem (166); — Leontii, CP. presbyteri, homilia in Jobum (171); — S. Joannis Chrysostomi
homilia in ficum arefactam (176 v°); — ejusdem homilia in
decem virgines (182 v°); — ejusdem homilia in meretricem
et Pharisæum (187 v°); — S. Ephræmi homilia de eodem
(189 v°); — S. Joannis Chrysostomi homilia in mulierem
peccatricem (197); — S. Ephræmi homilia in Domini passionem (205 v°); — S. Anastasii Sinaitæ homilia de eodem (210);
— S. Epiphanii homilia in sepulturam Domini (230 v°); —
ejusdem homilia in Domini passionem (244 v°); — S. Joannis Chrysostomi homilia in S. Pascha (248 v°); — S. Gregorii
Nazianzeni homilia de eodem (253 v°); — ejusdem homilia
in novam Dominicam (256); — S. Joannis Chrysostomi homilia in Petrum et Eliam (262); — ejusdem homilia in illud :
In medio festi (270 v°), — in Ascensionem homiliæ duæ (275),
— in Pentecosten (283 v°), — in omnes sanctos (290); —
Martyrium SS. Petri et Pauli (294); — S. Andreæ Cretensis
homilia in dormitionem b. Mariæ (316 v°); — Anonymi de
inventione Sæ. Crucis : Ἐν ἔτει ἑϐδόμῃ... (332); — Nectarii, CP.
patriarchæ, homilia in festo S. Theodori martyris (340 v°); —
Jacobi, fratris Domini, sermo in nativitate b. Mariæ (373).

XIII s. Bombyc. 378 fol. (Colbert. 4704.) **P.**

980. S. Gregorii Nazianzeni homilia de pauperibus caritate complectendis (1); — ejusdem homilia in plagam grandinis (19); — S. Joannis Damasceni homilia in Annuntiationem (53); — Leontii, CP. presbyteri, homilia in ramos
palmarum (105); — Georgii rhetoris et chartophylacis homilia in illud : Stabant juxta crucem Jesu mater illius et soror
matris (119); — S. Gregorii Nazianzeni homilia in S. Pascha
(169); — S. Joannis Chrysostomi homilia de eodem (174); —
S. Gregorii Nazianzeni homilia in laudem Mamantis martyris
(177); — ejusdem homilia in Christi resurrectionem (193);

— S. Joannis Chrysostomi homilia in illud : Pater meus facit et ego facio (230); — ejusdem homilia in illud : Stetit Jesus et clamavit, dicens : Si quis sitit (262); — ejusdem homilia in Samaritanam (277); — ejusdem homilia in illud : Hæc dicens Jesus spuit humi (319); — S. Epiphanii homilia in Christi ascensionem (335); — S. Gregorii Nazianzeni homilia in Pentecosten (346).

XIV s. Pap. 350 pages. *P.*

981. S. Gregorii Nazianzeni oratio funebris in laudem S. Basilii (1), — in sancta lumina (54), — in sanctum baptisma (68), — in Pentecosten (108 v°) ; — Vita S. Nicolai Myrensis (120).

XIV s. Bombyc. 146 fol. (Colbert 5111.) *P.*

982. S. Gregorii Nazianzeni homiliæ, cum Nicetæ Heracleensis commentariis, in S. Pascha duæ (1), — in novam Dominicam (50), — in Pentecosten (61 v°), — in Macchabæos (79) ; — in laudem Cypriani martyris (91), — in Julianum exæquatorem (102 v°), — in Christi nativitatem (113), — oratio funebris in laudem S. Basilii (128), — in sancta lumina (177), — in sanctum baptisma (191 v°), — in festo Martyrum, præsente S. Gregorio Nysseno (224 v°), — in laudem S. Athanasii (229), — oratio valedictoria in præsentia cl. episcoporum (247), — de pauperibus caritate complectendis (264 v°), — in plagam grandinis (283) ; — S. Basilii exhortatio ad baptismum (296).

XIV s. Bombyc. 312 fol. (Mazarin.-Reg. 2887.) *P.*

983. S. Gregorii Nazianzeni homilia in laudem Cæsarii fratris (2), — in laudem sororis Gorgoniæ (12 v°), — de pace homiliæ tres (20), — ad patrem, cum Nazianzenæ ecclesiæ curam sibi commisisset (44), — ad patrem, cum Sasimorum episcopus unctus esset (46 v°), — post reditum e fuga (49), — in laudem Heronis philosophi (51), — in S. Pascha homiliæ duæ (61), — in novam Dominicam (79 v°), — in Pentecosten (84 v°), — in Macchabæos (93), — in laudem Cypriani martyris (100 v°), — in Julianum exæquatorem (110), — in Christi nativitatem (118), — in laudem S. Basilii (126), — in sancta lumina (181), — in sanctum baptisma (191 v°), — in festo

Martyrum, præsente S. Gregorio Nysseno (217), — in laudem
S. Athanasii (221), — oratio valedictoria in præsentia CL.
episcoporum (238), — de pauperibus caritate complectendis
(251 v°), — in plagam grandinis (270 v°); — Joannis, Carpathii episcopi, capita ascetica c. ad monachos in India degentes
(281); — S. Gregorii Nazianzeni testamentum (302).

XIV s. Pap. 302 fol. (Fontebl.-Reg. 2888.) *P.*

984. S. Gregorii Nazianzeni apologia de fuga in Pontum
(1), — homilia ad patrem, cum Nazianzenæ ecclesiæ curam
sibi commisisset (29 v°), — ad patrem, cum Sasimorum episcopus unctus esset (32), — post reditum e fuga (34), — ad
Nazianzenos, qui ipsum acciverant (35 v°), — in præfectum
irascentem (37 v°), — in laudem Cæsarii fratris (43), — in
laudem sororis Gorgoniæ (54), — in laudem patris (62 v°), —
de pace homiliæ tres (81), — de moderatione in disputationibus servanda (102), — de theologia oratio II. (114 v°), — de
Filio homiliæ duæ (128 v°), — de Spiritu sancto (146 v°), —
adversus Arianos de multitudine sua gloriantes (158), — adversus Eunomianos (164 v°), — de theologia oratio I. (169).
— ad Ægyptios episcopos (173 v°), — ad eos qui dicebant
sedem CP. ab ipso affectari (178), — de se ipso, cum in urbem reversus esset (183), — in laudem Heronis philosophi
(190), — in Julianum apostatam homiliæ duæ, cum scholiis
(199 v°), — in illud : Cum consummasset Jesus hos sermones
(254), — ad Cledonium epistolæ duæ (262 v°), — ad Nectarium, CP. patriarcham, epistola (269 v°), — homilia in electione Eulalii, Doarensium episcopi (271), — ad virginem
exhortatio (272 v°), — paraphrasis in Ecclesiasten (274).

XIV s. Pap. 270 fol. (Medic.-Reg. 2806.) *P.*

•**985.** Ex Aristophanis Pluto fragmentum (1); — Anonymi
explicatio historiarum quarum meminit S. Gregorius Nazianzenus in oratione funebri in S. Basilium : Οἱ τῶν Ἑλλήνων σοφισταί... (4); — Joannis Argyropuli solutiones quæstionum
propositarum a quibusdam insulæ Cypri philosophis et medicis (12); — Galeni de febrium differentiis (26); — Stephani
de febrium differentiis (71); — Anonymi quæstiones et solutiones medicæ : Διά τι αἱ μεγάλαι... (80); — Aristotelis proble-

mata physica (89 v°); — Dionysii Longini tractatus de sublimi genere dicendi (222 v°); — Galeni de usu partium corporis humani (225); — Anonymi narratio de Magis : Ὁ δὲ Ἀρρατιανὸς εἶπε... (297); — Anonymi iatricon : Βοηθεῖν δεῖ τῷδε τῷ τρόπῳ... (301); — Anonymi de horologii Persici constructione : Ὡρολό-γιον ἄριστον Περσικόν... (314 v°); — Hierophili sophistæ de alimentis singulis mensibus adhibendis (315 v°); — De cyclo lunari (317); — De Paschatis inveniendi ratione (319 v°); — Anonymi tractatus adversus Latinos de Spiritus sancti processione (329); — Anonymi [Germani, CP. patriarchæ,] explicatio sacræ liturgiæ : Τὸ σήμαντρον αἰνίττεται... (334); — Anonymi versus ad pœnitentiam adhortatorii : Στῆθι καὶ βλέψον... (344); — Anonymi monodia in mortem medici cujusdam imperatoris amici : Εἶτα καὶ σοῦ φεῦ... (346); — Anonymi elogium imperatoris cujusdam : Πολλοὺς μὲν τῶν πρίν... (348).

XV s. Pap. 350 fol. (Fontebl.-Reg. 3171.) *P.*

986. S. Gregorii Nazianzeni homilia in Christi nativitatem (1); — ejusdem homilia in sancta lumina (11); — S. Joannis Chrysostomi homilia in Publicanum et Pharisæum (32); — ejusdem homilia in filium prodigum (41); — S. Gregorii Nazianzeni homilia de pauperibus caritate complectendis (58 v°); — ejusdem homilia in plagam grandinis (105); — Nectarii, CP. patriarchæ, narratio miraculi S. Theodori tyronis (131 v°); — S. Athanasii historia miraculi Berytensis (145 v°); — S. Joannis Chrysostomi homilia in crucis adorationem (161 v°); — ejusdem homilia de illo qui in latrones incidit (177); — Historia servatæ per Deiparam CP., imperante Heraclio (185); — S. Joannis Chrysostomi homilia in divitem et Lazarum (202 v°); — Vita Sæ. Mariæ Ægyptiacæ, auctore Sophronio Hierosolymit. (213); — Andreæ Cretensis homilia in quatriduanum Lazarum (255); — ejusdem homilia in ramos palmarum (284 v°); — S. Joannis Damasceni homilia in ficum arefactam (318 v°); — S. Joannis Chrysostomi homilia de jejunio (333); — Amphilochii Iconiensis homilia in mulierem peccatricem (348 v°); — S. Joannis Chrysostomi homilia in Judæ proditionem (372); — ejusdem homilia in magnam Parasceven (394 v°); — S. Epiphanii homilia in Christi

sepulturam (409); — S. Gregorii Nazianzeni homilia in Pascha et in tarditatem (437); — S. Joannis Chrysostomi homilia
in Christi resurrectionem (441 v°); — ejusdem homilia in
Ascensionem (446); — S. Joannis Damasceni homilia in
Christi transfigurationem (465); — S. Joannis Chrysostomi
homilia de eodem (499).

XVI s. Pap. 503 fol. (Colbert. 5110.) *P.*

987. S. Gregorii Nazianzeni homilia in illud : Memineritis
Dei et ipse vestrorum (1); — ejusdem homilia in Christi nativitatem (6); — S. Joannis Chrysostomi homilia in Annuntiationem b. Mariæ (21 v°); — Miracula S. Nicolai Thaumaturgi
(28 v°); — Andreæ Cretensis homilia in crucis exaltationem
(35 v°); — Anonymi homilia in Christi ordinationem : Ἐν ταῖς
χρόναις τῆς βασιλείας... (48); — Germani, CP. patriarchæ, homilia in laudem b. Mariæ (54 v°); — Jacobi historia nativitatis
b. Mariæ (62); — Anonymi homilia in Christi resurrectionem : Ἰδοῦ καὶ εἰς τὴν τῶν ἑπτά... (76 v°); — Joannis, Thessalonicensis episcopi, homilia in Assumptionem (102); — S. Epiphanii homilia in Christi sepulturam (134); — S. Gregorii
Thaumaturgi homilia in Christi sepulturam (155); — Historia
servatæ per Deiparam CP., imperante Heraclio (167 v°); —
S. Joannis Chrysostomi homilia in festo palmarum (181 v°);
— Vita Sæ. Mariæ Ægyptiacæ, auctore Sophronio Hierosolymit. (190); — S. Ephræmi homilia in adventum Christi (222);
— S. Joannis Damasceni homilia de SS. imaginibus (234); —
S. Joannis Chrysostomi homilia de pœnitentia (259); — ejus-
dem de eo quod neminem pudeat venerari crucem (273 v°).

XVI s. Pap. 283 fol. *P.*

988. S. Gregorii Nazianzeni homilia in Pascha et in tarditatem (1), — in Julianum exæquatorem (5), — valedictoria
in præsentia cl. episcoporum (20), — in plagam grandinis
(47); — Hermetis Trismegisti poema de terræ motibus (71);
— Polybii fragmentum e libris VI, X. et XVIII. de variis rerum publicarum formis (1).

XVI s. Pap. 73 et 68 pages. (Colbert. 4893.) *P.*

989. Anonymi [Nonni] expositio historiarum quarum meminit S. Gregorius Nazianzenus in orationibus duobus adver-

sus Julianum imp. (1), — in oratione funebri S. Basilii (108),
— et in sancta lumina (125).

XVI. s. (Copié par André Darmarios.) Pap. 141 fol. (J.-A. de Thou.-Colbert. 4010.) *P.*

990. S. Gregorii Nazianzeni carmina.

Copié en 1049. Parch. 174 fol. (Fontebl.-Reg. 2889.) *P.*

991. S. Gregorii Nazianzeni carmina.

XVI s. Pap. 309 fol. (Delamare.-Reg. 2891, 2.) *P.*

992. S. Gregorii Nazianzeni carmina (1); — Patricii et
Eudociæ Homerocentra (297 v°); — S. Gregorii Nazianzeni
epigrammata XII. in mortem S. Basilii (307 v°); — ejusdem
gnomica disticha (309 v°); — Nicetæ Dadybri philosophi expositio tetrastichorum S. Gregorii Nazianzeni (316); — Joannis Zonaræ explicatio eorumdem distichorum (366).

XV s. Pap. 402 fol. (Reg. 2891, 2.) *P.*

993. Apophthegmata sapientum (4 et 230 v°); — S. Gregorii
Nazianzeni carmina (7); — Nicolai CP., diaconi magnæ eccle-
siæ, expositio tetrastichorum S. Gregorii Nazianzeni (168); —
Theophylacti Simocattæ quæstiones naturales (231 v°).

XIV s. Bombyc. 244 fol. (Colbert. 6029.) *P.*

994. S. Gregorii Nazianzeni tragœdia, Christus patiens
(1); — Theodoreti historiæ ecclesiasticæ liber I. (120); —
Æsopi fabulæ, alphabetice (150).

XV s. Pap. 175 fol. (Fontebl.-Reg. 2891.) *P.*

995. S. Gregorii Nazianzeni carmina (1); — Excerpta varia
e SS. Basilio, Joanne Chrysostomo et Joanne Damasceno
(340 v°).

XVI s. Pap. 351 fol. (Colbert. 4580.) *P.*

996. Anonymi commentarius in S. Gregorii Nazianzeni
homilias in Julianum exæquatorem (1), — in Christi nativitatem (16 v°), — in laudem S. Basilii (44), — in sancta lumina
(82 v°), — in sanctum baptisma (92), — in præsentia CL. episcoporum (107 v°), — in laudem S. Athanasii (130), — in
præsentia S. Gregorii Nysseni (146 v°), — in orationem II. in
S. Pascha (148), — in novam dominicam (178 v°), — in Pentecosten (208), — in laudem Cypriani martyris (246), — in

plagam grandinis (259 v°), — de pauperibus caritate complectendis (263 v°) ; — Georgii Pachymeræ epistola ad Athanasium, Alexandriæ patriarcham (275).

XII s. Parch. 279 fol. (Fontebl.-Reg. 2885.) *P.*

997. Nicetæ Heracleensis commentarius in S. Gregorii Nazianzeni homilias II. in S. Pascha (1), — in novam Dominicam (52), — in Pentecosten (64 v°), — in Macchabæos (85 v°), — in laudem Cypriani martyris (97), — in Julianum exæquatorem (107 v°), — in S. Theophania (118), — in laudem S. Basilii (134 v°), — in sancta lumina (182 v°), — in sanctum baptisma (198 v°), — in præsentia S. Gregorii Nysseni (231), — in laudem S. Athanasii (235), — in præsentia cl. episcoporum (255), — de pauperibus caritate complectendis (276 v°), — in plagam grandinis (301 v°); — Theodori Prodromi versus varii (320).

Copié en 1231 par Germain ὁ Αιγνός. Parch. 321 fol. Palimps. (Fontebl.-Reg. 3429.) *P.*

998. Vita S. Gregorii Nazianzeni, auctore Suida (1); — Constantii scribæ τοῦ Ἀλιτροῦ versus ad Christum et b. Mariam (2 v°); — S. Gregorii Nazianzeni tragœdia, Christus patiens (3); — ejusdem epigrammata xii. in mortem S. Basilii, cum expositione Nicephori philosophi Paphlagonis (136); — ejusdem versus parænetici, alphabetice (139); — Pauli Silentiarii carmen in thermas Pythias (141); — S. Gregorii Nazianzeni versus varii (143); — Anonymi de rhapsodia : Τί ἐστι ῥαψῳδία... (150).

XVI s. Copié par Constant ὁ Ἀλιτρός. Pap. 150 fol. (Fontebl.-Reg. 2890.) *P.*

999. S. Gregorii Nysseni in Cantica canticorum homiliæ XV. (2 v°); — Catena in Salomonis proverbia (121).

Copié en 1272. Bombyc. 182 fol. (Medic.-Reg. 2883.) *P.*

1000. S. Gregorii Nysseni homilia in octo beatitudines (1); — ejusdem in orationem dominicam homiliæ V. (49); — Sententiæ e scriptoribus sacris et profanis excerptæ (82 v°); — Anonymi de Herculis laboribus : Ἐξέμηνε τὸν Διός... (89); — Leonis Sapientis imp. οἰκιστικὴ ψυχῆς ὑποτύπωσις (93); — Marci Antonini imp. de rebus suis fragmentum (101); — Anonymi adversus illos, qui, posita S. Spiritus divinitate, duos

esse Deos statuunt : Εἰ μέν τις ἐστὶν ὁ πρὸς τοσαύτην... (109); —
Aristidis et S. Basilii fragmenta (147 v°); — Hymnus in b.
Mariam : Σῶσον, δέσποινα... (148 v°); — Libanii epistolæ (149);
— ejusdem descriptio ebrietatis (154 v°); — Sententiæ variæ
(155); — Nicephori Chumni epistolæ (156); —Manuelis pali-
nodia (165); — Ænigmata, versibus heroicis (166); — Libanii
homilia de inexplebili cupiditate (171); — ejusdem epistola
ad Eustathium (173); — ejusdem homilia de paupertate (174);
— ejusdem lamentatio super Juliano imp. (176); — ejusdem
de nugis omittendis (181); — S. Athanasii fragmenta (187 et
198 v°); — Michaelis Pselli ad anonymum monachum responsio de terminatione mortis (197); — S. Gregorii Nysseni
ad Letoium epistola (203); — Anonymi de electione episcoporum et pontificis officiis : Οἱ καθ' ἡμᾶς πατέρες... (212); — Anonymi tractatus de somno, sensu, fortuna, aquis calidis, etc. :
Λεπτὴ μὲν ἡ φύσις... (229); — Anonymi homiliæ in evangelia
matutina IV, V, et IX. (241); — Origenis, S. Basilii et Isaiæ
fragmenta (253 v°); — Anonymi dialogus Christiani cum Judæo : Ἠρώτησεν Ἰουδαῖος Χριστιανόν... (257); — Anonymi proverbiorum collectio, alphabetice : Ἄδακρυς πόλεμος... (264); —
Ciceronis somnium Scipionis, a Maximo Planude græce versum (268).

XIV s. Pap. 275 fol. (Colbert. 5179.) P.

1001. S. Gregorii Nysseni Macrinia (1); — Platonis Phæ-
don (63); — Cebetis Thebani tabula (108); — Nicephori Gregoræ ad Demetrium Cabasilam opusculum de inveniendo
Paschate (121); — Breve chronicon de rebus a Turcis gestis
ab a. 1346 ad a. 1566 (131).

XV s. Copié par Jean, chantre. Pap. 132 fol. (Colbert. 4727.) P.

1002. S. Gregorii Nysseni homiliæ XV. in Canticum canticorum (1); — ejusdem in Salomonis ecclesiasten homiliæ
octo (120); — Catena in Salomonis proverbia I-IX, 6 (162);
— S. Andreæ, Cæsariensis episcopi, commentarius in Apocalypsin (179).

XIV s. Pap. 227 fol. (Medic.-Reg. 2882.) P.

1003. S. Gregorii Nysseni tractatus de inscriptionibus Psalmorum (1), — homilia in Psalmum VI. (220), — in illud :

Quando sibi subjecerit omnia (230 v°), — ad illos qui castigationes moleste ferunt (262 v°), — de iis qui adeunt Hierosolymam (276).

XVI. s. (Copié par André Darmarios.) Pap. 283 fol. (J.-A. de Thou.-Colbert. 4944.) P.

1004. S. Gregorii Nysseni tractatus de inscriptionibus Psalmorum.

XVI s. Copié par Symeon Carnanios. Pap. 132 fol. (Teller. Rem.-Reg. 2886, 2.) P.

1005. S. Gregorii Nysseni commentarius in Cantica canticorum.

XVI s. (Copié par André Darmarios.) Pap. 345 fol. (J.-A. de Thou.-Colbert. 4945.) P.

1006. S. Gregorii Nysseni commentarius in Ecclesiasten.

XVI s. (Copié par André Darmarios.) Pap. 184 fol. (J.-A. de Thou.-Colbert. 4946.) P.

1007. S. Gregorii Nysseni tractatus de hominis opificio (1); — ejusdem ad Petrum fratrem explicationis apologeticæ in Hexaemeron procemium (64).

XVI s. Copié par Constant ὁ Ἀλιτρός. Pap. 64 fol. (Fontebl.-Reg. 2884.) P.

1008. S. Gregorii Nysseni ad Petrum fratrem explicatio apologetica in Hexaemeron (1), — sermo magnus catecheticus (84), — homilia in illos qui hominem morti obnoxium esse moleste ferunt (113).

XVI s. (Copié par André Darmarios.) Pap. 208 fol. (J.-A. de Thou.-Colbert. 4943.) P.

1009. S. Gregorii Nysseni tractatus de hominis opificio (1); — ejusdem Macrinia (175); — SS. Cyrilli, Athanasii, Gregorii Nazianzeni et Procli fragmenta (229).

XVI s. (Copié par André Darmarios.) Pap. 272 fol. (J.-A. de Thou.-Colbert. 4942.) P.

1010. S. Gregorii Nysseni homiliæ in octo beatitudines (4), — in orationem dominicam homiliæ V. (64 v°), — de hominis opificio (105), — de instituendis catechumenis (114 v°); — S. Basilii commentariorum in Isaiam fragmentum (167 v°); — S. Gregorii Nazianzeni oratio ad Ammonium de professione Christiana (168 v°); — Symeonis S. Mamantis de mutationibus quæ corpori et animæ accidunt ex aëre, elementis et cibis (175); — S. Gregorii Nysseni homilia in Christi resurrectionem (180); — Symeonis S. Mamantis capita theologica xxiv. (195).

XVI s. Pap. 252 fol. (Teller. Rem.-Reg. 2883, 2.) P.

1011. S. Gregorii Nysseni vita Moysis (2), — liber de perfectione et qualem oporteat esse Christianum (216), — ad Harmonium oratio de professione Christiana (271).

XVI s. (Copié par André Darmarios.) Pap. 288 fol. (J.-A. de Thou.-Colbert. 4940.) P.

1012. S. Gregorii Nysseni Macrinia (1); — ejusdem de anima homilia I. (140 v°).

XVI s. (Copié par André Darmarios.) Pap. 189 fol. (J.-A. de Thou.-Colbert. 4941.) P.

1013. S. Joannis Chrysostomi homiliæ tres priores in Genesim (1); — ejusdem homilia in Publicanum et Pharisæum (41); — ejusdem homilia de salute animæ et futuro judicio (48 v°); — Theophili Alexandrini homilia, cui rei similis sit humana vita (57); — Martyrium S. Theodori tyronis (72); — Narratio de festo orthodoxiæ (87); — S. Basilii de jejunio homilia II. (106); — S. Joannis Chrysostomi homiliæ II. in sanctam crucem (118); — S. Basilii de jejunio homilia I. (131 v°); — S. Joannis Chrysostomi homilia in divitem et Lazarum (141 v°); — ejusdem homilia in quatriduanum Lazarum (147 v°); — Vita Sᵃᵉ. Mariæ Ægyptiacæ, auctore Sophronio Hierosolymitano (153); — Historia servatæ per Deiparam CP., imperante Heraclio (184); — S. Joannis Chrysostomi homilia in Annuntiationem b. Mariæ (199); — ejusdem homilia de pœnitentia (205); — ejusdem homilia de jejunio (233); — S. Anastasii Sinaïtæ homilia de sancta synaxi et oblivione injuriarum (262 v°); — S. Methodii homilia in ramos palmarum (283); — S. Joannis Chrysostomi homilia in ficum arefactam (295 v°); — ejusdem homilia de eleemosyna et in decem virgines (306); — S. Ephræmi homilia in meretricem (321); — S. Joannis Chrysostomi homilia in Judæ proditionem (336); — ejusdem homilia in crucem et in latro-

nem (354); — S. Epiphanii, Cypri episcopi, homilia in Christi
sepulturam (370).

XVI s. Pap. 395 fol. (Fontebl.-Reg. 2899.) P.

1014. S. Joannis Chrysostomi homiliæ in Psalmum CXIX-
CL. (1), — adversus Judæos homiliæ V. (249), — adversus
Anomœos, de incomprehensibili homiliæ VI. (371).

XI s. Parch. 458 fol. (Mazarin.-Reg. 2900.) P.

1015. S. Joannis Chrysostomi in Matthæum homiliæ V-
XXXVIII., initio et fine mutilæ.

XI s. Parch. 267 fol. (Colbert. 4165.) P.

1016. S. Joannis Chrysostomi in Joannem homiliæ II-XLV.,
initio mutilæ.

XII s. Parch. 600 pages. P.

1016 A. S. Joannis Chrysostomi in epistolam Pauli ad Romanos homiliæ XXXIII [XXXII.].

XIV s. Parch. 358 fol. P.

1017. S. Joannis Chrysostomi commentarius in Pauli ad
Galatas epistolam (1), — ad Ephesios (26), — ad Philippenses
(116 v°), — ad Colossenses (159), — ad Thessalonicenses
(184 v°).

X s. Parch. 196 fol. (Colbert. 4122.) P.

1018. S. Joannis Chrysostomi homilia in S. Pascha (7); —
Theodori Studitæ catecheses cxxxiv. (9); — ejusdem testamentum (289 v°); — Naucratii monachi epistola encyclica ad
fratres de obitu Theodori (298); — Anonymi versus elegiaci
in laudem Naucratii (314 v°); — Anonymi de Theodoro Stu-
dita epigramma (315); — Anonymi versus iambici de cœnobii
ministeriis, etc. : Τάξεις τεθέντας ὀμμάτων... (316).

X s. Parch. 320 fol. (Colbert. 4779.) P.

1019. S. Joannis Chrysostomi de divite et Lazaro homiliæ
I, II. et IV. (1), — de Davide et Saule (42 v°), — ad Antiochenos homiliæ V, VI. et II. (89).

XII s. Parch. 147 fol. (Colbert. 4783.) P.

1019 A. S. Joannis Chrysostomi homiliæ in eos qui ad
ludos circenses proficiscuntur (1 v°), — de divite et Lazaro

homiliæ tres (11), — de Galilæis (42 v°), — homilia IV. in Lazarum (43 v°), — in illud : De dormientibus nolo vos ignorare, fratres (51 v°), — in Isaiam homiliæ V. (58 v°), — in Seraphim (85 v°), — de diabolo tentatore (100 v°), — contra ignaviam (105 v°), — de instituenda secundum Deum vita (113 v°), — in illud : Nolo vos ignorare quod Patres vestri omnes sub nube (129), — in illud : In faciem Petro restiti (137 v°); — in illud : Vidua eligatur, etc. (145 v°), — in illud Jeremiæ : Domine, non est in homine via ejus (152); — S. Gregorii Nazianzeni oratio ad eos qui dicebant sedem CP. ab ipso affectari (160); — S. Maximi de anima disputatio adversus Arianum (164 v°); — S. Joannis Chrysostomi ad Olympiadem epistolæ xvii. (167), — epistola ad Brissonem (215), — ad Alphium (217), — ad Candidianum (217), — ad Elpidium episcopum (217 v°), — ad Polybium (217 v°), — ad episcopos, presbyteros et diaconos inclusos (218 v°), — ad Theodotum diaconum (219 v°), — ad Antiochenum episcopum (220), — ad Olympiadem de iis qui ob suum exilium scandalizati fuerant [cap. x., ss.] (220); — Pontii Pilati ad Tiberium imp. epistola de Jesu Christo (236 v°).

XIV s. Bombyc. 237 fol. *M.*

1020. Menæi novembris pars : S. Joannis Chrysostomi homilia in Seraphim (1 v°); — ejusdem homilia I. in Isaiam (6); — Vita SS. Cosmæ et Damiani (14); — Vita SS. Acyndini, Pegasii et sociorum (19 v°); — Martyrium SS. Acepsimæ, Josephi et Aithalæ (36); — Vita S. Joannicii (54); — Martyrium SS. Galactionis et Epistemes (87); — Vita S. Pauli, CP. patriarchæ (96); — Martyrium S. Hieronis et sociorum (103); — Martyrium S^æ. Matronæ (109); — Vita S^æ. Theoctistes Lesbiæ (129 v°); — Martyrium S. Menæ Ægyptii (140 v°); — Vita S. Joannis Eleemonis Alexandrini (147); — Vita S. Joannis Chrysostomi (184); — Vita S. Philippi apostoli (273); — Martyrium SS. Samonæ, Guriæ et Abibi (278 v°); — Martyrium S. Abibi (290); — Vita S. Matthæi apostoli (300 v°); — Vita S. Gregorii Thaumaturgi, auctore S. Gregorio Nysseno (304).

XI s. Parch. 344 fol. (Colbert. 2547.) *M.*

1021. S. Joannis Chrysostomi homilia in Publicanum et

Pharisæum (1); — ejusdem homilia de jejunio et Adæ transgressione (7); — De sapientibus et insanis mulieribus fragmentum (28); — Martyrium S^æ. Macrinæ (38); — Martyrium S^æ. Euphemiæ (51); — Martyrium S^æ. Catharinæ (65); — Martyrium S^æ. Barbaræ (87); — Vita S. Amphilochii Iconiensis (95); — S. Ephræmi homilia in formosum Josephum (108 v°); — Martyrium S. Georgii (139 v°); — Anonymi homilia in laudem S. Michaelis archangeli : Ὁ τῶν ἀΰλων πνευμάτων... (160); — Symeonis Magistri metaphrasis martyrii S. Demetrii (169 v°); — De Salomonis peccato : Ὅτι ἔλαβεν ἐκ τῶν ἐθνῶν... (184 v°); — Anonymi homilia de inventione sanctæ crucis : Ἐν ἔτει ἑβδόμῳ τῆς βασιλείας... (185 v°); — S. Joannis Chrysostomi homilia in Davidem et in S. Paulum (198 v°); — ejusdem homilia de jejunio et eleemosyna (205); — Andreæ Cretensis homilia in nativitatem b. Mariæ (219 v°); — Germani, CP. patriarchæ, homilia in præsentationem b. Mariæ (220); — S. Joannis Chrysostomi homilia in Annuntiationem b. Mariæ (229); — S. Gregorii Nazianzeni homilia in Christi nativitatem (235); — Amphilochii, Iconiensis episcopi, homilia in occursum Domini (253); — S. Gregorii Nazianzeni homilia in S. Pascha (264 v°); — Vita S. Joannis Baptistæ (270); — S. Joannis Chrysostomi homilia de sancta cruce (282 v°); — S. Ephræmi homilia de secundo Domini adventu (289); — Anonymi homilia de fine vitæ : Πάντας μὲν ἀγαπητοί... (300 v°); — S. Gregorii Neocæsariensis homilia in S. Theophania (316); — S. Joannis Chrysostomi homilia in exaltationem sanctæ crucis (326 v°); — S. Joannis apostoli sermo in dormitionem b. Mariæ (333); — ejusdem commentarius de Christo (347); — Theophanis Ceramei homilia in Christi transfigurationem (367); — S. Ephræmi homilia in Abraham et Isaac (388 v°); — Anonymi sermo de sacris imaginibus : Τοῦ βασιλέως Θεοφίλου... (399); — Anonymi de S. Spiritu : Τῇ αὐτῇ ἡμέρᾳ δευτέρᾳ... (418).

XV s. Pap. 422 fol. (Colbert. 4530.) **P.**

1022. S. Joannis Chrysostomi homiliæ duæ in S. Pascha (1), — in Christi resurrectionem (3 v°), — in novam Dominicam et in Thomam apostolum homiliæ duæ (6), — in mulieres unguentiferas (13 v°), — de evangelistarum concordia super Christi resurrectione (14 v°), — in Pentecosten (20 v°), — in illud : Cum ascendisset Jesus in templum (24), — in Pentecosten homilia II. (26), — in Samaritanam (27 v°), — in cæcum natum (29), — in ascensionem Christi homiliæ tres (38), — in Pentecosten homiliæ tres (43), — in omnes sanctos homiliæ duæ (50 v°).

XVII s. Pap. 56 fol. P.

1023. S. Joannis Chrysostomi ad Antiochenos homiliæ XXI. (1), — in parabolam M. talentorum (312), — de pœnitentia et injuriarum oblivione (320).

Copié en 1265. Parch. 327 fol. (Fontebl.-Reg. 2901.) P.

1024. S. Joannis Chrysostomi de sacerdotio libri VI. (2); — ejusdem adversus Judæos homiliæ VI. (108 v°), — homilia in Psalmum VII. (239), — in epistolam ad Hebræos homilia XX. (276 v°), — homilia de pœnitentia, cum rure ipse rediisset (291 v°).

XII s. Parch. 304 fol. (Colbert. 3061.) P.

1025. S. Joannis Chrysostomi de sacerdotio libri VI.

Copié en 1563 par Ange Vergèce. Pap. 80 fol. Peint. (Colbert. 3811.) P.

1026. S. Joannis Chrysostomi de compunctione cordis libri II., e. cod. bibl. Bavar. (1); — ejusdem exhortatio ad Theodorum lapsum (85); — Joannis VIII. papæ epistola ad Photium, CP. patriarcham (138); — S. Gregorii Nysseni epistola ad Eustathiam et Ambrosiam (142).

XVI s. Pap. 148 fol. (Colbert. 3596.) P.

1027. S. Joannis Chrysostomi exhortatio ad Theodorum lapsum.

XVI s. Pap. 54 pages. (Mazarin.-Reg. 2904.) P.

1028. Eclogæ xiv. e variis S. Joannis Chrysostomi homiliis.

XIII s. Parch. 127 fol. (Colbert. 4115.) P.

1029. Eclogæ xliv. e variis S. Joannis Chrysostomi homiliis.

Copié en 1542 par Christophe Auer. Pap. 400 pages. (Fontebl.-Reg. 2902.) P.

1030. Eclogæ xxxiii. e variis S. Joannis Chrysostomi homiliis.

XVI s. Pap. 296 fol. (Reg. 2903.) *P.*

1031. Innocentii I. papæ ad Arcadium imp. epistola de exilio et morte S. Joannis Chrysostomi (1); — Juliani imp. et S. Basilii epistolæ mutuæ (9); — Joannis Cameniatæ poema de Thessalonicæ urbis excidio (15); — Gennadii tractatus de vera et inculpata Christianorum fide (63).

XVI s. Pap. 81 fol. (Dufresne.-Reg. 2905.) *P.*

1032. Vita S. Joannis Chrysostomi, auctore Symeone Metaphrasta, initio mutila.

XIV s. Copié par le moine Jean. Parch. 79 fol. (Colbert. 4208.) *P.*

1033. Vita S. Joannis Chrysostomi, auctore Georgio, Alexandrino patriarcha (2); — Martyrium S. Stephani junioris, fine mutilum (197).

XI s. Copié par le moine Jean. Parch. 261 fol. (Fontebl.-Reg. 2942.) *P.*

1034. S. Ephræmi homilia de animæ salute et futuro judicio (2); — Vita S. Marci eremitæ (33); — Vita S. Alexii (31 v°); — S. Joannis Chrysostomi homilia de oratione et jejunio (65); — ejusdem homilia in Christi resurrectionem (80); — ejusdem homilia in annuntiationem b. Mariæ (85); — S. Epiphanii homilia in Christi sepulturam (92 v°); — S. Joannis apocalypsis, apocrypha (120); — Officia varia de S. Sabbato, in festo dormitionis b. Mariæ et in festo S. Nicolai (134 v°); — Vita et miracula S. Nicolai Myrensis (178 v°); — Anonymi homilia in filium prodigum : Ὁ κύριος ἡμῶν I. X., ἀγαπητοί... (216); — Anonymi oratio de jejunio : Ἡγαπημένοι χριστιανοί, οἱ λόγοι... (226); — Petri, Alexandrini patriarchæ, præcepta ad instituendam vitam utilia (236 v°); — Anonymi de eo quod non est ridendum sed plorandum nosmetipsos : Ἀρχὴ καταστροφῆς ψυχῆς... (244); — Eusebii, Alexandrini patriarchæ, homilia de jejunio (252); — S. Athanasii quæstiones ad Antiochum (264); — Anonymi homilia de eo quod ad sacram mensam sit accedendum : Λέγει ὁ προφήτης Δαυίδ... (280); — S. Joannis Chrysostomi homilia in magnam Dominicam (296); — S. Basilii homilia de eodem (305 v°); — S. Ephræmi sermo de pœnitentia (310); — Anonymi homilia

in exaltationem sanctæ crucis : Σωτηρίαν εἰργάσω ἐν μέσῳ... (316);
— S. Joannis Chrysostomi homilia de eodem (329).

XV s. Pap. 333 fol. (Delamare.-Reg. 2899,3.) P.

1035. S. Ephræmi homilia de animæ salute et futuro judicio (1); — S. Joannis Chrysostomi homilia in vanitatem vitæ
(34); — [Eusebii Alexandrini] narratio de descensu S. Joannis
Baptistæ ad inferos : Ἀναγκαῖον ἐστὶν πάλιν... (45); — [ejusdem]
homilia de diabolo et inferis : Ἀκούσας ὁ διάβολος τοῦ Κυρίου...
(55); — [ejusdem] homilia de passione Domini : Τὸ χρέως πλη-
ρῶσαι... (70); — Christophori, Alexandrini patriarchæ, homilia, cui rei similis sit vita humana (85); — Psalmorum fragmenta (121); — Troparium et Lectionarium (139).

XVI-XIV s. Pap. 442 pages. P.

1036. S. Ephræmi capita cxlii. ad Ægyptios monachos (6);
— Geronticon, capitibus cxliii.-clxxix. (204 v°).

XV s. Pap. 331 fol. P.

1037. Marci eremitæ de paradiso et lege spirituali capita
cc. (1), — de iis qui putant se ex operibus justificari capita
ccxi. (30 v°), — de pœnitentia cunctis necessaria (64), — dialogus ad eos qui de divino baptismate dubitabant (88); —
Nicolai cujusdam ad Marcum eremitam epistola (159 v°); —
Marci eremitæ consultatio intellectus cum sua ipsius anima
(169); — ejusdem disputatio cum sæculari causidico (177 v°);
— Hesychii presbyteri ad Theodulum antirrheticorum libri II.
(215); — Diadochi, Photices episcopi, capita ascetica xxii.
(269 v°); — Zosimi abbatis colloquia (287 v°); — Anonymi
capita ascetica v. (300 v°); — S. Nili homilia de inopia et
oratione (303); — ejusdem capita ascetica (304); — Arsenii
abbatis sermo de paupertate (313 v°) ; — Palladii fragmentum
de Brachmanibus (314); — Marci eremitæ capita de temperantia, fine mutila (319).

XIV s. Bombyc. 332 fol. (Fontebl.-Reg. 3440.) P.

1038. Synesii homilia de regno, ad Arcadium imp. (1); —
encomium calvitii (18), — Dio (32), — Ægyptius, sive de
providentia libri II. (46), — ad Pæonium, de dono astrolabii (64 v°), — de insomniis (67); — Fragmenta cryptogra-
phica (80 et 152 v°); — Synesii epistolæ (81), — oratio habita

in magnam barbarorum excursionem (139 v°); — Amasidis,
Ægypti regis, epistola ad Polycratem (145); — concio in laudem Anysii (145 v°), — homiliæ duæ (146); — Pythagoræ
aurea carmina (147 v°); — Phocylidis carmina (148 v°); —
Phalaridis epistolæ (154); — Bruti epistolæ (178); — Procopii Cæsariensis epistolæ (186); — Procopii Gazæi ἠθοποιία
(191); — Euripidis epistolæ (192 v°); — Callistrati descriptiones (196); — Aristotelis de virtute (206); — ejusdem de
mundo (208); — Gorgiæ encomium Helenes (219).

XIV s. Pap. 221 fol. (Medic.-Reg. 2913.) P.

1039. Synesii epistola (1), — encomium calvitii (79), —
homilia de regno, ad Arcadium imp. (91 v°), — Dio (107 v°),
concio in laudem Anysii (124), — homiliæ duæ (125 v°), —
Ægyptius, sive de providentia libri II. (127), — ad Pæonium,
de dono astrolabii (150), — de insomniis (153 v°), — hymni
(167 v°); — Anonymi commentarius in Chaldaïca oracula :
Εἴδωλα λέγεται παρὰ τοῖς... (176).

XIV-XI s. Parch. 181 fol. (Reg. 2914.) P.

1040. Synesii epistolæ civ-clvi. (1), — oratio habita in maximam barbarorum excursionem (30), — homilia de regno,
ad Arcadium imp. (33), — Dio (55), — concio in laudem Anysii (74 v°), — homiliæ duæ (75 v°), — encomium calvitii
(77 v°), — Ægyptius, sive de providentia libri II. (94 v°), — ad
Pæonium, de dono astrolabii (125 v°), — de insomniis (130
v°); — Aristidis rhetoris sermonum sacrorum libri V. (143);
— Platonis epistolæ (206). — Definitiones (259).

Copié en 1325. Bombyc. 264 fol. P.

1041. Synesii epistolæ aliquot (1); — Luciani convivium,
sive Lapithæ (25); — Fragmenta astronomica (32 v°).

XIV s. Bombyc. 34 fol. (Colbert. 4042.) P.

1042. Synesii de insomniis (1); — Plutarchi tractatus de
animæ procreatione, e Timæo (15); — Procli Diadochi commentarius in Euclidis elementa (34).

XVI s. Pap. 158 fol. (Colbert. 4921.) P.

1043. Synesii epistolæ aliquot (1);   ejusdem fragmen
tum e libro I. de providentia (9); — Sententiæ morales e

SS. Maximo, Thalassio, etc. (15) ; — Synesii Dio, initio et fine mutilus (41) ; — Anonymi de caritate et perfectione capita ascetica c. (57) ; — Anonymi de ratione futura divinandi : Τὸ πρῶτον σχῆμα ἐστι... (74) ; — Sibyllinorum oraculorum fragmenta (76 v°) ; — Excerpta theologica e SS. Athanasio, Gregorio Nazianzeno et Nysseno, etc. (77) ; — Anonymi de lumine, igne, luminaribus, sole, luna et astris : Τὸ πῦρ ἐν τῶν τεσσάρων στοιχείων (127) ; — Anonymi de xii. zodiaci signis et solis lunæque eclipsibus : Φασὶν δὲ καὶ δώδεκα... (130) ; — Excerpta e S. Dionysio Areopag., Theodoreto, Synesio, S. Gregorii Nazianzeni carminibus, etc. (135 v°) ; — Fragmentum geometricum : Χρὴ γινώσκειν ὅτι... (141).

XV s. Pap. 153 fol. (Medic.-Reg. 3533.) P.

1043 A. Synesii homilia de regno, ad Arcadium imp., lingua græca vulgari.

Copié en 1697 par Sebastos Trapezuntios. Pap. 47 fol. P.

1044. Nemesii Emeseni liber de natura hominis, initio mutilus (1) ; — S. Joannis Damasceni logica (62 v°) ; — ejusdem orthodoxæ fidei accurata expositio (93 v°).

XIV s. Bombyc. 193 fol. (Fontebl.-Reg. 3109.) P.

1045. Nemesii Emeseni liber de natura hominis (1) ; — Phrynichi ecloge vocum Atticarum (82 v°) ; — Aristotelis de virtutibus (92) ; — Anonymi de figuris orationis : Τίς ὁ λέγων... (104) ; — Fragmenta de vermium variis generibus, certaminibus Græcorum publicis, oratoribus, et epitheta in Jovem et alios deos (105) ; — Theophrasti characterum capita xv. priora (107) ; — Scholia in aliquot Platonis dialogos : Δίκη ἡ ὑπὲρ ἰδιωτικῶν... (118).

Copié en 1501 par Scipion Carteromachos. Pap. 127 fol. (Medic.-Reg. 2660.) P.

1046. Nemesii Emeseni liber de natura hominis.
XVI s. Pap. 112 fol. (Fontebl.-Reg. 3110.) P.

1047. S. Cyrilli Alexandrini homilia in Danielem, de Antichristo et de consummatione sæculi (1) ; — [Marcelli archimandritæ] narratio de inventione capitis S. Joannis Baptistæ in urbe Emesa (23) ; — S. Joannis Chrysostomi homilia in primam jejuniorum Dominicam, ex interpretatione in Joannem (36 v°); — ejusdem homilia in secundam Dominicam, ex interpretatione in Matthæum (45); — Vita S. Basilii, auctore Amphilochio Iconiensi (53 v°); — Excerpta e miraculis S. Basilii Cæsariensis (73), — de Juliano apostata (75); — S. Joannis Chrysostomi homilia in filium prodigum (104); — ejusdem homilia in annuntiationem beatæ Mariæ (118); — ejusdem homilia in ejectionem Adami e paradiso (125 v°); — S. Athanasii homilia in imaginem Christi Berytensem (163); — Anonymi tractatus adversus Palamitarum errores, initio et fine mutilus (169).

XV-XIV s. Pap. 198 fol. (Colbert. 4457.) *P.*

1048. S. Cyrilli Alexandrini thesaurus de sancta et consubstantiali Trinitate.

Copié en 1442. Pap. 305 fol. (J.-A. de Thou.-Colbert. 4360.) *P.*

1049. Theodoreti commentarius in XII. prophetas minores (1); — ejusdem commentarii in Danielem libri I-VI. et VII. initium (204).

IX s. Parch. 256 fol. *P.*

1050. Theodoreti quæstiones in Leviticum, Exodum, Deuteronomium, Josuam et Judices.

XVI s. (Copié par Constantin Palæocappa.) Pap. 106 fol. (Colbert. 3958.) *P.*

1051. Theodoreti commentarius in Psalmos, initio et fine mutilus.

IX s. Parch. 385 fol. (Colbert. 4232.) *P.*

1052. Theodoreti de providentia libri X. (1); — ejusdem de Græcarum affectionum curatione libri XII. (104).

XV s. Pap. 277 fol. (Fontebl.-Reg. 2912.) *P.*

1053. Nili monachi tractatus de voluntaria paupertate, initio mutilus (1), — de præstantia monachorum qui in eremis degunt (29), — sententiæ ad cælestia et incorruptibilia ducentes (43 v°), — ad Agathium monachum, præcepta de colenda virtute et vitio fugiendo (49), — homilia in laudem Albiani eremitæ (97), — homilia in Luc. XXII, 36 (100 v°), — historia de interemptis in monte Sina monachis (107), — de luctu sermo xc. (137 v°); — Anastasii Sinaitæ hodegus (139); —

Martyrium Macchabæorum, auctore Josepho (155); — Epicteti enchiridion (167 v°); — Epicteti enchiridii expositio : Ἐπανόρθωσίς ἐστι.... (174 v°); — Fragmentum de vita S. Joannis Chrysostomi : Θαυμάζω σε ἀνδρῶν... (189); — Joannis Carpathii capita ascetica cxvi. (190); — Excerpta e SS. Maximo, Cyrillo, Nilo, Joanne Damasceno et Gregorio Nysseno (199 v°); — S. Basilii ad Canonicam de vita canonica (204); — S. Gregorii Nysseni de hominis fabrica (207); — Diadochi, Photices episcopi, capita gnostica c. (214); — Expositio fidei Nicænæ synodi (248); — De patientia : Ὀλίγα τινὰ περὶ μετανοίας... (254).

X-XI s. Parch. 255 fol. (Medic.-Reg. 2909.) P.

1054. Nili monachi præcepta ad mores informandos idonea, versibus (1); — S. Gregorii Nazianzeni carmina de beatitudinibus et spiritualis vitæ regulis (19 v°), — in diabolum (24 v°), — laus virginitatis (25), — præcepta ad virgines (64 v°), — detestatio diaboli et preces ad Christum, omnia cum scholiis (103 v°); — S. Basilii de virginitate ad Letoium epistola (107); — Sententiæ ex Epicteti enchiridio excerptæ (180 v°); — S. Gregorii Nysseni epistola de virginitate (183); — Gregorii, Thessalonicensis archiepiscopi, tractatus de affectibus et virtutibus ad Xenam monialem (231), — homilia in Demetrium martyrem (256), — homilia de pace, post adventum in urbem Thessalonicam (265), — in parabolam Pharisæi et Publicani (269), — in filium prodigum (277), — in secundum Domini adventum (285 v°).

XV-XIV s. Pap. 286 fol. (Fontebl.-Reg. 2992.) P.

1055. Nili monachi excerpta varia (A); — Anonymi tractatus asceticus, e SS. Joannis Chrysostomi, Basilii et Gregorii Nazianzeni operibus collectus : Εἰ γὰρ ἐξ ἁμαρτωλῶν... (1).

XV s. Pap. 327 fol. (Colbert. 3889.) P.

1056. Evagrii monachi de vestibus monachorum (1); — ejusdem de vita practica capita c. (2); — ejusdem rerum monachalium rationes (22); — ejusdem de octo vitiosis cogitationibus (31 v°); — Marci monachi capita ascetica clvi. (76 v°); — ejusdem sermo alius : Θεὸν ἐν οἷς παρέχεις... (51 v°); — Diadochi, Photices episcopi, capita ascetica li. (90 v°); — Nili monachi capita ascetica xxii. (117 v°); — Apophthegmata SS.

PP. : Εἶπεν ὁ ἀββᾶς Ἰσαάκ... (119 vᵒ); — S. Ephræmi de virtutibus et vitiis (132 vᵒ); — Apophthegmata SS. PP. fine mutila :
Ἠρώτησέ τις τὸν ἀββᾶν Ἀντώνιον... (143).

XI s. Parch. 156 fol. (Colbert. 3975.) *P.*

1057. S. Leonis Romani, papæ I., columna fidei orthodoxæ christianæ (12); — præcedunt epistola ad card. Carolum
Lotharingum et index græco-latinus (1); — Nicetæ Choniatæ
definitiones theologicæ (40); — S. Maximi explicatio divinitatis (87 vᵒ); — ejusdem ad eos qui dicunt quod tres Deos
colamus (89 vᵒ); — ejusdem capita ad eos qui mysterium
Verbi Dei, humana specie induti, nosse volunt (93 vᵒ); — Ma-
humetis Corani excerpta, cum refutatione Nicetæ Choniatæ
(140); — Ordo cærimoniarum præscriptarum Saracenis qui
ad Christianam religionem convertuntur (170 vᵒ).

XVI s. Copié par Constantin Palæocappa Pap. 189 fol. Peint. (Colbert.
4753.) *P.*

1058. Æneæ Platonici Christiani Theophrastus, de mortuorum resurrectione.

XVI s. (Copié par Constantin Palæocappa.) Pap. 106 fol. Peint. (Béthune.-Reg. 3070.) *P.*

1059. Eustratii, CP. presbyteri, tractatus adversus eos qui
negant animas a corporibus sejunctas operari, atque precibus
et oblationibus adjuvari.

XVI s. Pap. 96 fol. (Mazarin.-Reg. 2947.) *P.*

1060. Gregentii, Tephrensis archiepiscopi, disputatio cum
Herbano Judæo (2); — S. Joannis apocalypsis (127 vᵒ), — et
epistola I. (169); — S. Gregorii Nazianzeni homilia in sancta
lumina (177); — Anonymi de inventione Sᵃᵉ. Crucis, temporibus Constantini magni : Ἐν ἔτει ἑβδόμῳ τῆς βασιλείας... (208);
— Martyrium S. Eustathii, uxoris et filiorum (217 vᵒ).

Copié (en partie) en 1518. Pap. 241 fol. *P.*

1061. Gregentii, Tephrensis archiepiscopi, disputatio cum
Herbano Judæo.

XVI s. Pap. 158 fol. (Gaignières.-Reg. s. n.) *P.*

1062. Pauli monachi asceticorum excerptorum liber II.
(4); — Anonymi oratio in laudem beatæ Mariæ : Παρθένε δέσποινα Θεότοκε... (319).

XIV s. Pap. 324 fol. *P.*

1062 A. S. Joannis Climaci scala paradisi (5); — præmittuntur auctoris vita in epitome, initio mutila (1), — et Joannis Sinaitæ ad Joannem Raithuensem epistola (3 v°); — S. Basilii constitutiones monasticæ, 34 cap. (171); — ejusdem epistola ad Canonicam (229 v°); — ejusdem sermo de institutionibus monachorum (231).

XI s. Copié par le moine Antoine. Parch. 239 fol. *P.*

1063. S. Joannis Climaci scala paradisi (2); — præmittuntur Joannis Raithuensis ad Joannem Sinaitam epistola, cum responso (A), — et vita Joannis Sinaitæ, auctore Daniele monacho Raithuensi (D^{v°}); — ejusdem liber ad pastorem (283 v°).

XIII s. Parch. 307 fol. *P.*

1064. S. Joannis Climaci scala paradisi (11); — præmittuntur Joannis Raithuensis ad Joannem Sinaitam epistola (1), — vita S. Joannis Climaci, auctore Daniele monacho (4), — et responsum S. Joannis Sinaitæ (9); — ejusdem liber ad pastorem (238 v°).

XI s. Parch. 257 fol. (Colbert. 4482.) *P.*

1065. S. Joannis Climaci scala paradisi (14); — præmittuntur vita S. Joannis Climaci, auctore Daniele monacho (3), — et Joannis Raithuensis ad Joannem Sinaitam epistola, cum responso (9 v°); — ejusdem liber ad pastorem (299 v°).

XII s. Parch. 325 fol. (Colbert. 4559.) *P.*

1066. S. Joannis Climaci scalæ paradisi capita VI. ultima (A); — Nili monachi tractatus de octo vitiis capitalibus (45); — ejusdem præcepta ad mores informandos utilia (52 v°), — adhortatio (56), — de magistris et discipulis (59); — S. Basilii homilia de contemptu vitæ (60); — ejusdem homilia de ascesi (66); — ejusdem epistolæ ad Chilonem et ad S. Gregorium Nazianzenum (67 v°); — Vita Arsenii abbatis (75 v°); — S. Ephræmi de eo quod non circumagendum est oculis (84 v°); — Stephani monachi homilia ascetica (86); — Esaiæ abbatis homilia de humilitate et de iis quæ tyrones servare debent (94 v°); — Moysis abbatis fragmentum (101 v°); — S. Basilii homiliæ de jejunio I. et II. (103), — de invidia (115), — de ira (121).

XI s. Parch. 125 fol. *P.*

1067. S. Joannis Climaci scala paradisi (7 v°); — præmittuntur vita S. Joannis Climaci, [auctore Daniele monacho] (1 v°), — et Joannis Sinaitæ ad Joannem Raithuensem epistola (5 v°); — ejusdem liber ad pastorem (178); — Scholia in scalam paradisi : 'Ανείδεον τὸ θεῖον... (192).

XI s. Parch. 206 fol. (Medic.-Reg. 2920.) *P.*

1068. S. Joannis Climaci scala paradisi (6 v°); — præmittuntur vita S. Joannis Climaci, auctore Daniele monacho (1), — et Joannis Sinaitæ ad Joannem Raithuensem epistola (5); — ejusdem liber ad pastorem (202 v°).

Copié en 1044 par Christodule, moine et prêtre. Parch. 218 fol. (Colbert. 4589.) *P.*

1069. S. Joannis Climaci scala paradisi, fine mutila.

IX s. Parch. 106 fol. Peint. (Colbert. 3887.) *P.*

1070. S. Joannis Climaci scala paradisi, initio et fine mutila (6); — præmittuntur vita S. Joannis Climaci (1), — et Joannis Sinaitæ ad Joannem Raithuensem epistola (5 v°); — Scholia in scalam paradisi : Καὶ τῇ μὲν ξευιτείᾳ... (188).

XII s. Parch. 233 fol. (Colbert. 4164.) *P.*

1071. S. Joannis Climaci scala paradisi (8 v°); — præmittuntur vita S. Joannis Climaci, auctore Daniele monacho (2), — et Joannis Raithuensis ad Joannem Sinaitam epistola, cum responsione (6); — ejusdem liber ad pastorem (183 v°).

XIII s. Bombyc. 194 fol. (Medic.-Reg. 2921.) *P.*

1072. S. Joannis Climaci scala paradisi (6); — præmittuntur Joannis Raithuensis ad Joannem Sinaitam epistola, cum responsione (1), — et vita S. Joannis Climaci, [auctore Daniele monacho] (3 v°); — ejusdem liber ad pastorem (137 v°).

XIII s. Bombyc. 149 fol. (Reg. 3439.) *P.*

1073. S. Joannis Climaci scala paradisi (8 v°), — præmittuntur vita S. Joannis Climaci, auctore Daniele monacho (2 v°), — et Joannis Raithuensis ad Joannem Sinaitam epistola, cum responsione (6); — ejusdem liber ad pastorem (191 v°).

XIV s. Pap. 209 fol. (Colbert. 4035.) *P.*

1073 A. Isaaci Syri opuscula ascetica (1); — Anonymi leges sincero cœnobitæ servandæ : Τὸ τελειότατον ἔργον... (120).

XII s. Parch. 136 fol. *P.*

1074. Isaaci Syri tractatus de obedientia et monasticis institutis (313); — ejusdem interrogata et responsa de morum
doctrina (346 v°); — ejusdem capita ascetica VI-XXVIII. (361 v°);
— Fragmentum canonarii (409).

XII s. Parch. Fol. 313-410. (Colbert. 4329.) *P.*

1075. Isaaci Syri homiliæ asceticæ LIV., e syriaca lingua
in græcam ab Abrahamio et Patricio, in laura S. Sabæ, versæ
(1); — Nili monachi de oratione capita CLXXXIII. (238 v°).

XIV s. Pap. 251 fol. (Mazarin.-Reg. 2941.) *P.*

1076. Anonymi homilia de silentio et vita solitaria : Μέ-
γιστα ἀμαρτήματα... (1); — Isaaci Syri homiliæ asceticæ, e syriaca lingua in græcam ab Abrahamio et Patricio versæ (12);
— Nili monachi capita quædam de vita monastica (258); —
Symeonis, Euchaïtarum metropolitæ, epistola ad Joannem
monachum (277 v°); — Maximi monachi tractatus de oratione
(282 v°); — Symeonis Metaphrastæ tractatus de oratione
(284 v°); — Mandata Domini : Μετανοεῖτε, ἤγγικε γάρ... (292 v°);
— Leonis Sapientis imp. odarium catanycticum (295 v°); —
Maximi monachi sermo asceticus per interrog. et respons.
(298); — Excerpta varia ex dictis SS. Patrum (316).

XIV s. Bombyc. 323 fol. *P.*

1077. Niconis monachi pandectes sacræ scripturæ.

XIII s. Parch. 300 fol. (Colbert. 5963.) *P.*

1078. Antiochi monachi pandectes sacræ scripturæ (8); —
præmittuntur vita Antiochi monachi (1) — et Antiochi epistola ad Eustathium abbatem (3).

Copié en 1073 par le prêtre Méthode. Parch. 230 fol. (Colbert 4713.) *P.*

1079. Antiochi monachi pandectes sacræ scripturæ; desunt
capita LXI. priora et ultimi finis (vol. II).

XI s. Parch. 180 fol. (Colbert. 4782.) *P.*

1080. Antiochi monachi pandectes sacræ scripturæ, usque
ad cap. LXI. (vol. I).

XI s. Parch. 134 fol. (Colbert. 4781.) *P.*

1081. Antiochi monachi pandectes sacræ scripturæ.

Copié en 1374. Pap. 268 fol. (Fontebl.-Reg. 2918.) *P.*

1082. Menæi fragmentum (1 et 276); — Antiochi monachi pandectes sacræ scripturæ (9); — Anastasii Sinaitæ homilia in ingressum jejuniorum (236); — S. Joannis Chrysostomi homilia de pœnitentia (252); — ejusdem homilia, non contemnendam esse Dei ecclesiam (253); — S. Hippolyti homilia de fine mundi et adventu Antichristi (256).

Copié (en partie) en 1524. Pap. 281 fol. (Mazarin.-Reg. 2993.) P.

1083. Interpretatio divinæ liturgiæ : Ἀναγκαῖον καθέστηκε... (1); — Antonii monachi pandectes sacræ scripturæ (5); — [S. Athanasii] vita et historia Melchisedech (101).

XVI s. Pap. 103 fol. (Teller. Rem.-Reg. 2918, 2.) P.

1084. S. Anastasii Sinaitæ hodegus, initio mutilus (1); — S. Gregorii Thaumaturgi expositio fidei (193); — ejusdem et S. Joannicii vitarum fragmenta (193); — Anonymi de vi. primis conciliis œcumenicis : Ἡ μὲν πρώτη γέγονεν... (199); — Fragmentum e S. Hippolyti chronico (205); — [Anastasii Antiocheni] narratio eorum quæ gesta sunt in Perside (206); — S. Silvestri papæ disputatio cum Judæis habita (247).

XI s. Parch. 273 fol. (Medic.-Reg. 2916.) P.

1085. S. Anastasii Sinaitæ responsa ad propositas sibi quæstiones.

Copié en 1001 par le clerc Léon. Parch. 334 fol. (Medic.-Reg. 2910.) P.

1086. S. Anastasii Sinaitæ responsa xxii. priora ad propositas sibi quæstiones.

XI s. Parch. 152 fol. (Fontebl.-Reg. 3444.) P.

1087. S. Anastasii Sinaitæ responsorum ad propositas sibi quæstiones fragmenta (1); — Hilarionis monachi τῶν Κατούλων versus (21 v°); — Anonymi scholia in Nicænum symbolum : Πιστεύομεν εἰς ἕνα... (25); — Euripidis Orestis fragmentum, cum scholiis (49); — Anonymi vocum difficiliorum explicatio : Τί ἐστι θεότης... (51); — [Nonni] collectio et explicatio historiarum quarum meminit S. Gregorius Nazianzenus in suis adversus Julianum orationibus (56); — Anonymi interrogationes et responsiones de S. Scriptura : Ἐγὼ εἶπα ἐν τῇ... (81 v°); — Liber Tobiæ (88); — Sententiæ e variis auctoribus excerptæ : Ἀνανεούσθω ὁ περὶ Θεοῦ... (104); — Patricii homerocentra (120);

— Esther (132); — Judith (144); — Dicta SS. Patrum (162).

XIV s. Bombyc. 178 fol. (Fontebl.-Reg. 2977.) P.

1088. S. Anastasii Sinaitæ quæstiones et responsiones.

Copié en 1441 par le hiéromoine Ignace. Pap. 356 fol. P.

1089. Dorothei abbatis doctrina.

Copié en 990 par le moine Abraham. Parch. 349 fol. P.

1090. Dorothei abbatis homiliæ XVI., initium desideratur (1); — Isaaci Syri homiliæ XXXVI., fine mutilæ (179).

XI s. Parch. 370 pages. P.

1091. Dorothei abbatis homiliæ XIX., initio mutilæ (1); — Apophthegmata SS. Patrum : Ἡ ὑπομονὴ τελιοτ... (76); — Narratio de abbate Philemone (84); — Hesychii presbyteri ad Theodulum capita ascetica cc. (92); — S. Joannis Climaci sermones xxvii-xxx. (119); — Zosimi abbatis colloquium (135); — Diadochi, Photices episcopi, capita ascetica (149 v°); — Philothei monachi capita ascetica xl. (165 v°); — ejusdem sermo, quod custodia cordis observantur Domini præcepta (184 v°); — S. Maximi capita quædam ascetica (204); — Nicephori monachi de custodia cordis (240 v°); — Anastasii Sinaitæ fragmenta (262); — Nili monachi homilia secunda ad Eulogium (266); — ejusdem capita de virtutibus (269), — de oratione (269 v°), — pa, ænesis ad monachos (279); — Dorothei abbatis didascalia (288).

XIV s. Bombyc. 289 fol. (Fontebl.-Reg. 2987.) P.

1092. Dorothei abbatis doctrina (1); — S. Anastasii quæstiones ad Antiochum ducem (112); — Excerpta e vitis SS. et Patrum scriptis (156); — Esaiæ abbatis præcepta ad fratres (176), — ad illos qui sæculo valedixerunt (230), — homiliæ variæ (246).

XIV s. Pap. 302 fol. (Mazarin.-Reg. 2937.) P.

1093. Dorothei abbatis doctrina (4); — SS. Patrum apophthegmata : Εἶπε τίς τῶν γερόντων... (141 v°); — Vita et miracula S. Paisii abbatis (164 v°); — Vita S. Marci eremitæ (207); — Vita Sæ. Mariæ Ægyptiacæ (216); — Vitæ S. Macarii [eremitæ] Romani fragmentum (240).

XIV s. Pap. 240 fol. (Colbert. 4630.) P.

1094. S. Maximi quæstiones et responsiones LXI. primæ de variis Sᵉ. Scripturæ dubiis (1), — orationis dominicæ brevis expositio (44), — epistolæ quinque (52), — quæstiones in SS. Dionysium Areopagitam et Gregorium Nazianzenum (61), — de caritate centuriæ IV. (162), — capita theologica de incarnatione ducenta (182 v°), — capita theologica et œconomica quingenta (200).

XV s. Pap. 245 fol. (Fontebl.-Reg. 2945.) *P.*

1095. S. Cyrilli [Maximi] quæstiones et responsiones de variis Sᵉ. Scripturæ dubiis (1) ; — Gregentii, Tephrensis archiepiscopi, disputatio cum Herbano Judæo (29) ; — Liturgica fragmenta (70) ; — Historia Barlaami et Joasaphi, auctore Joanne, S. Sabæ monacho (79).

Copié en 1575. Pap. 165 fol. *P.*

1096. S. Maximi quæstiones et responsiones de variis Sᵉ. Scripturæ dubiis (5) ; — S. Hippolyti martyris homilia de fine mundi et de adventu Antichristi (138) ; — S. Gregorii Nysseni homilia in S. Pascha (169).

XVI s. (Copié par André Darmarios.) Pap. 195 fol. (J.-A. de Thou.-Colbert. 4939.) *P.*

1097. S. Maximi mystagogia (2), — orationis dominicæ brevis expositio (31), — commentarius allegoricus in Psalmum LIX. (48), — epistolæ variæ XLII. (55), — quæstiones in SS. Dionysium Areopagitam et Gregorium Nazianzenum (195 v°).

Copié en 1055 par Paul. Parch. 211 fol. (Medic.-Reg. 2944.) *P.*

1098. S. Maximi quæstiones et responsiones (1) ; — Joannis Cassiani tractatus de institutis monachorum (22 v°) ; — ejusdem de octo vitiis capitalibus (34 v°) ; — ejusdem collatio prima de anachoretis Scetensibus (54) ; — ejusdem collatio secunda de Sereno abbate (67 v°) ; — Hyperechii presbyteri capita parænetica ad monachos (79) ; — S. Basilii catechesis ad cœnobitas cum monasticum habitum induunt (86) ; — Eusebii presbyteri et monachi opusculum adversus astronomos (89 v°) ; — S. Joannis Chrysostomi homilia in illud : Frustra conturbatur omnis homo (94) ; — Narratio de homine redivivo ad expianda præteritæ vitæ delicta, Nicetæ Patricii tempori-

bus, in urbe Carthagine : Ἐν τοῖς χρόνοις Νικήτα τοῦ Πατρικίου...
(98); — Dorothei abbatis doctrinæ caput xvii. (100 v°); —
— Excerpta e Paradiso SS. PP. (111); — Isaaci ascetæ capita
(115 v°); — S. Nili fragmentum de modo in victu servando
(116); — Excerpta e novo Paradiso (116 v°).

XI s. Parch. 131 fol. (Mazarin.-Reg. 2923.) P.

1099. S. Maximi capita theologica et œconomica quingenta.

XIV s. Pap. 142 fol. (Fontebl.-Reg. 2922.) P.

1100. S. Maximi tractatus de anima (1 v°) ; — Bartholomæi, Panormitani archiepiscopi, homilia qua in clericorum
mores invehitur, gr.-lat. (5); — Hymni ecclesiastici (19); —
Anonymi opusculum adversus illos qui dicunt unam esse in
Christo naturam : Πῶς οὖν τολμῶσι... (28); — Excerpta e legum
promptuario et S. Joanne Chrysostomo de pœnitentiæ regulis
(35); — Gregorii Decapolitæ sermo de visione qua Saracenus
ad Christianam religionem conversus est (44); — Arcudi
homilia in laudem Gregori XIII. papæ (56); — S. Hippolyti
excerpta de theologia et incarnatione (61); — Metropolitarum
et episcoporum jura, auctore Photio (69); — S. Ephræmi homilia in laudem S. Basilii (82); — Dialogus orthodoxi et Ma-
cedoniani, initio mutilus (93); — Psalmi xxxiv-xlviii. (102);
— Acta synodi adversus S. Joannem Chrysostomum habitæ
(110).

XIV-XVI s. Pap. 116 fol. (Mazarin.-Reg. 3368.) P.

1101. S. Maximi sermones, ex ecclesiasticis et profanis
scriptoribus collecti.

XI s. Parch. 175 fol. P.

1102. Antonii et Maximi monachorum loci communes sententiarum (3); — Aristotelis liber de mundo (209); — Anonymi præcepta ad mores Christianorum informandos idonea :
Πέντε εἰσὶν ἐργασίαι... (229 v°).

XI s. Parch. 230 fol. (Fontebl.-Reg. 3365.) P.

1103. Sententiæ morales e variis SS. PP. operibus collectæ
(5); — præmittitur brevis catalogus græcorum librorum (1).

XV s. (Copié par Georges Hermonyme.) Pap 52 fol. (J.-A. de Thou.-
Colbert. 3579.) P.

1104. S. Theodori Studitæ catechesis magna, initio et fine mutila (8); — præmittitur illius vita, initio mutila (1).

XI s. Parch. 249 fol. (Reg. 2934, 2.) P.

1105. S. Joannis Damasceni orthodoxæ fidei accurata expositio (3); — ejusdem capita philosophica (179).

XI s. Parch. 230 fol. (Medic.-Reg. 3379.) P.

1106. S. Joannis Damasceni dialectica (1), — orthodoxæ fidei accurata expositio (40), — institutió elementaris ad dogmata (152), — de duabus in Christo voluntatibus et operationibus (156 v°), — quot modis dicatur homo ad imaginem Dei creatus (169 v°); — S. Gregorii Nysseni oratio funebris in Meletium, s. xv. (177 v°).

XI s. Parch. et pap. 186 fol. (Colbert. 4780.) P.

1107. S. Joannis Damasceni orthodoxæ fidei accurata expositio (1); — S. Hippolyti Thebani disquisitio de beata virgine Maria et sancta Elisabeth (129 v°); — Michaelis Pselli expositio fidei (130 v°); — Severiani, Gabalorum episcopi, homilia in illud apostoli : In eo habitat omnis plenitudo divinitatis (132); — Excerptum ex actis primæ synodi de Latinis (134); — Anonymi de fonte, fluvio et aqua, id est, de Patre, Filio et S. Spiritu : Κἀκεῖνο δὲ νοητέον... (134 v°); — S. Cyrilli Alexandrini de Christi incarnatione capita quædam (135 v°).

XIII s. Bombyc. 142 fol. (Medic.-Reg. 3451.) P.

1108. S. Joannis Damasceni orthodoxæ fidei accurata expositio (1); — S. Maximi capita de caritate (101 v°).

XII s. Parch. 105 fol. (Teller. Rem.-Reg. 2924, 2.) P.

1109. S. Joannis Damasceni orthodoxæ fidei accurata expositio (1); — Scholia ex ore Theodori abbatis et philosophi, in quibus impium Arii dogma confutatur (161 v°).

XIV s. Pap. 168 fol. (Fontebl.-Reg. 2924.) P.

1110. S. Joannis Damasceni orthodoxæ fidei accurata expositio, initio mutila (1); — Manuelis Moschopuli erotemata grammatica (149); — S. Basilii explicatio orationis dominicæ (233 v°).

Copié (en partie) en 1465 par Nicolas Cladios. Pap. 248 fol. (Colbert. 4618.) P.

1111. Synaxarium (A) ; — Ordo tropariorum per annum (G) ; — S. Joannis Damasceni epistola de hymno trisagio (1) ; — Theodori Abucaræ dialogus cum præfecto Emesæ de Dei existentia (12) ; — ejusdem sermo adversus eos qui dicunt unam esse in Christo naturam (18 v°) ; — Joannis diaconi excerptum de disceptationibus Theodori Abucaræ (19 v°) ; — Theodori Abucaræ demonstratio vera quod Mahumet mendax et amens erat (23 v°), — dialogus cum Sarraceno (24 v°), — de eo quod Deus habet filium consubstantialem et coæternum (26 v°) ; — Papisci et Jasonis Judæorum dialogus cum Judæo de Christiana religione et lege Mosaïca (29) ; — Anonymi dialogus de non comedenda suilla carne (49) ; — Theodori [Abucaræ] responsum ad objectiones Severianorum de orthodoxa fide (49 *bis* v°) ; — ejusdem capita theologica xi. (50 v°) ; — ejusdem de Adami peccato et Salvatoris expiatione (52) ; — Anonymi opusculum de fine mundi : Ὁ μέγας καὶ κορυφαιώτατος... (52 v°) ; — S. Joannis Chrysostomi fragmentum de eodem (54) ; — S. Hippolyti opusculum de consummatione sæculi et de Antichristo (54 v°) ; — S. Hieronymi interrogata et responsa de fide catholica (56) ; — Anonymi dialogus de trinitate et unitate Dei : Τοῦ Θεοῦ λέγοντος· Ἴδετε... (59 v°) ; — S. Joannis Damasceni orthodoxæ fidei accurata expositio (66 v°) ; — ejusdem ad Joannem, Laodiceæ episcopum, institutio elementaris ad dogmata (167 v°) ; — ejusdem opusculum de duabus in Christo voluntatibus et operationibus (171 v°) ; — ejusdem dialectica (189 v°) ; — Joannis orthodoxi [Damasceni] dialogus cum Manichæo (220) ; — ejusdem [Theodori Abucaræ] responsio ad quæstionem : Quare, sicut dicimus, humanitas Christi est ipsa humanitas Petri et Pauli, etc. (225) ; — Theodori Abucaræ opusculum de luctatione Christi cum diabolo (225), — interrogatio Saraceni adversus Christianam religionem (226 v°), — dialogus adversus Nestorianos (229), — idem, quo explicatur illud Matthæi : Data est mihi omnis potestas (230), — dialogus tertius cum Nestoriano (230 v°) ; — Doctrina orthodoxi : Εἰς πατέρα καὶ υἱόν... (230 v°) ; — Eliæ, episcopi Jabrud, professio fidei a Joanne Damasceno dictata (237) ; — Fidei expositio quam S. Joannes evangelista, jubente beata Maria, S. Gregorio Thaumaturgo revelavit (241) ;

— S. Joannis Chrysostomi expositio parabolæ ficus (241 v°);
— Anonymi opusculum de quatuor formis animalium et de
beatis : Οἱ μάκαροι ἐκκλησίας... (242).

XI s. Parch. Fol. A-M et 244 fol. Peint. *P.*

1112. S. Joannis Damasceni disputatio adversus illos qui
sacras imagines calumniantur.

XVI s. Pap. 25 fol. (Mazarin.-Reg. 2932.) *P.*

1113. S. Joannis Damasceni homilia I. adversus illos qui
sacras imagines calumniantur.

XVI s. Pap. 39 fol. (Mazarin.-Reg. 3446.) *P.*

1114. S. Joannis Damasceni dialectica.

XVI s. Pap. 67 fol. (Mazarin.-Reg. 2931.) *P.*

1115. S. Joannis Damasceni tractatus de variis modis quo
res una alteri conjungi dicitur (1); — Barlaami monachi confutatio illorum quæ a papæ legatis de processione S. Spiritus
dicta fuerant (2); — Anonymi summa fidei Christianæ, ex conciliis, SS. Patribus et scriptoribus theologicis excerpta (4 v°);
— S. Cyrilli Alexandrini ad Theognostum, etc. epistola (307);
— Joannis, Antiocheni patriarchæ, ad S. Cyrillum epistola
(307); — Matthæi monachi tractatus de processione S. Spiritus adversus Latinos (308).

Copié en 1276 par Leon Cinnamos. Pap. 314 fol. (Medic.-Reg. 2951.) *P.*

1116. S. Joannis Damasceni dialectica (2 v°), — orthodoxæ
fidei accurata expositio (28 v°), — de hymno trisagio epistola
(114 v°); — Anonymi prolegomena in isagogen Porphyrii :
Μελλόντων ἡμῶν ἄρχεσθαι... (125); — S. Gregorii Nazianzeni
oratio funebris in S. Basilium (129); — S. Joannis Damasceni tractatus de hæresibus (140); — Computum paschale,
digitorum artificio (165 v°).

Copié en 1124 par Basile, notaire. Parch. 165 fol. (Medic.-Reg. 2930.) *P.*

1117. S. Joannis Damasceni dialectica (1); — ejusdem orthodoxæ fidei accurata expositio (40 v°).

XIII s. Bombyc. 152 fol. (Daluz.-Reg. 2930, 2.) *P.*

1118. S. Joannis Damasceni dialectica (1); — ejusdem orthodoxæ fidei accurata expositio (31 v°).

XIV s. Bombyc. 111 fol. (Reg. 3447.) *P.*

1119. S. Joannis Damasceni dialectica (4), — orthodoxæ fidei accurata expositio (42), — sermo utilis de hominis natura et animæ partibus (157); — S. Joannis Climaci scala paradisi (166 v°); — præmittuntur Joannis Raithuensis ad Joannem Sinaitam epistola (161), — Isaaci Syri fragmentum (161 v°), — et vita S. Joannis Climaci, auctore Daniele Raithuensi (162 v°) ; — ejusdem liber ad pastorem (296 v°); — S. Maximi tractatus de duabus Christi naturis (307 v°) ; — ejusdem epistola ad Joannem episcopum, quod anima sit incorporea (308 v°).

XIV s. Bombyc. 311 fol. (Fontebl.-Reg. 2928.) P.

1120. S. Joannis Damasceni dialectica (1); — ejusdem orthodoxæ fidei accurata expositio (69).

XIV s. Bombyc. 275 fol. (Fontebl.-Reg. 2925.) P.

1121. S. Joannis Damasceni dialectica (1); — ejusdem orthodoxæ fidei accurata expositio (74); — Nicephori Blemmidæ tractatus de fide (253).

XIV s. Bombyc. 263 fol. (Fontebl.-Reg. 2927.) P.

1122. S. Joannis Damasceni dialectica (1), — orthodoxæ fidei accurata expositio (60), — institutio elementaris ad dogmata (222), — tractatus de natura composita (227), — de duabus in Christo voluntatibus et operationibus (232), — disputatio adversus Nestorianorum hæresim (253).

XIV s. Pap. 268 fol. (Fontebl.-Reg. 2926.) P.

1123. S. Joannis Damasceni dialectica (3); — ejusdem orthodoxæ fidei accurata expositio (43); — S. Cyrilli Alexandrini adversus Nestorium capita XII. (164); — S. Gregorii Nysseni excerpta (165); — Anonymi de VII. conciliis generalibus : Πρώτη σύνοδος... (166 v°); — Timothei, Alexandrini patriarchæ, responsa ad canonicas quæstiones (172 v°); — Malchi capitula ad morum doctrinam idonea (175); — Nili tractatus de octo vitiosis cogitationibus (178); — Epochæ celebriores a mundi creatione ad annum 1203 (187 v°); — Anonymi lexicon : Ἄαπτος, ὁ ἀπροσπέλαστος... (188).

XV s. Pap. 330 fol. (Mazarin.-Reg. 2929.) P.

1123 A. S. Joannis Damasceni dialectica (7); — ejusdem

orthodoxæ fidei accurata expositio (56); — SS. Anastasii Antiocheni et Cyrilli Alexandrini professio fidei (193); — Loci
communes e scriptoribus ecclesiasticis et profanis collecti
(195 v°); — Preces variæ (269).

XV s. Pap. 279 fol. Peint. (Reg. 2929.) *P.*

1124. S. Joannis Damasceni dialectica (6); — ejusdem orthodoxæ fidei accurata expositio (69).

XV s. Pap. 276 fol. (Colbert. 4672.) *P.*

1124 A. S. Joannis Damasceni dialectica (1); — ejusdem
orthodoxæ fidei accurata expositio (56); — Anonymi oratio in
Judæos, initio mutila (221); — Anonymi epistolæ : Ἧκέ μοι
τὰ γράμματα... (228); — Computum ab a. 1424 (236).

XV s. Pap. 236 fol. *P.*

1125. Barlaami monachi et Joasaphi, Indiarum regis, historia, auctore Joanne, S. Sabæ monacho.

XV s. Pap. 184 fol. (Baluz.-Reg. 2926, 2.) *P.*

1126. Barlaami et Joasaphi historia, auctore Joanne, S.
Sabæ monacho (2); — Lectiones ex Actis apostolorum, initio
et fine mutilæ (154).

XIII s. Parch. 160 fol. (Colbert. 4190.) *P.*

1127. Barlaami et Joasaphi historia, auctore Joanne, S.
Sabæ monacho (1); — Excerpta e Gerontico et SS. Basilio et
Joanne Chrysostomo (271); — S. Leonis papæ ad Flavianum
epistola (282); — Anastasii Sinaïtæ sermo de sacra synaxi et
condonandis injuriis (293); — S. Joannis Chrysostomi epistola ad Cyriacum episcopum (305); — Anonymi monita ad
sacerdotem, qua ratione plebem docere debeat : Ἔγραψας, φίλ-
τατε, πρὸς ἡμᾶς... (310); — Anonymi confessio fidei : Πιστεύομεν
γὰρ εἰς ἕνα Θεόν... (331).

XIV s. Pap. 332 fol. (Mazarin.-Reg. 2049.) *P.*

1128. Barlaami et Joasaphi historia, auctore Joanne, S.
Sabæ monacho.

XIV s. Parch. 203 fol. Peint. *P.*

1129. Barlaami et Joasaphi historia, auctore Joanne, S.
Sabæ monacho; initio mutila.

Copié en 1354 par Joasaph. Bombyc. 220 fol. (Colbert. 4107.) *P.*

1130. Barlaami et Joasaphi historia, auctore Joanne, S. Sabæ monacho (6); — præmittitur Leontii monachi præfatio (2); — Fragmentum officii ecclesiastici (184).

XIII-XII s. Bombyc. et parch. 191 fol. (Colbert. 4169.) P.

1131. Barlaami et Joasaphi historia, auctore Joanne, S. Sabæ monacho.

Copié en 1321. Parch. 166 fol. (Colbert. 4481.) P.

1132. Barlaami et Joasaphi historia, auctore Joanne, S. Sabæ monacho.

XV-XII s. Pap. et parch. 191 fol. (Colbert. 4233.) P.

1133. Anonymi divina mandata e SS. Patribus et vitis sanctorum collecta : Καρπὸς ἀξίους τῆς μετανοίας... (1); — Joannis, Antiocheni patriarchæ, collectanea de mysteriis corporis et sanguinis Domini (292); — Nicolai, CP. patriarchæ, tractatus de tribus Græcorum quadragesimis (314); — S. Basilii homiliæ in illud : Attende tibi ipsi (332 v°), — quod Deus non sit auctor malorum (340 v°), — de ira (350), — de invidia (357), — in Lacizis habita (362 v°), — de humilitate (369 v°); — S. Joannis Chrysostomi fragmenta (374 v°).

XIII s. Bombyc. 376 fol. (Medic.-Reg. 2984.) P.

1134. Petri Damasceni commonitio ad suam ipsius animam (1); — ejusdem tractatus de Christi mandatis servandis (105); — ejusdem capita ascetica (123); — S. Joannis Chrysostomi homilia de pœnitentia (133); — Petri Damasceni explicatio dicti S. Joannis Chrysostomi de vita monastica (151 v°).

XIV s. Bombyc. 160 fol. (Mazarin.-Reg. 2994.) P.

1135. Petri Damasceni alphabetum asceticum (3); — ejusdem commonitio ad suam ipsius animam (78 v°).

XIV s. Bombyc. 198 fol. (Colbert. 4506.) P.

1136. Petri Damasceni synopticum asceticum, id est, commonitio ad suam ipsius animam, de Christi mandatis servandis, explicatio dicti S. Joannis Chrysostomi de vita monastica, etc. (1); — S. Maximi centuriæ IV. (160); — ejusdem centuriæ VII. (196 v°).

XIV s. Bombyc. 328 fol. (Fontebl.-Reg. 2933.) P.

1137. Petri Damasceni alphabetum asceticum (2); — ejusdem commonitio ad suam ipsius animam (83); — Marci abbatis sermo de pœnitentia (231 v°).

XV s. Pap. 248 fol. *P.*

1137 A. Anonymi sermones xxix.-lxvii., 30ᵘˢ incipit : Πάσης φύσεως ἀσυνθέτου... (1 v°); — ejusdem epistola ad Symeonem abbatem : Ἡ ἐπιστολή σου, ὦ ἅγιε... (97).

XII s. Parch. 106 fol. *P.*

1138. Anonymi sermones ascetici xxxii. : Ἀγαθὸν τὸ ἐξομολογειν.

XIV s. Parch. 323 fol. (Fontebl.-Reg. 2988.) *P.*

1138 A. Anonymi sermones ascetici, initio mutili (1); — Antirrhetici quatuor de variis artibus a diabolo ad inescandos homines adhiberi solitis : Ἔχει ἔθος πάλιν... (26); — Apophthegmata SS. Patrum (37 v°), — inter quæ : S. Joannis Chrysostomi homilia περὶ ὠφελείας ψυχῶν... (96); — S. Ephræmi Syri sermo utilis (125 v°); — S. Joannis Climaci sermo iv. de obedientia (136); — Collectanea ascetica, e S. Basilio, etc. (174 v°), — inter quæ S. Maximi homilia de vita ascetica (192).

XIV s. Bombyc. 245 fol. *P.*

1139. Anonymi sermones ascetici, initio mutili (1); — ejusdem epistola ad Symeonem abbatem : Ἡ ἐπιστολή σου, ὦ ἅγιε... (174 v°).

Copié en 1236 par le hieromoine Gerasime. Parch. 209 fol. Palimps. (Colbert. 4111.) *P.*

1140. Excerpta e vitis SS. Patrum : Ὥσπερ οὐδὲν ὄφελος... (1); — Esaiæ abbatis capita ascetica (52); — Hesychii presbyteri capitum antirrheticorum centuriæ duæ (54); — Philemonis abbatis gesta (88 v°); — Diadochi, Photices episcopi, capita ascetica c. (103); — Symeonis S. Mamantis præcepta monastica (149 v°); — S. Nili de oratione capita varia (195); — Hesychii presbyteri opusculum de inferno et pœnis improborum (211); — Apophthegmata SS. Patrum (215); — S. Nili capita de virtute (216 v°); — ejusdem sententiæ morales (217 v°); — Nicephori [Blemmidæ] tractatus de custodia cordis (219), — Excerpta e vitis SS. Patrum (220).

XIII s. Bombyc. 224 fol. (Medic.-Reg. 3452.) *P.*

1140 A. Florilegium e variis V. Testamenti libris (1); — Decalogi interpretatio : Ἐγώ εἰμι Κύριος... (3); — Anonymi quæstiones et responsiones de S. Scriptura : Γέγραπται ἐν τῇ Γενέσει... (10 v°); — Florilegium e S. Joannis Climaci scala paradisi (26); — Notæ de mensuris et ponderibus (38); — Florilegium ex orationibus S. Gregorii Nazianzeni (39), — ex historiis, quæ in ejusdem orationibus leguntur (47); — Belli Trojani brevis narratio e Manasse (50 v°); — De imperatoribus CP. et Hierosolymit. patriarchis (54); — Menandri fragmentum de crucis parte, ex Apamea CP. allata (58 v°); — Anonymi de IV. Evangeliis : Τέσσαρα δέδωκεν ἡμῖν... (59 v°); — Babrii fabulæ (60); — S. Gregorii Nazianzeni epigramma in S. Basilii sepulchrum, cum Nicetæ Paphlagonis interpretatione (62); — S. Joannis Damasceni fragmentum de anima (64); — Severiani, Gabalorum episcopi, fragmentum de sole et illius cursu (67v°); — Remediorum collectio : Τὴν κοίλην τοῦ πάσχοντος... (69); — Præcepta ad mores informandos idonea, e scriptoribus sacris et profanis collecta (70 v°); — Anonymi professio fidei (75); — S. Hippolyti Romani enarratio loci Danielis, ubi de Nabuchodonosoris somnio (77); — Officia aulæ CP. (81); — Anonymi de hominis conceptione et fabrica : Συνουσία ζομένων... (82), — de aquis calidis, etc. (82 v°); — De psalmis et instrumentis musicis Judæorum (83 v°); — Anonymi lexicon V. Testamenti : Ἀναιματί, ἄνευ αἵματος... (86); — Explicatio quorumdam S^æ. Scripturæ locorum : Ἔλεος καὶ ἀλήθεια... (88 v°); — Anonymi physiologus, de natura et proprietatibus animalium : Καὶ γὰρ Ἰακώβ εὐλογῶν... (91 v°); — Florilegium ex XII. prophetis minoribus (98).

XIV s. Bombyc. 103 fol. P.

1141. Florilegium de virtutibus et vitiis, e scriptoribus sacris et ecclesiasticis collectum (1); — Theophylacti, Bulgariæ archiepiscopi, prologus in interpretationem evangelii secundum Matthæum (62).

XV s. Pap. 69 fol. (Colbert. 3823.) P.

1142. Florilegium de virtutibus et vitiis (1); — Anonymi lexicon : Ἄαπτος, ὁ ἀπροσπέλαστος... (9).

XIV s. Bombyc. 273 fol. (Colbert. 6163.) P.

1143. Collectanea seu contacia xxxii. ascetica (1); — Anonymi commentarius in Pater noster (210 v°).

XIII s. Bombyc. 213 fol. (Colbert. 4113.) *P.*

1144. Collectanea ex scriptoribus ecclesiasticis, cap. iii.-xxxv., initio et fine mutila.

XV s. Pap. 227 fol. (Colbert. 4656.) *P.*

1145. S. Joannis Chrysostomi excerpta varia (1); — Philothei monachi tractatus de mandatis Domini (20 v°); — Ecloge capitum cc. Hesychii presbyteri ad Theodulum (25 v°); — Ecloge capitum l. Diadochi (51 v°); — Excerpta e dictis SS. Patrum (68); — Nicephori monachi homilia de custodia cordis (83); — S. Basilii homilia quomodo ornari debeat monachus (89); — Symeonis logothetæ sermones ascetici (90 v°); — Zosimæ abbatis sermo utilis (112 v°); — S. Maximi sermo asceticus per interrog. et respons. (134); — S. Nili de virtutibus capita x. (172); — Excerpta e vitis SS. Patrum (173); — Menologii fragmentum, jan. 19-31. (229).

XIV s. Pap. 236 fol. (Mazarin.-Reg. 2997.) *P.*

1146. Florilegium de virtutibus et vitiis (1); — S. Gregorii Nazianzeni carmina, « Venetiis, ex Aldi academia, mense junio, » 1504, in-4°. (93).

XVI s. Pap. 323 fol. (Fontebl.-Reg. 3366.) *P.*

1147. Apophthegmata SS. Patrum, initio mutila (1); — Vita Sᵃᵉ. Mariæ Ægyptiacæ, auctore Sophronio Hierosolymitano (43 v°); — Vita S. Antonii, auctore S. Athanasio Alexandrino (82).

XV s. Pap. 187 fol. (Colbert. 6329.) *P.*

1148. S. Cyrilli Hierosolymitani prophetia de Antichristo (1); — Symeonis, Thessalonicensis archiepiscopi, fragmentum de pane attollendo, e libro de mysteriis (2); — Græci cujusdam epistola ad Latinum de processione S. Spiritus, de pane azymo, de igne purgatorio, etc. : Ζήτημα. Τὸ λέγον ὅτι τὸ Πνεῦμα... (11); — [Theodori Prodromi] tetrasticha heroica in varia V. et N. Testamenti capita. In nativitatem beatæ Mariæ : Ἐκ πατέρων παίδεσσι... (24).

XVI s. Pap. 68 fol. (Reg. 3537, 2.) *P.*

1149. S. Basilii homiliæ sex priores in Hexaemeron (1);
— S. Gregorii Nazianzeni homilia in Christi nativitatem (119);
— ejusdem homilia in sancta lumina (134 v°).

XIV s. Parch. 146 fol. (Dupuy.-Reg. 3431.) *P.*

1150. S. Basilii epistola ad Cæsariam patriciam de communione (1); — S. Joannis Chrysostomi homilia quod neque
vivi, neque mortui anathemate plectendi sint (5).

XVI s. Parch. 37 pages. (Teller. Rem.-Reg. 3432, 2.) *P.*

1151. S. Basilii moralium regulæ LVIII. priores.

XVI s. Parch. 52 fol. (Reg. 3432.) *P.*

1152. Canones pœnitentiales varii (1); — inter quos S. Basilii canones (11 v°); — Gregorii monachi oratio (24 v°); —
Joannis monachi, S. Basilii discipuli, canones pœnitentiales
(33); — Nicephori, CP. patriarchæ, canones (48); — Officia
ecclesiastica varia (49 v°); — inter quæ : Ordo ad conficiendum
sanctum oleum (94 v°); — Ordo ad conficiendam aquam bene-
dictam (123); — Evangelia matutina XI. (136).

XIII s. Parch. 154 fol. (Colbert. 6041.) *P.*

1153. S. Gregorii Nazianzeni homilia II. in S. Pascha (1),
— in novam dominicam (25 v°), — in martyres et contra
Arianos (36), — in Christi nativitatem (40), — in sancta lumina; omnia cum scholiis (55 v°), — in sanctum baptisma
(73 v°), — in Julianum exæquatorem (123 v°), — de pauperibus caritate complectendis (146), — ad S. Gregorium Nyssenum (180 v°), — ad patrem, cum Nazianzenæ ecclesiæ curam
sibi commisisset (186 v°):

XII s. Parch. 189 fol. (Bigot.-Reg. 3540.) *P.*

1154. S. Ephræmi homilia de Antichristo et fine mundi (1);
— S. Epiphanii homilia in sepulturam Domini (19); — S. Joannis Chrysostomi homilia in S. Joannis Baptistæ decollationem (33); — Vita Sæ. Mariæ Ægyptiacæ, auctore Sophronio
Hierosolymit. (38 v°); — S. Joannis Chrysostomi homilia in
decem virgines (61); — Anonymi chronicon breve usque ad
Constantini Pogonati tempora (68); — S. Joannis Damasceni
canones, seu hymni (69); — Martyrium S. Nicetæ, fine mutilum (75 v°) ; — Menæi fragmentum (76).

XIV-XII s. Bombyc. et parch. 134 fol. (Colbert. 6042.) *P.*

1155. Anonymi [Georgii Alexandrini (?)] vita S. Joannis Chrysostomi, initio mutila.

Copié en 1483 par Grégoire. Pap. 128 fol. (Colbert. 6519.) *P.*

1156. S. Joannis Chrysostomi de sacerdotio libri III. priores.

XVI s. Pap. 58 fol. (Mazarin.-Reg. 3433.) *P.*

1157. S. Macarii Ægyptii homiliæ L. (1); — Anonymi de cujusque mensis diebus et horis (203 v°).

XIII s. Bombyc. 205 fol. (Fontebl.-Reg. 3448.) *P.*

1158. S. Joannis Climaci scala paradisi (12); — præmittitur præfatio (1), — auctoris vita (5), — et Joannis Raithuensis ad Joannem Sinaitam epistola, cum responsione (9 v°); — ejusdem liber ad pastorem (237).

XII s. Parch. 256 fol. (Colbert. 6448.) *P.*

1159. S. Joannis Climaci scala paradisi (5 v°); — præmittitur S. Joannis Climaci vita in epitome (1 v°), — et Joannis Raithuensis ad Joannem Sinaitam epistola (4 v°); — ejusdem liber ad pastorem (183); — Thalassii abbatis capita (198).

XIII s. Bombyc. 204 fol. (Medic.-Reg. 3438.) *P.*

1160. S. Joannis Climaci scala paradisi (3); — præmittitur Joannis Raithuensis ad Joannem Sinaitam epistola, cum responsione (2).

XIII s. Parch. 173 fol. (Colbert. 6046.) *P.*

1161. Isaaci Syri sermones ascetici, ab Abrahamio et Patricio, e syriaca in græcam linguam conversi, libris II.

XIV s. Bombyc. 171 fol. (Colbert. 6496.) *P.*

1162. S. Maximi de caritate capita cd. (1); — Stephani, Nicomediensis metropolitæ, opusculum de triplici animæ divisione (89); — Excerpta e SS. Patribus de fide : Ὀφείλομεν πιστεύειν... (96 et 111 v°); — Anonymi oratio in Deiparam : Πολλῶν καὶ μεγάλων... (107 v°); — S. Basilii homilia in illud : Attende tibi ipsi (124 v°); — Eclogæ ex homiliis S. Gregorii Nazianzeni (143 v°).

XI s. Parch. 154 fol. (Medic.-Reg. 3434.) *P.*

1163. S. Joannis Damasceni tractatus adversus Monophysitas (1); — Michaelis Cerularii, CP. patriarchæ, epistola ad Petrum Antiochenum, cum responsione (13); — Barlaami et Joosaphi historia, auctore Joanne, S. Sabæ monacho (23),

Copié en 1348 par le prêtre Jean. Bombyc. 277 fol. (Gaignières.) P.

1164. S. Joannis Damasceni homilia in nativitatem beatæ
Mariæ (1); — Germani, CP. patriarchæ, homilia in dormitionem beatæ Mariæ (21 v°); — S. Joannis Chrysostomi homilia in occursum Domini (33); — ejusdem homilia in Christi
nativitatem (42); — S. Joannis Damasceni e vita excerpta
(53); — Anonymi homilia in Christi transfigurationem : Πόλ-
λοις καὶ διαφόροις... (72 v°); — Anonymi homilia in mulierem
quæ Christi pedes unxit : Πάντοτε μὲν ὁ Θεός... (83); — Miracula
S. Theopisti (99); — Miracula S. Georgii (104 v°); — Preces
et officia varia (113); — S. Joannis Chrysostomi homilia in
Publicanum et Pharisæum (147); — ejusdem homilia in filium
prodigum (151); — S. Ephræmi homilia in secundum Christi
adventum (157 v°); — ejusdem homilia de pœnitentia (166 v°);
— S. Anastasii Sinaïtæ homilia de quadragesima (170); — Nectarii, CP. archiepiscopi, homilia cur primo jejuniorum sabbato
mentio fiat S. Theodori (182 v°); — S. Athanasii fragmentum
de imagine Christi Berytensi (191); — S. Joannis Chrysostomi de jejunio homiliæ duæ (194); — Josephi, Thessalonicensis episcopi, homilia in sanctam crucem (198); — S. Joannis Chrysostomi de jejunio homiliæ III. et IV. (201 v°); — Martyrium SS. XL. Martyrum (211); — S. Joannis Chrysostomi
homilia in Annuntiationem (216); — Historia liberatæ CP. a
Persis beatæ Mariæ auxilio (219); — S. Joannis Chrysostomi
homilia in Lazarum quatriduanum (226 v°) ; — ejusdem
homilia in ramos palmarum (229 v°); — ejusdem homilia
in Jobum (233) ; — ejusdem homilia in parabolam decem virginum (238); — Amphilochii Iconiensis homilia in
mulierem quæ Christi pedes unxit (242 v°); — S. Joannis
Chrysostomi homilia in Judæ proditionem (251 v°); — ejusdem homilia in secundum Christi adventum (263 v°); —
S. Epiphanii homilia in Christi sepulturam (271 v°); — S.
Joannis Chrysostomi homilia in Christi passionem (283 v°);
— S. Gregorii Nazianzeni homilia in S. Pascha (287 v°); —
S. Ephræmi homilia de caritate et pœnitentia (289 v°); — Mi-
racula S. Demetrii (291); — Acta apostolorum [Praxapostolus]

(294); — S. Joannis Chrysostomi homilia in magnam Dominicam (337 v°); — Vita S. Joannis Calybitæ (341 v°); — Narratio de Judæo ad Christianam fidem converso : Ἐν τοῖς χρόνοις... Ἰουστινιανοῦ... (349); — S. Joannis Damasceni homilia in Christi nativitatem (354); — S. Joannis Chrysostomi homilia in sancta Theophania (365).

XVI-XV s. Pap. 370 fol. (Delamare.-Reg. 2899, 2.) P.

1165. S. Joannis Damasceni orthodoxæ fidei accurata expositio.

XV s. Pap. 103 fol. (Medic.-Reg. 3445.) P.

1166. Joannis Carpathii consolatio ad monachos in India degentes, cap. CI. (2); — ejusdem capita ascetica CXVI. (39); — Nili monachi de oratione capita CLIII. (62 v°); — Maximi abbatis ad Elpidium de caritate capita CD. (83 v°); — ejusdem compendium de theologia et allegoriæ de virtutibus, cap. C. (160 v°); — ejusdem capita theologica c. (188 v°); — ejusdem de divinitate, etc. cap. xv. (223); — ejusdem de virtute et vitio capita x. (229); — S. Joannis Climaci compendium scalæ paradisi, cum scholiis (231 v°); — Joannis, Georgidæ monachi, sententiæ, alphabetice (263); — Menandri et Philistionis sententiæ (307 v°); — Apophthegmata varia philosophorum : Θεὸν νόμειζε καὶ σέβου...

XI s. Parch. 312 fol. (Reg. 3538, 2.) P.

1167. Florilegium de virtutibus et vitiis, initio et fine mutilum.

XII s. Parch. 131 fol. (Colbert. 6577.) P.

1168. Agapeti sententiæ. Venetiis, Zach. Calliergi, 1509, in-8°, 10 fol. — Anonymi præcepta ad regendas animas, libris III. : Ὑρ' ὧν καὶ νῦν... (1); — Sententiæ et apophthegmata e SS. Patrum et scriptorum profanorum operibus collectæ : Τὸ γὰρ πόνω... (39); — Apophthegmata Democriti, Epicteti, Isocratis aliorumque, alphabetice : Ἀλέξανδρος ὁ βασιλεύς... (146 v°); — Menandri sententiæ, alphabetice (162 v°).

XV-XIV s. Pap. et parch. 171 fol. (Mazarin.-Reg. 3470.) P.

1169. Antonii Melissæ loci communes e scriptoribus sacris et profanis collecti.

XIV s. Pap. 260 fol. (Fontebl.-Reg. 3532.) P.

1170. Excerpta e dictis SS. Patrum (1) ; — Sultani cujusdam ad Joannem Palæologum imp. epistola (5) ; — Georgii Sagudini fidei professio (10) ; — Patericon (12) ; — Vita Onuphrii abbatis (241) ; — Anonymi homilia in Danielem et tres pueros (279) ; — Vita Sᵃᵉ. Mariæ Ægyptiacæ, auctore Sophronio Hierosolymit. (310) ; — S. Joannis Chrysostomi homilia de ficu arefacta (328 v°) ; — ejusdem homilia in decem virgines (334 v°) ; — S. Joannis Chrysostomi homilia de meretrice et pharisæo (340) ; — ejusdem homilia, quando lavit Salvator pedes discipulorum (345) ; — Leontii, CP. presbyteri, homilia in proditionem Christi et in uxorem Jobi (349 v°) ; — S. Ephræmi homilia de cruce (354) ; — S. Epiphanii homilia in Christi sepulturam (359 v°) ; — S. Joannis Chrysostomi homiliæ in filium prodigum initium (373 v°) ; — Narratio de Petri publicani, post conversionem, pauperum amore : Ἀγαπητοὶ πατέρες καὶ ἀδελφοί... (374) ; — S. Joannis Chrysostomi homilia in Annuntiationem (382 v°) ; — S. Athanasii junioris narratio de imagine Christi Berytensi (386) ; — S. Joannis Chrysostomi homilia in principium quadragesimæ, deficit (389 v°) ; — Narratio miraculi S. Nicolai Myrensis de tribus Constantini stratopedarchis (390) ; — S. Joannis Chrysostomi homilia in magnam parasceven, fine mutila (397).

XVI-XIV s. Pap. 403 fol. *P.*

1171. S. Cyrilli Alexandrini homiliæ duæ in transfigurationem Domini (1) ; — S. Ephræmi Syri homilia de eodem (6 v°) ; — S. Joannis Damasceni homilia in dormitionem beatæ Mariæ (13) ; — Germani, CP. patriarchæ, homilia de eodem (26) ; — S. Joannis Chrysostomi (?) homilia in decollationem S. Joannis Baptistæ (31 *bis*) ; — S. Joannis Damasceni homilia in nativitatem beatæ Mariæ (35) ; — Andreæ Cretensis homilia de eodem (42 v°) ; — Pantaleonis, CP. diaconi, homilia in laudem S. Michaelis archangeli (47) ; — S. Basilii Seleuciensis homilia de Abrahamo (51) ; — S. Gregorii Nazianzeni homilia in nativitatem Domini, cum scholiis (55) ; — S. Basilii homilia de eodem (63 v°) ; — S. Athanasii homilia in descriptionem beatæ Mariæ (70) ; — S. Joannis Chrysostomi homiliæ duæ in nativitatem Domini (76 v°) ; — Theodoti Ancyrani

homiliæ duæ de eodem (90); — S. Joannis Chrysostomi
homilia tertia de eodem (108); — Procli, CP. patriarchæ,
homilia de eodem (112); — S. Gregorii Nysseni homilia de
eodem (117); — Basilii, Isauriensis episcopi, homilia in laudem S. Stephani (127 v°); — S. Gregorii Nysseni homilia de
eodem (134); — Sophronii, Hierosolymitani archiepiscopi,
homilia de nativitate Domini (143); — S. Cyrilli Alexandrini
homilia in laudem beatæ Mariæ (152); — S. Joannis Chrysostomi homilia in laudem S. Joannis Baptistæ (157); —
S. Gregorii Nazianzeni homilia in sancta lumina (163); —
ejusdem homilia in sanctum baptisma (172); — S. Joannis
Chrysostomi homilia de eodem (196); — S. Basilii homilia
de eodem (201); — S. Joannis Chrysostomi homiliæ duæ in
sancta lumina (210); — Sophronii, Hierosolymitani archiepiscopi, homilia in sanctum Christi baptismum (229); — Theodoti Ancyrani homilia in sancta Theophania (240); — ejusdem
[Amphilochii Iconiensis] homilia in festum Præsentationis
(245 v°); — S. Cyrilli Alexandrini homilia de eodem (253 v°);
— S. Methodii Myrensis homilia de eodem (258); — S. Joannis Chrysostomi homilia de eo quod eleemosynis et precibus
mortuos plurimum juvantur (271 v°); — Vita S. Evaresti (275).

X s. Parch. 299 fol. (Mazarin.-Reg. 2026.) *M*.

1172. Anastasii Sinaitæ homilia de jejunio, initio mutila (1);
— ejusdem homilia de transgressione jejuniorum (6 v°); —
S. Ephræmi Syri epistola ad Joannem monachum (16 v°);
ejusdem ad novitium monachum adhortationes quatuor (19),
— de virtute capita decem (28 v°), — homilia in illud :
Attende tibi ipsi (37 v°), — de eo quod non sit ridendum sed
plorandum et lugendum nosmetipsos (53),   ad novitium
monachum, capita cxiii. de vita spirituali (56), — de recta vita
capita lxxxix. (68), — beatitudines (75 v°), — exhortationes
xlviii. (83 v°), — capita centum ascetica (155), — homilia de
perfectione monachi (173 v°), — homilia de divina gratia (182),
  homilia de loquacitate et libidinibus (185).

XI s. Parch. 195 fol. (Mazarin.-Reg. 2360.) *M*.

1173. S. Jacobi apostoli, fratris Domini, homilia in conceptionem beatæ Annæ (1); — Pantaleonis, CP. diaconi, homilia

in exaltationem S^æ. Crucis (4) ; — S. Joannis Chrysostomi homilia de eodem (4 v°) ; — Alexandri monachi homilia in inventionem S^æ. Crucis (6 v°) ; — Hesychii presbyteri homilia in laudem beatæ Mariæ (15) ; — Chrysippi presbyteri homilia de eodem (16 v°) ; — Procli, CP. patriarchæ, homiliæ duæ de eodem (18 v°) ; — S. Athanasii homilia in Psalmum XXXIV. (23 v°) ; — S. Ephræmi Syri homilia de Abrahamo (25 v°) ; — S. Joannis Chrysostomi homilia in Christi incarnationem (26 v°) ; — Anonymi [Anastasii, Antiocheni patriarchæ,] narratio patrum de iis quæ gesta sunt in Perside (31) ; — S. Athanasii homilia in descriptionem beatæ Mariæ (39) ; — S. Gregorii Nazianzeni homilia in sermones suos et in Julianum exæquatorem (41 v°) ; — ejusdem homilia in nativitatem Domini (44) ; — S. Basillii homilia de eodem (47) ; — S. Joannis Chrysostomi homilia de eodem (50) ; — Amphilochii Iconiensis homilia de eodem (54) ; — S. Joannis Chrysostomi homilia adversus hæreticos et de Deipara (55 v°) ; — S. Gregorii Nysseni homilia in nativitatem Domini (57 v°) ; — S. Joannis Chrysostomi homiliæ duæ de SS. Innocentibus (62) ; — Basilii, Isauriensis episcopi, homilia de eodem (64) ; — Amphilochii Iconiensis sermo in vitam et miracula S. Basilii (66) ; — S. Joannis Chrysostomi homilia in circumcisionem Domini (69 v°) ; — Andreæ Cretensis homilia de eodem (71 v°) ; — S. Gregorii Nazianzeni homilia in sancta lumina (74) ; — S. Basilii homilia in sanctum baptisma (77) ; — S. Gregorii Nazianzeni homilia in sancta Theophania (80 v°) ; — S. Joannis Chrysostomi homilia de eodem (90) ; — Procli, CP. patriarchæ, homilia de eodem (91 v°) ; — Amphilochii Iconiensis homilia III. in Domini occursum (92 v°) ; — S. Cyrilli Alexandrini homilia de eodem (94 v°) ; — S. Joannis Damasceni homilia de fidelibus defunctis (96) ; — S. Ephræmi Syri homilia de pœnitentia et secundo Domini adventu (100 v°) ; — S. Joannis Chrysostomi homilia in ingressum jejuniorum (108) ; — ejusdem homilia in illud : Si filius Dei es (115), — in illos qui abfuerunt ab encæniis (117 v°), — de filio prodigo (118 v°), — in illud : Simile est regnum cælorum homini patri familias (121), — in illum qui incidit in latronem (125), — de Samaritana (126), — de divite et Lazaro (129) ; — S. Basilii homiliæ I. et II. de jejunio (130); — S. Joannis Chrysostomi homiliæ III-VII. de eodem (135 v°); — ejusdem homilia in mediam jejuniorum hebdomadem (140 v°); — ejusdem homilia in Annuntiationem (141 v°); — S. Gregorii Neocæsariensis homilia de eodem (144); — S. Joannis Chrysostomi homilia in laudem beatæ Mariæ (147); — Hesychii presbyteri homilia de eodem (148); — S. Epiphanii homilia de eodem (149); — S. Cyrilli Alexandrini homilia de eodem (152); — S. Joannis· Chrysostomi homiliæ tres in Lazarum quatriduanum (154); — Amphilochii Iconiensis homilia de eodem (159 v°); — S. Epiphanii homilia in ramos palmarum (161); — S. Athanasii homiliæ duæ in illud Lucæ : Ite in castellum (162 v°); — ejusdem homilia in illud Lucæ : Eunte autem illo (167); — S. Joannis Chrysostomi homilia in illud : Benedictus qui venit (169); — Titi Bostrensis homilia in ramos palmarum (171 v°); — S. Joannis Chrysostomi homilia in ficum arefactam (174); — S. Ephræmi Syri homilia in laudem formosissimi Josephi (176); — S. Joannis Chrysostomi homilia de invidia Judæorum in Salvatorem (183); — S. Ephræmi Syri homilia de meretrice (183); — S. Joannis Chrysostomi homilia de decem virginibus (184 v°); — ejusdem homilia de meretrice et unguento (190 v°); — ejusdem homilia de meretrice et Pharisæo (192); — S. Athanasii homilia de Judæ proditione (193); — S. Ephræmi [Joannis Chrysostomi] homilia de eodem (194); — S. Joannis Chrysostomi homilia in illud : Accepit vestimenta sua (197 v°); — S. Athanasii homilia in sanctam parasceven (198 v°); — S. Joannis Chrysostomi homiliæ duæ in illud : Pater, si possibile est (200); — ejusdem homilia in Domini sepulturam (206); — Amphilochii Iconiensis homilia in sabbatum sanctum (209); — S. Epiphanii homilia in Domini sepulturam (209 v°); — S. Gregorii Nazianzeni homilia in sanctum Pascha (214 v°); — ejusdem homilia in sanctum Pascha et in tarditatem (215 v°); — S. Joannis Chrysostomi homilia de eodem (222); — S. Gregorii Nysseni homilia de passione et resurrectione Domini (223 v°); — S. Ephræmi Syri homilia de eodem (229 v°); — Hesychii presbyteri homilia in Christi resurrectionem (232); — S. Gregorii Nazianzeni homilia in novam Dominicam (232 v°); —

S. Joannis Chrysostomi homilia in S. Thomæ incredulitatem
(234 v°); — ejusdem homilia de S. Thoma adversus Arianos (236 v°); — ejusdem homilia in illud: Medio autem
festo (238); — Leontii, Neapoleos Cypri episcopi, homilia in
mesopentecosten (239 v°); — S. Athanasii homilia in cæcum
natum (242); — S. Joannis Chrysostomi homilia in Ascensionem (246 v°); — Leontii Constantinop. homilia de eodem
(247 v°); — S. Joannis Chrysostomi homilia de eodem (248 v°);
— S. Gregorii Nazianzeni homilia in Pentecosten (250); —
S. Joannis Chrysostomi homilia de eodem (253); — ejusdem
homilia de SS. apostolis et in Pentecosten (254 v°); —
S. Joannis Chrysostomi homiliæ duæ in Transfigurationem
(256 v° et 260 v°); — S. Cyrilli Alexandrini homilia de
eodem (259 v°); — S. Ephræmi Syri homilia de eodem (262);
— S. Joannis Theologi homilia in dormitionem beatæ Mariæ
(264); — Andreæ Cretensis homilia de eodem (267); — S. Joannis Damasceni homiliæ duæ de eodem (270); — Germani,
CP. patriarchæ, homilia de eodem (280); — S. Joannis Chrysostomi homilia in natalem S. Joannis Baptistæ (283); —
ejusdem homilia in decollationem S. Joannis Baptistæ (286);
— Martyrium S. Jacobi Persæ (288); — Athanasii narratio de
imagine Christi Berytensi (290); — Martyrium S. Eupli (291);
— Visiones xii. Danielis prophetæ (292).

XI s. Parch. 300 fol. (Fontebl.-Reg. 1820.) *G.*

1173 A. Andreæ Cretensis homilia in nativitatem beatæ
Mariæ (3); — Narratio de inventione Sæ. Crucis sub Constan-
tino et Helena (8); — S. Ephræmi Syri homilia in exaltationem Sæ. Crucis (14); — Narratio de S. Thoma apostolo (18);
— Georgii, Nicomediensis episcopi, homilia in præsentationem
beatæ Mariæ (23); — S. Gregorii Nazianzeni homilia in Christi
nativitatem (29 v°); — S. Joannis Chrysostomi homilia de
eodem (36); — S. Basilii homilia ad baptismum adhortatoria
(41); — Amphilochii Iconiensis homilia in occursum Domini
(55); — S. Ephræmi Syri homilia de futuro judicio (59 v°);
— S. Joannis Chrysostomi homilia de jejunio (68); — Narratio utilis de venerandis et sanctis imaginibus : Εἰ καὶ τῇ παιδείᾳ... (83 v°); — Passio SS. XL. martyrum (92); — S. Joannis

Chrysostomi homiliæ duæ in Annuntiationem (97); — Vita
Sᵃᵉ. Mariæ Ægyptiacæ, auctore Sophronio Hierosolymit. (103);
— Andreæ Cretensis homilia in diem palmarum (118); — S.
Joannis Chrysostomi homilia de eodem (130) ; — Georgii, Ni-
comediensis episcopi, homilia in laudem beatæ Mariæ (135);
— S. Epiphanii homilia in Christi sepulturam (147); — S.
Gregorii Nazianzeni homilia in sanctum Pascha (156) ; —
S. Joannis Chrysostomi homilia de eodem (157 v°); — S. Gre-
gorii Nazianzeni homilia in novam Dominicam (158) ; — S.
Joannis Chrysostomi homilia in Ascensionem (162); — S.
Gregorii Nazianzeni homilia in Pentecosten (165); — Narratio
de S. Joanne evangelista (172) ; — S. Joannis Chrysostomi
homilia in omnes sanctos (180); — ejusdem homilia in
SS. apostolos Petrum et Paulum (182); — ejusdem homiliæ
duæ in Transfigurationem (184 v°); — S. Joannis Damasceni
homilia in dormitionem beatæ Mariæ (189); — S. Joannis
Chrysostomi homilia in decollationem S. Joannis Baptistæ
(200 v°); — ejusdem homilia in sanctam crucem (203 v°) ; —
Amphilochii Iconiensis homilia in quatriduanum Lazarum
(207); — S. Joannis Chrysostomi homilia in paralyticum (209);
— Vita S. Alexii (210 v°); — Martyrium S. Theodori tyronis
(213 v°) ; — Acta S. Thomæ apostoli (217 v°); — Martyrium
S. Demetrii (226) ; — S. Joannis Chrysostomi homilia secunda
in Esaiam (231 v°); — Vita S. Patapii (236); — Vita S. Nicolai, Myrensis episcopi (240); — S. Joannis Chrysostomi homilia in Publicanum et Pharisæum (257); — ejusdem homilia
in filium prodigum (259 v°).

XII s. Parch. 263 fol. *M*.

1174. Andreæ Cretensis homilia in nativitatem Deiparæ (1);
— Historia nativitatis beatæ Mariæ, auctore S. Jacobo apostolo (7 v°); — Historia crucis a Sᵃ. Helena inventæ (16 v°); —
Historia inventorum clavorum quibus Christus cruci affixus
est (21); — Germani, CP. patriarchæ, homilia in Præsentationem (22 v°); — Andreæ Cretensis homilia in laudem S. Nicolai Myrensis (26); — S. Gregorii Nazianzeni homilia in
sermones suos et in Julianum exæquatorem (32); — ejusdem
homilia in Christi nativitatem (39 v°); — S. Basilii homilia de

eodem (47); — S. Joannis Chrysostomi homilia in infantes ab Herode interfectos (53 v°); — Vita et miracula S. Basilii, auctore Amphilochio Iconiensi (56); — S. Gregorii Nazianzeni homilia in sancta Theophania (86 v°); — ejusdem homilia in laudem S. Gregorii Nysseni (94); — Amphilochii Iconiensis homilia in Præsentationem (97); — Abramii, Ephesini episcopi, homilia de eodem (102); — S. Ephræmi homilia in salutiferam crucem (106); — ejusdem responsa ad quæstiones sibi a Christiano propositas (110 v°); — S. Basilii homiliæ duæ de jejunio (118); — Anastasii Sinaitæ homilia de pœnitentia (129); — S. Joannis Chrysostomi homiliæ duæ in Annuntiationem (141 v° et 154); — Andreæ Cretensis homilia de eodem (144 v°); — Passio martyrum XL. Sebastenorum (158 v°); — Andreæ Cretensis homilia in quatriduanum Lazarum (164 v°); — S. Joannis Damasceni homilia in ficum arefactam (190 v°); — S. Joannis Chrysostomi homilia in ramos palmarum (179); — ejusdem homilia in decem virgines, fine mutila (198 v°); — ejusdem homilia in mulierem peccatricem, initio mutila (204); — ejusdem homilia in Judæ proditionem (211 v°); — ejusdem homilia in Christi passionem (221 v°); — Gregorii, Antiocheni episcopi, homilia in sanctum Pascha (225); — S. Gregorii Nazianzeni homilia in Pascha et in tarditatem (231 v°); — S. Joannis Chrysostomi homilia in novam Dominicam (234); — ejusdem homilia in illud : Cum ascendit Jesus in templum (241); — Leontii, CP. presbyteri, homilia in cæcum natum (245); — S. Joannis Chrysostomi homilia in Ascensionem (255) ; — S. Epiphanii homilia de eodem (257 v°); — S. Gregorii Nazianzeni homilia in Pentecosten (261 v°); — Constantini, diaconi et chartophylacis magnæ ecclesiæ CP., homilia in omnes sanctos martyres (270); — S. Joannis Chrysostomi homilia in nativitatem S. Joannis Baptistæ (300 v°); — ejusdem homilia in SS. apostolos Petrum et Paulum (303 v°); — ejusdem homilia in Christi transfigurationem (308); — S. Cyrilli Alexandrini homilia de eodem (317); — Joannis, Thessalonicensis archiepiscopi, homilia in dormitionem beatæ Mariæ (321); — S. Joannis Chrysostomi homilia in decollationem S. Joannis Baptistæ, initio mutila (338).

XII s. Parch. 345 fol. (Colbert. 2838.) *M.*

1175. Andreæ Cretensis homilia in ramos palmarum, initio et fine mutila (1); — Anonymi homilia de Christi nativitate, initio mutila (12); — S. Joannis Chrysostomi homilia in illud : Collegerunt Judæi concilium (16 v°); — ejusdem homilia in formosissimum Josephum (18); — S. Ephræmi homilia in Josephi venditionem (22 v°); — S. Joannis Chrysostomi homilia in decem virgines (33 v°); — Leontii, CP. presbyteri, homiliæ duæ in Jobum (36 v°); — S. Joannis Chrysostomi homilia LXXXVIII. in Matthæum (46); — S. Ephræmi homilia in mulierem quæ unxit Christum (52); — S. Joannis Chrysostomi homiliæ duæ in Judæ proditionem, quarum prima initio mutila (56); — Procli, CP. patriarchæ, homilia in magnam feriam quintam (60 v°); — S. Joannis Chrysostomi homilia in Parasceven (63); — S. Joannis Damasceni homilia in sabbatum sanctum (68); — S. Epiphanii homilia in sepulturam Domini (84); — S. Gregorii Nysseni homiliæ tres de resurrectione Domini (94); — S. Joannis Chrysostomi homiliæ quinque in sanctum Pascha (126); — ejusdem homiliæ duæ in S. Thomam (136); — [Leontii CP. (?)] homilia in cæcum natum, initio mutila (142); — S. Joannis Chrysostomi homiliæ quinque in ascensionem Domini (146); — S. Georgii [Gregorii] Cæsariensis homilia in patres Nicænos (165 v°); — S. Joannis Chrysostomi homiliæ duæ in Pentecosten (172); — ejusdem homilia in omnes sanctos (185); — S. Joannis Damasceni homilia de fidelibus defunctis (190); — S. Joannis Chrysostomi homilia in omnes martyres (199 v°).

XI s. Parch. 204 fol. (Colbert. 2443.) *M*.

1176. Andreæ Cretensis homilia in nativitatem beatæ Mariæ (1); — ejusdem [S. Joannis Damasceni] homilia de eodem (5 v°); — Historia nativitatis beatæ Mariæ, auctore S. Jacobo, fratre Domini (12 v°); — S. Joannis Damasceni homilia in nativitatem beatæ Mariæ (18 v°); — Sophronii, Hierosolymit. patriarchæ, homilia in exaltationem S⁄ᵃᵉ. Crucis (23 v°); — S. Joannis Chrysostomi homilia in pretiosam crucem (25 v°); — Pantaleonis, CP. diaconi, homilia de eodem (28 v°); — S. Joannis Chrysostomi homilia in conceptionem S. Joannis Baptistæ (30); — Vita et miracula S. Joannis Baptistæ, auctore Prochoro diacono (35); — Acta S. Thomæ (66); — S. Joannis Chrysostomi homilia I. de Lazaro (82); — ejusdem homilia IV. de eodem (86); — ejusdem homilia in Seraphim (92 v°); — ejusdem homiliæ duæ de Ozia (96 v°); — Georgii chartophylacis homilia in præsentationem beatæ Mariæ (106 v°); — Germani, CP. patriarchæ, homilia de eodem (112 v°); — S. Gregorii Nysseni [Georgii Nicomediensis] homilia in conceptionem Sᵃᵉ. Annæ (115 v°); — S. Joannis Chrysostomi homilia de Abrahamo (122 v°); — S. Gregorii Nysseni homilia adversus Anomœos et de Abrahamo (132 v°); — S. Ephræmi Syri homilia de formosissimo Josepho (139); — S. Athanasii Alexandrini homilia in descriptionem beatæ Mariæ et in S. Josephum (149 v°); — S. Joannis Chrysostomi homilia in natalem Domini (154); — S. Gregorii Nysseni homilia in laudem S. Stephani (158); — ejusdem homilia in natalem Christi (164); — Sophronii, Hierosolymit. patriarchæ, homilia in sanctum baptisma (171); — S. Joannis Chrysostomi homilia in laudem S. Ignatii (178 v°); — S. Methodii, Patarensis episcopi, homilia in Purificationem (184 v°); — Marcelli archimandritæ homiliæ duæ de inventione capitis S. Joannis Baptistæ (194); — Anonymi narratio de ı., ıı. et ııı. inventione capitis S. Joannis Baptistæ (197 v°); — S. Gregorii Thaumaturgi homilia in Annuntiationem (203); — Andreæ Cretensis homilia de eodem (207); — S. Cyrilli Hierosolymitani homilia in Purificationem (214); — S. Joannis Chrysostomi homilia in conceptionem Sᵃᵉ. Elizabeth (217); — ejusdem homilia in SS. apostolos Petrum et Paulum (218 v°); — Anonymi homilia de veste beatæ Mariæ : Ἀλλὰ τῆς μὲν θείας ταφῆς... (221); — S. Joannis Damasceni homilia in Transfigurationem (224 v°); — Andreæ Cretensis homilia de eodem (233); — ejusdem homiliæ duæ in dormitionem beatæ Mariæ (240 v°); — Constantini Porphyrogeniti narratio de imagine Christi Edessena (252 v°); — Andreæ Cretensis homilia in decollationem S. Joannis Baptistæ (262 v°); — Germani, CP. patriarchæ, homilia in dedicationem templi beatæ Mariæ (271 v°); — S. Joannis Chrysostomi homilia in Publicanum et Pharisæum (274 v°); — Anonymi narratio de S. Stephano et inventione illius reliquiarum (278); — S. Joannis Chrysostomi homilia de filio prodigo

(286); — Fl. Josephi narratio de Macchabæorum martyrio (292 v°); — S. Gregorii Nysseni homilia in laudem Theodori martyris (305 v°).

XII s. Parch. 309 fol. (Mazarin.-Reg. 1832.) G.

1177. Georgii Nicomediensis homilia in laudem SS. Cosmæ et Damiani (1); — Anonymi homilia in depositionem vestis beatæ Mariæ in Blachernis (12 v°); — Anonymi homilia in laudem S. Procopii martyris (26); — Asterii, Amaseæ episcopi, homilia in sanctam Euphemiam (41); — Vita SS. Ceryci et Julittæ, auctore Theodoro, Iconiensi episcopo (42 v°); — Martyrium S. Æmiliani (46); — Vita S^w. Macrinæ, auctore S. Gregorio Nysseno (50); — Anonymi homilia in laudem Heliæ prophetæ : Ἀγώνων λόγου καιρός... (72 v°); — Anonymi homilia de eodem : Τὸν μὲν μακάριον... (81); — Asterii, Amaseæ episcopi, homilia in S. Phocam, fine mutila (86); — Anonymi homilia in S. Panteleemonem, initio mutila (89); — Anonymi homilia in S. Callinicum (97); — Fl. Josephi fragmentum de Macchabæis (109); — S. Joannis Chrysostomi homilia in Macchabæos (131); — S. Gregorii Nazianenzi homilia in Macchabæos (138); — Passsio S^w. Theodotæ et filiorum (146); — S. Joannis Chrysostomi homilia in laudem S. Stephani (147 v°); — Passio VII. in Epheso puerorum (149 v°); — S. Cyrilli Alexandrini homilia in Transfigurationem (151); — S. Basilii Seleuciensis homilia de eodem (154); — Andreæ Cretensis homilia de eodem (158); — Anonymi homilia in S. Laurentium (170); — Vita S. Marcelli Apameensis (178 v°); — Andreæ Cretensis homiliæ tres in dormitionem beatæ Mariæ (184); — Vita S. Irenæi, Sirmii episcopi (211 v°); — Vita S. Agathonici et sociorum (213 v°); — Andreæ Cretensis homilia in S. Titum apostolum (222 v°); — S. Joannis Chrysostomi homilia in decollationem S. Joannis Baptistæ (236 v°); — Michaelis Pselli homilia in decollationem S. Joannis Baptistæ (250); — Andreæ Cretensis homilia de eodem (265); — S. Basilii Seleuciensis homilia de eodem (281); — Germani, CP. patriarchæ, homilia in zonam beatæ Mariæ, fine mutila (287).

XI s. Parch. 292 fol. (Fontebl.-Reg. 2447.) M.

1178. Georgii Nicomediensis fragmentum homiliæ in præ-

sentationem beatæ Mariæ (1); — Germani, CP. patriarchæ,
homilia de eodem (1); — Vita S. Clementis, Romæ episcopi
(5 v°); — Vita S. Alypii Stylitæ (59 v°); — Vita S. Stephani junioris (74 v°); — Martyrium S. Tryphonis (108); — Evodii narratio de XLII. martyribus Amorii captis, initio mutila (124); —
S. Basilii homilia in XL. martyres Sebastenos (136); — Narratio de CP. per miraculum liberata : Ἐν τοῖς χρόνοις Ἡρακλείου...
(145); — Vita Sᵉ. Mariæ Ægyptiacæ, auctore Sophronio Hierosolymit. (153 v°); — Vita S. Georgii martyris (171); — Vita
S. Arsenii, fine mutila (196).

XII-XI s. Parch. 196 fol. (Medic.-Reg. 1894.) *M.*

1179. Georgii grammatici homilia in laudem Sᵉ. Barbaræ
(2); — Andreæ Cretensis homilia in laudem S. Nicolai Myrensis (9); — Miracula S. Nicolai Myrensis (12 v°); — Joannis,
monachi et presbyteri Eubœæ, homilia in conceptionem beatæ
Mariæ (17 v°); — Lectiones e Daniele propheta (25 v°); — S.
Ephræmi homilia de Abrahamo et Isaaco (39); — Andreæ
Cretensis homilia in exaltationem Sᵉ. Crucis (42 v°); — Georgii chartophylacis homilia in præsentationem beatæ Mariæ
(45 v°); — Joannis Damasceni, Eubœæ episcopi, homilia in
laudem Sᵉ. Anastasiæ (52 v°); — S. Ephræmi homilia in formosissimum Josephum (61); — S. Joannis Chrysostomi homilia
in laudem S. Philogonii (73 v°); — S. Gregorii Nazianzeni homilia in Julianum exæquatorem (79 v°); — ejusdem homilia in
Christi nativitatem (84); — S. Basilii homilia in Domini incarnationem (90); — Joannis, Eubœæ episcopi, oratio historica in nativitatem Domini (95); — S. Joannis Chrysostomi
homilia de eodem (103); — Anonymi narratio de inventione
reliquiarum S. Stephani (106 v° et 109 v°); — S. Gregorii
Nysseni homilia in nativitatem Domini (119 v°); — Vita et
miracula S. Basilii, auctore Amphilochio Iconiensi (128); —
S. Basilii homilia in laudem Gordii martyris (151); — ejusdem
homilia ad baptismum exhortatoria (156 v°); — S. Gregorii
Nazianzeni homilia in sancta lumina (162); — ejusdem homilia ad baptismum exhortatoria (169); — ejusdem homilia in
laudem S. Gregorii Nysseni (182 v°); — Ammonii monachi
narratio de patribus in monte Sina interfectis (185); — Cosmæ

Vestitoris narratio translationis reliquiarum S. Joannis Chrysostomi (198); — Amphilochii Iconiensis homilia III. in Domini occursum (204 v°); — Anonymi narratio de inventione
capitis S. Joannis Baptistæ (208 v°); — S. Joannis Chrysostomi homilia in Publicanum et Pharisæum (213 v°); — ejusdem homilia in filium prodigum (216); — S. Joannis Damasceni homilia de fidelibus defunctis (221); — S. Hippolyti
homilia de fine mundi et de Antichristo (229); — S. Joannis
Chrysostomi homilia in quadragesimæ initium (242 v°); —
ejusdem homilia in decem virgines (295) ; — ejusdem homilia in illud : Cum esset Jesus in Bethania (258 v°); — ejusdem
homilia in Judæ proditionem (265 v°) ; — Georgii, Nicomediensis episcopi, homilia in sanctam parasceven (271 v°);
— S. Epiphanii, Cypri episcopi, homilia in sepulturam Domini (283 v°); — S. Gregorii Nazianzeni homilia in Pascha
et in tarditatem (292 v°); — ejusdem homilia in novam Dominicam (294); — S. Joannis Chrysostomi homilia in Christi
ascensionem (298); — S. Gregorii Nazianzeni homilia in
Pentecosten (301); — Constantini, chartophylacis et diaconi
magnæ ecclesiæ CP., homilia in omnes sanctos martyres (307
v°); — Vitæ S. Epiphanii fragmentum (320).

XI s. Parch. 320 fol. (Colbert. 7.) *M.*

1179 A. Alexandri monachi homilia in laudem S. Barnabæ
apostoli (2); — Andreæ Cretensis homilia in nativitatem beatæ
Mariæ (22 v°); — ejusdem homilia in exaltationem sanctæ
crucis (27); — S. Joannis Chrysostomi homilia in sanctam
crucem (32); — Georgii monachi homilia in præsentationem
beatæ Mariæ (36); — ejusdem homilia in assumptionem
beatæ Mariæ (42); — S. Joannis Chrysostomi homilia in laudem S. Philogonii (48 v°); — Vita S. Gregorii Nazianzeni,
auctore Gregorio Cæsariensi (55); — S. Joannis Chrysostomi
homilia in occursum Domini (68); — Amphilochii, Iconiensis
episcopi, homilia de eodem (71); — S. Joannis Chrysostomi
homiliæ de filio prodigo initium (74).

XI s. Parch. 74 fol. *G.*

1180. Nicetæ Paphlagonis homilia in nativitatem beatæ Mariæ, initio mutila (1), — in exaltationem sanctæ crucis (6), —

in laudem SS. Eustathii et Theopistis uxoris (9 v°), — S^æ. Theclæ (17), — S. Thomæ apostoli (27), — S. Jacobi, filii Alphæi
(31 v°), — SS. Cosmæ et Damiani (36), — S. Philippi apostoli
(41), — S. Matthæi apostoli (45 v°); — Vita S. Clementis,
Romani episcopi (50); — Ephræmi, Chersonis episcopi, narratio miraculi per S. Clementem patrati (85 v°); — Nicetæ Paphlagonis homilia in laudem S. Andreæ apostoli (89 v°); —
S. Joannis Damasceni homilia in laudem S^æ. Barbaræ (96 v°);
— Martyrium SS. Eustratii, Auxentii et Eugenii (108 v°); —Nicetæ Paphlagonis homilia in Danielem et tres pueros (124); —
Martyrium SS. Bacchi et Sergii (132); — Nicetæ Paphlagonis
homilia in laudem S. Gregorii Theologi (141), — S. Joannis
Chrysostomi (172 v°), — S. Theodori militum magistri (183
v°), — S. Marci evangelistæ (192 v°), — S. Joannis apostoli
(196 v°), — S. Jacobi, filii Zebedæi (204), — S. Simonis zelotæ
(209 v°), — S. Judæ Thaddæi (214 v°), — S. Bartholomæi
apostoli (219), — SS. Petri et Pauli (224), — XII. apostolorum
(230), — S. Procopii martyris (234 v°), — S. Hyacinthi martyris (244 v°), — S. Panteleemonis martyris (251), — in reliquias
S. Stephani (259 v°), —in laudem S. Matthiæ apostoli (267 v°),
— S^æ. Anastasiæ martyris (273), — S. Nicolai, Myrensis episcopi (284 v°); — Vita S. Gregorii Agrigentini (293); — Michaelis monachi homilia in laudem S. Michaelis archangeli
(322 v°); — Martyrium S^æ. Catharinæ (332); — Martyrium
S^æ. Febroniæ, fine mutilum (340).

X s. Parch. 347 fol. (Mazarin.-Reg. 1831.) *G.*

1181. Nicetæ Paphlagonis homilia in nativitatem beatæ
Mariæ (2); — S. Joannis Chrysostomi homilia in exaltationem
sanctæ crucis (5); — Theophylacti, Bulgariæ archiepiscopi,
homilia in præsentationem beatæ Mariæ (6 v°); — S. Joannis
Chrysostomi homilia in Christi nativitatem (10), — in sanctam
Theophaniam (14 v°), — in occursum Domini (16 v°), — in
annuntiationem beatæ Mariæ (19 v°), — in Christi transfigurationem (22); — Germani, CP. patriarchæ, homilia in dormitionem beatæ Mariæ (24), — S. Joannis Chrysostomi homilia
in Lazarum (28), — in ramos palmarum (30), — in sanctum
Pascha (33), — in S. Thomam apostolum (37), — in illud :

In principio erat verbum (40), — in mesopentecosten (41 v°),
— in Christi ascensionem homiliæ duæ (43 et 47 v°), — in
Pentecosten (45 v°); — ejusdem de sacerdotio libri VI., fine
mutili (50); — Hermæi monachi epistola ad Dulam abbatem
et Dulæ abbatis responsio (161); — Marci monachi consultatio intellectus cum sua ipsius anima (171 v°); — ejusdem præcepta salutaria ad Nicolaum monachum (177 v°); — Vita
Nicephori, CP. patriarchæ, fine mutila (197 v°).

XIII-XII s. Copié par Nicolas. Parch. 228 fol. (Trichet. Dufresne.-Reg.
2350.) *M.*

1181 A. Anonymi homilia in assumptionem beatæ Mariæ,
initio mutila (1); — Andreæ Cretensis homilia in exaltationem
sanctæ crucis (2 v°); — S. Gregorii Nazianzeni homilia de pauperibus caritate complectendis (8 v°), — in Julianum exæquatorem (27), — in laudem Cypriani martyris (44 v°), — in
sancta lumina (76 v°), — in sanctum baptisma (84 v°), —
coram S. Gregorio Nysseno dicta (106 v°), — in laudem S.
Athanasii (109 v°), — oratio valedictoria in præsentia cl.
episcoporum (123); — Anonymi narratio de sanctis et venerandis imaginibus (135); — S. Theodori Studitæ homilia
in nativitatem beatæ Mariæ (144 v°); — Georgii, rhetoris
et chartophylacis magnæ ecclesiæ, homilia in præsentationem
beatæ Mariæ (152); — Andreæ Cretensis homilia in dormitionem beatæ Mariæ, fine mutila (160).

XIII s. Parch. 166 fol. *M.*

1182. Michaelis Pselli opera : homilia in illud : In principio
erat verbum (1), — in illud : Spiritus est Deus (1 v°), — in illud :
Ignem veni mittere super terram (2 v°), — in hæc S. Gregorii
Nazianz. ex homilia in Pentecosten verba : Scit quidem alere
etiam quinque panibus (3 v°), — in illud : Pater meus usque
modo operatur, et ego operor (4), — in illud : Amodo ego non
bibam de genimine vitis (4 v°), — in illud : Amodo videbitis
cælos apertos (5 v°), — in illud : Proficiebat sicut ætate, sic et
sapientia (6), — de fabulis (6 v°), — ecphrasis sive allegoria (7),
— in illud : In similitudinem hominum factus (7), — adversus
illos qui dicunt non congruere hæc verba : Noli me tangere,
cum iis : Nondum ascendi ad Patrem meum (8), — in illud :

Si quis dixerit verbum contra filium hominis (8), — variorum quorumdam ex homilia secunda in Pascha S. Gregorii Nazianzeni locorum explicatio (9), — de mysterio crucis et sepultura Christi (27 v°), — de arca testamenti, propitiatorio, etc. (27 v°), — breves allegoriæ institutorum et rituum Judaïcorum (28 v°), — de divinis, sive mysticis apud nos numeris (29), — de dogmaticis vocibus (30 v°), — de ordinibus et hierarchicis gradibus infra Deum et circa Deum constitutis (30 v°), — de iis quæ continentur in nomocanone (31 v°), — de præpositionibus ἐξ, διὰ, etc., quæ Sᵉ. Trinitati promiscue insunt (32), — de Christi genealogia ad Adamum usque (32 v°), — oratio in obitum Joannis Xiphilini, CP. patriarchæ (33), — oratio in laudem Melitenes metropolitæ (41), — commentarius de rebus suis privatis (42), — de sententia lata adversus Iberitzam (43 v°), — oratio in laudem S. Joannis Chrysostomi (45), — oratio extemporalis ad Andronicum, de geometria (46 v°), — de pulchritudine quæ intellectu percipitur (47), — de Psalmis illorumque inscriptionibus, ad imp. Michaelem Ducam (47 v°), — in Psalmorum inscriptiones (49 v°), — oratio in laudem Joannis Longobardi (50), — ad Pothum vestarcham, de S. Gregorii Nazianzeni dicendi genere (51), — ad illum a quo interrogatus, ecquis major laude esset (54 v°), — de rebus sibi furto sublatis (55), — apologia pro Lazaro, Philippopoleos metropolita, deposito (55 v°), — ad discipulos, de judiciorum sive actionum nominibus (59), — ad drungarium vigiliæ, Constantinum Xiphilinum, qui rogaverat ut Aristotelis organum explanaret (61), — ad logothetam dromi Alopum, qui rogaverat utrum duo Basilii, sive duo Gregorii homonymi essent, an synonimi (61 v°), — oratio in vini laudem, initio mutila (62), — ad cauponem gloriosum et vana philosophantem (62 v°), — in casum ædis Sᵉ. Sophiæ (63 v°), — ad eos qui invidebant hypertimi dignitatem (64), — allegoria ad hunc Homeri locum : Οἱ δὲ θεοὶ πὰρ Ζηνί, etc. (64 v°), — allegoria de Tantalo (65 v°), — de Sphinge (66 v°), — de echo Nicomediensi (67), — solutiones variarum quæstionum (68), — commentarius de xxiv. litteris, ad vestarcham Joannem Livellisium (69), — oratio in laudem suæ matris (74), — in obitum filiæ Stylianæ (85), — in obitum Nicetæ, magistri scholæ S. Petri (90), — cum recusavit oblatam sibi primi a secretis

dignitatem, fine mutila (91 v°), — in obitum Joannis patricii,
initio mutila (93), — de terræ motu die xxiii. septembris (93),
— oratio extemporalis in eum qui dixerat hominem natura sua
bonum non esse (95), — quot philosophicarum disputationum
genera (96), — in illud : Substantia res est per se subsistens
(97 v°), — quomodo contradicere oporteat eum qui logice con-
tradicit (98 v°), — quod natura, quamvis generosa, impar est
percipiendis disciplinis absque doctrina (99 v°), — de proprio
cujusque dicendi genere (100), — propria dicendi genera SS.
Gregorii Nazianzeni, Basilii et Gregorii Nysseni (100 v°), —
ad Joannem Longobardum, qui eum cogebat interpretari citius
disciplinas (101 v°), — monodia dicta cum obiisset Actuarii
frater (102), — ad duos e discipulis qui se invicem scriptis
lacessiverant (103 v°), — cum discipuli ob imbrem ad scholam
non venissent (104), — cum discipuli tardius in scholam con-
venissent (104 v°), — explicatio litterarum aspiratarum, te-
nuium et mediarum (105), — allegoria Ithacensis antri ab
Homero descripti (105 v°), — de locis et nominibus Atticis
(106), — de acie construenda (106 v°), — de terræ motibus
(107), — de constructione partium orationis (107 v°), — rhetori-
carum idearum synopsis (108), — philosophiæ participem esse
jurisprudentiam (108 v°), — fragmentum orationis in laudem
imperatoris (109), — ad imperatorem Monomachum (109), —
ad eumdem (111 v°), — in laudem Michaelis Cerularii (116), —
ad synodum, accusatio pontificis Michaelis Cerularii (132), —
apologia pro nomophylace contra Ophrydam (149), — ad discipulos tarde venientes (151), — iambi de hominis natura, etc.
(151), — iambi de equo æreo Hippodromi suspensum pedem
attollente (151 v°), — de aurea catena ab Homero celebrata
(152), — de aurea bulla (152 v°), — ad protosyncellum, qui rogaverat ut S. Gregorii Thaumaturgi miracula narraret (153), —
objurgatio ad negligentes discipulos (153 v°), — ad cognatos
Michaelis Cerularii, de amicitia (154), — oratio qua protosyn-
celli virtus exprimitur (155 v°), — ad patriarcham Michaelem Ce-
rularium (156), — allegoria nativitatis Jovis, lapidis a Saturno
devorati, etc. (157), — quomodo hominum alii sanæ mentis
existant, alii dementes et stulti (157 v°), — quid sit Pandari ar-
cus (159), — encomium pulicis (159 v°), — explicatio Chaldaico-

rum dogmatum (160), — eorumdem explicatio brevis (163 v°),
— aliud pulicis encomium (165), — encomium pediculi
(165 v°), — de cimice (166 v°), — de mulieribus (168), — in
illud quod vulgo dicitur : Hodie sancta condura et cras assump-
tio (168 v°), — in illud : Ἴδε, et in : Ἐξέστηκεν (169 v°), — in illud
vulgatum : Ὅτι ἔφθασεν (169 v°), — explicationes urbanorum et
vulgarium apud nos dictorum (170), — encomium Constantini
Lichudæ, CP. patriarchæ (171), — encomium Joannis, Euchaïtarum metropolitæ (175 v°), — monodia in obitum Nicephori,
Ephesini metropolitæ (179), — monodia in obitum imperatoris
Andronici Ducæ (179 v°), — introductio ad legum scientiam
(180), — de actionum divisione (180 v°), — de condictitiis ge-
neratim omnibus et de actionum divisione (181), — de novis
constitutionibus et de significatione verborum Latinorum ad
jus pertinentium (181 v°), — de Digestorum divisione (182 v°),
— variæ juris regulæ et observationes (183), — compendiaria
divisio Novellarum Justiniani (183 v°), — versus politici de
omnibus disciplinis ad imp. Michaelem Ducam (184 v°), —
epistolæ variæ ccxiv. (189) ; — Joannis, Euchaïtarum metropolitæ, epistola (238 v°) ; — Eustathii, Thessalonicensis metropolitæ, epistolæ lxxiv. (239) ; — Michaelis Pselli oratio in
illud : Sequimini ipsum, et patris familias dicite (258), — explicatio locorum quorumdam difficiliorum in S. Gregorii Nazianzeni homilia de Filio (258 v°), — in S. Basilii homilia I. in
Hexaemeron (262 v°), — in illud Proverbiorum : Sapientia ædi-
ficavit sibi domum (263 v°), — in illud : Dominus creavit me
principium viarum suarum (265), — in troparium canonis de
Transfiguratione (266), — in illud : Ut homo sum reipsa, non
specie sola, etc. ; sequuntur de eodem versus iambici (267), —
in illud : Domine, miserere (268), — in illud : Tibi soli pec-
cavi (269), — in illud Evangelii : Maria? Conversa illa dixit ipsi
(270 v°), — in illud : Hæc ænigmatistis (271 v°), — de æternitate
et tempore (272), — quæ fuerit tunica, qua succinctus Petrus
misit se in mare, et de melle silvestri (273), — in illud : Per-
cussum est ut fœnum (273 v°), — explicatio locorum quorumdam difficilium qui in S. Gregorii Nazianzeni homiliis occurrunt (273 v°, 292 et 293 v°), — in illud : Videbis posteriora (280),
— in illud : Vidi hominem in Christo ante annos (281), — in

illud : Amodo videbitis cælum apertum (282 v°), — in illud : Homines quidem converti possunt, dæmones autem non (283 v°),
— in illud S. Joannis Climaci : Medium pertransiens in mediis
extiti (284 v°), — in illud : Quoquot citra legem peccaverunt
(285 v°), — in illud Jobi : Diabolum quoque astitisse coram
angelis (286), — in illud : Et opera manuum nostrarum dirige
in nobis (287 v°), — in illud : Quoniam spiritus pertransivit in
illo, et non subsistet (288), — allegorica explicatio brevis
Psalmi LIX. (288 v°), — in quæstiones factas circa Psalmum
LXVII. (289), — explicatio prophetici dicti in Isaïa (290), — de
falce quam vidit Zacharias volantem (292), — de quibusdam
Scripturæ locis, quæ inter se pugnare videntur (292 v°), —
in illud : Ambulabat Deus vespere in Paradiso (313), — utrum
reminiscantur animæ a corporibus avulsæ (314), — mentem
non esse animæ oculum (314), — in illud Psalmorum : Ascendit fumus (314 v°), — in illud : Impleti sunt apostoli Spiritu
sancto (315 v°), — demonstratio Dominicæ incarnationis, e diversis scriptis collecta et ab imperatore ad sultanum missa (317).

XIII s. Bombyc. 319 fol. (Mazarin.-Reg. 1837.) G.

1183. Theophanis Ceramei homiliæ de indictione, sive
anni principio (3), — in parabolam decem millium talentorum (8 v°), — die Dominica ante exaltationem sanctæ crucis
(14 v°), — in exaltationem sanctæ crucis (19), — die Dominica post exaltationem sanctæ crucis (27), — de filio viduæ
(30 v°), — de parabola sementis (36 v°), — de eo qui habebat
legionem (43), — de divite et Lazaro (47), — in illud : Lucerna corporis est oculus (52 v°), — in reliqua ejusdem evangelii (58), — de hæmorrhoïssa et filia archisynagogi (61 v°),
— de muliere incurva (66 v°), — in parabolam cœnæ (71 v°),
— in missionem duodecim apostolorum (76), — in missionem
LXX. discipulorum (80), — in illud : Voluit egredi Jesus in Ga-
lilæam (85), — in illud : Stabat Joannes et duo e discipulis
ejus (90), — in beatitudines (94 v°), — in illud : Liber genera-
tionis (99 v°), — in SS. Innocentes (104 v°), — in annuntiationem beatæ Mariæ (109), — in illud : Omnia mihi tradita
sunt a Patre meo (114 v°), — in illud : Venit Jesus in partes
Cæsareæ (117 v°), — in illud : Hæc mando vobis (124), — in

illud : Ego sum ostium (130), — in illud : Ego mitto vos
sicut oves (136), — in Christi transfigurationem (141), — in
illud : Introivit Jesus in pagum quemdam (153), — in decollationem S. Joannis Baptistæ (157 v°); — Joannis Phurnæ
homilia in assumptionem beatæ Mariæ (162 v°); — Theophanis Ceramei homilia de judicio, initio mutila (167 v°), — in
illud : Si dimiseritis hominibus peccata (170 v°), — de sanctis
imaginibus (174 v°), — in paralyticum sanatum (179), —
in illud : Si quis vult post me venire (184 v°), — in illud :
Accessit ad eum homo genibus flexis provolutus (190), —
in Lazari resurrectionem (194 v°), — in ramos palmarum
(205 v°), — in illud : Ecce ascendimus Hierosolymam (209),
— in Christi passionem (216), — de Samaritana (237), — in
assumptionem beatæ Mariæ (246 v°), — in adventum S. Spiritus (252 v°), — in festum omnium sanctorum (257 v°), —
de siccitate quæ tum contigerat (264 v°), — de sedata maris
tempestate (268 v°), — in centurionem (271), — de divite
Dominum interrogante (276), — in I, II, III, VII, X. et XI. evangelium matutinum (282); — S. Joannis Chrysostomi homiliæ
in illud : Quidam homo habebat duos filios (310 v°), — in sanctum Pascha (314), — in Christi resurrectionem (317 v°), —cur
hodie miracula non fiant (328); — S. Gregorii Thaumaturgi
homilia in sancta Theophania (340); — S. Gregorii Nysseni
homilia in Christi nativitatem (346 v°).

Copié en 1590. Pap. 357 fol. (Delamare.-Reg. 2356, 2.) *M.*

1184. Theophanis Ceramei homilia de indictione, sive
anni principio (1), — de parabola decem millium talentorum (5), — die Dominica ante exaltationem sanctæ crucis
(9), — in exaltationem sanctæ crucis (12), — die Dominica
post exaltationem sanctæ crucis (17), — de filio viduæ
(19 v°), — de parabola sementis (23 v°), — de legione (27 v°),
— de divite et Lazaro (30), — in illud : Lucerna corporis
tui (34), — in reliqua ejusdem evangelii (37 v°), — de hæmorrhoïssa et archisynagogi filia (40), — de muliere incurva
(43 v°), — de parabola cœnæ (47 v°), — de missione duodecim
apostolorum (50 v°), — de missione LXXII. discipulorum (54),
— in illud Joannis : In crastinum voluit (57 v°), — in illud

Joannis : Altera die iterum stabat (61 v°), — de beatitudinibus (65), — die Dominica ante Christi nativitatem (69), — de
SS. Innocentibus (73), — in annuntiationem beatæ Mariæ
(76), — in illud Matthæi : Omnia tradita sunt mihi (80), — in
illud : Venit Jesus in partes Cæsareæ (83), — in illud Joannis : Hæc mando vobis ut diligatis (88), — in illud : Ego sum
ostium (92 v°), — in illud : Estote prudentes (96 v°), — in
transfigurationem Domini (100 v°), — in assumptionem beatæ
Mariæ (109), — in decollationem S. Joannis Baptistæ (112 v°);
— Joannis Phurnæ homilia in assumptionem beatæ Mariæ
(116 v°); — Theophanis Ceramei homilia de judicio, initio
mutila (124), — in illud Matthæi : Si dimiseritis hominibus
(126 v°), — de sanctis imaginibus (130), — de paralytico sanato
in Capharnaum (133 v°), — in illud Matthæi : Si quis vult venire (138), — de lunatico (142 v°), — de Lazaro (145 v°), —
in festo palmarum (154), — in illud : Ecce ascendimus Hierosolymam (156 v°), — in passionem Domini (162), — de Samaritana (178), — in ascensionem Domini (185 v°), — in adventum S. Spiritus (190 v°), — Dominica omnium sanctorum
(194 v°), — in plagam siccitatis (200), — de sedata maris
tempestate (202 v°), — de centurione (205), — de divite Dominum interrogante (209), — in primum evangelium officii
matutini resurrectionis Domini (214), — in secundum (218),
— in tertium (222), — in septimum (226), — in decimum
(229 v°), — in undecimum (233).

Copié en 1540. Pap. 238 fol. (Fontebl.-Reg. 1998.) *G*.

1185. Gregorii Ceramei homiliæ LIV. in Dominicis et festis
totius anni (1) ; — Flores e variis S. Joannis Chrysostomi
homiliis (306) ; — Barlaami et Acindyni disputatio de lumine
in monte Thabor viso (322).

XV s. Pap. 337 fol. (Mazarin.-Reg. 2405.) *M*.

1185 A. Gregorii, Thessalonicensis archiepiscopi, homilia
in ingressum beatæ Mariæ in sancta sanctorum (6); — Andreæ Cretensis homilia in S. Nicolaum Myrensem (21); — S.
Joannis Chrysostomi homilia in laudem S. Philogonii (23 v°);
— S. Basilii homilia in Christi nativitatem (28 v°); — ejusdem
homilia ad baptismum adhortatoria (33); — Vita S. Antonii,

auctore S. Athanasio (39); — Leonis Sapientis imp. oratio in occursum Domini (66 v°); — Hesychii presbyteri homilia de eodem (71 v°); — S. Basilii homilia in laudem XL. martyrum (74); — Andreæ Cretensis homilia in annuntiationem beatæ Mariæ (78 v°); — S. Joannis Chrysostomi homilia de eodem (85); — Gregorii, Thessalonicensis archiepiscopi, homilia in laudem S. Georgii (87 v°); — S. Theodori Studitæ homilia in nativitatem S. Joannis Baptistæ (101); — Maximi Planudis homilia in SS. Petrum et Paulum apostolos (105); — Philothei, CP. patriarchæ, homilia in laudem S. Phocæ (131 v°); — [Theophanis] Ceramei homilia in transfigurationem Domini (139 v°); — Andreæ Cretensis homiliæ duæ in dormitionem beatæ Mariæ (146); — ejusdem homilia in decollationem S. Joannis Baptistæ (155 v°); — S. Joannis Chrysostomi homilia in Publicanum et Pharisæum (165); — ejusdem homilia de filio prodigo (167 v°); — S. Joannis Damasceni homilia de iis qui in fide obdormierunt (172 v°); — Andreæ Cretensis homilia de eodem (180 v°); — S. Gregorii Nysseni homilia in laudem S. Theodori martyris (189 v°); — Nectarii, CP. patriarchæ, homilia de eodem (193 v°); — Anonymi narratio de sanctis et venerandis imaginibus : Τῆς εἰδωλικῆς… (199); — Josephi, Thessalonicensis archiepiscopi, homilia in sanctam crucem, fine mutila (210 v°).

XIV s. Bombyc. 215 fol. *M.*

1186. Nicetæ Choniatæ homilia in festum palmarum (1); — S. Joannis Chrysostomi homiliæ tres in Jobum (4 v°); — ejusdem homilia in formosissimum Josephum (17), — in Susannam (20), — in magnam hebdomadem (23 v°), — in ficum arefactam (29 v°), — in decem virgines homiliæ duæ (33), — in illud : Exeuntes autem Pharisæi (41 v°), — in meretricem et Pharisæum (44 v°); — S. Ephræmi Syri homilia de eodem (48); — S. Joannis Chrysostomi homilia in illud : Collegerunt ergo pontifices (59), — in proditionem Judæ homiliæ duæ (55), — in illud : Pater, si possibile est, transeat calix (66), — in crucem et latronem (69 v°), — in illud : Tunc milites præsidis (71), — id illud : A sexta autem hora tenebræ (74 v°), — in secundum Christi adventum (79); — Georgii Nicomediensis homilia in Deiparam et in passionem (84) ; — S. Epiphanii homilia in sepulturam Domini (96) ; — Gregorii Antiocheni homilia de eodem (103 v°) ; — S. Joannis Chrysostomi homilia de eodem (109) ; — Germani, CP. patriarchæ, homilia de eodem (113) ; — S. Gregorii Nazianzeni homiliæ duæ in sanctum Pascha (126) ; — S. Joannis Chrysostomi homiliæ sex de eodem (136) ; — S. Athanasii homilia de eodem (151) ; — Hesychii presbyteri homilia de eodem (153) ; — S. Joannis Chrysostomi homilia in illud : In principio erat verbum (160) ; — S. Gregorii Nazianzeni homilia in novam Dominicam (164) ; — S. Athanasii homilia de eodem (166 v°) ; — S. Joannis Chrysostomi homilia de incredulitate S. Thomæ (169) ; — ejusdem homilia in paralyticum (172 v°) ; — ejusdem homilia in illud : Dæmonium habes (178 v°) ; — ejusdem homilia in mesopentecosten (180 v°) ; — Leontii, CP. presbyteri, homilia de eodem (182) ; — S. Joannis Chrysostomi homilia de Samaritana (186 v°) ; — ejusdem homilia de cæco nato (191) ; — S. Athanasii homilia in ascensionem Domini (198) ; — S. Joannis Chrysostomi homiliæ tres de eodem (200) ; — Acta in Nicæna synodo contra Arium : Ἐννεακαιδεκάτῳ ἔτει τῆς Διοκλητιανοῦ... (209) ; — S. Joannis Chrysostomi homilia de patientia et non lugendis nimium mortuis (213) ; — ejusdem homiliæ tres in Pentecosten (218 v°) ; — ejusdem homilia in laudem omnium sanctorum (231) ; — S. Ephræmi Syri homilia de eodem (234 v°) ; — S. Joannis Chrysostomi homilia in illud : Quomodo hic litteras scit (238) ; — ejusdem homilia de incredulitate S. Thomæ et assumptione Domini (245) ; — S. Gregorii Nazianzeni homilia in Pentecosten (259).

Copié en 1306 par Georges de Rhodes. Parchemin. 264 fol. (Mazarin.-Reg. 2027.) *M.*

1187. Maximi Planudis homilia in sepulturam Domini (1) ; — ejusdem homilia in laudem SS. Petri et Pauli apostolorum (14) ; — ejusdem comparatio veris et hiemis (57 v°).

XVI s. (Copié par Constantin Palæocappa.) Pap. 62 fol. (Teller. Rem.-Reg. 2001, 2.) *M.*

1188. Eustathii, [Thessalonicensis] archiep., homilia in laudem S. Demetrii (1) ; — S. Ephræmi Syri homilia in illud : In mundo hoc tribulationem habebitis (3), — sermo de compunctione (7 v°), — de virtutibus et vita monastica (40), — in illos qui affectibus dediti honores consectantur (54), — reprehensio et confessio (60 v°), — beatitudines (75), — de pœnitentia (79), — de patribus mortuis (84 v°), — de contemplatione matutina (88), — in adventum Domini (90 v°), — de compunctione (94), — de virginitate (95), — sermo alius (99 v°) ; — Petri eremitæ sermo asceticus (103 v°), — homilia ad eos qui in cœnobiis vel in unum congregati vivunt (125 v°), — capita practica c. (130 v°), — de certamine et bello spirituali (143 v°), — de nullo periculo pro veritatis defensione recusando (145 v°), — de vitando peccato, etiam cum operamur justitiam (148), — expositio regulæ Joannis eremitæ (150); — S. Ephræmi Syri sermo quod risus et superbia cavenda sint (159 v°), — de vitæ monasticæ præstantia (162 v°), — quod nemo nimium sibi tribuere debeat (163 v°), — de caritate et secundo Christi adventu (168 v°); — S. Nili monachi de oratione capita cliii. (179); — ejusdem sententiæ ad instituendam vitam utiles (189 v°); — S. Ephræmi Syri homilia de compunctione (197); — S. Joannis Chrysostomi homilia de pœnis æternis (210 vᵘ) ; — Anonymi sermo de pœnis malorum æternis : Οὐ μικρὸν ἡμῖν... (218); — S. Nili de pravis cogitationibus (228 v°); — ejusdem de doctoribus et discipulis (237).

XI s. Parch. 238 fol. (Medic.-Reg. 2425.) *M.*

1189. Neophyti presbyteri et monachi homiliæ in principium indictionis (1), — in laudem S. Mamantis (3), — in laudem S. Michaelis archangeli (7 v°), — in nativitatem beatæ Mariæ (12 v°), — de monacho a dæmone decepto, a. 1185. (15), — in encænia (24 v°), — in crucem et in Christi passionem (29 v°), — in exaltationem sanctæ crucis (38 v°), — de Apocalypsi (57 v°), — in laudem S. Polychronii (77 v°), — SS. Andronici et Athanasiæ conjugis (81), — Theosebii Arsinoïtæ (86 v°), — Hilarionis (105 v°), — Arcadii, Arsinoes episcopi (114 v°), — S. Demetrii (122), — de variis terræ motibus et de providentia divina (129), — in laudem Diomedis junioris (134), — SS. Cosmæ et Damiani (139 v°), — SS. Michaelis, Gabrielis, etc. (141), — S. Joannis Chrysostomi (153), — in præsentationem beatæ Mariæ (164 v°), — in laudem S. Alypii

Stylitæ (169), — S. Sabæ (173), — S. Nicolai Myrensis (180),
— utrum corpus quod Christus induit corruptibile an incor-
ruptibile dicendum sit (199 v°), — in Christi nativitatem
(200 v°), — adversus Judæos de quibusdam Sᵉ. Scripturæ locis
(206 v°), — in laudem S. Stephani (218), — S. Joannis Elec-
monis (220), — Gennadii, CP. patriarchæ, fine mutila (230 v°).

XIII-XIV s. Parch. 235 fol. Peint. (Colbert. 872.) *M.*

1190. Nicephori Callisti homilia in festum orthodoxiæ (1);
— ejusdem homilia in Christi nativitatem (11); — S. Joannis
Chrysostomi homilia in S. Pascha (33); — ejusdem homiliæ
in Sᵃ. Theophania initium (39 v°); — Protevangelium Jacobi, fratris Domini (40); — Anonymi narratio de inventione
sanctæ crucis : Ἐν ἔτει ἑξόόμῳ τῆς βασιλείας Κωνσταντίνου... (50 v°);
— S. Athanasii narratio de imagine Christi Berytensi (59 v°);
— Anonymi quæstiones et responsiones de morum doctrina :
Ἐγένοντο δύο ἀδελφοί... (63 v°); — Martyrium S. Demetrii (65);
— Martyrium S. Modesti (73); — S. Joannis Chrysostomi
homilia in præsentationem beatæ Mariæ (77); — S. Basilii
homilia in Christi nativitatem (81); — Anonymi narratio de
miraculis a S. Basilio patratis (86 v°); — S. Joannis Chrysostomi homilia in Sᵃ. Theophania (95); — Vita S. Joannis Calybitæ (98 v°); — Abramii Ephesini homilia in Christi præsentationem (108 v°); — Martyrium S. Theodori tyronis (110); —
Vita S. Alexii (116 v°); — S. Joannis Chrysostomi homilia de
serpente (124 v°); — S. Ephræmi Syri præcepta de morum doctrina, ad Theoctistum (131 v°); — ejusdem de injuriarum memoria (132 v°); — Martyrium S. Theodori militum præfecti
(134); — S. Joannis Chrysostomi homilia in annuntiationem
beatæ Mariæ (140); — ejusdem homilia in quatriduanum Lazarum (146 v°); — ejusdem homilia in ramos palmarum (151);
— S. Epiphanii homilia in Christi sepulturam (155 v°); —
S. Gregorii Nazianzeni homilia in Pascha et in tarditatem
(168 v°); — S. Joannis Chrysostomi homilia de incredulitate
S. Thomæ (170 v°); — ejusdem homilia in Ascensionem
(176 v°); — ejusdem homilia in Pentecosten (179 v°); — Anonymi homilia de blasphemia in S. Spiritum : Ἡ περὶ τῆς τοῦ ἁγίου
Π... (185 v°); — Anonymi homilia de Hierosolymorum capti-

vitate : Ἐγένετο ἡνίκα αἰχμαλωτεύθησαν... (186 v°); — S. Athanasii homilia de Melchisedech et Abraham (196 v°); — Vita
S. Joannis Baptistæ (199 v°); — Marci monachi narrationes
(206); — S. Ephræmi Syri homilia in Transfigurationem
(217); — Joannis Thessalonicensis homilia in dormitionem
beatæ Mariæ (224 v°); — S. Joannis Chrysostomi homilia de
oratione (238 v°); — ejusdem homiliæ duæ in decollationem
S. Joannis Baptistæ (245 v°); — ejusdem homilia de pœnitentia et contritione (255).

Copié en 1568 par le moine Paphnuce. Papier. 260 fol. (Colbert.
5108.) P.

1191. Georgii Scholarii, CP. patriarchæ, homilia in præsentationem beatæ Mariæ (1) ; — Leonardi Aretini opusculum de
Florentinorum republica (5); — Matthæi Camariotæ homilia
in laudem SS. Basilii, Gregorii Nazianzeni et Joannis Chrysostomi (7); — Joannis Argyropuli monodia in obitum imp.
Joannis II. Palæologi (14 v°); — ejusdem homilia consolatoria ad imp. Constantinum XII. Palæologum post obitum fratris
Joannis (16); — ejusdem ad eumdem homilia de imperio (21);
— Excerptum e Photii epistola, ad Michaelem, Bulgariæ prin-
cipem, de VII. conciliis œcumenicis (25); — Marci Ephesini
epistola œcumenica ad orthodoxos (29 v°); — Anonymi comparatio veterum principum cum juniori imperatore [Manuele
Palæologo] : Ἄριστε βασιλεῦ, τὰ σὰ τῶν ἔργων... (32 v°); — Demetrii
Chrysoloræ epistolæ c., ad Manuelem Palæologum (39 v°);
— Macarii monachi adversus Latinos disputatio de processione
S. Spiritus (45); — Joannis Argyropuli tractatus de processione S. Spiritus, ad magnum Etruriæ ducem (49 v°); —
Georgii Scholarii tractatus de eodem (53); — Joannis VIII. papæ
epistola ad Photium, CP. patriarcham (63); — Lazari monachi epistola ad Larissæ metropolitam, ut fortiter Latinis ad-
versetur (63 v°); — S. Maximi epistola ad Marinum, Cypri
presbyterum (65); — Anonymi præfatio in Homeri Odysseam :
Ποιηταὶ μὲν καὶ ῥήτορες... (66); — Joannis Tzetzæ variarum historiarum capita XXIX. (67); — Heracliti [Posidippi] epigramma
de vitæ humanæ miseriis (72); — Democriti [Metrodori] epigramma superiori contrarium (72); — Anonymi opusculum de
vocibus Homericis, etc. ; Πρὸ τοῦ ἀπάρξασθαι... (72 v°); — Ano-

nymi epigramma de septem orbis miraculis : Καινὸν φρύαγμα τῶν
πάλαι... (73); — Anonymi operis fragmentum de Italorum
doctrina circa processionem S. Spiritus, etc. : Ἢν ἐν τῇ ἑβδόμη
συνέδω... (73 et 81); — Symbolum fidei, Romæ, in foribus S. Petri, ab imp. Joanne II. Palæologo inventum (73 v°); — S. Joannis
Chrysostomi homilia in annuntiationem beatæ Mariæ (74 v°);
— Homeri Odysseæ argumentum : Μετὰ τὴν τῆς Ἰλίου... (77 v°);
— Anonymi tractatus de servatis a Græcis apostolorum tra-
ditionibus, non autem a Romanis : Οὐδὲν οὕτως μεῖζον... (79 v°);
— Gemisti Plethonis excerptum e Strabonis geographia de
orbis descriptione (82 v°); — Richardi Florentini confutatio
legis Mahometanæ, a Demetrio Cydonio græce versa (89);
— [ejusdem?] disputatio alia de eodem : Ἔστι μὲν καὶ ἡ μέχρι...
(115 v°); — [ejusdem ?] dialogus Christianum inter et Ismaeli-
tam de inculpata Christianorum fide : Χρ. Ὁμολογεῖς τὸν Χριστόν...
(117 v°); — Symeonis Thessalonicensis explicatio symboli
(122 v°); — Anonymi de porticu resonante, seu de aquæ ductu,
iambi echoïci : Στοᾶς ὁρῶ τὸ μῆκος... (127); — Matthæi Camariotæ explicatio symboli (127).

XV s. Pap. 141 fol. (Dufresne.-Reg. 1836.) *G.*

1192. Isidori, Thessalonicensis archiepiscopi, homiliæ in
illud Evangelii : Ascenderunt duo homines in templum ut
orarent (1), — in parabolam filii prodigi (13), — in secundum
Christi adventum (24), — in evangelium Dominicæ τοῦ τυροφάγου
(33), — Dominicæ primæ jejuniorum (44 v°), — Dominicæ
secundæ jejuniorum (55 v°), — quod debeat se ipsum abnegare
qui Christum sequi voluerit (64), — in evangelium Dominicæ
quartæ jejuniorum (72), — Dominicæ quintæ jejuniorum (81 v°),
— Dominicæ sextæ jejuniorum (92), — in Christi resurrectionem (100 v°), — in evangelium Dominicæ mulierum unguenti-
ferarum (112 v°), — in evangelium Dominicæ paralytici (124),
— in Samaritanam (133 v°), — in evangelium Dominicæ cæci
nati (144 v°), — in evangelium Pentecostes (158), — in illud
Evangelii : Ambulans autem Jesus juxta mare Galilææ (172),
— in illud : Nemo ascendit in cælum (184 v°), — in exaltationem S⁺. Crucis (194 v°), — in illud Lucæ : Et ipse stabat secus
stagnum Genesareth (206), — in illud Evangelii : Quæcumque

volueritis ut faciant vobis homines (219 v°), — in illud : Ibat Jesus in urbem Naim (231), — in parabolam sementis (242 v°); — in illud : Erat homo quidam dives (257), — homiliæ tres in laudem S. Demetrii (269 v°), — in illud : Eunti Jesu in regionem Gadarenorum (307 v°), — de gratiis Deo agendis, dicta a. 1394. (311), — quod vulgi sermones contemnere debeant illi, quibus rei publicæ cura commissa est (315 v°), — de pueris Amuratis jussu raptis, dicta a. 1395. (320).

XV s. Pap. 322 fol. *M.*

1193. Theodori Ducæ Lascaris homiliæ de Sᵃ. Trinitate (1), — gratiarum actio pro recuperata salute (24), — in laudem S. Euthymii (42), — in laudem SS. Cosmæ et Damiani (55 v°), — de virtute (66 v°), — de sapientia (85), — de jejunio (96), — ethicorum epitome (111 v°), — apologetica homilia ad quosdam malevolos (130).

XIV s. Parch. 137 fol. (Medic.-Reg. 2412.) *M.*

1194. Fragmenta homiliarum duarum in præsentationem beatæ Mariæ (1); — S. Methodii, Patarensis episcopi, homilia de eodem (9 v°); — Sophronii Hierosolymitani homilia de eodem (32 v°); — Andreæ Cretensis homilia in Annuntiationem beatæ Mariæ (53); — S. Gregorii Neocæsariensis homilia de eodem (73); — S. Joannis Damasceni homilia in Transfigurationem (93); — Anastasii Sinaitæ homilia de eodem (117 v°); — S. Ephræmi Syri homilia de eodem (132 v°); — Andreæ Cretensis homiliæ tres in dormitionem beatæ Mariæ, tertia fine mutila (144); — S. Joannis Damasceni homilia de eodem, initio mutila (184); — Germani, CP. patriarchæ, homilia in encænia (189); — Fragmenta juris græco-romani, in marginibus (19-21).

X s. Parch. 191 fol. (Mazarin.-Reg. 2033.) *M.*

1195. Anonymi homiliæ tres in laudem prophetarum Naum, Abacuc et Sophoniæ : Ὁ μακάριος καὶ μέγας προφήτης... (1); — Vita S. Anatolii, CP. patriarchæ (6); — Martyrium S. Sebastiani et sociorum, auctore Symeone Metaphraste (11) — Martyrium Sᵉ. Anysiæ (17 v°); — Amphilochii, Iconiensis episcopi, homilia in S. Basilium (19); — S. Basilii homilia ad baptismum hortatoria (38); — Martyrium Sᵉ. Barbaræ, auctore Symeone

Metaphraste (45); — Vita S. Sabæ (49 v°); — Vita et miracula S. Nicolai Myrensis (98); — Vita S. Ambrosii Mediolanensis (111 v°); — Vita S. Patapii Thebani (118 v°); — Marty-
rium SS. Menæ, Hermogenis et Eugraphi (121 v°); — Vita
S. Danielis Stylitæ (139 v°); —Vita S. Spiridonis, Trimithun-
tis episcopi (162); — Martyrium SS. Eustratii, Auxentii, Eugenii, Mardarii et Orestæ, eodem auctore (178 v°); — S. Joannis
Chrysostomi homilia de theatris non adeundis (193); — Vita
S. Pauli Latrensis, auctore Nicephoro Blemmida (204 v°); —
Martyrium SS. Thyrsi, Lucii, Philemonis et Apollonii, auctore
Symeone Metaphraste (234); — Martyrium SS. Eleutherii et
Evanthiæ matris, fine mutilum (251 v°); — De Daniele et
tribus pueris, initio mutilum (257); — Martyrium S. Bonifacii
Romani (267); — Martyrium S. Ignatii Romani, eodem auc-
tore (272 v°); — S. Joannis Chrysostomi homilia in laudem
S. Philogonii (278 v°); — Martyrium Sæ. Julianæ, in urbe Ni-
comedia, auctore Symeone Metaphraste (284 v°); — Marty-
rium Sæ. Anastasiæ Romanæ, eodem auctore (289 v°); — ejus-
dem homilia in decem in Creta sub Decio martyres (303); —
Martyrium Sæ. Eugeniæ Romanæ, eodem auctore (305 v°); —
S. Gregorii Nazianzeni homilia in Christi natalem (320 v°);
— S. Basilii homilia de eodem (327); — Vita SS. Theodori
Grapti et Theophanis fratris, auctore Symeone Metaphraste
(332); — S. Gregorii Nysseni homilia in laudem S. Stephani
(340 v°); — Passio SS. Indæ et Domnæ, auctore Symeone
Metaphraste (347); — Vita S. Marcelli archimandritæ, eodem
auctore (363 v°); — Vita Sæ. Melaniæ Romanæ, eodem auctore
(378); — S. Joannis Chrysostomi homiliæ II, VI, III-V, in
Matthæum (392); — Homilia in formosissimum Josephum, e
S. Joannis Chrysostomi in Genesim homiliis excerpta (429);
— S. Joannis Chrysostomi homilia LXV. in Genesim, fine
mutila (437); — Amphilochii, Iconiensis episcopi, narratio
adversus Arianum, Eunomium et Macedonium (440); — Joannis VIII. papæ epistola ad Photium, CP. patriarcham (442 v°);
— Vita Niphontis Armenopuli (444); — S. Athanasii homilia
de Sa. Trinitate et quid sit Deus (545).

XIV-XV s. Pap. 547 fol. (Medic.-Reg. 2450.) M.

1196. Anonymi homilia in laudem S. Michaelis archangeli.

initio mutila (1); — Pantaleonis, CP. diaconi, narratio miraculorum S. Michaelis archangeli (6 v°); — ejusdem homilia de
eodem (33 v°); — Acta S. Clementis Romani (39); — Vita S. Stephani junioris, auctore Symeone Metaphraste (93 v°); — Vita
S^æ. Mariæ Ægyptiacæ, auctore Sophronio Hierosolymitano
(132), — S. Joannis Chrysostomi homilia in quatriduanum
Lazarum (149); — ejusdem homilia in ramos palmarum (153);
— Sophronii Hierosolymitani homilia in venerationem S^æ. Crucis (159); — Germani, CP. patriarchæ, homilia in præsentationem beatæ Mariæ (161 v°); — S. Joannis Chrysostomi
homilia in filium prodigum (165 v°); — ejusdem homilia in
sanctam crucem (171).

XI-XII s. Parch. 176 fol. Palimps. (Fontebl.-Reg. 2455.) *M.*

1197. Theodori Studitæ homilia in laudem S. Platonis
archimandritæ (1) ; — [Andreæ Cretensis] homilia in laudem
S. Georgii martyris (24); — Theodori Studitæ homilia in laudem S. Joannis evangelistæ (32); — ejusdem homilia de
tertia inventione capitis S. Joannis Baptistæ (47); — S. Joannis Chrysostomi homilia in laudem S^æ. Pelagiæ (51); — ejusdem homilia in laudem S. Juliani (59); — ejusdem homilia
in laudem S. Eustathii Antiocheni (69); — Pantaleonis, CP.
diaconi, homiliæ duæ in transfigurationem Domini (77); —
Andreæ Cretensis homilia de eodem (83); — S. Joannis Damasceni homilia de eodem (95 v°); — S. Joannis Chrysostomi
homilia de eodem (109 v°); — Andreæ Cretensis homiliæ tres
de eodem (117); — S. Joannis Damasceni homilia duæ de
eodem (145); — Andreæ Cretensis homilia in laudem S. Titi
apostoli (171 v°).

XII s. Parch. 186 fol. (Fontebl.-Reg. 2029.) *M.*

1198. Anonymi homilia de pœnitentia et compunctione,
initio mutila (1); — S. Ephræmi epistola ad Joannem monachum (8 v°), — ad novitium monachum, de virtute capita
quatuor (13), — capita decem de virtute (24), — homilia in
illud : Attende tibi ipsi (34), — quod non sit ridendum neque
gloriandum sed legendum et deflendum nosmetipsos (50 v°),
— ad novitium monachum, de vita spirituali capita xc111.
(53 v°), — de recta vivendi ratione capita LXXXIX. (65), — bea-

titudines (72 v°), — ad pietatem exhortatio (118 v°), — paræneses xxxii. (80 v°), — antirrheticus de virginitate, paRænesis
xxxiii. (119), — homilia de castitate, paRænesis xxxiv. (121),
— paRæneses xxxv-xxxvi. (122), — de contumacibus et de
futuro judicio (125 v°), — de præcautione paRænesis (131),
— de iis qui propria negligentia labuntur (133), — ad fratrem
lapsum et de pœnitentia (138), — non jurandum, neque blas-
phemandum (143), — homilia ad quem hoc dictum pertineat :
Melius est nubere quam uri (145), — apologia ad fratrem
quemdam, de Heli sacerdote (146 v°), — paRæneses tres (150),
— ad desidiosum monachum dicentem : Dimitto et ad mundum
vado (157), — paRænesis de malignitate (164), — de differentia
monasticæ vitæ cum sæculari (165), — de ratione acquirendæ
humilitatis capita centum (166), — quatenus sit perfectus
monachus (188 v°), — de divina gratia (198 v°), — de morbo
linguæ (202), — de virtutibus et vitiis, cap. i. (208); — Fragmentum homiliæ de pœnitentia (209) ; — S. Hippolyti homilia de secundo Domini adventu et futuro judicio, initio mutila
(211); — S. Joannis Chrysostomi homilia de Zacchæo (221 v°);
— ejusdem fragmentum homiliæ de Abrahamo (225).

XI a. Parch. 229 fol. (Reg. 1005, 2.) *M.*

1199. Anonymi homiliæ fragmentum (1); — S. Basilii Seleuciensis homilia in laudem S. Thomæ apostoli (6 v°);
— Germani, CP. patriarchæ, homilia in præsentationem
beatæ Mariæ (12 v°); — Georgii Nicomediensis homilia de
eodem (18 v°); — S. Basilii Seleuciensis homilia in laudem S. Andreæ apostoli (29 v°); — S. Athanasii homilia in
descriptionem beatæ Mariæ (34 v°); — Asterii, Amaseæ episcopi, homilia in Danielem et Susannam (43 v°); — S. Joannis
Chrysostomi homilia in spectacula et de Abrahamo (50); —
S. Gregorii Nysseni homilia in Christi nativitatem (76 v°); —
ejusdem homilia in laudem S. Stephani (94); — ejusdem homilia in sancta lumina (107); — S. Joannis Chrysostomi homilia in filium prodigum (123); — ejusdem homilia in Jonam,
Danielem et tres pueros (133 v°); — S. Joannis Damasceni
homilia de iis qui in fide obdormierunt (144 v°); — S. Hippolyti homilia de Antichristo et secundo Christi adventu (162);

— S. Gregorii Nysseni homilia in principium jejuniorum, fine mutila (188).

XI s. Parch. 200 fol. (Colbert. 847.) *M.*

1200. Gregorii Ceramei homiliæ LII. in Dominicis et festis totius anni; desunt vii. priores et initium viii.

XIV s. Copié par Gerasime. Pap. 260 fol. (Colbert. 4114.) *M.*

1201. Leonis Sapientis imp. homilia in ascensionem Domini (1), — in descensum S. Spiritus super apostolos (8), — de S. Spiritu, die Pentecostes dicta (19), — in festum omnium sanctorum, fine mutila (45), — in S. Paulum apostolum, initio mutila (56), — in Eliam prophetam (56 v°), — homiliæ tres in transfigurationem Domini (61 v°), — in assumptionem beatæ Mariæ (87), — in decollationem S. Joannis Baptistæ (103), — in nativitatem beatæ Mariæ (116), — in exaltationem sanctæ crucis (127 v°), — in conservationem templi S. Thomæ dicati (137 v°), — in S. Thomam, ab alio, Leone absente, pronuntiata (146), — homiliæ duæ in S. Demetrium martyrem (154), — cum S. Demetrio ædes in palatio consecrata est (173 v°), — in laudem S. Joannis Chrysostomi (176 v°), — in præsentationem beatæ Mariæ (261), — in laudem S. Nicolai Myrensis (270 v°), — in nativitatem Domini (295 v°), — in laudem S. Stephani (314), — in sancta lumina (331 v°), — in laudem S. Clementis Ancyrani (336 v°), — in laudem S. Tryphonis (358 v°), — in purificationem beatæ Mariæ (374 v°), — homiliæ duæ in principium jejuniorum (394 v°), — epistola parænetica (413 v°), — homilia in festum palmarum (439 v°), — in sancto sabbato (456 v°).

XVI s. Pap. 472 fol. (Mazarin.-Reg. 2948.) *P.*

1202. Andreæ Cretensis homilia in dormitionem beatæ Mariæ (1) ; — S. Joannis Climaci scala paradisi (16 v°) ; — præcedunt epistola Joannis Raithuensis ad Joannem Sinaitam, cum responsione (10), — et vita S. Joannis Climaci in epitome (12) ; — ejusdem liber ad pastorem (133) ; — S. Basilii constitutiones monasticæ (140); — ejusdem institutio religiosæ vitæ (166 v°) ; — Theodori Studitæ scholion in S. Basilii ascetica (169); — Excerpta e Gerontico (170) ; — Diadochi, Photices episcopi, capita centum de perfectione (174 v°); —

Marci Diadochi dialogus ad eos qui de divino baptismate dubitabant (185 v°); — S. Basilii tractatus de exercitatione monastica (187); — ejusdem epistola ad monachum lapsum (187 v°); ·— ejusdem epistola cccii. (189); —Excerpta ascetica e SS. Joanne Cassiano, Basilio, etc. (189 v°); — S. Joannis Chrysostomi homilia in Publicanum et Pharisæum (196); — ejusdem homilia in Danielem et tres pueros (201).

XIII s. Pap. 208 fol. (Fontebl.-Reg. 2983.) *P.*

1203. Andreæ Cretensis homilia in vitam humanam et in mortuos (5); — Anonymi monachi visio inferorum et paradisi Εἰ μὲν οὖν μικρὸς ἄρχ... (26); — Antiochi monachi Pandectes sacræ scripturæ, fine mutila (38).

XV s. Pap. 403 fol. (Colbert. 4632.) *P.*

1204. S. Basilii Seleuciensis homiliæ XXXVI.

XVI s. Pap. 147 fol. (Gaignières.) *P.*

1205. Germani, CP. patriarchæ, homiliæ variæ, initio mutilæ (1); — S. Epiphanii, Cypri archiepiscopi, homilia in sepulturam Domini (387).

XV s. Pap. 404 fol. (Colbert. 3943.) *P.*

1206. Theophanis Ceramei homiliæ XXXIV.

XV s. (Copié en partie par le prêtre Georges.) Pap. 249 fol. (Colbert. 5135.) *P.*

1207. Gregorii Ceramei Tauromenitani homiliæ LI. (1); — inter quas : Eugenii, CP. patriarchæ, fragmentum de ecclesiarum Græcæ ac Romanæ reconciliatione (59); — Scholia in primam Demosthenis Philippicam (91); — Georgii Pisidæ, Nicomediensis episcopi, sermo de beata Virgine, ac de vivifica et salutari passione (199); — Anonymi fragmentum de variis baptismatibus (268).

XV s. Pap. 351 fol. (Reg. 2948, 2.) *P.*

1208. Jacobi monachi homiliæ in conceptionem beatæ Mariæ (4), — in nativitatem beatæ Mariæ (30), — in ingressum Deiparæ in sancta sanctorum (74), — in egressum ejusdem e templo (110), — in Annuntiationem (150), — in traditionem purpuræ sacerdotibus, etc. (182).

XII s. Parch. 260 fol. Peint. (Reg. 2945, 2.) *P.*

1209. Theodori Hyrtaceni homilia in laudem beatæ Mariæ
(1), — descriptio horti Sᵉ. Annæ, prope Nazareth (36), — homilia in laudem Aninæ thaumaturgi (45), — homilia nuncu-
patoria ad Andronicum imp. (77), — monodia in mortem Michaelis Palæologi, imperatoris designati (81), — in mortem
Irenes Augustæ (90), — in mortem Andronici Palæologi imp.
(97), — epistolæ variæ xcii. (105).

XIII s. Parch. 164 pages. *P.*

1210. Anonymi epistolæ theologicæ recentiores (A); —
Joannis Glycci, CP. patriarchæ, homiliæ variæ dominicales (1);
— Κυριακοδρόμιον τοῦ ὅλου ἐνιαυτοῦ, ἀρχόμενον ἀπὸ τοῦ Πάσχα. Χαρὰς
ἡ ἡμέρα... (72 vᵒ); — S. Joannis Chrysostomi homilia de re-
generatione in baptismo Ἐννοήσωμεν, ἀδελφοί... (314 vᵒ); —
ejusdem homiliæ de eleemosyna (317 vᵒ), — de juramentis
(321), — in proditionem Judæ (324); — Narratio de liberata
CP. : Ἐν τοῖς χρόνοις Ἡρακλείου... (326 vᵒ); —S. Ephræmi sermo
in sanctam crucem (346 vᵒ); — Homiliæ variæ in festis (347²)
— S. Joannis Chrysostomi (?) homiliæ : Ἦν δέ τις... (395), —
in decem virgines : Ὅταν τὸ εὐδαπάνητον... (399 vᵒ), — in Matthæum, xii, 14 (406), — in meretricem et Pharisæum (410),
— in meretricem, mutila (412).

XVI s. Pap. Fol. A-L et 414 fol. *P.*

1211. Maximi Planudis homilia in principes apostolorum
Petrum et Paulum (3); — Plutarchi tractatus quomodo quis
suos in virtute profectus sentire queat (44); — ejusdem tractatus quomodo adulator ab amico dignosci possit (52); — ejusdem tractatus de curiositate (68 vᵒ); — Maximi Planudis homilia in laudem S. Diomedis (73 vᵒ); — ejusdem versus varii
(75 vᵒ), — preces (80), — grammatica (83).

XIV s. Bombyc. 137 fol. (Colbert. 5018.) *P.*

1212. Constantini Acropolitæ homilia in laudem Sᵃᵉ. Theo-
dosiæ martyris.

XVI s. Pap. 29 fol. (Baluze.-Reg. 2943, 2.) *P.*

1213. Nicolai Cabasilæ homiliæ in nativitatem beatæ Mariæ
(1), — in laudem S. Nicolai (11), — in Annuntiationem (16 vᵒ),
— in passionem Domini (22), — in Ascensionem (31 vᵒ), — in

dormitionem beatæ Mariæ (36), — in laudem S. Demetrii (46 et 104 v°), — epistola ad Nilum, Thessalonic. metropolitam (68 v°), — in Ezechielem homiliæ tres (69), — in S. Andream juniorem (83 v°), — in sanctam Theodoram (90), — in SS. Basilium, Gregorium Nazianzenum et Joannem Chrysostomum (101), — interpretatio divinæ liturgiæ (109), — oratio ad Dominum nostrum J. C. (154), — de vita in Christo libri VII. (157), — de magistratuum iniquis ausis circa res sacras (245), — de usuris (269), — ad Augustam oratio de usuris (277 v°), — ad Athenienses oratio de ara misericordiæ (280 v°), — oratio adversus Gregoræ delirantis somnia (282), — oratio qua Pyrrhonis de veritatis criterio sententia impugnatur (285), — disputatio adversus illos qui dicendi artem futilem esse contendunt (286 v°), — epitaphium Nili, Thessalonic. archiepiscopi, et epigrammata varia (287 v°), — oratio in laudem Matthæi Cantacuzeni filii (289), — epistolæ variæ (293), — oratio in laudem Annæ Palæologinæ (301); — Demetrii Cydonii oratio de contemnenda morte (309); — ejusdem homilia in Annuntiationem (325), — ad Romanos orationes duæ de periculo quod ipsis a Græcorum potentia imminebat (355), — præfationes duæ in auream bullam monasterio S. Salvatoris concessam (381), — epistola de humanæ vitæ miseriis et epistolæ variæ (387 et 324), — monodia in cives qui seditione Thessalonica, sub Joanne Cantacuzeno, perierunt (417), — epistolæ variæ (421).

XV s. Copié par Joasaph. Pap. 428 fol. (Medic.-Reg. 2965.) P.

1214. Matthæi Camariotæ homilia in laudem SS. Basilii, Gregorii Nazianzeni et Joannis Chrysostomi (1); — Anonymi præcepta ad monachos de virtutibus et vitiis (12); — Preces variæ, excerptæ e S. Scriptura et S. Ephræmo (18); — Symeonis monachi sermones xxxII. in vitia (49); — Ordo magni canonis (323); — Matthæi Camariotæ antirrheticorum liber I. (356).

XV s. Pap. 377 fol. (Colbert. 1724.) P.

1215. Anonymi homilia in nativitatem beatæ Mariæ, initio mutila (1); — Protevangelium Jacobi apostoli (10); — Andreæ Cretensis homilia in nativitatem beatæ Mariæ (28); —

Georgii monachi homilia in Præsentationem (43 v°) ; — Georgii
chartophylacis homilia de eodem (59 v°) ; — S. Joannis Chrysostomi homilia in Annuntiationem (78) ; — Gregorii, Neocæsariensis episcopi, homilia de eodem (83) ; — Andreæ Cretensis homilia de eodem (94) ; — S. Joannis evangelistæ narratio de dormitione beatæ Mariæ (114 v°) ; — S. Joannis Damasceni homilia de eodem (129) ; — Historia beatæ virginis
Mariæ : Ἐχρῆν ἀληθῶς τὴν παρθένον... (156).

Copié en 1080 par le moine Neophyte. Parch. 211 fol. (Colbert. 4504.) P.

1216. Anonymi homiliæ IV-XXIII. in Evangelia a Dominica
post Epiphaniam usque ad Dominicam V. post Pascha.

XIV s. Bombyc. 212 fol. (Colbert. 4245.) P.

1217. Anonymi homilia in Josephum, initio mutila (1) ; —
S. Joannis Chrysostomi homilia in laudem S. Philogonii (12) ;
— S. Ephræmi homilia de caritate, pœnitentia et futuro judicio (19 v°) ; — S. Joannis Chrysostomi homilia in filium prodigum (28 v°) ; — Amphilochii, Iconiensis episcopi, homilia
de miraculis S. Basilii (31) ; — ejusdem homiliæ de S. Anastasio presbytero et de S. Ephræmo (31 v°) ; — S. Hippolyti
homilia de fine mundi et de Antichristo (35) ; — Vita Sæ. Mariæ
Ægyptiacæ, auctore Sophronio Hierosolymit. (53 v°) ; —
Vita et miracula S. Gregorii Agrigentini, auctore Leontio abbate (70 v°) ; — Vita Sæ. Theodoræ (136) ; — Zosimi narratio
de statu beatorum (145) ; — Vita SS. Theophanis et Pan-
semnes (153 v°) ; — Vita S. Jacobi monachi (159 v°) ; — Martyrium SS. Eustathii, Maxentii, Mardarii, Eugenii et Orestæ
(175) ; — Martyrium Sæ. Anastasiæ (194 v°) ; — Martyrium SS.
Anastasiæ et Theodotæ (198 v°) ; — S. Gregorii Nysseni homilia in laudem S. Stephani protomartyris (208) ; — S. Gregorii Nazianzeni homilia in Christi nativitatem (217 v°) ; —
S. Basilii homilia de eodem (226 v°) ; — Vita S. Silvestri, Romani archiepiscopi (234) ; — S. Basilii homilia ad baptismum
adhortatoria, fine mutila (259 v°).

XII s. Parch. 263 fol. (Colbert. 4767.) P.

1218. Germani, CP. patriarchæ, fragmentum (1) ; — Anonymi oratio funebris in laudem Marci Eugenici, Ephesini
archiepiscopi (3) ; — Marci Ephesini homiliæ duæ de

igne purgatorio, Ferrariæ habitæ (7); — ejusdem responsio
ad objectiones contra suam de igne purgatorio sententiam
(41); — [Joannis Zonaræ] ad Nectarium monachum epistola,
utrum Christi corpus in eucharistia corruptibile sit an non
(50 v°); — Joannis Zonaræ [Michaelis Glycæ] epistolæ xi.
theologicæ (51 v°); — Anastasii, Cæsareæ in Palæstina episcopi, sententia de observando jejunio præcedente festum dormitionis beatæ Mariæ (90 v°); — Theophylacti, Bulgariæ archiepiscopi, expositio xi. evangeliorum matutinorum (93 v°);
— Marci Ephesini adversus Latinos tractatus de eo quod con-
secratio non solum fit verbis Dominicis, sed etiam a S. Spiritu
per preces sacerdotis (121); — ejusdem ad Georgium Scholarium epistola, qua ipsum reprehendit quod ad Latinos desci-
verit (125 v°); — ejusdem solutiones quorumdam dubiorum
(127); — ejusdem Latinus, opusculum de additione a Latinis
symbolo inserta, cum scholiis (133); — Joannis Eugenici
antirrheticus adversus concilii Florentini definitionem, cum
scholiis (137); — S. Maximi epistola ad Marinum, presbyterum Cypri (203 v°); — S. Joannis Chrysostomi homilia de
Spiritu sancto (205 v°); — Anonymi adversus Latinos opusculum de azymis (222); — Petri, Antiocheni patriarchæ, ad
Dominicum Gradensem epistola (224); — Chrysoloræ adversus Latinos opusculum (232); — Nili Cabasilæ promptuarium
adversus Latinos (235); — Matthæi Blastaris fragmenta de
conciliis (239); — Synodi CP. ad imperatorem apologia de
non recepto concilio Florentino (255); — Theodori Agalliani
collectanea adversus Latinos (268); — Marci Ephesini pos-
trema ad Georgium Scholarium verba (275); — Georgii Scholarii de processione S. Spiritus liber secundus (277); — ejusdem brevis dialogus de eodem (419); — Marci Ephesini capita
syllogistica adversus Latinos de processione S. Spiritus (424);
— ejusdem epistola encyclica de non recipienda synodo Florentina (454); — ejusdem expositio officii ecclesiastici (455 v°);
Georgii Scholarii dialogus de processione S. Spiritus (466 v°);
— ejusdem iambi in laudem Marci Ephesini (471 v°); —
ejusdem dialogus de processione S. Spiritus, inter Olbianum,
Eulogium et Benedictum (472); — Macarii hieromonachi
opusculum de dogmate processionis S. Spiritus a Latinis nu-

per invecto (490); — Marci Ephesini professio fidei in concilio Florentino (502 v°); — Barlaami monachi tractatus de processione S. Spiritus, cum scholiis (505); — ejusdem opusculum de primatu papæ, cum scholiis (521 v°); — ejusdem Legatus, sive de processione S. Spiritus (525); — ejusdem confutatio epistolæ quam Papæ legati ad eum ipsum scripserant (528); — Versus scribæ : Ἔρνος ἐὼν ῥίζης... (537); — Leontii monachi canones varii (538); — Versus scribæ de casu Cretæ, in Dionysium Cretensem hieromonachum, in S. Sophiam et in patriarch. (545).

XV s. Pap. 546 fol. (Mazarin.-Reg. 2963.) P.

1219. Josephi, hieromonachi et sacristæ magnæ ecclesiæ, homiliæ duæ in laudem S. Bartholomæi apostoli (1); — Alexandri monachi homilia in laudem S. Barnabæ (11); — Iter et martyrium S. Barnabæ apostoli (31 v°); — Acta S. Aquilæ, unius e lxx. discipulis Christi (37 v°); — Iter et martyrium S. Philippi apostoli (45); — Martyrium S. Apollinis apostoli (58 v°); — Martyrium S. Timothei apostoli (64); — Narratio de inventione vestis beatæ Mariæ in Blachernis (67); — Vita Sæ. Xenes (82).

XI s. Parch. 94 fol. (Colbert. 4137.) P.

1220. Anonymi homilia : Ὁποία ἡ θεότης, πατήρ, υἱός... (1 v°); — Hermetis Trismegisti Pœmander (5); — Asclepii definitiones ad regem Ammonem, de Deo, materia, etc. (37 v°); — Sententiæ monostichæ variorum poetarum, alphabet. : Εἰς ἀγαθὸν ἄνδρα. Ἀνὴρ δὲ χρηστός... (44); — S. Gregorii Nazianzeni tetrasticha, cum Nicetæ Davidis commentario (51); — ejusdem carmina omnia (67 et 205); — epigrammata in S. Basilii sepulchrum, cum Nicetæ Davidis commentariis (203); — Eclogæ ex V. Testamento de trinitate et incarnatione : Τὴν τῶν προκειμένων ῥητῶν... (212 v°); — Nonni Panopolitani paraphrasis metrica evangelii S. Joannis (224); — Maximi Planudis homilia in Christi sepulturam (256); — Evagrii monachi opusculum de vestibus monachorum Ægypti (270); — ejusdem definitiones affectuum animæ rationalis (271); — ejusdem sententiæ morales (271); — excerpta ex ejusdem vita (271 v°); — ejusdem ad Anatolium liber de octo vitiosis

cogitationibus (272); — Nili monachi opusculum de eodem
(274); — Anastasii, Antiocheni patriarchæ, opusculum de
servandis tribus quadragesimis (282); — Nicephori, CP. patriarchæ, epistola (283 v°); — S. Maximi fragmentum de
amicitia (286); — S. Gregorii Nazianzeni tragœdia Christus
patiens (288); — Epicteti enchiridion interpolatum (309);
— Apophthegmata sapientum et regum : Ἀλέξανδρος ὁ Μακέ-
δων... (316); — Joannis Colobi dicta (317); — Excerpta ex
dictis SS. Patrum, Anastasio Sinaita, etc. (317).

XIV s. Bombyc. 324 fol. Palimps. (Medic.-Reg. 3066.) P.

1220 A. Anonymi homilia de extremo judicio, initio mutila (1); — Eusebii Cæsariensis homilia in ingressum jejuniorum (10 v°); — Vita S. Nicolai, Myrensis archiepiscopi
(14); — Andreæ Hierosolymitani homilia in laudem S. Nicolai Myrensis (18); — Gregorii, Thessalonicensis archiepiscopi, homilia in Annuntiationem (24); — ejusdem homilia in
Dominicam palmarum (31); — Anonymi homiliæ in Annuntiationem (42), — in Christi nativitatem (50 v°), — in Christi
baptismum (55 v°), — in Transfigurationem (62 v°); — adversus blasphemantes (67 v°), — de jurejurando (71 v°); —
S. Joannis Chrysostomi homilia de S. Spiritu (75); — Martyrium S. Demetrii, initio mutilum (92); — Andreæ Cretensis homilia in sanctam crucem (99 v°); — Procopii diaconi
et chartophylacis homilia in SS. Michaelem et Gabrielem
(104 v°); — Anastasii Sinaitæ responsiones variæ (108).

XV s. Pap. 171 fol. P.

1221. Homiliæ in evangelia dominicalia totius anni; finis
desideratur.

XV s. Pap. 299 fol. (Colbert. 5499.) P.

1222. Homiliæ in evangelia dominicalia totius anni (1);
— Theophylacti, Bulgariæ archiepiscopi, commentarius in xi.
evangelia matutina (373).

XV s. Pap. 402 fol. P.

1223. Anonymi doctrinæ, seu homiliæ in evangelium Publicani et Pharisæi (1), — in Filium prodigum (20 v°), — de
extremo judicio (49), — in Dominicas I-IV. quadragesimæ

(98 v°), — in Annuntiationem (201), — in Dominicam quintam quadragesimæ (225), — de resurrectione Lazari (242 v°),
— in magnum quatriduum (262 v°), — in sanctam Parasceven (275), — de resurrectione Domini (321 v°); — omnia
lingua græca vulgari.

XV s. Pap. 342 fol. (Colbert. 4634.) P.

1224. Anonymi homiliæ variæ, initio et fine mutilæ; ho_
milia II. de fide : Ἐπειδὴ καὶ σήμερον Θεοῦ... (25).

XVI s. Pap. 339 fol. (Colbert. 4786.) P.

1225. Nicephori Blemmidæ homilia in laudem S. Joannis
Theologi (1); — S. Athanasii Alexandrini homilia in Hypa-
panten (28 v°).

XVI s. Pap. 56 fol. (Mazarin.-Reg. 3489.) P.

1226. Photii, CP. patriarchæ, Bibliotheca.

XV s. (Copié par Georges Gregoropoulos.) Pap. 369 fol. (Dufresne.-
Reg. 1850.) G.

1227. Photii, CP. patriarchæ, Bibliothecæ capita I-LVIII;
præmissus est index capitum CCLXIII.

XVI s. Pap. 20 fol. (Reg. 1850, 2.) G.

1228. Photii, CP. patriarchæ, responsa ad Amphilochii
quæstiones (1); — ejusdem disciplina arcana de S. Spiritu
(649); — ejusdem adversus recentes Manichæos sive Pauli-
cianos libri IV. (699).

XI s. Parch. 800 pages. (Colbert. 444.) M.

1229. Photii, CP. patriarchæ, responsa ad Amphilochii
quæstiones.

XVII s. Pap. 252 fol. M.

1230. Euthymii Zigabeni panoplia dogmatica orthodoxæ
fidei (1); — Photii, CP. patriarchæ, epistola de septem generalibus conciliis (258 v°).

XIII s. Parch. 265 fol. (Fontebl.-Reg. 2399.) M.

1231. Euthymii Zigabeni panoplia dogmatica orthodoxæ
fidei (1); — Photii, CP. patriarchæ, epistola de septem generalibus conciliis (170); — Notitia episcopatuum sedi CP. sub-
jectorum (174 v°).

XIII s. Parch. 174 fol. (Fontebl.-Reg. 1990.) M.

1232. Euthymii Zigabeni panoplia dogmatica orthodoxæ
fidei (1); — Photii, CP. patriarchæ, epistola de septem generalibus conciliis (263 v°).

XIII s. Parch. 267 fol. (Colbert. 4097.) *M.*

1232 A. Euthymii Zigabeni panoplia dogmatica orthodoxæ
fidei (1); — Valentis astronomi thema genethliacum CP., ex
S. Hippolyto (211 v°); — Fragmenta de nominis Jacobitarum,
Melchitarum et Chatzizariorum origine (212).

Copié en 1131 par le prêtre Georges. Bombyc. 214 fol. *M.*

1233. Euthymii Zigabeni panoplia dogmatica orthodoxæ
fidei, initio mutila (1); — Photii, CP. patriarchæ, epistola de
septem generalibus conciliis (147); — S. Joannis Damasceni
dialectica (300 v° et 173); — Anonymi opusculum de virtutibus et vitiis : Περὶ ἀρετῶν λόγος... (212); — S. Joannis Damasceni expositio accurata orthodoxæ fidei, fine mutila (221).

XIV s. Copié par Anthime. Bombyc. 306 pages. *M.*

1234. Michaelis Choniatæ monodia in fratris sui Nicetæ
mortem (2); — Fragmentum e Speculo S. Augustini, etc. (5);
— Josephi monachi, CP. patriarchæ, epistolæ (6 v° et 267 v°);
— Nicetæ Choniatæ Acominati thesauri orthodoxæ fidei
libri XXVI., fine mutili (8 et 275); — inserta sunt : Michaelis,
CP. patriarchæ, opuscula adversus Latinos et de azymis (260);
— De VII. synodis œcumenicis : Χρὴ γινώσκειν πάντα... (261);
— Eustathii Romani fragmentum de duobus fratribus duas
sorores ducentibus (261 v°); — Michaelis, CP. patriarchæ,
epistolæ variæ ad imperatorem (263); — Nicephori, CP. patriarchæ, interrogationes et responsiones (268); — Alexii, CP.
patriarchæ, constitutiones duæ de rebus ecclesiasticis (270),
— Alexii Comneni imp. bulla aurea de rebus sacris (271 v°);
Nicolai Amaseæ, Nicephori Hierosolymit., sacerdotis cujusdam, Germani CP. et Nicolai, CP. patriarchæ, fragmenta
varia (272).

XIII s. Bombyc. 304 fol. (Baluz.-Reg. 1865.) *M.*

1235. S. Thomæ Aquinatis summæ theologicæ pars secunda, a Demetrio Cydonio græce versa.

Copié en 1495. Pap. 322 fol. (Melic.-Reg. 2422.) *M.*

1236. S. Thomæ Aquinatis summa adversus gentes, libris IV., a Demetrio Cydonio, græce versa.

XV s. Pap. 523 fol. (Medic.-Reg. 2421.) *M.*

1237. S. Thomæ Aquinatis summæ theologicæ pars secunda, a Demetrio Cydonio græce versa.

XV s. Pap. 296 fol. (Reg. 2422, 2.) *M.*

1238. Gregorii Palamæ, Thessalonicensis archiepiscopi, selecta testimonia e sacra Scriptura et SS. Patribus (1); — ejusdem compendiosa narratio dialogi, coram imperatore, cum Nicephoro Gregora habiti (41 v°); — Iambi DCXVIII. adversus Acindynum : Ἀκίνδυνος μὲν ἐξ... (49); — Gregorii Palamæ ad Annam Palæologinam epistola (53); — ejusdem adversus Acindynum libri X. (54); — ejusdem ad Dionysium monachum epistola (183), — libri duo apologetici, cum Nicolai Pepagomeni epistola (192), — quod Barlaam et Acindynus divinitatem unam in duas discerpant liber unus (210), — dialogi duo, orthodoxi cum Barlaamita, et Theophanis orthodoxi cum Theotimo (213), — opusculum quo variis Acyndini scriptis respondere conatur (235), — epistolæ ad Joannem Gabram (244 v°), — ad Danielem, Æni metropolitam (254), — ad Nomophylacem (259), — ad Acindynum, ante condemnationem (262 v°); — Arsenii, monachi Studitæ, ad Gregorium Palamam epistola, cum responsione (266 v°); — Gregorii Palamæ ad Paulum Asanum epistola (269 v°); — ejusdem oratio adversus Joannem Calecam, CP. patriarcham (272 v°), — diatribæ duæ contra scriptum Ignatii, Antiocheni patriarchæ (281 v°), — ad Philotheum, postea CP. patriarcham (292), — ad monachos in monte Atho epistola (298), — epistola ad Macarium hieromonachum (299 v°).

XV s. Pap. 300 fol. (Medic.-Reg. 2409.) *M.*

1239. Gregorii Palamæ homiliæ LXIII. (1); — ejusdem vita S. Petri, Athonitæ (249), — de passionibus, virtutibus et mentalis quietudinis fructibus (263 v°), — ad moleste ferentes casus varios qui nobis accidunt (281), — ad interrogantem de susceptione monachici habitus (285 v°), — epistola ex Asia ad suam ecclesiam, dum servus esset (287), — disputatio adversus infideles et atheos Chionas (295), — decalogus N. Testa-

menti (298), — orationes ad Deum, cum pontificatum capes-
seret (301 v°), — cum populos inviseret (303), — tempore
pluviali (303 v°), — coram regibus post unctionem (304), —
capita de oratione et cordis puritate (305 v°), — alia capita de
eodem (306 v°).

XV s. Pap. 308 fol. (Mazarin.-Reg. 2404.) *M.*

1240. Prochori Cydonii disputatio de lumine Thaborio adversus Palamitas (1); — Joasaphi [Joannis Cantacuzeni imp.]
adversus Prochorum antirrheticorum libri duo (23); — ejusdem ad Paulum, e Latinis patriarcham, epistola adversus
Barlaami et Acyndini blasphemias (173).

Copié en 1544 par Christophe Auer. Pap. 237 pages. (Fontebl.-Reg.
1999.) *M.*

1241. Prochori Cydonii disputatio de lumine Thaborio adversus Palamitas (1); — Joasaphi [Joannis Cantacuzeni imp.]
adversus Prochorum antirrheticorum libri duo (20); — ejusdem ad Paulum, e Latinis patriarcham, epistola adversus
Barlaami et Acyndini blasphemias (162).

Copié en 1369 par Manuel Tzycandyles. Pap. 226 fol. (Fontebl.-Reg.
2416.) *M.*

1242. Joasaphi [Joannis Cantacuzeni imp.] adversus Prochorum antirrhetici I, cap. i. (6), — præmittitur Christoduli
monachi procemium tomi contra Barlaam et Acindynum (2),
— adversus Isaacum Argyrum liber (9), — ad Paulum, e Latinis patriarcham, epistola adversus Barlaami et Acyndini
blasphemias (71), — contra sectam Mahometicam apologiæ
IV. (120), — contra Mahometem orationes IV. (233), — adversus Judæos libri IX. (293).

Copié en 1370-1375 par Joasaph. Parch. 437 feuillets. Peint. *M.*

1243. Joasaphi [Joannis Cantacuzeni], sub nomine Christoduli monachi, adversus Judæos libri IX. (1), — contra sectam Mahometicam apologiæ IV. (231), — contra Mahometem
orationes IV. (414).

Copié en 1542 par Christophe Auer. Parch. 512 pages. (Fontebl.-Reg.
2000.) *M.*

1243 A. Joasaphi [Joannis Cantacuzeni imp.] contra sectam

Mahometicam apologiæ IV., in linguam vulgarem a Meletio
Syrigo versæ, a. 1635.

XVII s. Pap. 235 fol. *M.*

1244. Philothei, CP. patriarchæ, adversus Nicephorum
Gregoram antirrheticorum libri XII. (1) ; — ejusdem de divina
operatione et de Thaborio lumine libri III. (312 v°).

XVI s. Pap. 354 fol. (Fontebl.-Reg. 1996.) G.

1245. Hieremiæ, CP. patriarchæ, censura orientalis ad
Germanos (1) ; — ejusdem epistola ad Jacobum, theologiæ
professorem, et ad M. Crusium (210).

Copié en 1603 par Jean de Santa-Maura. Pap. 213 pages. (Teller. Rem.-
Reg. 2002, 2.) *G.*

1246. Joannis Cyparissiotæ Palamitarum transgressionum
libri IV. (1), — adversus Palamæ tomum ejusque novam fidem
libri VIII. (52), — de lumine increato, adversus Palamam,
libri VIII.(161),—contra Palamitarum apostasiam libri III.(219),
— adversus Nilum Thessalonicensem antirrheticorum libri V.
(283) ; — « Novi errores exorti inter Grecos, » latine (388 v°).

XV s. Pap. 388 fol. (Medic.-Reg. 2408.) *M.*

1247. Davidis Dishypati ad Nicolaum Cabasilam liber de
Barlaami et Acindyni blasphemiis (1) ; — S. Gregorii Nysseni
homilia in illud Geneseos : Ad imaginem Dei et similitudinem (52) ; — Tarasii, CP. patriarchæ, ad Hadrianum papam I.
contra simoniam epistola (66) ; — Joannis Cantacuzeni responsio ad dicta Prochori de essentia et operatione divina (68) ;
— ejusdem antirrheticorum liber ad dicta Patrum a Prochoro
allata (87) ; — ejusdem ad Isaacum Argyrum liber de operatione S. Spiritus (149) ; — Gregorii Palamæ de processione
S. Spiritus liber I. (244).

XIV-XV s. Pap. 281 fol. (Medic.-Reg. 2410.) *M.*

1248. Nicolai Cabasilæ de vita in Christo libri VII. (1), —
homilia in nativitatem Deiparæ (119), — in annuntiationem
beatæ Mariæ (133 v°), — in dormitionem beatæ Mariæ (142),
— in passionem Christi (153 v°), — in ascensionem Christi
(166 v°), — in laudem S. Nicolai Thaumaturgi (173) ; — Maximi Planudis homilia in Christi sepulturam (193).

XV s. Parch. 208 fol. (Medic.-Reg. 2413.) *M.*

1249. Theophanis, Nicæni metropolitæ, disputatio de æternitate mundi (1); — Pauli, Latinæ ecclesiæ episcopi, ad Joannem Cantacuzenum epistola theologica (19 v°); — Theophanis Nicæni ad Paulum responsio brevior (20); — ejusdem responsio uberior, libris V. (26), — epistola ad Nicænos clericos (113), — ad gregem suam, de patientia (124); — Joasaphi [Joannis Cantacuzeni] contra sectam Mahometicam apologiæ IV. (132); — ejusdem contra Mahometem orationes IV. (207 v°).

XV s. Pap. 236 fol. *M.*

1250. S. Nicephori, CP. patriarchæ, adversus Iconomachos antirrheticorum libri II., initio mutili.

XIV s. Parch. 332 fol. (Fontebl.-Reg. 2378.) *M.*

1251. Bonacursii Bononiensis, ordinis Prædicatorum, thesaurus veritatis fidei, cum græca versione Andreæ Doto.

XIV s. Parch. 145 fol. (Colbert. 3285.) *M.*

1252. Bonacursii Bononiensis, ordinis Prædicatorum, thesaurus veritatis fidei, cum græca versione Andreæ Doto, initio et fine mutilus.

XIV s. Parch. 118 fol. (Colbert. 2567.) *M.*

1253. Manuelis Palæologi cum Persa quodam de Christianæ religionis veritate dialogi XXVI.

XVI s. Pap. 514 fol. (Medic.-Reg. 2417.) *M.*

1254. Meletii Pigæ, Alexandrini patriarchæ, evangelicæ doctrinæ periodus, fine mutilus (5); — præmittuntur versus latini in laudem Meletii Pigæ (1), — Meletii ad Joannem Simontam epistola (2), — et Demetrii Damiæ protopsaltæ monodia (4).

XVI-XVII s. Pap. 127 fol. (Reg. 2418, 2.) *M.*

1255. Nicolai Hydruntini adversus Judæos dialogi, fine mutili (1); — Anonymi homiliæ de Christi baptismo et S. Stephano, initio et fine mutilæ, s. XIII. (102).

XIV s. Parch. 105 fol. (Medic.-Reg. 2813, 2.) *M.*

1256. Nicolai, Methonensis episcopi, expositio institutionis theologicæ Procli Lycii Platonici; præfixa Jac. Gaffarelli ad Nic. Chorerium de eodem epistola, 1674.

XV s. Pap. 96 fol. (Colbert. 1694.) *M.*

1257. Barlaami monachi adversus Latinos de processione
S. Spiritus sermones ii-v. et xvii-xviii.

XVI s. Pap. 46 fol. (Baluz.-Reg. 2415, 2.) *M.*

1258. Collectanea e SS. Patribus de S. Spiritus processione : Ὅταν δὲ ἔλθη... (1); — Paschalion breve (26 v°); —
Becci scholia tria in SS. Basilii, Gregorii Nysseni et Cyrilli
Alexandrini dicta, cum Arsenii monachi antirrheticis (29); —
Anonymi institutiones theologicæ breves per interrog. et respons. : Τί θεὸς καὶ κατὰ τί... (30); — S. Anastasii Sinaitæ quæstionum et S. Maximi de incarnatione excerpta (34); — Justiniani imp. Novellarum selectæ constitutiones (49); — Gregorii
Cyprii, CP. patriarchæ, ad Andronicum Palæologum imp. epistola de tomo in Beccum edito, etc. (68); — S. Joannis Damasceni ad Jordanem archimandritam epistola (71); — Anonymi
collectanea de patriarchis contra canones in locum legitimorum
patriarcharum promotis : Ἐπειδὴ προσέταξας ἡμῖν... (83); —
Gregorii Cyprii tomus contra Beccum (93); — ejusdem professio fidei, adversus Marci libellum (103 v°); — ejusdem
apologia (109); — S. Gregorii Nazianzeni homilia tertia de
pace (123); — Synesii epistolæ variæ (130); — S. Basilii adversus Eunomium libri V. (157); — ejusdem ad Amphilochium
de S. Spiritu liber unus (250); — Anonymi orthodoxi cum
Anomœo dialogi duo : Ἀνόμοιος Χριστιανὸς εἶ... (305 *bis*); —
Eunomii scholia (324 v°); — Aetii, Eunomii magistri, epistolæ fragmentum (328); — Macedonii et orthodoxi dialogus
(331 v°); — S. Athanasii cum Apollinario dialogus (350 v°); —
S. Gregorii, episcopi orthodoxi, dialogus cum Apollinarista
(356 v°); — S. Maximi dialogus cum Pyrrho, CP. patriarcha
(365); — ejusdem de voluntatibus et operationibus capita
decem (388 *bis*); — Theodori Abucaræ dialogi xviii. (389); —
Photii, CP. patriarchæ, disputatio de S. Spiritus processione
(407).

XVI s. Pap. 409 fol. (Fontebl.-Reg. 1991.) *M.*

1259. Excerpta e SS. Patribus de processione S. Spiritus,
adversus Latinos : Δεῖ εἰδέναι ὅτι ἑπτά... (4); — Marci Ephesini
professio fidei in concilio Florentino (6); — Typicon S. Sabæ
(8); — S. Joannis Climaci scala paradisi (87); — præmittuntur

Joannis Raithuensis ad Joannem Sinaitam epistola (84), — et
S. Joannis Sinaitæ vita in epitome (84 v°); — ejusdem liber
ad pastorem (161); — Leonis et Alexandri impp. constitutio
adversus judices munere male fungentes (168); — Matthæi
Blastaris syntagma alphabeticum rerum omnium quæ in sacris
canonibus comprehenduntur (169); — Photii, CP. patriarchæ,
collectanea de episcopis et metropolitis (298); — Petri, Antiocheni patriarchæ, responsum ad Dominici Gradensis epistolam (300); — Leges colonariæ (305); — Officia magnæ ecclesiæ CP. (305 v°); — Joannis Nesteutæ, CP. patriarchæ,
methodus confitendi (306); — Nicephori, CP. patriarchæ, canones ecclesiastici xxxvii. (308 v°); — Joannis, Citri episcopi,
responsionum ad Constantinum Cabasilam excerpta (309 v°);
— Leonis imp. ordo thronorum sedi CP. obnoxiorum (312 v°);
— Explicatio vocum latinarum quæ in libris juris canonici
occurrunt (313); — Theodori Balsamonis responsa ad Marci
Alexandrini canonicas quæstiones (313); — S. Joannis Chrysostomi pœnitentiarius liber (328); — Joannis Nesteutæ pœnitentiarius liber (330 v°); — Regulæ civiles et canónicæ de
nuptiis (332); — Arbor consanguinitatis (335 v°); — Michaelis
Pselli tractatus de omnifaria doctrina capita, quæ ad terræ
figuram, etc. spectant (336); — S. Joannis Damasceni homilia
in Christi nativitatem (338); — Secundi philosophi fragmentum de mulieribus (345 v°); — De Francis, Longobardis, Ale-
mannis, Vnetis et Calabris (345 v°); — S. Joannis Chrysostomi librorum de sacerdotio fragmenta (345 v°); — Gennadii,
CP. patriarchæ, apologia ad Maximum, monachum montis
Sinæ (346); — Fragmenta e S. Anastasio, etc. (347); — Anonymi versus de peccato : Ἁμαρτίαν ἔχω οἶδας... (347 v°); — Nili
CP. tetrastichon (347 v°); — Ordo sedium Thessalonicensi
archiepiscopo obnoxiarum (348).

Copié en 1516 par le hiéromoine Joachim. Pap. 348 fol. M.

1259 a. Notæ chronologicæ s. xv. (1); — Oratio contra ser-
pentes et oratio S. Tryphonis pro hortis, vineis, etc. (1 v°); —
Abraamii ad Joannem Commerciarium epistola, cum responso,
de Incarnationis mysterio (3 v°); — ejusdem ad Rhædesti episcopum de eodem (4 v°); — SS. Basilii et Cyrilli Alexandrini

fragmenta de Trinitate (6); — S. Justini martyris de recta
fide fragmentum, etc. (14); — Michaelis Syncelli Hierosolymitani libellus de orthodoxa fide (23 v°); — De sex primis
œcumenicis conciliis : Πρώτη σύνοδος γέγονεν... (25 v°) ; — Anastasii Nicæni [Sinaitæ] quæstiones et excerpta varia SS. Patrum
(28 v°); — S. Joannis Chrysostomi de libris canonicis fragmentum (158); — Isidori Pelusiotæ fragmentum de eodem
(158 v°); — S. Epiphanii nomina prophetarum et apostolorum
(158 v°); — Anonymi capita moralia xi-clxxv. (160); — inter
quæ : S. Basilii [Germani, CP. patriarchæ,] historia mystagogica catholicæ ecclesiæ (190 v°); — Vita S. Euphrosyni
coqui (201 v°) ; — De miraculo in urbe CP. patrato : Θαυμαστὸς ὁ
Θεὸς... (203); — Vita S. Onuphrii, auctore Paphnutio (214 v°);
— S. Athanasii ad Antiochum quæstiones, fine mutilæ (228 v°).

XIV s. Bombyc. 295 fol. *M.*

1260. Georgii Metochitæ de processione S. Spiritus libri V.
(1); — ejusdem refutatio trium capitum Maximi Planudis
(44 v°); — ejusdem refutatio Manuelis Cretensis, nepotis (52);
— S. Gregorii papæ liturgia (73); — ejusdem liber sacramen-
torum (79).

XV s. Pap. 147 fol. (Fontebl.-Reg. 2411.) *M.*

1261. Marci Ephesini responsio duplex ad Latinos, de igne
purgatorio (1); — ejusdem liber de consecratione divinorum
donorum (50); — SS. Patrum testimonia de processione
S. Spiritus : Ἐὰν ὑμεῖς μείνητε... (57) ; — Nicolai Methonensis
syllogismi de processione S. Spiritus (118); — S. Cyrilli
Alexandrini adversus Julianum antirrheticorum libri tres, fine
mutili (128); — S. Gregorii Nysseni de virtute homiliæ duæ
(176); — S. Basilii ad Letoium liber de vera virginitate (247).

Copié en 1537 par Jean Tamprelas. Pap. 311 fol. (Fontebl.-Reg. 2414.) *M.*

1262. Nili, Thessalonicensis archiepiscopi, opera varia
contra Latinos (1), — liber de primatu papæ (8), — de modo
cum Latinis disputandi (18), — de S. Spiritu argumenta Latinorum (21), — de S. Spiritu dissertationes quinque (31), —
solutiones objectionum Latinorum (103); — Concilii Florentini decretum, a. 1439. (233 v°).

XV s. Parch. 234 fol. (Hurault.-Reg. 2366.) *M.*

1263. Ordo thronorum (1); — Nicolai, Andidorum episcopi, expositio mysteriorum missæ (2); — Joannis Phurnæ
monachi libellus de eodem (4); — SS. Basilii, Gregorii Nysseni
et Photii fragmenta de eodem (15); — Joannis Antiocheni
collectio canonum ecclesiasticorum titulis L. (17); — Compendium juris civilis, auctore anonymo, jussu Jeremiæ, CP.
patriarchæ (211); — Michaelis Attaliotæ synopsis juris (216);
— Leonis sapientis imp. promptuarium legum (250); — Leges
colonariæ (273 v°).

XIV-XV s. Pap. 277 fol. *M.*

1264. Georgii Coresii tractatus de theologia in genere (1), —
de incarnatione (55), — de prævisione (100 v°), — de sex diebus
creationis (174); — Anonymi tractatus de Angelis, cap. xv., quorum tantum supersunt vii. priores : Περιοδευμένης τῆς... (208).

XVII s. Pap. 218 fol. *M.*

1265. « Orthodoxa confessio fidei catholica et apostolica
ecclesiæ Orientalis » (gr.-lat.), 1643, cum subscriptionibus
autographis patriarcharum.

XVII s. Pap. 147 fol. (Teller. Rem.-Reg. 2002, 3.) *M.*

1266. Photii, CP. patriarchæ, Bibliotheca [ed. Roth., p. 845
ad finem] (1); — ejusdem epistola ad Michaelem, Bulgariæ principem (366); — ejusdem epistola ad Nicolaum I. papam (426).

XIII s. Bombyc. 435 pages. *P.*

1267. Photii, CP. patriarchæ, ad quemdam e patriarchis
libellus de processione S. Spiritus (1); — Gregorii papæ
expositio fidei ad Germanum, CP. patriarcham (2 v°), — cum
Germani responso (5 v°); — Anonymi adversus Beccum tractatus de processione S. Spiritus : Τί δέ ἐστι τὸ χορηγούμενον...
(13); — S. Joannis Damasceni tractatus de S^a. Trinitate (18);
— Michaelis Pselli fragmentum de vitæ termino (24 v°); —
S. Basilii epistolæ variæ (27 et 95); — Anonymi narratio de
schismatis Græcos inter et Latinos origine (33); — Excerpta
ex actis octavæ synodi (36); — Anonymi adversus Latinos
opusculum de processione S. Spiritus : Οἱ Λατῖνοι ἐν τῷ λέγειν...
(39); — Nili Thessalonicensis tractatus de eodem (76); —
Anonymi opusculum de duodecim fidei articulis : Τὸν ἀρχιερέα
μέγαν... (89 v°); — Latinorum adversus Græcos criminationes :

Τὸ πνεῦμα τὸ ἅγιον... (119); — Epochæ celebriores a mundi creatione ad expugnationem CP. (126); — Anonymi opusculum de azymis, adversus Latinos : Τὴν διὰ τῶν ἀζύμων... (126 v°); — Symeonis Thessalonicensis expositio sacræ liturgiæ (129 v°); — Anonymi quæstiones de Sᵃ. Scriptura : Τίς ἐστι Ῥαχάβ;... (140); —⸗Michaelis Bryennii tractatus de processione S. Spiritus (151); — Demetrii Cydonii tractatus de eodem (166); — Barlaami Legatus, sive de processione S. Spiritus (174 v°); — S. Anastasii Sinaitæ quæstio xcvi., etc. (182); — S. Joannis Chrysostomi homilia de S. Spiritu (190).

XV s. Pap. 206 fol. (Medic.-Reg. 2953.) P.

1268. Michaelis Cerularii, CP. patriarchæ, epistola I. (2); — S. Justini martyris confessio fidei (5); — Dominici Gradensis ad Petrum Antiochenum epistola, cum responsione (16); — Petri Antiocheni de Italo Argyro epistola (22); — Scholia in SS. Basilii et Athanasii orationes funebres a S. Gregorio Nazianzeno habitas : Μετὰ τὴν ἐξέλευσιν... (26); — Nemesii Emeseni de natura hominis liber (53); — S. Basilii liber ad Letoium de vera virginitate (116 v°); — S. Gregorii Nysseni homilia catechetica magna (152 v°); — ejusdem explicatio apologetica in Hexaemeron (188 v°); — ejusdem homilia in illud : Quando sibi subjecerit omnia (212 v°); — S. Maximi responsum ad quæstionem sibi propositam (222); — S. Gregorii Nysseni homilia ad illos qui reprehensiones moleste ferunt (222); — ejusdem de Psalmorum inscriptionibus libri duo (226); — ejusdem homilia in Psalmum VI. (290 v°); — ejusdem epistola de iis qui adeunt Hierosolymam (293 v°); — Alexandri Aphrodisæi quarumdam difficultatum solutiones (295 v°).

XII s. Parch. 304 fol. (Fontebl.-Reg. 2879.) P.

1269. Fragmenta lacera de XII. Apostolorum vita (1); — Anonymi expositio prophetiarum de Christo, initio et fine mutila (3); — Anonymi de incarnatione Christi capita vii. (82).

XV s. Bombyc. 82 fol. (Reg. 3382, 2.) P.

1270. Euthymii Zigabeni panopliæ dogmaticæ tituli xxiii-xxviii. de Armeniis, Saracenis, etc. (1); — Bessarionis Nicæni tractatus de controversiis Latinos inter et Græcos compo-

nendis (53); — ejusdem professio fidei (76); — Epistola magni
chartophylacis CP. ad Joannem Palæologum imp. de non recipienda synodo Florentina, etc. de eadem synodo (78 et 149);
— Becci, CP. patriarchæ, testimonia de processione S. Spiritus (93); — Gregorii Palamæ confutatio operis præcedentis
(127); — Maximi Planudis capita de processione S. Spiritus,
cum Bessarionis et Demetrii Cydonii responsionibus (141); —
Canones synodi adversus Barlaamum et Acindynum, sub
Joanne Cantacuzeno et Palæologo imp. habitæ (165); — He-
phæstionis enchiridii excerpta de novem metrorum generibus
(189); — Demetrii Triclinii fragmentum de eodem (190); —
Herennii Philonis de significationum in quibusdam vocabulis
differentia opusculum (205); — Plutarchi libellus de Homeri
dialectis (209); — Theodosii grammatici de pedibus et metris
(210); — Georgii Chœrobosci de figuris poeticis (213); — Co-
condrii opusculum de eodem (215); — Manuelis Moschopuli
tractatus de dictionum affectionibus (218 v°); — Lesbonactis
tractatus de figuris, de spiritibus et de adverbiis (221); — He-
rodiani de solœcismo (229); — Nicephori Gregoræ tractatus
de regularum grammaticarum instabilitate (233); — Theodoreti opusculum de litteris (235); — Joannis Levitæ tractatus
de spiritibus (236); — Anonymi explicatio regularum gram-
maticalium : Ὁ Αἴας διάτι βαρύνεται... (245).

XV s. Pap. 268 fol. (Medic.-Reg. 2960.) P.

1271. Euthymii Zygabeni panoplia orthodoxæ fidei (1); —
S. Cyrilli Alexandrini anathematismi (316); — ejusdem de
fide, per interrog. et respons. (317); — Fragmenta adversus
Latinos (318).

XV s. Pap. 321 fol. (Trichet Dufresne.-Reg. 2939.) P.

1272. Theoriani dialogus cum Armeniorum catholico, initio mutilus.

XVI s. Pap. 111 fol. (Mazarin.-Reg. 2975.) P.

1273. S. Thomæ Aquinatis summa theologica, in epitome
(8); — præmittuntur Gennadii fragmentum de dissidio Græcos
inter et Latinos (1); — Confutatio brevis doctrinæ Latinorum
de S. Spiritus processione (6 v°).

XV s. Pap. 292 fol. (Colbert. 5134.) P.

1274. S. Thomæ Aquinatis summæ theologicæ prima secundæ.

XV s. Pap. 248 fol. (Medic.-Reg. 2946.) *P.*

1275. Joasaphi [Joannis Cantacuzeni] adversus Judæos
libri IX.

XVI s. Pap. 173 fol. (Colbert. 5178.) *P.*

1276. Philothei, CP. patriarchæ, tractatus de divinitate et
divino lumine, adversus Acindynum (1); — ejusdem ad Pe-
triotam, Barlaami discipulum, de una deitate et de divina
operatione (32); — ejusdem ad magnos domesticos Palæologos de veteri circumcisione epistola (49); — ejusdem epistola ad illos, qui in aliqua potestate constituti, in alienos
possessiones involabant (65); — Anonymi [Philothei?] tractatus de divinis operationibus adversus Acindynum : Τῷ ψευδο-
μένῳ καὶ κακῶς... (88); — Nicephori Gregoræ historiæ Romanæ
libri xxviii.-xxxiii. et xxxvi. (104); — Anonymi homilia in
annuntiationem beatæ Mariæ : Εἴποτε δεῖ χαίρειν... (177); —
Anonymi homilia in parabolam de divite: Τί ἐστι παραβολή...
(197); — Anonymi confutatio Mohamedanæ doctrinæ : Οὔπω
μέν σοι κατ' ὄψιν... (208).

XV s. Pap. 228 fol. (Medic.-Reg. 2952.) *P.*

1277. Barlaami et Acyndini hæreseos capita xiv. : Λέγουσιν
ἐναντιούμενοι... (1); — S. Basilii in Hexaemeron homiliæ XI. (9);
— S. Gregorii Nysseni meditatio super creatione hominis (55);
— Anonymi de Adamo et Christo libri duo, initio et fine mutili,
lib. II : Ὅτι μὲν οὖν ὁ ἄνθρωπος... (83); — Michaelis Pselli de septem œcumenicis conciliis opusculum (196); — Joannis Tapi
monachi compendium dogmatum theologicorum et philosophi-
corum (196 v°); — Theodori Prodromi tetrasticha in dies Domino vel beatæ Mariæ sacros (199); — ejusdem disticha evan-
gelica (201 v°); — S. Gregorii Nazianzeni poemata (202, 225 v°
et 237); — Georgii Pisidæ versus de mundi opificio (218); —
Nicolai Corcyrensis poema cum sedem suam recusaret (226
v°); — Secundi philosophi sententiæ (230); — Æsopi fabulæ,
A-E (230 v°); — Nicolai, CP. patriarchæ, versus politici ad
præpositum sancti Montis (233); — Symeonis Logothetæ epigramma pro tumulo Stephani imp. et in Disinium, magistrum

Melitenes (243) ; — Michaelis Pselli versus politici in Psalmorum inscriptiones (244) ; — S. Maximi ad Thomam epistola
(247) ; — ejusdem quæstiones et responsa (247 v°) ; — He-
phæsti, Bulgariæ archiepiscopi, versus in mortem fratris sui
(261 v°) ; — ejusdem ad Adrianum, imperatoris fratrem, epistola (262 v°) ; — [Nonni] collectio et interpretatio historiarum,
quarum meminit S. Gregorius Nazianzenus in homilia in sancta
lumina (263 v°) ; — [Michaelis Pselli] ad Joannem Xiphilinum
Platonis defensio (264) ; — [ejusdem] epistola ad magistrum
Eustratium, protonotarium Dromi, ad Aristenum, ad Joannem
monachum Olympionitam, ad Michaelem patriarcham et ad
protosyncellum Paraspondylum (268) ; — S. Maximi expositio
brevis orationis Dominicæ (272) ; — Cosmæ monachi canon
solemnitatis Palmarum, et troparion magnæ hebdomadæ, cum
expositione (297) ; — Odæ in laudem SS. Luciani, presbyteri
Antiocheni, Cosmæ poetæ, et Longini martyris (308).

XIII s. Bombyc. 309 fol. (Reg. 2945, 4.) P.

1278. Anonymi opusculum de origine schismatis Græcos
inter et Latinos : Ἐπὶ Γρατιανοῦ τοῦ βασιλέως... (2) ; — Anonymi
tractatus de eodem : Μετὰ Ἀδριανον πάπαν... (4 v°) ; — Barlaami
Calabri oratio ad Romanos et Latinos de concordia (6) ; —
ejusdem oratio ad synodum de pace cum Latinis ineunda (20
v°); — S. Gregorii Thaumaturgi fragmentum de sacra mystagogia (29) ; — Barlaami Calabri de processione S. Spiritus
adversus Latinos sermones XX. (30); — Nili Cabasilæ opusculum de modo cum Latinis disputandi (167 v°) ; — De Manuelis imp. in Cenchreæ portum appulsu a. 1415. et de monumen-
tis ab illo exstructis (172 v°).

XV s. Pap. 172 fol. (Medic.-Reg. 2950.) P.

1279. Manuelis Calecæ tractatus de substantia et operatione
divina.

Copié en 1442. Pap. 69 fol. (Medic.-Reg 2967.) P.

1280. Nicolai Cabasilæ expositio sacræ liturgiæ, a cap. vi.
ad finem.

XVI s. Pap. 63 fol. (Mazarin.-Reg. 2970.) P.

1281. Symeonis, Thessalonicensis archiepiscopi, liber de
templo et rebus liturgicis (4) ; — Nicolai Cabasilæ expositio

sacræ liturgiæ (30 v°) ; — Symeonis Thessalonicensis responsiones ad interrogata Gabrielis, Pentapoleos metropolitæ (100
v°) ;—Marci, CP. patriarchæ, interrogationes LXVI., cum Theodori patriarchæ responsionibus (112) ; — Hieremiæ, CP. patriarchæ, brevior expositio graduum cognationis (160) ; —
Eliæ, Cretensis metropolitæ, responsum de virginibus ante
pubertatem desponsatis (171 v°) ; — Anonymi fragmentum de
illis qui e fornicatione nati sunt (172) ; — Michaelis Pselli
versus ad Michaelem Ducam imp., de eo qui uxorem ducit
δισεξαδέλφου (172 v°) ; — De certis gradibus in quibus nuptiæ
sunt permissæ seu prohibitæ (172 v°) ; — S. Joannis Chrysostomi fragmentum in illud : Si oculus tuus scandalizaverit te
(173) ; — Synopsis de gradibus cognationis : Ἡ συγγένεια ὄνομα...
(174) ; — Collatio quatuor Evangeliorum cum quatuor spiritibus et cum quadriformis Cherubinis (176) ; — S. Maximi
testimonium de triginta argenteis (176 v°) ; — Anonymi fragmentum de Maria Cleopæ, sorore beatæ Mariæ (177) ; —
Anonymi homilia, lingua græca vulgari : Ἰδου ευθασεν ο κερος...,
in qua vitæ SS. Alexii et Nicolai Myrensis insertæ (177 v°).

XVI s. Pap. 188 fol. (Reg. 2948, 3.) P.

1282. Symeonis, Thessalonicencis archiepiscopi, opera,
eadem quæ Jassii, a. 1683. edita (14) ; — Michaelis Anchiali,
CP. patriarchæ, cum Manuele Porphyrogenito imp. dialogus
adversus Latinorum hæresim (403).

XVII s. Pap. 412 fol. P.

1283. Anonymi tractatus de vita in Christo, libris VII., initio mutilus (1) ; — Nicolai Cabasilæ expositio sacræ liturgiæ
(206).

XV s. Pap. 292 fol. (Colbert. 4533.) P.

1284. Matthæi hieromonachi tractatus adversus Judæos (1) ;
— Anonymi adversus Latinos opusculum de processione
S. Spiritus : Ἀρχαία δόξα τῇ ἐκκλησία... (17) ; — Demetrii Chrysoloræ dialogus adversus Demetrium Cydonium de S. Thoma
Aquinate (42) ; — Georgii Scholarii de processione S. Spiritus liber II. (97) ; — Anonymi tractatus de processione S. Spiritus : Ὅτι δὲ τὸ ἐκ πατρός... (145) ; — item alius : Ταῖς ἐκκλησίαις
γένεσθαι... (176) ; — Gregorii Palamæ tractatus de eodem

(200) ; — Anonymi opusculum de eodem : Πειρωμένῳ σε πολλά-κις... (266).

XVI s. Pap. 276 fol. (Colbert 3539.) *P.*

1285. Thaddæi Pelusiotæ, Hierosolymit. patriarchæ, trac-tatus adversus Judæos.

XVI s. Pap. 27 fol. (Colbert. 5061.) *P.*

1286. Marci Ephesini adversus Latinos capita syllogistica de processione S. Spiritus, cum testimoniis e SS. PP. excerptis (1) ; — SS. Basilii, Chrysostomi et Paulini loca quibus pro-batur non jejunandum esse die sabbati (42 v°) ; — SS. Hie-ronymi et Augustini loca quibus probatur die quarta esse jejunandum (42 v°) ; — De eo quod Græcis non licet La-tinam uxorem ducere (43) ; — Conciliorum canones adversus Latinos : Ἡ ἁγία καὶ οἰκουμενικὴ δευτέρα... (43) ; — Anonymi disputatio de azymis et mystica cœna : Ἐπειδὴ δὲ περὶ τῆς τοῦ ἁγίου Π... (47) ; — Marci Ephesini, Juliani, Andreæ Rhodii, Bessarionis, etc. disputationes habitæ in concilio Florentino (57) ; — Florentinæ synodi acta varia (176 v°) ; — Marci Ephe-sini epistola encyclica de non recipienda synodo Florentina (184 v°) ; — S. Athanasii symbolum fidei (190) ; — Marci Ephe-sini adversus Latinos tractatus de S. Spiritus processione, etc. (191) ; — Joannis, Citri episcopi, opusculum de Latinorum ritibus et dogmatibus (210) ; — Nili Damylæ tractatus de processione S. Spiritus (212) ; — Anonymi sententia de con-sensu Græcorum et Latinorum circa processionem S. Spiritus a Damaso usque ad Christophorum papam : Ἐπειδὴ δέ μοι καὶ τοῦτο... (234) ; — Anonymi opusculum de synodis duobus ad-versus Nicolaum I. papam : Οὐ μὴν ἀλλὰ καὶ κατά... (244 v°) ; — Anonymi narratio quomodo vetus Roma a cæteris patriar-chalibus ecclesiis divulsa sit : Οἱ ἐν τῇ ἑβδομῇ... (248) ; — Ano-nymi fragmentum de tempore quo Latini a Græcis dissidere cœperunt, etc. : Ἰστέον ὅτι ἐν τῇ ϛ'... (251) ; — Marci Ephesini epilogus adversus Latinos et de sabbato (254) ; — ejusdem adversus Latinos tractatus duo de igne purgatorio (261) ; — Barlaami Calabri tractatus de processione S. Spiritus (313).

XVI s. Pap. 318 fol. (Fontebl.-Reg. 2962.) *P.*

1287. Disputationes Græcos inter et Latinos, Ferrariæ habitæ, de processione S. Spiritus, a Theodoro Gaza collectæ.

XVI s. (Copié par André Darmarios.) Pap. 133 fol. (J.-A. de Thou. — Colbert. 4011.) P.

1288. Nili, Thessalonicensis archiepiscopi, adversus Latinos tractatus de processione S. Spiritus, præmittitur Adelphidi protheoria (1), — adversus summi pontificis primatum (12), — de modo cum Latinis disputandi (30 v°), — adversus Latinorum conclusiones de S. Spiritus processione disputationes quinque (56).

XVI s. Pap. 184 fol. (Colbert. 3779.) P.

1289. Georgii Scholarii epistolæ variæ (1), — oratio funebris in laudem Theodori, fratris imperatoris (14 v°), — homilia in Domini transfigurationem, lecta in palatio coram Joanne imp. (19), — Synesii oratio metrica, soluta oratione expressa a Scholario (28 v°), — oratio consolatoria ad Constantinum imp. cum matrem amisisset (32), — ad eumdem post amissum patrem Joannem Palaeologum (37), — die festo τῶν εἰσόδων (45), — contra simoniacam hæresim (53), — de conatibus suis adversus papæ legatum (63), — de vana fidei innovatione : Quis dabit mihi alas (68), — ad CP. incolas epistola, sex ante urbem captam mensibus scripta (74), — ad universos Christianos epistola (81), — lamentatio, in monasterio Præcursoris ad Menæceum montem scripta (95), — de Georgii Gemisti Plethonis libro, ad Josephum exarchum (103), — de recta et inculpata Christianorum fide (118), — de peccatorum venialium et mortalium differentia (130 v°), — de primo Dei cultu (138), — de divina providentia et de prædestinatione tractatus tres (155 v°) ; — Chronicon breve e Sᵃ. Scriptura a mundi creatione ad Christum (190); — Chronicon aliud ab Adamo ad Christum, adjectis quibusdam de Romanis et CP. imperatoribus usque ad a. 1472. (193) ; — Epochæ celebriores, e Theodoreti libro de Græcarum affectionum curatione (195 v°) ; — Georgii Scholarii de prædestinatione tractatus quartus (199), — homilia in illud : Exinanivit se ipsum (209), — apologia de silentio a se servato (212 v°), — homilia in decollationem S. Joannis Baptistæ (218 v°), — hymni (227), — homilia in nativitatem Domini (232), — homilia de transitu Deiparæ (240 v°), — oratio contra Automatistas, quod Deus unus conditor sit universi (250), —

interrogationes et responsiones de divinitate Christi (260), — solutio quarumdam difficultatum quæ in Evangeliis occurrunt (271), — de S. Petro et galli cantu, etc. (274); — Expositio vocabulorum humani corporis partes significantium : Τὸ ἀπαλὸν, βρέγμα... (283).

XV s. Pap. 284 fol. (Medic.-Reg. 2955.) *P.*

1290. Georgii Scholarii tomus primus adversus Latinos de processione S. Spiritus (1) ; — Joannis Dociani versus (310).

XV s. Pap. 310 fol. (Medic.-Reg. 2956.) *P.*

1291. Georgii Scholarii tomus alter adversus Latinos de processione S. Spiritus.

Copié en 1447 par Silvestre Syropoulos. Pap. 229 fol. (Medic.-Reg. 2957.) *P.*

1292. Gennadii, CP. patriarchæ, de igne purgatorio libri duo (1), — summaria responsio ad Latinorum objectiones circa purgatorium (45), — breve scriptum adversus Latinorum opinionem (56 v°), — de angelis, adversus Argyropulum (58), — homilia in illud : Exinanivit se ipsum (62 v°), — de resurrectione Christi (67), — in parabolam decem talentorum (75 v°), — de corpore et sanguine Domini, ad Matthæum hieromonachum (78 v°), — solutiones quarumdam difficultatum quæ in Evangeliis occurrunt (82), — de verbis in divina prece contentis : Domine J. C., fili Dei, miserere nobis (94 v°), — de fructibus spiritus (98), — expositio hymni : Μάρτυρες Στεφανί-ται... (99), — monodia in mortem Marci Ephesini (104), — de modo et tempore existentiæ animarum intelligentium et immortalium (111), — quomodo distinguuntur divinæ operationes (124), — contra Automatistas, quod Deus unus conditor sit universi (131), — de illis qui mala committunt, num volentes aut nolentes agant (142 v°), — quod divina providentia et prædestinatio precum utilitatem non tollunt (149), — de humanitate in Christo (153 v°), — in festum nativitatis Domini (157 v°), — hymni et preces variæ (168), — homilia do parabola Publicani et Pharisæi (177), — de parabola filii prodigi (183 v°), — homilia dicta in magna Parasceve (191) ; — Secundi philosophi sententiæ (203 v°); — Theophanis, Midiæ metropolitæ, tractatus de eo quod anima non ab humano semine oritur, sed a Deo ipso infunditur (205) ; — Gennadii ad Theophanem epistola de anima rationali (227) ; — ejusdem fragmenta varia (242) ; — Excerpta e S. Basilio et Proverbiis Salomonis (247) ; — Ciceronis somnium Scipionis (255) ; — [Pselli] expositio vocabulorum humani corporis partes significantium (261) ; — Anonymi monodia in obitum Helenæ Palæologinæ : Ἰού, ἰού οἴα... (262) ; — Theophanis, Midiæ metropolitæ, epistolæ variæ (271 v°) ; — S. Joannis Damasceni homilia in sanctum sabbatum (284) ; — Theodoreti excerpta (304).

XV s. Pap. 306 fol. (Medic.-Reg. 2958.) *P.*

1293. Gennadii confutatio erroris Judaici (1) ; — ejusdem tractatus de recta et inculpata Christianorum fide (56) ; — Theophanis Nicæni adversus Judæos libri sex (62) ; — Matthæi hieromonachi adversus Judæos libri quinque (119) ; — ejusdem quid sibi velit frumentum coctum in mortuorum memoriis (241) ; — Manuelis magni rhetoris tractatus de eo quod nullus post mortem est ignis purgatorius (254) ; — ejusdem sermo de Marco Ephesino et Florentina synodo (264); — ejusdem versus in Deum patrem, Christum, Virginem et Joannem Baptistam (295).

Copié (en partie) en 1511 par Paul Colybas. Pap. 298 fol. (Fontebl.-Reg. 2954.) *P.*

1294. Gennadii confutatio erroris Judaici (1), — apologia pro Christianorum religione, ad Mohammedem II. (50), — de primo Dei cultu (65), — de divina providentia et prædestinatione tractatus quatuor (83 v°), — homilia de nativitate Domini (126), — de transitu beatæ Mariæ (136), — de modo et tempore existentiæ animarum intelligentium et immortalium (145), — contra Automatistas, quod Deus unus conditor sit universi (154 v°), — lamentatio in monasterio Præcursoris ad Menœceum montem scripta (167), — de eo quod nulla nunc, ut olim, miracula fiant (176).

XV s. Pap. 189 fol. (Medic.-Reg. 2959.) *P.*

1295. Gennadii, CP. patriarchæ, epistola ad Maximum et monachos Sinaitas (1) ; — ejusdem ad Joachimum monachum epistola (7 v°) ; — Germani, CP. patriarchæ, opusculum de azymis (9) ; — S. Athanasii interrogata et reponsa de Sᵃ. Trinitate (15 v°); — Marci Ephesini ad Latinos epilogus (18 v°); — ejusdem ad Georgium Scholarium epistola (19); — Anonymi opusculum de azymis adversus Latinos, initio mutilum (22); — Anonymi narratio de Romanorum facinoribus : Μέχρι μὲν Σεργίου... (26); — Evangelii secundum Joannem interpretatio (52 v°); — Anonymi homilia in Dominicam tertiam jejuniorum : Σήμερον, ἀγαπητοί... (57 v°); — Nili Damylæ tractatus de processione S. Spiritus (60 v°); — Josephi monachi τοῦ Φιλάγρη opusculum adversus Latinos de processione S. Spiritus, etc. (85 *bis*); — S. Athanasii symbolum fidei (101 v°); — Nili Damylæ tractatus de custodia rectæ fidei (108); — S. Joannis Chrysostomi homilia de patientia (118); — ejusdem homilia de pseudoprophetis (126); — Episcoporum et Græcorum ad imperatorem epistola de rebus in synodo Florentina gestis (139 v°); — S. Joannis Damasceni opusculum de azymis (143); — SS. Patrum testimonia de processione S. Spiritus (146); — Marci Ephesini ad universos Christianos epistola (156); — Mediolanensis episcopi epistolæ excerptum ad Alexium Comnenum de processione S. Spiritus (162); — Becci, CP. patriarchæ, tomus dogmaticus (170); — Narratio et revelatio Hilarionis abbatis, ex Gerontico (178); — Hymni et troparia varia (233); — Vita S. Macarii, eremitæ in spelunca, viginti millibus a Paradiso terrestri (258); — Anonymi expositio fidei (275); — Cyrilli et Nestorii dialogus : N. Ὅταν ἡ θεία γραφῇ... (281); — Damasi papæ anathematismi (284 v°); — Anonymi opusculum de septem primis conciliis generalibus : Κωνσταντίνου τοῦ μεγάλου... (285 v°); — SS. Patrum excerpta varia (289); — Prophetia de expugnatione CP. ab Ismaelitis (301 v°); — Joannis Eugenici officium in honorem Marci Ephesini (304); — Officium in honorem Michaelis, Hadrianopolitæ martyris (314); — Florentinæ synodi decretum (322); — Anonymi de Christo interrogata et responsa : Ἄνθρωπός τις κατέβενε..(327 v°); — Nicolai Selengiæ tractatus de processione S. Spiritus (332); — SS. Maximi et Anastasii Sinaitæ fragmenta (341).

XV-XVI s. Pap. 342 fol. (Medic.-Reg. 2982.) P.

1296. Gennadii, CP. patriarchæ, tractatus de recta et inculpata Christianorum fide, una cum versione turco-arabica.

XVI s. Pap. 23 fol. (Reg. 2961.) P.

1297. Gennadii ad Magnum ducem epistola (1) ; — ejusdem tractatus adversus Gemistum Plethonem pro Aristotelis defensione (17) ; — Hermetis Trismegisti pœmander (41) ; — Hippocratis aphorismi (63) ; — Gemisti Plethonis oratio funebris in laudem Cleopæ Palæologinæ (77).

XVI s. Pap, 87 fol. (Teller. Rem.-Reg. 3395.) *P.*

1298. Gennadii, CP. patriarchæ, via salutis.

XVI s. (Copié par Georges Hermonyme.) Pap. 32 fol. (Colbert. 3736.) *P.*

1299. Georgii Trapezuntii tractatus de processione S. Spiritus, ad Joannem cubicularium, adversus Græcos.

XVI s. (Copié par Jean d'Otrante.) Pap. 49 pages. (Mazarin.-Reg. 2973.) *P.*

1300. Manuelis Chrysoloræ tractatus de processione S. Spiritus, adversus Græcos.

XVI s. Pap. 20 fol. (Mazarin.-Reg. 2974.) *P.*

1301. Collectanea e SS. Patribus : Ὅταν δὲ ἔλθη... (1) ; — Paschalion breve (23 v°) ; — Becci scholia tria in SS. Basilii, Gregorii Nysseni et Cyrilli Alexandrini dicta, cum Arsenii monachi antirrheticis (25) ; — Anonymi institutiones theologicæ breves per interrog. et respons. : Τί Θεὸς καὶ κατὰ τί... (26) ; — S. Anastasii Sinaitæ quæstionum et S. Maximi de incarnatione excerpta (30) ; — Justiniani imp. novellarum selectæ constitutiones (39) ; — Gregorii Cyprii, CP. patriarchæ, ad Andronicum Palæologum imp. epistola de tomo in Beccum edito, etc. (63) ; — S. Joannis Damasceni ad Jordanem archimandritam epistola (67) ; — Agapeti diaconi ad Justinianum imp. capita admonitionum LXXII. (75 v°) ; — Anonymi collectanea de patriarchis contra canones in locum legitimorum patriarcharum promotis : Ἐπειδὴ προσέταξας ἡμῖν... (81) ; — Gregorii Cyprii tomus contra Beccum (87) ; — ejusdem professio fidei, adversus Marci libellum (103 v°) ; — ejusdem apologia (109) ; — S. Gregorii Nazianzeni homilia tertia de pace (127) ; — Synesii epistolæ variæ (134 v°) ; — S. Basilii adversus Eunomium libri V. (159) ; — ejusdem ad Amphilochium de S. Spiritu liber unus (230 v°) ; — Anonymi orthodoxi cum Anomœo dialogi duo : Ἀνόμοιος Χριστιανὸς εἶ... (271) ; — Eunomii scholia (287) ; — Aetii, Eunomii magistri, epistolæ fragmentum (290) ; — Macedonii et orthodoxi dialogus (292 v°) ; — S. Athanasii cum Apollinario dialogus (308 v°) ; — S. Gregorii, episcopi orthodoxi, dialogus cum Apollinarista (313 v°) ; — S. Maximi dialogus cum Pyrrho, CP. patriarcha (320) ; — ejusdem de voluntatibus et operationibus capita decem (330 v°) ; — Theodori Abucaræ dialogi XVIII. (332) ; — Anonymi fragmentum de inserendis arboribus (347 v°) ; — S. Athanasii Alexandrini epistola ad Rufinianum episcopum, fine mutila (347 v°) ; — Photii, CP. patriarchæ, disputatio de S. Spiritus processione (348).

XIII s. Bombyc. 350 fol. (Fontebl.-Reg. 3442.) P.

1302. Anonymi tractatus de processione S. Spiritus, initio mutilus (B) ; — Anonymi opusculum de iis quæ Christianis necessario credenda sunt : Χρὴ πάντα Χριστίανον... (1) ; — SS. Patrum excerpta de Sᵃ. Trinitate (4) ; — Alexii Aristeni synopsis canonum (8 v°) ; — Anonymi opusculum de septem conciliis generalibus : Χρὴ γινώσκειν ὅτι... (21) ; — S. Joannis Damasceni dialectica (25) ; — ejusdem orthodoxæ fidei accurata expositio (49) ; — S. Gregorii Nazianzeni fragmenta (137) ; — Anonymi collectio V. Testamenti locorum de Christo, initio mutila (138) ; — Anonymi disputatio Christiani cum Judæo : X. Πρὸ πάντων... (140 v°) ; — Excerpta e constitutionibus apostolorum et SS. PP. de hæreticis (146) ; — Xenophontis memorabilium Socratis dictorum libri duo priores (154) ; — Synesii epistolæ duæ (179) ; — Fragmenta de Prophetis, de azymis, etc. (188) ; — Epicteti enchiridion interpolatum (192) ; — Epicteti enchiridii expositio christiana (198 v°) ; — Explicatio verborum : Domine, miserere nostri (211 v°) ; — Aristotelis excerpta de mundo (217 v°) ; — S. Ephraemi homilia de patientia et secundo Christi adventu (223) ; — Georgii Pisidæ poema de mundi opificio (230 v°) ; — Symeonis S. Mamantis homiliæ variæ (247) ; — Joannis Camateri, CP. patriarchæ, ad Innocentium III. epistolæ duæ de Romana ecclesia (270 v°) ; — ejusdem responsa theologica (275) ; — ejusdem orationes catecheticæ duæ (281).

XIII s. Bombyc. 295 fol. (Medic.-Reg. 2979.) P.

1303. Anonymi collectanea SS. Patrum de processione

S. Spiritus : Ὅταν δὲ ἔλθη ὁ παράκλητος... (1) ; — Photii, CP. patriarchæ, collectanea de processione S. Spiritus (27 v°) ; — Arsenii monachi scholia in SS. PP. loca quæ Latinorum doctrinæ favent (35) ; — Gregorii Cyprii expositio fidei adversus Beccum (36 v°) ; — ejusdem apologia (50) ; — ejusdem confessionis excerptum (65 v°) ; — ejusdem ad Andronicum imp. epistola (70) ; — Theodosii monachi tractatus de processione S. Spiritus (71 v°) ; — Arsenii monachi, Nicolai Methonensis et Anonymi fragmenta de eodem (78) ; — Nicephori Blemmidæ tractatus de eodem (145) ; — ejusdem ad Theodorum Ducam Lascarem, de quæstionibus quibusdam dogmaticis (162 v°) ; — Catalogus imperatorum CP. usque ad Andronicum III., versibus (173) ; — Catalogus patriarcharum CP. usque ad Niphonem, versibus (174 v°). "

XIV-XV s. Pap. 176 fol. (Medic-Reg. 2985.) P.

1304. Anonymi collectanea de processione S. Spiritus, igne purgatorio, azymis, etc., initio mutila (1) ; — Petri, chartophylacis magnæ ecclesiæ, responsa ad monachorum quorumdam interrogationes (28 v°) ; — S. Joannis Chrysostomi interpretatio orationis dominicæ (31 v°) ; — Georgii, Corcyræi metropolitæ, responsa liturgica (35 v°) ; — Joannis, Antiocheni patriarchæ, ad Theodorum Ephesinum responsa de baptismo (37) ; — Anonymi tractatus de quadragesimæ jejunio et de aliis Græcorum jejuniis : Ἐν ἓξ μὲν ἡμέραις... (38) ; — Anonymi progymnasta rhetorica : Ζητείσθω τοίνυν τὸ πρῶτον. (40) ; — S. Athanasii Alexandrini quæstiones ad Antiochum ducem (45) ; — Anonymi collectanea SS. Patrum per interrog. et respons., fine mutila : Οὐκ ἔστι δίκαιος... (67).

XV s. Bombyc. 89 fol. (Reg. 2972.) P.

1305. Testimoniorum e Sᵃ. Scriptura et SS. Patribus collectio de S. Spiritus a Patre et Filio processione, ad Lazarum Bayfium a Dionysio Zannetino, Zienensi et Firmiensi episcopo, dicata, a. 1533.

XVI s. (Copié par Nicolas Sophianos.) Pap. 105 fol. (Reg. 2968.) P.

1306. « Objectiones Latinorum, iisque contrariæ oppositiones et inversiones Eustratii, metropolitæ Niceni, desumpta ex ejusdem libro de Spiritus sancti processione » (gr.-lat.).

Copié en 1585. Pap. 144 pages. (Baluz.-Reg. 3103, 2.) *P.*

1307. Anonymi tractatus adversus Latinos de S. Spiritus processione : Πρῶτον μὲν ἡ ἀρχαῖα... (1) ; — Barlaami monachi tractatus adversus papæ primatum (193 v°) ; — Florentinæ synodi decretum, a. 1439, gr.-lat. (210).

XVI s. Pap. 219 fol. (Colbert. 4875.) *P.*

1308. Barlaami monachi adversus Latinos de S. Spiritus processione sermones sex (2) ; — ejusdem ad Nicolaum archiepiscopum tractatus de primatu papæ (72 v°) ; — ejusdem Legatus (80) ; — confutatio illorum quæ a papæ legatis dicta fuerant (86 v°) ; — S. Cyrilli Alexandrini epistola ad Nestorium (89 v°) ; — Theodoreti reprehensio xii. Cyrilli anathematismorum et S. Cyrilli apologia (99) ; — S. Cyrilli tractatus de incarnatione (139) ; — ejusdem epistola ad Eulogium (141) ; — ad Successum epistolæ duæ (144) ; — scholia de incarnatione (155 v°) ; — SS. Athanasii et Basilii fragmenta de sacris imaginibus (165 v°) ; — Libanii ad Datianum epistola (167 v°) ; — Fragmentum de Florentina synodo (169).

Copié en 1389. Pap. 169 fol. (Fontebl.-Reg. 2981.) *P.*

1309. Anonymi opusculum de Deo et ejus attributis, initio mutilum (1) ; — Anonymi tractatus de animæ facultatibus : Ἃς μὲν ἔχομεν δόξας... (15) ; — Anonymi tractatus alius de eodem : Ἐπειδήπερ προηγεῖται φύσει... (19) ; — Anonymi de virtute opusculum e S. Gregorii Nazianzeni carminibus excerptum : Πόθος μὲν ἐμοί... (37) ; — Alcinoi in philosophiam Platonicam introductio (45).

XIV s. Bombyc. 73 fol. (Medic.-Reg. 3471.) *P.*

1310. Anonymi excerpta theologica et moralia : Ὡς ἀγαθὸς καί... (1) ; — Anonymi adversus Latinos defensio Græcæ ecclesiæ : Ὁ δὲ κολοφὼν... (5) ; — Gregorii Cyprii ad Andronicum imp. oratio (17) ; — Demetrii Cydonii epistolæ duæ ad Philotheum, CP. patriarcham (27) ; — Pauli Silentiarii carmen in thermas Pythias (28 v°) ; — Protei historia : Ὁ Πρωτεὺς μὲν ἦν Θρᾴξ... (29 v°) ; — Joannis Zonaræ et Nicephori Patricii cantica (30) ; — Anonymi versus de xii. Apostolis : Σταυροῖ Πέτρον...(34) ; — Anonymi lexicon botanicum : Ἀναιμώνη φοινικῆ...

(34) ; — S. Gregorii Nazianzeni versus ad calligraphum, de eleganter scribendi ratione (36) ; — Tantali historia : Τάνταλος υἱὸς ἦν τοῦ Διός... (36) ; — Anonymi opusculum de XII. Zodiaci signis, initio mutilum (37) ; — Empedoclis sphæra (37 v°) ; — Marci Ephesini ad Georgium Scholarium epistola qua ipsum reprehendit quod ad Latinorum partes transierit (39) ; — Nicetæ, Nicæni chartophylacis, opusculum de causis secessionis Ecclesiæ Romanæ a Græca (40) ; — Xiphilini excerpta (45) ; — Anonymi collectio sententiarum illustriorum, de Græcorum ludis, de Darii Xerxisque adversus Athenienses bello, etc. : Οὐκ ἔστιν ἀνδρὶ ἀγαθῷ κακόν... (62 v°) ; — Hesiodi opera et dies, cum Joannis Tzetzæ scholiis (66) ; — Scholiorum in Dionysium Periegetam excerpta (129) ; — Scholiorum Joannis Tzetzæ in Oppiani halieutica excerpta (139) ; — De Herode et Christi genealogia excerpta : Ὅτι ἐπὶ Ἡρώδου... (144 v°) ; — S. Joannis Chrysostomi fragmenta (146 v°) ; — S. Basilii homilia ad adolescentes de legendis gentilium libris (153) ; — ejusdem epistola ad Simpliciam (160 v°) ; — ejusdem et Juliani imp. epistolæ mutuæ (161 v°) ; — Explicatio historiarum quæ in Lycophronis Alexandra occurrunt, ex Isaaci Tzetzæ scholiis (162 v°) ; — Expositio historiarum quæ in Hesiodi Scuto occurrunt, e Joannis Tzetzæ scholiis (216) ; — Epigramma in Lucianum : Ῥήτωρ σοφιστής... (216 v°) ; — SS. Dionysii Areopagitæ et Maximi fragmenta de Deo et divinitate (217) ; — Luciani Hippias, sive balneum (221) ; — ejusdem de luctu (222 v°) ; — ejusdem mortuorum et deorum dialogi varii (225) ; — ejusdem Lucius, sive asinus (244) ; — Michaelis Pselli tractatus de operatione dæmonum (261) ; — Isaaci Argyri opusculum de cyclis solari et lunari, Paschatis inveniendi ratione, etc. (271 v°) ; — Georgii Chrysococcæ astronomica fragmenta (282 v°) ; — Canon regum Ægypti ab Alexandro magno usque ad Cleopatram (287 v°) ; — Michaelis Ducæ historia (288) ; — Homeri Batrachomyomachia, cum glossis (392) ; — Anonymi opusculum de regionum et urbium hodiernis nominibus : Ἐπίσκυνος τὸ νῦν... (399) ; — Ordo thronorum (400) ; — Officia magnæ ecclesiæ CP. (405 v°) ; — Officia Palatii (406 v°) ; — Constantini magni edictum de primatu papæ (407 v°) ; — Procopii fragmentum de vermibus sericis (408 v°) ;

— Æsopi fabulæ (410) ; — Theodori Ptochoprodromi poema, libris II, ad Manuelem Comnenum imp. (429 v°) ; — Anonymi opusculum de quatuor paradisi terrestris fluminibus : Ὁ Ἴστρος ὁ ποταμός... (442) ; — Anonymi fragmentum de bissexto : Τὸ τοῦ βισέξτου... (443) ; — Anonymi tractatus de generatione et corruptione hominis : Τὸ σπέρμα ἐν τῇ μήτρα... (443 v°) ; — Aristotelis et Galeni fragmenta, de metallis quæ reperiuntur in Cypro insula (444).

XV s. Pap. 314 fol. (Medic.-Reg. 3118.) P.

1311. S. Gregorii magni dialogorum libri IV., a Zacharia summo pontifice in græcam linguam conversi (1) ; — S. Dionysii Areopagitæ fragmenta de Angelis (269 v°).

XV s. Copié par Jean. Pap. 274 fol. (Fontebl.-Reg. 2934.) P.

1312. Anonymi capita moralia et theologica cxxxvii : Ὑποτάγητε οὖν πάσῃ ἀνθρωπίνῃ κτίσει...

XV s. Pap. 156 fol. (Mazarin.-Reg. 2998.) P.

1313. Anonymi expositio in orationem dominicam, initio mutila (1) ; — Anonymi expositio Symboli : Ἡ θεία καὶ οἰκουμενική... (8 v°) ; — Anonymi fragmentum de Adamo e paradiso terrestri expulso : Αὕτη ἡ διήγησις... (18) ; — Paphnutii abbatis narratio, e Gerontico (38) ; — S. Euphrosyni narratio (42 v° et 323) ; — Narratio visionis Cosmæ monachi (44) ; — Narrationes variæ, e Gerontico (51) ; — Vita S. Onuphrii, auctore Paphnutio (62) ; — Martyrium S. Xenophontis et sociorum (86) ; — Vita S. Andreæ apostoli (110) ; — S. Joannis evangelistæ homilia in dormitionem beatæ Mariæ (173) ; — Vita et miracula S. Nicolai Myrensis (191 v°) ; — Martyrium Sæ. Barbaræ (231) ; — Excerpta varia, e Gerontico (246) ; — Evangeliorum matutinorum explicationes, fine mutilæ (347).

XV s. Pap. 304 fol. (Colbert. 4768.) P.

1314. Anonymi tractatus adversus summi pontificis primatum, lingua græca vulgari : Δὲν εἶναι ἄλλο...

XVII s. Pap. 23 fol. P.

1315. Petri Antiocheni ad Dominicum Gradensem epistola (1) ; — Leonis [Acrideni], Bulgariæ archiepiscopi, de azymis et sabbatis epistolæ tres (15) ; — Anonymi opusculum de azymis : Τὰ ἄζυμα οὐκ ἄρτος... (41 v°) ; — Sisinnii, CP. patriarchæ, synodicon ne duobus fratribus liceat ducere duas consobrinas (47) ; — [Michaelis, CP. patriarchæ,] epistola de matrimonio prohibito (58 v°) ; — Anonymi narratio de Christi ordinatione Ἐν τοῖς χρόνοις τῆς βασιλείας... (59 v°) ; — Anastasii Sinaitæ quæstiones variæ (69) ; — S. Basilii monitum de liturgia (71 v°) ; — ejusdem epistolæ duæ (73) ; — Michaelis, CP. patriarchæ, de sacerdotis uxore adulterio polluta (75) ; — Sisinnii, CP. patriarchæ, decretum de modo recipiendi Judæos Christianam fidem amplexos (77) ; — De Jacobitis et Chatzitzariis (80 v°) ; — Ordo recipiendi Sarracenos Christianam fidem amplectentes (88) ; — Ordo recipiendi Manichæos (95 v°) ; — SS. Patrum excerpta varia (98 v°) ; — De XVI. Prophetis : Ὡσηὲ, υἱὸς Βερί... (123 v°) ; — Varia de mensibus (133 v°) ; — S. Anastasii Sinaitæ quæstiones variæ (136) ; — S. Nili sententiæ quædam (140).

XIII s. Copié par Basile, lecteur. Parch. 145 fol. (Medic.-Reg. 3437.) P.

1316. Gregorii Mammæ Melisseni, CP. patriarchæ, antirrheticus adversus Marci Ephesini epistolam, de Florentina synodo non recipienda (1) ; — Bessarionis cardinalis epistola encyclica ad Græcos (112) ; — Nicolai papæ V. ad Constantinum imp. epistola, a Theodoro Gaza græce versa (135 v°) ; — Georgii Trapezuntii ad monachos Cretenses epistola de processione S. Spiritus et de una catholica ecclesia (148 v°) ; — ejusdem epistola ad Joannem Palæologum imp. hortatoria ut in Italiam veniret (195).

XVI s. Pap. 208 fol. (Medic.-Reg. 3449.) P.

1317. Anonymorum opuscula : Quæstiones et responsa de doctrina Christiana, initio mutila (1) ; — Tractatus de confessione et modo confitendi peccata (34) ; — Quæstiones in V. Testamenti libros : Τί ἐστι ἡ δὲ γῆ... (34) ; — Διαφορὰ ἐπιτιμιῶν. Ἐάν τις ἥμαρτεν... (56 v°) ; — De ecclesia : Τί δειλὴ τὸ ἅγιον... (74) ; — S. Basilii fragmentum, quomodo Filius e Spiritu natus esse dicatur (79) ; — De nuptiis : Ἄνδρος ἡ ὁ δευτεροσεξάδελφος...· (80) ; — Canones SS. Patrum de peccatorum occultorum confessione : Διάφοροι διαθέσις... (82 v°) ; — De fornicatione : Ἡ δὲ πορνία... (90).

XIII s. Parch. 101 fol. (Colbert 6605.) P.

1318. Fragmenta de confessione (7) ; — Anonymi tractatus de modo confitendi : Τέκνον μου πνευματικόν... (19) ; — Joannis Jejunatoris canon pœnitentialis (28 v°) ; — S. Basilii canon pœnitentialis (54 v°) ; — S. Joannis Chrysostomi canon pœnitentialis (62 v°) ; — Canones apostolorum (70) ; — Nicephori, CP. patriarchæ, canones (80 v°) ; — S. Theodori Studitæ canones (92) ; — Preces variæ (113 v°) ; — Fragmentum de matrimonio (121 v°) ; — S. Dionysii Areopagitæ responsa ad interrogationes (125) ; — Petri monachi ad S. Gregorium papam interrogationes (127) ; — Capita theologica varia (132) ; — Nili abbatis versus ad Archarium monachum, alphabet. (175 v°) ; — S. Gregorii Nazianzeni versus, alphabet. (176).

XVI s. Copié par le hiéromoine Daniel. Pap. 182 fol. (Colbert. 6403.) P.